U0579668

守望乡村教育

■ 四川省教育学会农村教育分会　编著

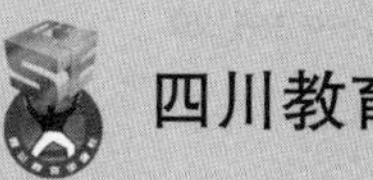

四川教育出版社

图书在版编目（CIP）数据

守望乡村教育 / 四川省教育学会农村教育分会编著 .—
成都：四川教育出版社，2024.4
ISBN 978-7-5408-9087-2

Ⅰ.①守…　Ⅱ.①四…　Ⅲ.①乡村教育—研究—中国
Ⅳ.① G725

中国国家版本馆 CIP 数据核字（2024）第 057715 号

守望乡村教育

SHOUWANG XIANGCUN JIAOYU

四川省教育学会农村教育分会 编著

出品人　雷　华
策划组稿　卢亚兵
责任编辑　李萌芽
责任校对　高　玲
封面设计　庞　毅
责任印刷　田东洋
出版发行　四川教育出版社
　　地　　址　四川省成都市锦江区三色路 238 号新华之星 A 座
　　邮政编码　610023
　　网　　址　www.chuanjiaoshe.com
制　　作　四川云猫创意文化传播有限公司
印　　刷　成都市锦慧彩印有限公司
版　　次　2024 年 4 月第 1 版
印　　次　2024 年 4 月第 1 次印刷
开　　本　787mm×1092mm　1/16
印　　张　26.25
字　　数　480 千
书　　号　ISBN 978-7-5408-9087-2
定　　价　88.00 元

如发现质量问题，请与本社联系。总编室电话：（028）86365120

编委会

序

党的二十大报告指出，要“全面推进乡村振兴”，“全面建设社会主义现代化国家，最艰巨最繁重的任务仍然在农村”。乡村振兴战略全面实施，在此背景下，乡村家庭教育指导服务体系既面临挑战，更面临机遇。乡村振兴呼唤乡村教育，乡村教育助力乡村振兴。乡村教育的发展关乎人口素质提高，关乎乡村的整体发展。振兴乡村教育是实现教育现代化、建设教育强国的重要内容，是全面推进乡村振兴战略的基础性工程。

“乡”自古以来是中国国家治理的一个重要行政单位，其本身就是对一种生存环境、社会关系和治理体系的描述。中国古代通过乡里制度、乡里文化和乡里人才，使“乡”成为一个共同议事的机构。著名思想家管子曾说：“天下者，国之本也；国者，乡之本也；乡者，家之本也；家者，人之本也；身者，治之本也。”从乡村人口规模看，截至2022年末，我国总人口约为14.12亿，其中乡村人口约为4.91亿，占总人口比重超过三分之一。从乡村教育规模看，2022年全国乡村学校、乡村学生和乡村教师在整个教育中的占比分别为35.89%、15.20%和16.68%，乡村教育在我国教育发展中占有重要地位。

实施乡村振兴是实现社会主义现代化的必然选择和必由之路，乡村家庭教育的振兴是实现乡村教育整体振兴的关键环节。党和国家历来高度重视乡村教育发展，特别是进入中国特色社会主义新时代以来，从党的十九大报告首次提出“实施乡村振兴战略”，到党的二十大报告强调“全面推进乡村振兴”，不论是在《中华人民共和国乡村振兴促进法》中，还是在历年中央1号文件和多个乡村振兴政策文件中，均有关于乡村教育的专题部署和要求，为乡村教育发展指明了方向。2019年1月，《中共中央国务院关于实施乡村振兴战略的意见》就明确提出，“按照产业兴旺、生态宜居、乡风文明、治理有效、生活富裕的总要求，建立健全城乡融合发展体制机制和政策体系，统筹推进农村经济建设、政治建设、文化建设、社会建设、生态文明建设和党的建设，加快推进乡村治理体系和治理能力现代化，加快推进农业农村现代化，走中国特色社会主义乡村振兴道路”。

四川乡村教育是全国乡村教育的一个缩影，它既有发展较好的成都平原地区，也有发展相对滞后的盆周山区和民族地区。四川省委省政府高度重视乡村教育的振兴和发展，努力健全幼有所育、学有所教、劳有所得、病有所医、老有所养、住有所居、弱有所扶等方面的国家基本公共服务制度体系，构建覆盖城乡的家庭教育指导服务体系。特别是在乡村学校发展方面，近年来四川部分地区积极改革创新，涌现出了一批“小而美”“小而优”的乡村温馨学校，它们的事迹有诸多亮眼之处，如广元市“网红小学”范家小学首创“班家文化”构建亲密师生关系，深度推动“小小班”课堂教学变革，自创主题探究式乡土课程模式；成都市蒲江县积极探索以“自然、绿色、开放、融合”为核心理念的现代田园教育，促进乡村教育回归乡村、回归农业、回归农民；等等。这些实践做法为全国乡村教育改革发展提供了鲜活的样本和有益的启示。

近年来，四川省教育学会农村教育分会作为群众性学术团体，充分发挥扎根基层、上传下达、联络各方的优势，积极推动乡村温馨学校建设，联合四川省教育科学研究院教育发展研究所面向全省开展“我的农村教育故事”征文评选活动，组织开展乡村教育调查研究，为推动乡村教育高质量发展贡献力量，本书即是这些努力的体现。

本书分为上下两编。上编“我的乡村教育故事”是乡村教师以“深描”的写作方式讲述自己亲身经历的教育故事，通过原汁原味的细节捕捉和情境还原向我们展示了乡村教育生活的真实面貌以及他们发自内心的主观体验和反思感悟。下编“乡村教育研究”则由专家学者深入探讨乡村教育的独特价值、潜能及未来发展模式，提出了政府、家庭、学校合作共治的办学模式，以及将乡村学校打造成为乡村“精神家园”和“文化枢纽”的理想蓝图，为乡村教育的发展提供了新的思路和方向。

乡村振兴战略以及乡村振兴工程的实施，为发展有质量、有特色的乡村教育，打造“小而美”的乡村学校创造了前所未有的战略机遇，乡村教育需要从低标准、低水平、低质量的公共教育服务向高标准、高水平、高质量的公共教育服务转变；要做有根的乡村教育，做有魂的乡村教育，让乡村教育成为中国现代化教育的亮丽名片，培养能够静下心来读书和静下心来思考、静下心来生活、具有独立精神和创造能力的现代人，培养新时代社会主义现代化城市和现代化农村发展需要的建设者和接班人。

当今世界正在从工业时代教育向智能时代教育转型发展。在城镇化、工业化、信息化浪潮之下，乡村社会结构和人口结构持续变迁，如何实现乡村文化和乡村教育文化的现代化转型，以及如何重新构建现代化的乡村教育思想体系，是未来中国乡村教育发展面临的重大理论和实践问题。2021年，教育部明确提出“实施乡村教育振兴计划”，办好以学生为本的乡村教育，推动形成乡村教育振兴和教育振兴乡村“双促进、双循环”的工作格局。为推进四川乡村教育振兴发展，要以体制创新构建乡村教育新体系，以模式创新铸就乡村教育新品质，以现代信息技能赋能乡村教师，以改革构建城乡一体化新格局。一是整体提升乡村教育政策供给水平，从国家层面进一步强化乡村教育服务的公益属性；二是加强乡村教育资源建设，实现乡村教育服务的精准对接，提升每一个孩子的学习能力；三是深度挖掘本土资源，形成新时代中国特色乡村教育文化，坚定乡村教育理想信念、发展道路和文化自信，真正讲好四川乡村教育故事。

振兴乡村教育是一项前所未有的伟大事业，守护乡村教育是每一个中国教育人的历史责任。感谢广大乡村校长和教师守望乡村教育，守护乡村孩子，守卫乡村文明——你们是最可爱的人！振兴乡村教育任重而道远，需要全社会各部门、各系统共同努力，但我们有足够的信心。期待在全社会各部门、各系统和广大教育工作者的共同努力下，一个具有中国特色的美丽乡村教育生态体系能够出现！

中国教育学会副秘书长、首都师范大学特聘教授

2024年3月19日

目　录

上编

我的乡村教育故事

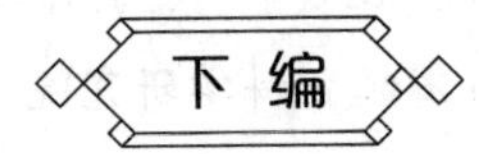

乡村教育研究

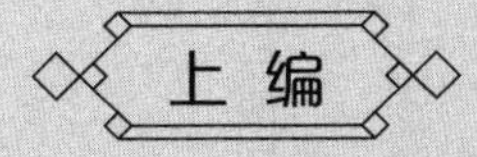

我的乡村教育故事

第一章

从初入乡村到坚守乡村

本章导读

四川省教育科学研究院　冯　艾

有这么一群教师，他们坚守在偏远、贫困的地区，默默为乡村基础教育事业做奉献。他们用自己的努力和热情，撑起了乡村基础教育的一片蓝天。他们可能学历不高，但他们耐得住寂寞，守得住清贫，为乡村的孩子们点亮了智慧、文明之灯。他们克服各种压力和困难，恪守教师职业操守，在传递知识的同时，用爱心温暖和呵护乡村的孩子，让他们在学校里感受到家的温暖。

本章以乡村教师的选择与坚守为主题，记录了他们在教育生活中的真实情感以及在教育观念和行为上的转变。教师们生动描述了自己的教育故事，通过教育叙事的方式还原了真实的场景，让读者身临其境，感受到了他们内心的情感涟漪。

例如，庞德强老师在父亲的影响下，愿意终身做乡村孩子的引路人；张发松老师扎根乡村三十余年，守望乡村教育，无悔一生耕耘；林通老师在离家五百多公里的乡村学校当了十五年的“班爸爸”……他们用自己的记忆和情感，书写了不同时期在相对落后的乡村从教的经历与生命历程。这些教师们叙述的教育故事，让我们切身体会到乡村教师的不易，以及乡村教育的价值与意义。此外，在他们的主观叙事中，我们还能感受到教师在满足学生成长需求的过程中，自己的精神与生命也得到了成长与升华。

他们如同守望绿色麦田的人，期待的是秋收的丰实；如同守望参天大树的人，等候的是夏日的凉爽。感谢教师们的分享与传递，让我们有机会深入了解他们的选择与坚守。这些乡村教师身上展现出的扎根基层的职业理想，甘为人梯、淡泊名利的高尚情操，以及不惧困难的精神，都值得我们尊敬和学习。他们不仅是乡村教育的守护者，更是我们社会的宝贵财富。通过他们的故事，我们得以窥见教育的真谛和教师的伟大。

父亲　我终身的导师

达州市宣汉县土黄镇三胜中心校　庞德强

我父亲是千千万万农民中十分普通的一员，在那个只能基本果腹与蔽体的年代，父亲对我的学习和未来几乎没什么明确的要求，每天日出而作、日落而息，长年累月地重复着琐碎的生活。

我年幼体弱，直到七岁那年才懵懵懂懂地跨入简陋的楠木岗小学。一天放学回家，父亲蹲在地上熟练地编织竹席，他问我："读书好玩吗？你长大了想干啥？"

"不好玩！但我长大了想当老师！"我不假思索地回答。

"那是啥子原因呢？"父亲追问。

"我们老师很凶，作业错了要打手板，不听话要打手板……但他知道的东西好多哟！如果我当了老师，是不是也能知道很多东西呢？"

"想当老师，就要好好读书！"父亲头也不抬，双手娴熟地拨弄着软软的竹条，笑吟吟地说。

日子不紧不慢地到了初中，1988 年开学季，父亲担着沉甸甸的行李徒步三个多小时将我送到土黄中学。第一次面对熙熙攘攘的人流，父亲有点不知所措。在一个相对安静的角落里，我盯着行李，父亲则小心翼翼地到处问询。不知过了多久，正当我饥渴难耐时，父亲回来了，他随手递给我两个馒头，然后领着我见老师、搬课桌、找寝室；我嚼着馒头，父亲则悄悄地咽着口水，为我整理床铺。当夕阳的余晖将父亲的影子拉得好长好长的时候，父亲才拄着光溜溜的打杵子，扛着长长的扁担，挑着空空的行囊往回家的方向走去……我呆呆地望着父亲微微佝偻的背影，想到他还要走十余公里崎岖不平的山路，内心忽然涌起一阵难言的酸楚！

紧张的初中生活很快就结束了。1991 年秋，父亲再次担着沉甸甸的行李将我送到了十多公里外的土黄车站。父亲颤巍巍地爬上客车顶棚，小心翼翼地将行李拴牢，来到车窗边踮起脚笑着说："我就送到这儿。安心读书，别担心家里，差钱了就给家里写信。要当好老师就认认真真读书……"司机摁响了喇叭，父亲整个身子微微一震，呆呆地立在原地，他双脚踮得高高的，左手拄着光溜溜的扁担和打杵子，右手僵直地弯曲在空中。刹那间，我瞥见了父亲花白的头发、纵横的皱纹、高高的颧骨、深深的眼窝……客车越行越快，父亲雕塑般的身影越来越小，在即将从我视线消失的那一刻，我将大半个身子探出窗外，伸出手朝着父亲的方向一个劲地挥舞，任由眼泪汩汩流淌！

为了凑足入学费用，在闷热难耐的暑假里，父亲几乎每天都头顶星光扛着沉沉的木材翻山越岭到开县（今重庆市开州区）鹿硐的木料市场；夜晚就着昏暗的油灯编织竹筐和簸箕等，以便远远近近的乡邻或五元或十元地来换取；木材卖光了，父亲又披星戴月地为远远近近的商店、粮站、供销社等当脚力……整个暑假期间，父亲就像一台机器，日夜运转不停。

也记不住从什么时候开始，父亲一阵阵剧烈的咳嗽常将我从梦中惊醒。“你还是去检查一下吧，长期这样下去身体受不了的。”母亲担忧地唠叨道。

“就是感冒，喝点姜汤发发汗就没事了。”父亲虚弱地回应着，“儿子上学需要钱，村社的集资提留，乡里的农业税、林业税、特产税、年猪税也催得急。再怎么样都要守信用，不能欠‘隔年账’……”父亲就这样固执地强撑着。这哪里是赚钱养家啊，这明明是在用健康和生命为子女树立榜样，用汗水和心血滋养儿子的梦想之树！

忙忙碌碌又三年。我激动地回到了儿时的母校工作，圆了童年梦想，父亲甚是欣慰！但他额头的皱纹如群山万壑、颧骨如高山陡峰，身体单薄得只剩皮包骨头。他每天都喝着苦涩的药汤，将就着粗茶淡饭，一次又一次拒绝到医院看病。“你要安安心心地教书，千万别误人子弟。我这都是老毛病了，那么多医生都来看过，反正也不见什么好转，你们都别放在心上。”每次听父亲这般话语，我内心就像打翻了五味瓶。

1995 年农历四月初四，残阳如血，倦鸟归巢。我出校门不到两百米，一位邻居匆匆奔来，未等我开口就气喘吁吁地说：“庞老师，快点回去，你爸爸走了！”刹那间，我的整个身体如同掉进冰窟，任凭泪水飞流直下，感情的激流一泻千里。我浑浑噩噩料理完丧事，整理父亲简单而又破旧的遗物时，在抽屉的最底层发现了父亲苍劲的笔迹。

“德强，我最近噩梦不断，也许我将不久于人世了。那天若真来了，你和家人不要悲伤。任何人迟早都有那么一天，只不过早一点或晚一点罢了。上天将五十五年光阴赐给我，我也知足了。但是，我也很内疚：自你读宣师以来，我基本不能劳动，也挣不了钱，无奈借遍亲戚朋友，还在药店和商店里有赊账，总共欠下 3568.58 元，你要一点一点地偿还。有生之年，没能帮你成家，没能好好为你奶奶养老送终，反倒还欠下这么大一笔‘隔年账’，我这个父亲不称职，希望你原谅！还有一点放心不下，虽然你目前的工资只有 150 元，但做老师是你最初的梦想。你要在自己选定的这条路上认认真真走下去，不要羡慕外出打工人的高工资。这个家需要你，山里的孩子需要你！”

我紧紧拽着薄薄的纸张，冥冥中知道，其实父亲没有走，他的音容笑貌永远镌刻我心底，并长留在蓝天碧水之间，如同他的人品一样，那样的光明、积极、坦荡；也如同他五十五年倔强的生命历程一般，那样的豁达、执着、温暖……

在其后近三十年的教书育人历程中，我不敢有丝毫懈怠。村小复式包班教学、中小学跨学科教学、长时间坚守毕业年级岗位，我近乎疯狂地扑在教育教学第一线，奶奶仓促离世时我在遥远的地方出差；母亲弥留之际，我匆匆放下教科书以最快速度奔赴她身边，却也没能说上最后一句话……这些“过失”，父亲，您能原谅吗？

但是，当和孩子们相处获得满满的幸福时，当学生的贺卡如雪片般飞来时，当一张张荣誉证将抽屉塞得满满当当时……父亲，您是否会为我的坚守感到欣慰？

如果说我在待人接物中学得了一丝一毫的好脾气，在工作上取得了一点一滴的好成绩，在师生和家长中获得了一丝半缕的褒奖，都是因为您有声的言、无声的行的教导和引领。如今，尽管工作和生活中时不时还会有大大小小的波澜，但我会一直坚持最初的梦想，笃信心中信念，在乡村教育教学的漫长道路上扬鞭奋蹄！

父亲，您是我终身的导师，我也愿终身做乡村孩子的引路人！

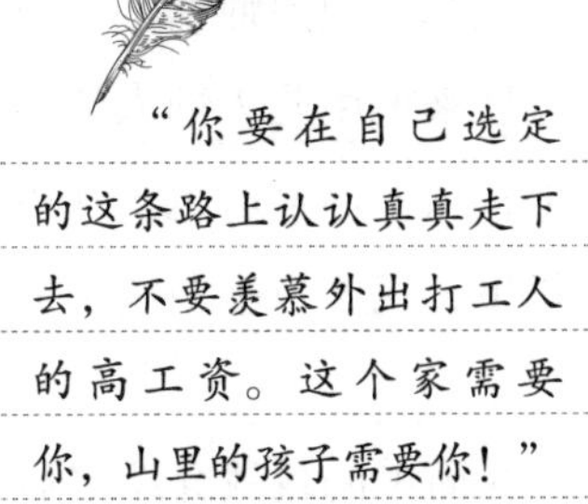

“你要在自己选定的这条路上认认真真走下去，不要羡慕外出打工人的高工资。这个家需要你，山里的孩子需要你！”

一场温柔的坚持

广安市岳池县东街小学　蔡玉梅

二十年前，我在川东一所极为偏远的乡村学校任教。这是一所位于三县交界处的学校，也是一所刚刚成立的乡村初级中学校。我在这所偏僻的乡村学校里待了整整二十年，和一批又一批孩子一起慢慢成长。

信任：打开笼子的门

初到学校，我的工作是教初一语文和两个年级的音乐。学生大多只小我两三岁，男孩子个子普遍比我高。我们学校处于素来有名的“三不管”地带，民风比较彪悍，男孩子的“野性”就更甚一些。学校领导和前辈们对于一副娇弱稚嫩模样的我能否胜任工作，表现出了担忧。

上课之前，前辈们谆谆告诫我：一定要严厉！严厉！镇得住学生，你才能把书教好。我冥思苦想：怎么才算严厉？我要如何才能镇住这帮孩子？我没有想出结果。于是我的搭档只好说：“有谁调皮捣蛋，你就对我说，我绝对把他收拾服帖！”

很多年过去了，我仍然清晰地记得自己第一次走进教室时的忐忑不安。我看着教室里六十多双或惊讶或好奇，或黯淡或慧黠的眼睛，突然想起了自己的那些老师。我想起了自己最喜欢的音乐老师文老师。他黑瘦矮小，第一次进教室上课时，下面嘁嘁喳喳的私语中有诸多的不屑，但后来他用悲天悯人的慈爱与热情澎湃的豪气征服了我们；我最崇拜的文选老师唐老师，从不疾言厉色，却用博古通今的才华与温文尔雅的翩翩风度，令我们为之倾倒。我想，我这个羸弱瘦小的女子，镇住孩子的法宝也许可以是悲悯之心、锦心绣肠！

第一节课，我没有讲课文。在简单的自我介绍之后，我给孩子们讲起了外面的世界，当教室里鸦雀无声时，当孩子们的眼睛开始闪闪发光时，我觉得我的法宝还是管用的。最后我和颜悦色地对大家说：“老师相信你们能管好自己。如果你们偶尔忘记了，老师会提醒你们的。”

但少年们的淘气你永远无法预料。有一天上课好一会儿了，一个名叫小全的男孩子一直笑个不停，我在讲，他在笑，不看书也不做笔记，就望着我笑，笑得我心里直打鼓。在三番五次的暗示无效之后，我拿起讲台上的教棍，狠狠地打了一下他的手心。只打了一下，孩子的眼泪就哗哗地流了下来。一瞬间，我愣住了。我再也无法下手打第二下，慌乱中竭力镇定下来，接着上课。那个孩子眼泪未干，却又咧着嘴笑了起来。我认为他是故意要跟我捣蛋，向我示威，不由得气急败坏，命令他站着听课。

艰难地挨到下课，我又气又恼地把孩子拎到办公室，质问他为什么上课捣乱。他的回答却震撼了我。他手足无措地说：“我只是觉得您讲得太有趣了，所以忍不住笑。”那一刻，我颇为喜悦，也很内疚，立刻真诚地向他道歉，并告诉他，学习得讲究方法，听课不能只欣赏精彩，也要学会抓要点。凡是老师放慢速度、反复强调的地方，就是要点，一定得动手做笔记。然后，我在班上对自己的疏忽进行了反思，同时也指导了学生如何正确听课。

此后不久的一天，我在自己的窗台上发现了一袋新鲜的烤玉米。后来知道是小全悄悄送的，他不好意思当面送给我。我向他表示感谢，问他为什么给我送烤玉米。他的回答再次震撼了我：“您有一次讲故事，说自己小时候非常爱吃烤玉米。”

此后的教学生涯中，我几乎没有再使用过教棍。即便偶尔觉得非惩戒学生不可，我也不会使用教棍之类的东西，而是用自己的手掌打他们的手心，而每次惩戒之前，我会先告诉他们：“力的作用是相互的。我打你们用了多大的力量，我自己也会承受多大的反作用力；你们的手感受到有多痛，我的手也一样。你们的错，我这个老师有一半责任。”

每一次新生入学，我都会告诉他们：“你们可能会犯错误，会有缺点，但老师相信，你们每一个人的心都如水晶一样透明澄澈；老师也会犯错误，会有缺点，但请你们相信，老师对你们的爱也像水晶一样透明澄澈。”每个学期，我都会在班上开展几堂无监考测试，只在教室的黑板上写下两行字：老师相信你！请相信你自己！

我播下了信任的种子，他们也没有辜负我的期望，都开出了美丽的花。即使多年之后的今天，我与他们中的大多数依然亦师亦友。

学会适度放手，允许孩子犯错，让孩子经受挫折，也让孩子在获得自由和信任的同时学会独立思考。打开束缚心灵的笼门，让孩子勇敢和自信，成为更好的自己，而

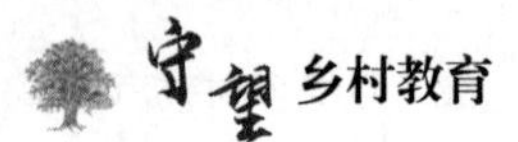

老师也能体验到教育的快乐和轻松。

唤醒：摇动一棵树

德国著名哲学家雅斯贝尔斯说：教育的本质就是一棵树摇动另一棵树，一朵云推动另一朵云，一个灵魂唤醒另一个灵魂。教育是百年大计，最好的教育是一种潜移默化的、深远持久的影响。教育的最终目的，是对人的灵魂的塑造。

2006 年 3 月，我在《四川日报》上看到了凉山彝族自治州喜德县则果小学学生因教室倒塌、无处上课的报道，就利用班会课引导学生展开讨论，对学生进行思想教育，希望他们珍惜自己的幸福生活，珍惜看似平淡无奇却珍贵无比的学习机会。没想到，下课后，班里的几个孩子就找到我商量，能不能为则果小学的同学们开展捐助活动。这是我事先并没有预料到的，因为乡村孩子的家境多数并不富裕，我的初衷只是激励他们通过自己的努力去改变命运、改变环境，进而去改变整个社会。尽管有些顾虑，但我还是鼓励孩子们向学校团委、学生会提出倡议。几个孩子在学校的大力支持下，于 3 月 24 日开展了以“亲近社会　关爱社会”为主题的“让山里贫困孩子和我们一起飞”的爱心捐助活动，共筹集到六百多元捐款、一百多本图书和五百多件文具。

这次活动之后，班上学生的思想行为有了质的飞跃。整个班集体更为团结和睦，班上的每一个孩子都变得更活泼开朗、积极乐观了，每个人都更加严格地要求自己，学习更加自觉刻苦。尤其是组织活动的几个孩子，他们的身上，更显露出一种社会责任感和勇敢担当的气魄。

这件事让我深刻地领悟到，关注学生的精神世界，比关注学生的成绩更为重要。促进人的精神健康发展，塑造人的灵魂，才是教育的最终目的。而教师，就是要做那棵摇动别人的树，那朵推动别人的云，那个唤醒别人的灵魂。

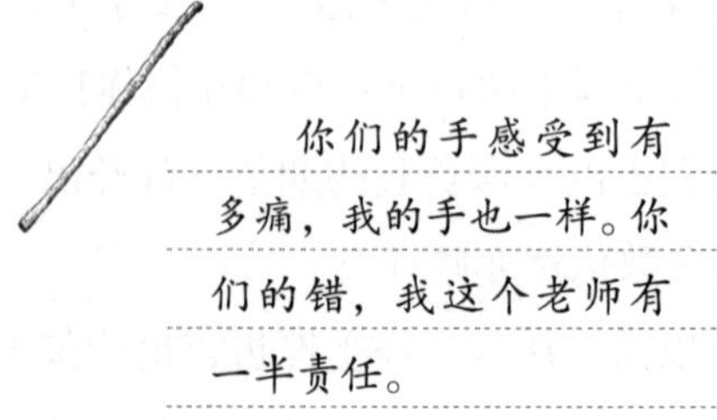

无悔一生耕耘

广元市苍溪县陵江镇镇水小学校　张发松

花开花落，春去秋来，不经意间，我在乡村已经坚守了三十年，我以自己的行动履行一个教师的职责，始终满腔热情、勤勤恳恳地耕耘在教育教学第一线，在教书育人这个平凡而神圣的岗位上默默地挥洒汗水，培育幼苗。

扎根乡村三十年

1991 年 7 月，刚满十八岁的我从苍溪师范学校（今四川省广元市苍溪实验中学校）毕业，被分配到比较偏远的高城小学。高城小学位于高城山的半山腰，三间教室破破烂烂，窗户没有玻璃，四面漏风，遇到刮风下雨的时候，大风夹着雨点往教室里灌，学生只有躲在墙角里瑟瑟发抖；用篾条在教室后面隔了一小间当作寝室；教室旁边有一间厨房，歪歪斜斜随时都有可能倒塌；没有便利的水源，吃水要到很远的地方去挑；唯一的体育设施就是一个缺角的乒乓球台。看到这样的工作环境，我心里直犯嘀咕，但望着孩子们淳朴的笑脸、渴求知识的双眼，我决心留下来改变现状。经过多次与村领导和家长沟通，学校安装了窗户玻璃，翻修了教室，硬化了操场，添置了体育器材；我和学生一起动手，打了一口水井，解决了饮用水问题；聘请果树技术员，在学校周围的学农基地种植了数百棵广柑树。除草、施肥、喷药、修剪，几年下来果树枝繁叶茂，硕果累累。学校环境发生了翻天覆地的变化，许多家长把孩子转回本村读书。随着学生增多，原有的教室不够使用。虽然大家的生活还不富裕，但是为了吸引更多更好的老师来这里工作，为了给孩子们营造一个舒适的学习环境，村民们积极出谋划策，自发集资，捐建筑材料，义务修建，建起一座二层教学楼。学生也由最初的四十多人增加到了一百多人。

1997 年，我进入邻近的解放村基点小学任行政组长。看着昔日的同窗、同事一个个跳出乡村，走向城市，我的心却从未动摇。乡村生活清贫，教学资源匮乏，是什么支撑着我在乡下一待就是三十年？我想，是我对淳朴乡情的眷恋，对教育事业的热情。如今回忆曾经的摸爬滚打，那些艰难都已经烟消云散了，充盈在记忆深处的是潜心工作、不懈追求的乐趣。

没有经验丰富的指导老师为初出茅庐的年轻小伙导航，没有权威可靠的教学资料为教学实践搭桥，但我没有放弃对教学方法的探索。我认真研究教学大纲、课程标准，参透课程理念，每次备课，我总是细细研读课文，读透每个字、词、句、段，甚至是每个标点，形成对文本的独特理解，寻求教学的突破口；脑海中形成初步的教学方案后，再对照教参、多种教案寻找差距。久而久之，便形成了“自然扎实、清晰生动”的教学风格。我的课堂以学生为主体，以训练为主线，多角度调动课堂气氛和学生积极性，有比较强的创新意识，深受学生的喜爱。

课堂教学是我最幸福的时刻，心无旁骛，与孩子共呼吸、同悲欢。孩子们对我的课堂很是期待，课堂里有笑声，有思维生长的拔节声，有心灵之花开放的声音……是的，教育就是引导学生追求美好，这样快乐的课堂，谁能不喜欢呢？

深植学生心中的爱与美

我认为，老师如同欢快高歌的流水，学生如同那些千姿百态、色彩斑斓的小石头们，在流水的抚摸与浸润下，小石头们才会出落得更光亮更美丽。

1996年秋季，我遇到了一个脾气硬、坏习惯多、对教育有抵触情绪的学生小胜。我观察到小胜喜欢作文，喜欢乒乓球，我便把注意力转移到他的学习与体育锻炼上。平日里，我喜欢走到他身边，问问他又看了哪些书，有什么收获，学习中遇到了哪些困难；课堂中，我总会向他投去关切的眼光，鼓励他举手发言，适时微笑给予鼓励；课堂外，我向他推荐好书，把自己的书借给他读，并帮他改日记、改作文，偶尔把他创作的好文章当作范文在班上朗读。我用耐心和尊重保护了小胜的自尊心，开阔了他的胸襟。小胜慢慢开始摒弃以往的坏习惯，一步步踏上我预期的轨道。

我还有一本充满爱意的收藏本，取名为“洒落人间的精灵”，收藏的是学生们作文中出现的优美的词、句、段、篇，那些经孩子笔端流淌出来的饱含真情实感的文字，我都视若至宝。我让孩子们抄在收藏本上，并署上自己的名字。六年前，有个五年级的女孩子小娜，一上作文课就发愣，一写作文就烦躁不安。一次，小娜写了一篇不到一百字的作文，其中有一句是：“一阵秋风吹过，一片片黄叶在空中飘啊飘啊，舍不得掉下来。”我发现这句话很有灵气，就把句子抄在收藏本上，并写下了“小娜”这个名字。从那以后，小娜喜欢看书了，对作文的恐惧越来越少了，文章也越写越长了，时常有好词佳句出现。那个期末，小娜说她喜欢作文，将来想当个作家。

像这样细微感人的故事还有很多。爱是教师工作的灵魂，只有爱的教育，才能使教育行为步入无私的境界。从教三十年来，我关心爱护每一位学生，注重赏识教育，把爱与美深植学生心中。我坚持对学生的学习、生活、思想等方面进行及时帮助，使学生不仅成绩进步，而且思想健康，使班级风气正，学习气氛浓。

守望乡村教育的丰收

我在干好本职工作的同时，也注重不断提升自己。2005 年 9 月，我修完中央广播电视大学小学教育专业全部课程，取得专科学历。2007 年 10 月，我通过普通话测试，获得二级甲等证书。从事教育工作三十年来，我深得学生、家长的信赖，社会的好评，所教班级学科成绩始终名列前茅。2006 年 4 月被苍溪县教育局评为“先进工作者”，2008 年获得县教研室举办的“小学语文课堂教学展示”二等奖，2017 年 9 月被陵江镇评为“模范班主任”，2019 年 3 月被陵江镇评为“先进个人”。

有人说，守望绿色的麦田，期待的是秋收的丰实；守望参天大树，等候的是夏日的清凉。在当今物欲横流的社会里，我甘做一名乡村教育的坚守者，期盼的是纯净的乡土气息，是乡村大地上那份诗意的宁静！

老师如同欢快高歌的流水，学生如同那些千姿百态、色彩斑斓的小石头们，在流水的抚摸与浸润下，小石头们才会出落得更光亮更美丽。

班爸爸　班妈妈

阿坝藏族羌族自治州松潘县白羊九年一贯制学校　林　通

“班爸爸”“班妈妈”是我们这里的孩子对班主任老师的称呼，这是由无数个教育故事汇聚而成的称呼。四川盆地北部的雪山下，有很多条海拔落差达三千米的山沟、峡谷，在这些山沟、峡谷内有着一个个边远的乡村，其中有一群可爱的老师被学生们亲切地称呼为“班爸爸”与“班妈妈”。我很荣幸地在这个距家五百多公里，距县城二百八十五公里的乡村学校里当了十五年的“班爸爸”。

这是一所九年一贯制学校，学生从小学一年级一直读到初三毕业。因为山高路远，学生不能每天往返学校，所有学生都寄宿在学校。清早六点，学生起床，我们老师也是如此，查看学生起床情况，带学生跑早操，然后上早自习。晚上学生就寝后，老师还要查看学生的就寝情况。在这里，老师们的上班时间是“朝六晚十”。有人可能会觉得，这些事应当是生活老师的职责，与班主任无关。可这是一所偏远的乡村学校，学校经费不足，全校九个年级一共只有一位生活老师。一位生活老师没办法了解每一位学生的情况，也无法关心、关爱到每一位学生。所以在这里，任课老师除了上课外，还要担起生活老师的职责，面对学生各方面存在的问题，全力而为。

学生每天都在学校学习，家庭教育对学生来讲是缺失的。但早自习、午自习、晚自习，老师们都全心全意地对学生进行辅导。由于学校没有多余经费，也不收取学生任何费用（少数民族地区，学生在校享受国家的“三免两补”政策），所以这些增加的工作量，都未计入老师们的报酬。虽然没有任何补助，我们仍然把学生当做自己的孩子一样。很多人都会问：“你们为什么要让自己这么累？城里的学校下午两节作业辅导课都要收费，上课的老师会有补助，而你们又是为了什么？”我们的答案是：“为了孩子们能更好地成长。”

学生六岁就可以上一年级，开始住校，但是六岁的小孩生活上能完全自理的很少，从早上的起床、洗漱、叠被子，到一日三餐、就寝，都需要班主任全程陪同、指导，甚至是帮他们打开水、打扫卫生，晚上守护着他们入睡，给他们盖被子。六岁的孩子生病了，班主任背着去送医、喂药、观察病情；孩子晚上尿床、拉肚子了，也是班主任帮他们处理。

除了生活中的关照，孩子们更是希望得到心灵关爱。比如学生想家了，想哭，又怕别人笑话，总是找一些肚子痛、头痛的借口来掩饰自己内心的脆弱。班主任要让学生正视自己的内心，让学生明白对家人、亲人的思念是人之常情，告诉他们自己与同学们一样，思念着远隔千里的父母、孩子，但也要学会坚强，克服困难，把对家人的思念转化成学习的动力。一周当中老师陪伴孩子们五天五夜，而家长只陪他们两天，久而久之，学生对老师们便产生了像对爸爸妈妈一样的情感。

正是班主任们不计回报地无私奉献，让学校的成绩超过了县城里的学校，小学部每年排名都位列全县前三，初中部排名全县第一，初三毕业考试成绩更是多次获得阿坝州第一名。学生参加全国青少年科技创新大赛多次获得全国一等奖、全国十佳称号。

被学生们亲切地称呼为“班爸爸”与“班妈妈”，也引发了我的深层次思考。十五年的“班爸爸”教育经历，让我发现家庭教育缺失的学生们，在很多方面都存在问题。部分学生从心理上会和家长之间的情感疏远，因为和父母在一起的时间很少，留守儿童更是如此，一年才见上一两次面，而和老师们在一起的时间更多。在学习方面，学生每天都在学校，无论课堂作业还是家庭作业，都是在学校完成，家长完全没有参与其中，学生的学习与家庭建立不起联系。学生不知不觉间会形成“学习就是与老师有关，与家庭没有联系，回家就是玩，没老师在场就不写作业”的想法，甚至出现了在周末放假时间里，家长会因为学生不写作业，打电话来“告老师”，学生才会写作业的现象。针对这样的问题，我们也做出了很多尝试与努力。在培养学生养成良好的学习习惯上苦下功夫，如让学生学会自学、组建三人行小组互助学习等，同时加强与家长之间的联系。而山里的家长回答最多的却是“我们没有文化，没办法辅导，学习上只有指望老师们”。面对众多的这类家长，我们只能对家长进行培训，让家长知道如何教育好自己的孩子，如何与自己的孩子沟通，如何让自己的孩子更好地成长。作为老师，我们直面存在的问题，去尝试解决，很多时候我们都在感叹：我们的学生，更像是我们孩子。

正是因为老师们的无私奉献、对学生的关爱，才换得了学生们“班爸爸”与“班妈妈”的亲切称呼。也正是这一声“班爸爸”与“班妈妈”的称呼，让我们深知身上有着更重的责任。在未来的教育教学过程中，我们定会不忘初心，砥砺前行。

跋涉中品教育之味

四川省青川中学　魏贤平

人生，从无选择中跋涉

这是多年前的事了。

我是大山里农民的儿子，我知道山里人生活的艰难，我懂得山里孩子求学的不易，我喜欢山里孩子们的朴实和纯真。

师范学校毕业后，我回到了大山里，一直担任初中语文教学和班主任工作，和山里的孩子们一起幸福地成长，分享着孩子们成长的欢乐。我热爱教育工作，工作中我不断学习，不断反思，不断总结，教学效果较好，受到学生的尊敬、家长的赞誉、社会的认可。近十年时间，我先后被评为县优秀教师、县优秀教育工作者、县名教师、市骨干教师。

我的工作进行得很顺利。每年教初三的语文，任班主任，负责学校的教学教研工作。学校发展的势头越来越好，我希望在这所学校好好地工作下去，直到退休。

了解，从心灵的碰撞中启程

教育工作是一项很特殊的工作，教育是师生的双边活动，要教育好学生，首先要了解学生，了解学生的智力因素和非智力因素，了解学生的知识素养及结构，知己知彼才能做好工作。

有一年春节后，一所高中的一位语文教师离开了学校，学校急需教师，高中学校的校长和教体局领导找我谈话，我被调到了高中学校。离开的教师什么都没有给我介绍，甚至连一本教材都没有给我留下，班主任因工作忙也只告诉了我班级学生人数，给了我一张期末的考试成绩单就算了事。面对两个班一百四十多位学生，我成了“睁眼瞎”。但当走上讲台，望见那一双双渴求知识的眼神，我意识到了肩头担子的沉重，莫名的神圣感激励着我，我的心灵一颤：我要忘掉一切，从零开始，站好高中语文这个讲台。

我给学生提出的第一个要求是每周一篇周记，要求学生写每周自己的生活、自己的真实感受，也可以写一些对学校管理、教师教学的建议。我的目的一方面是想通过阅读周记了解学生，用笔和学生交流、沟通；另一方面是想提升学生的写作能力，激发学生阅读的兴趣。

每周星期一，我将学生的周记收齐，一篇篇认真阅读，然后给予点评，给学生以引导和鼓励，从心灵上去碰撞，从而产生情感的火花。我特别想从周记中发现在思想、情感上有“波浪”的学生，通过文字点评进行交流和引导。

记得班上有一位男生，字写得很漂亮，周记也写得很美，从他写的周记中我了解到：他读初中时，与邻省一位女生同桌三年，三年间他们彼此了解，彼此熟悉，彼此理解，彼此信任，彼此倾慕，建立了一种纯真、深厚的同学情。他的周记写得情真意切，就文章看，语言美、结构美、书写美，是一篇很好的抒情散文。我读了这篇周记，为他们彼此的真诚感动，更被他们的纯情感染。

我挤时间与这位男生在操场边进行了交流，了解到：现在初三、高一大部分学生都有过初恋，而且许多学生陷入情感的泥潭不能自拔。针对这一现象，我想将“初恋”作为一个话题让同学们讨论，以此为切入点，引导学生向上，激发学生学习的激情。我与这位同学进行了交流，问他所说的是否真实，他默认了。我问他：“文章写得这么好，你是否有勇气在语文课上读读？”他犹豫了一会儿，答应了。

上课了，我告诉同学们，我读了一篇很有文采的文章，很想和同学们分享。在同学们诧异和猜测的目光中，他迈着大步，坚定地走上讲台，调整了一下情绪，看了一眼同学们，声情并茂地诵读了他的文章。诵读完了，教室一片寂静，随之而来的是疯狂的掌声。课堂上，从结构到主题，从语句到情感，从标题到首尾的照应，同学们展开了热烈的讨论，课堂呈现出从未有过的激情。快下课了，我进行总结：我们的生活中充满了爱，爱是永恒的主题，只有懂得爱、理解爱的人，才懂得生活，会生活。现实生活中，许许多多的人，他们都有过自己的初恋，要学会正确理解并从中获取教益。希望同学们好好品味这篇文章，感悟生活，理解生活，学会生活，三年后以优异的成绩给自己的人生画上一个感叹号！

我的点评第一次赢得了同学们的掌声。此后同学们和我亲近了许多，大事小事都愿意和我交流。我也借此机会和同学们在思想、生活、学习等方面进行了广泛的交流，我成了同学们的知心朋友，我的教学工作也轻松多了。

关爱，从生活的点滴中彰显

我和学生接触得多了，他们的家事、私事，大事、小事，都愿意给我讲，和我交流，希望我提出建议；对我的教学工作，同学们也提出了意见和要求。我上课的感觉越来越好，师生配合得也越来越和谐。

记得那是四月中旬的一个星期二，晚上是我的晚自习，我正准备往教室走，三位同学气喘吁吁地跑来告诉我，班上的小东同学得了急性阑尾炎，已送往县中医院，急需手术，但没有钱缴费，家长没赶来也没有人签字，不能马上手术。同学想到我，希望我去医院想办法解决。学生的生命是高于一切的，不管结果如何，作为一名教师要敢于为学生承担责任。我把书和资料放在讲台上，和三位同学跑到了中医院。

小东同学躺在病床上，痛苦地呻吟着，脸色已变得青黑了。医生告诉我，如果不及时手术，他的病情会加重，甚至会危及生命。同学们焦急地看着我，我立即找来医生，让同学去缴费，并承诺："不管花费多少钱由我承担；不管出现什么样的结果由我负全部责任，但请及时安排最好的医生手术，使用最好的药物治疗。"在真诚恳请和承诺后，我签上我的名字，学生被送进手术室。这时，我一颗紧绷的心才松弛下来，才发现一路的奔波和紧张让我浑身已湿透，未吃晚饭的饥饿感阵阵袭来。这时，有同学提醒我："老师，今晚是你的自习。"我马上安排两位同学留下照顾小东，让另一名同学和我一起回学校。

走进教室，教室里静悄悄的，同学们有的在看书，有的在做作业，但都聚精会神。当我们进入教室，同学们都投来探询的目光，我告诉同学们，小东同学已在手术。顿时，教室里一片掌声和叫好声。这次事件以后，我和同学们的关系更密切，成了真正的挚友。

怀想，在岁月的痕迹中品味

前几天整理办公室，偶然看到了一张已发黄的高考成绩分析表，班均分 104.6 分。那些熟悉的名字后的孩子，大都考进了大学，如今早已工作。岁月匆匆的痕迹，近来常常出现在我的梦里，让我回想起那些难忘的跋涉岁月，那些五彩斑斓的校园生活，那些充满生机的同学，让我的心里溢满幸福和自豪！

十年

宜宾市江安县橙乡幼儿园　万　茜

最近阅读了梁衡先生的《青山不老》，文章中的主人公是一位手持旱烟的瘦小老头，在北风肆虐的晋西北数十年如一日地打造绿洲。杨树、柳树如臂如股，劲挺在山洼山腰，有了绿树便守住了黄土。作为一名山野老农，他用打造绿洲来实现自己的价值，他与山川共存，与日月同辉。梁衡先生在文章结尾感悟道：青山是不会老的！

是啊，青山不会老，文中的瘦小老头用几十载春秋打造了绿洲，用一轮又一轮的十年守住了黄土，守住了生命的归宿。读完文章，想想我自己，从幼年学语、少年求学、青年成家立业，白驹过隙，韶光荏苒，一晃已三十余载，细数时光，让我感悟最深、收获最多的是作为乡村教师的那十年。

2009 年 8 月末，秋蝉乍鸣，我提着一个大行李箱，坐上拥挤的公共汽车，在尘土飞扬中，来到了江安县大妙乡中心小学校任教。大妙乡位于宜宾江安县南端，佛耳岩山脚。这里山清水秀，民风淳朴。大妙乡中心小学便坐落于乡镇的西侧，从一扇锈迹斑斑的大铁门进去，穿过一条林荫小道便是教学综合楼和教师宿舍楼，几栋楼中间是坑洼不平的水泥操场，每到下雨天，一个个大水洼中倒映着园里榕树的身影，天地与这片翠绿融为一体，沁人心脾。就在这样的校园里，我站上三尺讲台，面对教室里那五十张明媚单纯的笑脸，成了一名小学教师。选择了远方便只顾风雨兼程，选择了教师这份职业那就做好一名园丁，怀揣着这份信念和坚守，我的教学生涯的序幕就此拉开。

那时的我虽然对教学还未深得要领，但是对孩子们却已是满满的真情。乡下的学校离家远，上学和回家需要大量的时间，所以孩子们中午都不回家，就在学校用餐。那时我怕孩子们吃完午饭后在街上游荡不安全，于是每天午餐后我都会到教室里陪着孩子们。我抱着一摞作业本在讲台上批改，讲台下孩子们有趴在桌上睡觉的，有在悄悄看书的，有在做作业的，风吹着窗户外的榕树叶沙沙作响。有时我改完作业就拿着一把大蒲扇，在教室里轻轻地踱步，蒲扇的清风吹动着孩子们的发丝。现在想来，那些场景不就是小时候的我看到长辈们爱护晚辈们时做的吗？不知不觉中我竟然也做到了！有一次，我守着孩子们午休，班上还有五个小男孩没有到教室，我的内心开始焦急起来，这时班上有孩子们说：“老师，他们去河塘里洗澡了！”之后的具体情节记忆里也不清楚了，只记得那天太阳光火辣辣的，我拿着一根细长的竹棍站在池塘边，五个小男孩可怜巴巴地站在一旁，那时我含着泪说：“要是你们被水淹了，你们的爷爷奶奶怎么办，你们在外打工的爸爸妈妈怎么办？”孩子们低头哭泣不语。第二天中午再到教室，孩子们一个不少地在教室里休息，讲台上放着两朵白兰花，那是孩子们给我最好的答谢。

在陪伴孩子们的时光里，我所教的学科在同类学校评比中每期都荣获一等奖，有一年的成绩直追城里孩子的成绩，这对乡下孩子和教师来说实属不易。三年时光已到，我送走了我教学生涯中的第一批学生，目送他们踏上新的旅程，我也回味着这三年所收获的肯定和幸福。

2013 年 8 月，把孩子们带毕业后，我调到夕佳山幼儿园任教，和才上班时的激情和热情不同，这次我要做的更多是适应和转变。面对年龄只有三岁的小孩，我手足无措，不一样的教学对象和教学模式让我一切都必须从头开始。在理论学习方面，我买了幼儿教育专业书籍认真地阅读和学习，有不理解的知识点就请教同事或上网查阅，做好备注和反思，不断地充实自己的理论知识；在教学技能方面，我转变身份，转变思维，走进同事的课堂观摩教学，并把自己的课堂教学用手机录下反复观看和揣摩，向有经验的老师请教，让她们根据课堂实录指出不足并给予指导。慢慢地，我从一个连“环创”“指南”这样的专业术语都不懂的幼教“小白”变成了能和

有时我改完作业就拿着一把大蒲扇，在教室里轻轻地踱步，蒲扇的清风吹动着孩子们的发丝。现在想来，那些场景不就是小时候长辈们爱护晚辈们时做的吗？

同事讨论“游戏化课程”，和家长探讨“亲子教育”“家园合作”的幼儿教师，更重要的是我成了孩子们喜爱的“小万老师”。

十载春秋，一瞬而过。转眼我从提着行李箱站在乡村公路旁四处张望的鲁莽丫头，变成了现在每天早上温柔地对孩子们问好的“万老师”，从大学毕业在大妙乡中心小学任教，到在夕佳山幼儿园任教，再到现在江安县橙乡幼儿园任教，每一次的改变都离不开自己的努力及身边同事、朋友们的帮助和支持，每一次成长都离不开我对教师这个身份的坚守。我坚守自己这三尺讲台，陪我的孩子们领略山的辽阔、海的深远。耕种自有时，收获也有日，待到下一个十年我又会收获什么，感悟什么，我不清楚。但我相信梁衡先生在文中所说：青山是不会老的！信念和情怀也一样不会老，只要怀着教书育人的情怀、做好园丁的信念，就算到下一个十年追忆往事，我一样会眼中有光、心中有梦、脸上有爱！

野棉花

资阳市安岳县岳阳镇东方红小学　喻安宁

新的学期开始了，我正在有条不紊地进行一年级新生报名工作时，一声呼唤打断了我，“咦，这不是喻老师吗？”我抬起头，眼前是一张陌生的脸，一位年轻的妈妈带着她的孩子出现在排队报名的家长中。“请问你是来报名的家长吗？”我问道。可能看出了我的迷茫，这位年轻的妈妈走上前，激动地说：“是我呀，XXX，您的第一届学生，真是太巧了，现在我的孩子又送到了您的班上，您还记得吗，那时候您带着我们跳皮筋，我们给您摘野棉花……”野棉花？在这位年轻妈妈的絮叨中，我的思绪飞回了二十二年前。

二十二年前，十七岁的我从安岳师范学校毕业，被分配到了横庙乡九年制义务学校四村小学，一所距离安岳县城两个多小时车程的村小。当汽车喘着粗气停下来时，我的眼前出现了一排矮矮的房舍，寒风从挂着小半张塑料纸的窗户里钻进钻出，四处漏风的教室里放着十几张破旧的课桌，几根木头架子勉强支撑起一块黑板，黑板上也是坑坑洼洼的。旁边是办公室兼寝室，一张只有一个空架子的单人床，连床板都没有，一张课桌和一条板凳，这就是我的全部家当了。放下简单的行囊，看着眼前的一切，我的心满是迷茫，难道这就是我以后将要生活和工作的地方了？我的青春就将耗费在这里了？不，我要改行！

揣着改行的强烈念头，我被动地开始了我的教学工作。乡村的教学工作很单调，我接手的是小学四年级，担任一个班级的全部教学工作。我的到来给孩子们宁静的生活增添了新的快乐，他们在好奇地打量中慢慢和我熟悉起来。在和孩子们的朝夕相处中，我也逐渐习惯了这种生活。很快，一位叫小西的女生引起了我的注意。她是我们班学生中个子最高的，据说由于智力的原因，八岁才读一年级，是班级中最沉默的一位学生，课间常常一个人孤独地坐在角落，没有朋友，也没有同学主动和她交流。她说话有些口齿不清，有时会结结巴巴，也就是通常说的“大舌头”。第一次让她朗读课文，她一开口就引起同学们的哄堂大笑，在这样的环境中她就不敢说话了，在课堂上更是一言不发。

“老师已经听清了她的意思，相信认真听课的小朋友也和老师一样听懂了。”

课间，我常常与她聊天，问她在课余时间一般会做些什么。交谈中，我了解到小西的家庭并不富裕，父母离了婚，母亲远嫁，父亲在外地打工，她和奶奶在家相依为命。为了补贴家用，她常常利用课余时间到山坡上找各种草药，对乡间常见的麻芋子、过路黄等草药她都如数家珍。各种野草她也非常熟悉，常常告诉我这是什么草，那又是什么草。聊着小西熟悉的话题，渐渐地，小西和我越来越亲近，话也慢慢多了起来。我看在眼里，喜在心中。有时我会教给她一些咬字、发音的方法，虽然她无论怎么努力，读音还是模糊，但我没有反复纠正她的发音。只要她愿意开口，愿意和同学交流，对她来说就已经是进步了。小西见我并没有特别在意她的发音，偶尔也能在课堂上举手。记得她第一次在课堂上回答问题，有几个同学在一旁偷笑，并用诧异的目光望着我。于是，我让小西重复了一遍答案，并大声告诉全班学生：“老师已经听清了她的意思，相信认真听课的小朋友也和老师一样听懂了。”同学们见我对小西的发音并不在意，也就“听怪而不怪了”。慢慢地，小西在课间愿意与同学交流，也愿意和同学们一起玩耍了。看着小西脸上渐渐浮现的笑容，我禁不住想：就算我只教一年书，这一年也算是有意义的。

金色的深秋渐渐来临，寒风从窗口的破洞中钻进来，我找来一些报纸封住了破洞，可是很快报纸就被寒风撕裂了，坐在冰冷的板凳上的我忍不住缩脖子。有一天早上，我照例来到教室带领同学们早读，小西匆匆跑进教室，递来一个塑料袋，我打开一看，是一小口袋雪白的野棉花。这个季节正是漫山遍野的野棉花开放的时候，雪白的花朵在寒风中摇曳，我却从来没有想过去摘下来。小西说：“老师，天气冷了，我想摘点野棉花，给你做个垫子，这样你坐下来就不冷了。”那得摘多少野棉花呀，这可真是个孩子的念头！不等我回答，小西抓过口袋挂在了黑板下的架子上。我摸摸小西的头，很想告诉她不用摘了，可看着她清澈又饱含期待的目光，最终没有说出口，只是轻轻说道：“谢谢你了。”小西的眼神瞬间亮了，欢快地跑到座位上，打开书读了起来。

从此，每天早上来的时候带几朵野棉花成了小西的固定“工作”。其他的孩子知道这个想法后，纷纷加入，将摘来的野棉花挂在黑板下的口袋里。野棉花由一小包变成了一大包，又渐渐变成了两大包，终于在寒冷的冬天来临之前，装满了三大口袋。我找来了布，缝了两个晚上，做成一个口袋，将野棉花装了进去。坐在野棉花坐垫上，脑海中想起了孩子们纯真的笑脸，回忆起从教的点点滴滴，我的心温暖起来。多年后，小西那一届孩子们毕业离开了学校，后来我也离开了四村小学，可是那带着孩子们温度的野棉花坐垫一直放在我家的椅子上，也放在我的心上。

如今我已经从教二十多年了，回味这段美好的时光，乡村的教学生活就像那一朵朵洁白的野棉花，没有华丽的色泽，淡淡的清香却让人回味无穷。人生几何，岁月匆匆！如果让我说说感受，那一定是：简单并快乐着，平淡并享受着，付出并收获着！

乡村的教学生活就像那一朵朵洁白的野棉花，没有华丽的色泽，淡淡的清香却让人回味无穷。

支教的路还很长很长

成都市读者小学　陈　龙

走进河坡

如果不是因为支教，我可能一辈子也无法踏上这片土地。远处的山上，经幡随风飘舞，耳中仿佛传来阵阵佛音。坐在车里，一边和送我们到学校的县教育局同志聊天，一边眺望着山下奔流不息的金沙江，我心里总想着，河坡那个地方会是什么样子的呢？那里的生活如何？校舍和教室又是怎样的？学生有多少？他们的行为习惯好吗？“还有多远？”我不时这样问他们。“马上马上。”他们总是笑着回答。

“州上领导来河坡视察时说，在河坡，不说生活，能生存就是了不起了。”乡党委书记如是说道。2002 年 9 月 16 日，在高原特有的灿烂阳光下，我走进了甘孜藏族自治州白玉县河坡乡中心小学。学校有十五位教师，两百零八名学生，都是藏族。共有七个教学班，其中一年级两个班，其余年级各一个班。

河坡乡是白玉县典型的半农半牧乡，位于县城东北，距离县城三十五公里，总人口三千多人，平均海拔三千三百米，曾被誉为格萨尔王的兵工厂。在终年积雪的大山怀抱中，一个山势平坦的山坡上，两排平房和一座两层教学楼，这就是河坡乡中心小学的全貌了。

车开进学校时正值中午，房檐下的阴凉处坐满了正在吃饭的学生。一位满身泥土、满脸络腮胡子的康巴汉子出现在我们面前，他便是学校的戴校长。“这是教学楼，那是食堂、教师宿舍、学生宿舍……”戴校长一一为我们介绍。我原本以为学校会比我想象中更差，但看到的实际情况却比我想象中要好得多。然而，当我绕着校园走了一圈后，我的想法发生了变化。

“木板上放的是什么？”我问道。

“哦，那是学生的晚餐——阿萨馍馍，他们要吃一个星期。”阿萨馍馍就是一种像锅盔一样的饼，直接放在木板上。

这里冬天风大，夏天阳光烈。而一日三餐，阿萨馍馍、酸奶子是这里不变的食物……看到这些，我的心仿佛一张被揉皱了的纸。同样是祖国的未来，这些孩子们的生活条件却如此艰苦。我顿时觉得自己身上的担子更重了。太多的期盼、太多的责任让我感到，假如在这短短的一年时间里，不能为这些孩子做一点点工作的话，我心里会愧疚一辈子。我深切地希望能尽我所能，为他们的生活带来一些改变和希望。

坚守责任

带着爱、尊重和自我实现的信念，我在河坡乡中心小学努力工作。这里位于深山峡谷之中，农牧民居住分散，孩子们无法像城里孩子那样每天上学放学。学校更像是孩子们的家，老师们不仅教授知识，还要照顾孩子们的生活起居。十五位教职工既是老师，又是家长，还是保姆，他们担水劈柴、疏通厕所、修整操场等，为孩子们营造一个温馨的学习环境。

在这里，我全身心地投入工作中，以教学工作为中心，推陈出新，组织教研活动，让老师们接受新课标的一些新的教学理念，并将优秀教育成果应用于教学中。同时，我也结合自身的专业特长，为学校的发展出谋划策，为当地良好社会风气的弘扬作出贡献。工作之余，我主动联系母校和各界人士，组织为当地贫困学生捐款捐物，解决学费等问题，架起城市与乡村之间的桥梁。

在河坡，我和我的支教伙伴们克服了许多生活习惯、气候、语言等方面的困难，深入群众、融入当地。虽然我们做的都是一些微不足道的事情，但河坡乡中心小学的老师们却非常感动。在离开时，河坡乡中心小学教导主任何明写下了《千里送真情》中的一段话送给我们："你们洒下的汗水，带给我们的理念、方法和浓浓的情意，永远像雪山顶上盛开的藏红花，映红整个雪域高原。"这段话深深地印在了我的心中。

时隔六年，我仍然时常想起那些大山里的孩子。每当我看到孩子们那一双双明亮无邪的眼睛、一张张天真稚气的笑脸时，沉甸甸的责任感便油然而生。无论身在何处，无论环境如何，孩子们纯真的心灵对知识的渴求都是一样的。作为老师，我们的职责也是不变的，那就是传授知识，守护孩子们纯真的心灵，努力将他们培养成才。我们希望通过自己的努力，让更多的孩子走出大山，看到更广阔的世界，拥有更美好的未来。

童真最美

但是，有的时候，我也会头痛不已。有一次，一个很简单的问题，我已经反复讲了几遍了，不知是理解不了汉语还是不专心，我请小绒回答问题时，他总答不上来。我实在忍不住，大声呵斥他："你怎么这样，到底专心了没有？"他没作声，就那样直直地站着。我禁不住打量着他：一件许久未洗的运动衫，脚下的球鞋已经糊满了泥巴，从泥缝中隐约可见鞋底是白色的，浓密的短发自然地搭在额前，两颊的"高原红"衬得一张小脸愈发稚嫩，鼻子里的鼻涕流出来又被吸进去。他直愣愣地盯着我，眼泪在眼眶里直打转，是那么无邪，又那么无奈……我心里咯噔一下，把准备继续批评他的一大堆话咽了下去。

我心里总因为这件事感到不安，觉得对他批评得太重了。几天后，我正在操场上感受高原特有的灿烂阳光，突然，一只鸟儿扑棱棱地落在地上，挣扎着想飞起来，但无奈已是心有余而力不足了。这鸟儿身子是黑色的，一对翅膀上有几根雪白的羽毛，琥珀色的眼睛里黑色的瞳孔闪烁着惊慌与无助，显然是只受伤的鸟儿。可是我怎样也捉不住它，正懊恼着，一双小手已经捧起了鸟儿。"陈老师，你真笨！"小绒笑嘻嘻地说："你想救它，是不是？"

真的，在这一刻，我第一次发现了小绒的可爱，更发现了每天面对的高原上的孩子们的可爱。高原上的孩子们受到的教育虽然相对不足，却大都拥有一颗纯洁善良的心，善待生命，善待生活。我想，在我的支教生涯中，高原上的孩子们为我补上了一堂生活的课，教会了我怎样关爱他人。我愿意用一生去善待孩子，善待生活，永远做孩子心灵净土的守望者。

你们洒下的汗水，带给我们的理念、方法和浓浓的情意，永远像雪山顶上盛开的藏红花，映红整个雪域高原。

后记

短短一年的支教经历，有过苦，有过乐，有过挫折，也有过迷惑。但我们满怀激情，克服种种困难，为乡村教育事业尽着一个青年教师的责任和义务。我记得这样一句话：“一个人可以平凡，却不可以平庸。”支教生涯是我一生中一笔弥足珍贵的财富，将永远激励我做好本职工作，踏踏实实做人，不求所得，无愧于心。

岁月长长　路长长

广安市华蓥市明月镇小学　周庆峰

岁月长长，路长长……

我是一名普通的小学教师，一直坚守在祖国的教育讲台上。从满头青丝到如今两鬓斑白，从青涩幼稚到成熟坦然，我经历了世纪的变迁，算算时间，教学生涯已有十几年了。当初的选择，让我踏上了人生最可贵的道路。在这条路上，我斗志昂扬，百折不挠，面对风雨不改初衷，任劳任怨。我走过的是一条平凡而务实的道路，坚实而稳重。回忆中的点点星光，就像滴落在石板上的水花，溅起我心中无数的涟漪。

在十九岁那年，我重新回到了生我养我的这片土地。那时我初出茅庐，满腔热血，对即将开始的职业生涯还没有深入的思考。然而现实是残酷的，我被分配到一个偏远的乡村小学任教，离家有近一个小时的路程。由于住宿不便，每天清晨天未亮，我就要匆忙赶往学校，日落黄昏后，又匆忙赶回家里。这样的奔波日复一日，持续了一年时间。现在回想起来，那段日子的艰辛难以忘记，但其中也有温馨，也有感慨……

残缺的砖瓦，垒砌的石墙，狭窄的房间，一座平凡的川东四合院，那就是我工作的学校。当我第一天看到时，我简直无法相信这是一所学校。那几年是学龄儿童数量迅猛增长的时期，我记得正逢我招收新生的那年，一个班有五六十人，拥挤的教室时常让人感到透不过气。孩子们每天上课只有借助墙壁上的一个个洞孔透进来的光线，才看得清黑板上的字迹。但孩子们让我第一次触碰到了那纯真的灵魂。我们一起学习，一起在课间游戏，在与他们每一次的眼神交流中，我感受到了作为一名教师的神圣使命。通过知识的纽带，我引领着他们稚嫩的生命进入成长的殿堂。

那段日子很艰苦。交通不便，通信不发达，甚至连最基本的教科书都需要通过骡马运输。而且，午饭也常常无法得到解决，经常吃泡面或者清水面。但是，这些物质上的匮乏却被温暖的理解和尊重弥补了。我依稀记得，许多次晨读时，都会发现“小淘气们”偷偷在门口放置新鲜蔬菜和附近的村民留下的鸡蛋，放学后还有淳朴的家长邀请我去蹭饭。这些让我真切地感受到了真情的温暖，体味到了作为教师的幸福与感动。至今我都无法忘记这段记忆。那里虽然偏远，但人们会相互照顾；那里虽然相对落后，但他们能努力进取；那里虽然安静，甚至多日都泛不起一丝涟漪，但他们却知足常乐。就是那一年，我才真正感受到了在乡亲们心中作为一名教师的尊严与信心……

岁月长长，路长长……

后来，我调到了离家更近的一所学校，没想到在那里一待就是十年。这所学校很小，班级也不健全，然而就是在这里，我完整地带毕业了一届小学生，也终于明白了渡人的道理。孩子们第一天到校报名时是那么可爱与活泼。从那一刻起，他们就要脱离父母的呵护，每一天都要与我这个陌生的老师在一起了。

每天一点点的教学，一点点的日积月累，他们也一天天长高长大。最大的遗憾是那时候没有智能手机，也很难找到相机，没留下过什么照片。现在对孩子们的印象，只能在回忆里去找寻了。他们当时很听话，很少做不守纪律的事，每次期末测试都很优秀。我的工作充满了活力，充满了信心，自己的教学技能也得到了进步。我们在学校，就那么和谐地相处着，一个老师、一面黑板、一盒粉笔、一群孩子、一节课，和谐地一起度过了六年，那是多么难忘而幸福的经历啊！我们曾一起欢笑，一起忧伤，一起失落，一起困惑，一起贴板报，一起劳动，一起游戏，一起说再见。记得他们毕业时，离开学校的最后一天，我没有去送他们，没有去与他们道别，更没有给他们留下什么寄语。因为，浓浓的不舍让我心里哽咽着。

前几年，他们之中有两个同学到家来看我，高大、成熟、俊秀到我几乎都不认识了，只有那一声声“周老师”让我想起了他们的名字。他俩当时是班上最优秀的，如今他俩即将迈入大学校门，两人的志愿都挺不错，一个学国防，一个学土木工程。当我看到他们眼神的时候，我知道那份情感没有改变；在他们的笑容中，我知道，那份天真无邪没有改变。我无法解释那种泪水在眼中不停打转的感动和高兴，这也许就是作为一名教师最值得欣慰的事了。雏鸟终有一天要离开父母温暖的巢穴，去翱翔天际，那一瞬间的依依不舍，让我落泪。

岁月长长，路更长长……

几经辗转，我回到了母校工作，正是母校九年的培养，才铸成了今天的我。我现在的一切，都离不开母校的滋养。站在母校熟悉的讲台上，我无法用言语来形容内心的感触，这是一件多么值得骄傲的事情啊。这几年我不知道教了多少毕业班的学生。随着时间的流逝，他们的名字有很多都逐渐模糊，唯一记得的是他们的天真与烂漫和一张张纯真稚气的笑脸，以及带给自己不断进步的成长经历。这些将是我这一生永远书写不完的故事。

这几年，身边的同事很多都离开了学校，有的考调走了，还有的离开了教育岗位，去更好的地方发展了。闲暇之余，我忍不住去思考。不是我没有理想、没有大志，而是我早已将我的赤诚之心交给了祖国的教育事业。如果每个人都不愿意从事乡村教育事业，那何谈祖国教育事业的振兴呢？没有祖国教育事业的进步，个人的成功与进步又有何意义？没有民族崛起的智慧和幸福，个人的幸福又从何而来？正如著名教育家陶行知先生所说："我们研究学问，不仅仅是为了增加个人的幸福，更是要改造社会。"在平凡的岗位上，也能实现一个人的生命价值。人生有多少个十年，有多少值得品味的青春呢？我能投身于教育事业，也不枉此生了。而这些，也是教育带给每个教育工作者无价的回报。

我是一名普通而平凡的小学教师，我为祖国的教育事业而生，属于这片生机勃勃的土地，属于这片养育我的沃土。我，为自己是一名教育工作者而自豪，为能为祖国教育事业奉献自己的力量而充实，为这平凡的事业而感动！能为祖国教育事业添光彩，我此生无憾！

你若坚持　终将绽放

广元市利州区宝轮第一小学　孙水仙

我的教育理念的形成得益于我的成长经历。我相信："你若坚持，终将绽放。"只要勤勉认真，没有什么事情是不可能的；只要你坚持自己喜欢的事情，你就会脱颖而出。

我出生于一个农民家庭，虽然家庭经济困难，但父母十分重视教育。母亲没有文化，自我懂事起，每次看到乡里学校的老师悠闲地转路时，她都会说，只要我好好读书，就能过上和他们一样的生活，不要像妈妈一样，天黑了还得干完地里的活才能回家。那个时候我非常想摆脱贫困，不愿继续母亲面朝黄土、背朝天的生活方式。我不是想成为富人，只是想过一种更有价值的生活。父亲在那个经济匮乏的年代还算有学识，他热爱阅读，我从小就偷偷阅读父亲的金庸武侠小说，或是到校门口的小人书店蹭书读。记得在小学的一堂公开课上，老师问大家长大后想做什么，同学们一个个站起来讲说要当科学家。我就在想，他们真的为当科学家做好准备了吗？当问及我时，我说："长大了，我要开一家校门口那样的小人书店。"老师满是不解。可是经营书店在我心里从来就是最有价值和最快乐的事，直到现在我仍然想开书店。

中学毕业后，我选择了考师范学校，最主要的原因是那样可以让自己很快跳出"农门"，养活自己，减轻父母的负担。还有一个原因是当老师可以和书打交道，更接近自己最初的梦想。走上讲台的前九年我是一名数学教师，业余时间我坚持阅读自己喜欢的书籍。后来因为女儿，我自告奋勇地找校长申请转型做了语文老师。从此，我带着孩子们开始阅读，阅读点燃了孩子们学语文的热情。尽管我没能如愿开一家书店，但我可以把自己的教室变成微型图书馆。

成长路上要有心灵的导师。有句话说得好："鸡蛋，从外向内打破是一盘食物，而从内向外打破是一个生命。"成为别人盘中的美食还是成为自己生命的主人，关键在于内心的选择。如果你选择后者，就要从心灵开始生命的旅程。而影响我们的决定，把我们引向正道的人就是心灵导师。在我的成长过程中，有三个在不同时期对我影响极大的心灵导师，缺少其中一个，我都不能成为今天的自己。

第一位是我在师范学校时的文学老师李老师。他使我深刻理解到，一个优秀的老师必须始终与书为伴。李老师不仅博览群书，站上讲台无须查阅就能自如引用古今中外的经典语句，他更是一位温柔的老师，用慈父般的情怀包容着我们这群还未开启心智的少年。李老师常与我们分享书籍，我虽然不算太聪明，但却是一个热爱读书的孩子，李老师曾鼓励我："与书为伴，你会成为一个优秀的老师的。"二十多年来，我一直为这句话而努力，我不确定自己是否已成为李老师心中的优秀老师，但我坚信，与书为伴，我一定会越来越优秀。

第二位是广元市利州区教育局的解主任，他引领我走上了学习与成长的平台。在范家小学任教时，我已经有了初步的阅读意识，而在宝轮一小的时候才开始真正实践。从最初只凭热情和兴趣的海量阅读，到后来的深耕阅读和参加聊书会，我的成长离不开解主任的信任与支持。无论是省内还是省外，只要有阅读培训活动，解老师都会无私地给我提供免费学习的机会。我虽不善言辞，但解老师却总是放心地让我在主席台上分享。开始时我很紧张，接到任务后常常无法安睡，梦中都在熟悉手稿，但慢慢地，我变得可以脱离手稿侃侃而谈，甚至能讲上半天。同事们惊讶于我的变化，而我心里清楚，这正是因为边学习边分享，让我积累了丰富的经验，得以迅速成长。在解主任的帮助下，我逐渐走出利州，走出广元，走向全国，遇见了更好的自己，也结识了更多志同道合的朋友。

第三位是心和公益基金会的传美老师，她帮助我开阔视野，改变了人生格局。传美老师是心和公益基金会的负责人，人如其名，她的到来就是在给我们传递美。她以一个阅读公益活动推广人的人格魅力和丰富的阅读经验，潜移默化地改变了我对教育与阅读的看法。在传美老师的熏陶下，我逐渐意识到通过阅读可以改变乡村孩子的命运，进而改变无数家庭的命运，最终达到改变民族命运的目标。于是我开始积极到多个阅读机构和许多学校做阅读公益培训，现身说法告诉老师们，阅读是起点最低、成本最低、效率最高的成长之路。希望我和孩子们的阅读故事可以帮助更多的老师和孩子，希望有一天，中国这个人口大国会成为一个真正的阅读强国。

一个人如果想在自己喜欢的领域取得创新成果，就必须面对两个无法回避的现实问题，这需要一颗强大的内心。

第一，在没有遇到志同道合的人之前，你可能需要度过一段孤独的时光。因为独特的行为方式可能会引来众多不解的目光。在这些人的眼中，你可能会被视为异类。然而，这并不重要。既然我们选择了与众不同的道路，就必须接受孤独和误解。心中应有一个信念默默鼓励自己：只有耐得住寂寞，才看得到繁华。

第二，我们的实践可能会因为经验的不足而失败。如果你更看重学生的考试成绩，那么创新就没有必要。按部就班的工作可能会让试卷上的分数更令人满意。但我们要明白，只有坚持做自己喜欢的事情，人生才会更有意义和价值。黎明前的黑暗终将过去，我们终将迎接希望的曙光。

我选择的这条路并不拥挤，因为坚持的人并不多。近几年来，我多次拒绝了市内外各类学校的高薪聘请，始终坚守在乡村。因为我知道乡村的孩子们更需要我。只有改变乡村的阅读生态环境，才能改变乡村孩子的命运。我一直坚信：书籍的力量一定可以改变一所学校，带动一座城市，使一个民族富强，给整个世界带来温暖。我教育孩子们成为一个有温度、有思想的人，成为一个有家国情怀的中国人，成为一个能造福人类、心怀天下的世界公民，这样他们就能获得心灵的丰盈和精神的成长。

最大的价值

自贡市沿滩区九洪乡中心小学校　高　丽

2012 年 2 月，我怀着满腔的激情和热血，踏上了教育之路，来到了乡村这片热土，开始了我平凡而充实的教学之旅。

刚踏上工作岗位的我，对一切都充满了好奇。我一心渴望用自己的满腔热忱和对教育事业的坚定热爱，来谱写属于自己的教育人生。然而，随着时间的推移，我遇到了许多问题和困扰：乡村小学的教学条件艰苦，学生的学科基础薄弱，班级管理困难重重等，这些让我深感迷茫。作为教师，我们的人生价值定位究竟是什么？曾有一段时间，我对教师这个职业的憧憬消失殆尽，我在迷茫中痛苦地追寻着一名小学教师的价值，思索着我们的价值究竟在何处。

直到在这所乡村小学工作的第二年，我才对教师的价值有了新的认识。由于乡村小学教师紧缺，我本身比较踏实肯干，尽管缺乏教学经验，我还是被安排担任了六年级的语文和英语两门学科的教学工作，并兼任六年级一个班的班主任。这个班共有二十八名学生，男生比女生多几个，其中两个男孩特别调皮，总是惹是生非，导致整个班的班风都不佳。这样一个班级交到我手中，我心里有种说不出的滋味。然而，我别无选择，只能服从学校的安排，毅然面对挑战。

由于学校离家较远，我周一到周四都住在学校，因此时间相对充裕，对孩子们的管教也更为严格。经过一个月左右的时间，班级整体情况有了一定的好转。大部分孩子都很听话，能够按照我的要求认真学习，成绩也有了一定的进步。然而，那两个调皮的男孩似乎没有丝毫改变，他们经常在一起惹是生非，令我十分头痛。

中午我常利用午自习时间让孩子们做小练习。我让孩子们在规定时间内完成阅读理解题，并当面为每个孩子批改，有针对性地对每个孩子存在的问题进行辅导。由于孩子们的阅读理解能力较差，自从我担任该班的语文教师以来，经常进行这样的练习。很多孩子都很喜欢这种方式，他们认为这样比全班一起讲解效果更好。因此，孩子们在阅读理解方面的进步还是很大的。看到孩子们进步，我也感到非常欣慰，这也是对自己工作的肯定。

这天中午，我像往常一样提醒那两个孩子好好写作业。然而其中一个男孩小伟依然一字未动。我努力克制自己的情绪，耐心地劝说他："其他同学都快写完了，你要加油哦，如果有不懂的地方可以问老师。"我以为我的苦心劝告会让他明白我的意图，但万万没想到他依然自顾自地玩耍，还时不时捉弄旁边的同学，一副洋洋得意的样子。

此时的我终于按捺不住性子了，用严厉的语气说："小伟，你到底要干什么？"他一副无所谓的态度让我更加气愤，我让他拿着练习题去办公室等着我，他也不动，没办法我只好亲自带着他来到办公室。他以为我会狠狠地骂他一顿，甚至会打他不写作业的小手。可是，我只是语重心长地说了一句："把练习题做好了，你就可以回教室。"当我再次来到他面前时，他填了几个空，练习题的大部分还是空白的，我问他："你想回教室上课吗？"他不好意思地轻轻点了点头，我又问："想回教室为什么不写作业呢？"他低着头。"是不会做吗？"我看出他此时是有点愧疚了，于是借机问了问他家里的情况，并告诉他爸爸妈妈在外打工挣钱不容易，爷爷奶奶这么大年纪种地很辛苦，还要照顾他更不容易，就是希望他能好好读书，将来有点出息……我看到他眼里的泪花，没有再多说，我想他心里一定是明白的，于是我把一本字典和课本放在他面前说："先自己查资料，如果还不会可以问老师。"当我再次来到他面前时，果然大部分的题都填好了，而且字迹比以往写得都要工整，我把剩下几道不会的题耐心给他讲了一下，让他回了教室。

从那以后，小伟就像变了一个人似的，上课认真多了，偶尔会举手回答问题，还会帮助同学，作业也完成得一天比一天好了。出乎意料是那次期末考试，这孩子竟然考了 88 分。看着孩子的变化，我的心里别提有多开心了，孩子的奶奶看到我，也一个劲儿地表示感谢，说娃娃听话多了，也更加懂事了……

直到这一刻，我才真正体会到教师的价值是什么。虽然身在乡村，一切都不能和城里的比，但是看着一张张质朴的脸蛋，听着一句句朴实的话语，我深知自己的工作虽然平凡但不平庸。我开始慢慢懂得，孩子的成长就是教师价值的体现，是教师幸福的源泉！只要我们真心地对待孩子们，孩子们也会用实际行动回报我们，这就是教师最大的价值所在。

山中自有兰花草

广元市苍溪实验中学校　徐　静

“我原想收获一缕春风，你却给了我整个春天。我原想捧起一簇浪花，你却给了我整个海洋。”离开鱼米之乡白桥已经有将近七年的光阴了，可在每一个炊烟袅袅、挂满彩霞的黄昏，每一个啁啾鸟啼、鸡鸣犬吠的清晨，我总怀疑自己还在群山环绕的白桥中学，那个远离尘嚣却又桃李芬芳的学校。

七年前，那个拖着沉重的行李箱，站在地震后搭建的板房教室前不知所措的我，又浮现在眼前……

引路者

作为初生牛犊，刚走上三尺讲台的我血气方刚。看到教室后面黑压压一片听课的教师，心想，自己是城市里长大的姑娘，又从重庆的大学毕业，是优秀毕业生，见过大世面，我才不怕呢！撸起袖子，一堂课讲下来，达到了比预期还要好的效果。在座的学校领导和各位老师都非常满意，评课时，大家一致称赞，领导们都认为学校里来了一位好教师，喜不自胜。

正当我沉醉在大家的表扬声中，享受着老师们友好的赞美时，一位老教师不以为然地说：“我看你这堂课不过是摆摆花架子，学生们一团热闹，其实他们对知识的掌握很差！”听到这番话，我面红耳赤。旁边的老师介绍道，这位是学校的语文教研组长、高级教师何老师，教学能力在片区内有口皆碑。他的眼光最毒辣，喜欢给年轻老师挑刺。他放了大招，我得接招呀！我谦卑地聆听他给我提出的各条建议，越听越觉得有道理。

课后，何老师把我邀请到他家里，出人意料的是他居然把我表扬了一番。他认为我身上散发着年轻教师特有的光芒，这对吸引学生是天然的优势，同时还把我教学设计的优点一一列举了出来。他语重心长地说：“老一代的教师渐渐落伍了，但也有值得借鉴的丰富经验。年轻一代正在成长，但是也需要不断地历练。只要肯钻研，你一定是块教语文的好料子！”他的话让我受到极大的触动。初来乍到，老师们就给予了这么大的善意和热忱，我一下子就爱上了这个学风淳朴、校风纯正的学校。

此后的教研活动中，我总是耐心、细致地听取各位语文教师的评课意见，并认真思考。在大家的指导下，我迅速进入角色，很快成为学校的业务能手。他们不吝赐教，教导我要热爱本职工作，要有严谨务实的工作作风，要有“捧着一颗心来，不带半根草去”的奉献精神，要有“择一事终一生”的坚定信念。

感谢我的引路人，他们是我成长路上的基石，踏着他们铺就的平坦大道，我通向了更为广阔的语文天地。

同路人

总有那么一段青春飞扬的美好日子永远留存在记忆中，那是大家在一起流泪、一起欢笑的日子。我们的青春放飞在田野里，在大山深处，在田间小路上。

我们学校的老师以年轻人居多，每到傍晚，大家吃过晚饭便相约到郊外散步。学校外是一片大到望不到边的水果种植基地。园中的道路宽阔又平坦，男男女女的老师们一路有说有笑，聊大学趣事、聊梦想、聊美食、聊择偶，热闹非凡，成为园区里一道靓丽的风景线。散步归来，老师们又组织跳广场舞了，欢快的节奏吸引了同学们前来围观，大家跳得很欢乐，直到休息时间才依依不舍地离开。有了大家的陪伴，乡间的日子变得充实，丝毫不感到孤独。

每逢学校组织文艺汇演，老师们不但给学生编排节目，还自由组合，唱歌跳舞、小品相声，百花齐放，在学生们的欢呼声中把节目推向高潮，引得很多学生的爷爷奶奶前来观看。

感谢你们，青春的同路人，给原本单调的生活增添了靓丽的色彩。

兰花草

这所地震后新建的学校占地不大，干净整洁。清晨，学生在出完早操后，就开始打扫校园。学校的梧桐树经常掉叶，打扫干净并不容易，可乡村孩子的勤劳让这所学校十分洁净。校园的花坛里种满了蔷薇、栀子，还有一大片兰花，微风拂过，散发出阵阵幽香。

孩子们的天真化解了我初到学校时内心的忧愁。在课堂上，配乐朗诵史铁生《秋天的怀念》时，我把麦克风传给每个学生，他们热情高涨，跃跃欲试。当我让他们表演课本剧《皇帝的新装》时，他们拿着扫帚当道具，把大家逗得前俯后仰。春游、秋游时，他们背着锅碗瓢盆，炒菜时大显身手，每人都能炒出一个拿手菜，争先恐后地让我品尝，让我看到了孩子们不一样的一面。栀子花开放的时候，每每返校，女生都会送上一大把香气袭人的栀子花，沁人心脾，让人整天都是好心情。

孩子们特别淳朴，有的会在周末自己挖折耳根①、红薯、雪莲果，返校时背着来到我的宿舍。激动之情难以表达时，他们会模仿起大人的口吻，对我说："老师，这些东西在农村不值钱，爷爷奶奶说，你们教我们知识，你们辛苦了！"

当然，他们也不总是那么乖巧懂事，偶尔也会让人哭笑不得。有时候上课很安静，突然有几个同学的桌子像多米诺骨牌一样倒下，教室里顿时哄笑成一团。当我生气地质问是谁干的时，一个男生红着脸站起来说："老师，是我在搞实验。"又有时候，几个学生气呼呼地跑到我面前来告状，那些芝麻大的小事情在他们眼里也必须分出胜负。还有时候，女生们为了彼此的友谊而哭鼻子，这时又得花上好半天的时间和她们谈心。

毕业了，学生们把厚厚的留言簿送到我手中，希望我写几句赠言。每到此时，我就会感慨万千。孩子们，是你们给我的职业生涯铺上了最纯净的底色。你们就如同校园里的兰花草一样，永远在我的记忆里散发出淡淡的幽香。

在我成长的道路上，师长、同事和学生们是我勇气、信心和力量的源泉。我真诚地感谢在白桥度过的那段岁月和那里的淳朴民风、善良乡亲，以及那所白云深处的乡间中学。它们让我铭记在心，让我时刻勉励自己在未来的日子里，始终要秉持一颗真善美的心，教育学生们成为真善美的人。

---

① 即鱼腥草，一种草药，中国南方常见佐料，可食用。

叶子妈妈

成都市新都区新繁幼儿园　叶章丽

2013年夏天，我积极响应“四川省民族地区教育发展十年行动计划”，成了新都区教育局组织的第一批赴甘孜藏族自治州康定市支教教师中的一员。沿着川藏公路到达康定，从盆地到高原、从一个自然带到另一个自然带的转变开启了我未知的支教生涯。

叶子老师，你就像我的妈妈

一到康定，我就被分配到姑咱幼儿园大三班，兼任班主任。随之而来的是所带班级学生人数最多，且男生多，常规习惯不是很好的情况。但更让我手足无措的是不一样的日常教学工作：整个半日活动的组织教师只有一位，没有配班教师，孩子们没有区角活动，没有户外体育器械，小学化倾向严重，没有网络……来自各方的挑战接踵而来，然而，我热爱这份职业，爱我的孩子们，一想到孩子们纯真的笑脸，一双双渴望的眼睛，烦恼都抛到了脑后。有什么比和天真无邪的孩子们在一起更快乐呢？

我认为，爱孩子是教师教育学生的基础，那份爱来自内心，是对孩子真心的爱。正是怀着这份对孩子无怨无悔的爱，在业余时间，我不断学习先进的教学理论，积极探索教学规律，钻研教学方法，勇于创新，注重将先进的教学理念转化为教学行为，力求让每个孩子获得丰满的爱和适宜的发展；在教学工作中，我积极与班上的老师沟通交流自己的困惑及思考，有了其他老师的配合，我得以大胆实践自己的想法，给予孩子更多丰富有意义的活动；在家园衔接中，我借助自己的专业知识，倾注所有精力，坚持每天和家长沟通，让家长充分了解孩子的每天生活，告诉家长幼儿教育的作用，引领家长科学育儿，让年轻父母更多地参与和关注孩子的学习生活。于是，在真诚的相处中，我成了孩子们心目中的“叶子妈妈”，这亲切的称呼，也得到了家长们的认可。在与孩子们相处的点点滴滴里，我找到了让每一个生命精彩绽放的快乐，孩子们更加自由、自主，更乐学、会学和好学了。

叶子妈妈，我想留给你吃

教育是日复一日的坚持，因为有坚持，我的青春才有了回味的价值；因为有坚持，在别人眼里琐碎而平凡的工作才能充盈自己的内心。

有一次下午的点心时间，一贯调皮的小鑫吃了一半却不吃了，我轻轻地走过去问他怎么了。“叶子妈妈，我想留给你吃。”谁说孩子小不会表达感情？我顿时就好想哭，这份淳朴与稚嫩，多么值得我们呵护。晨间活动，女孩子穿着新买的衣服自信地走到我的面前，分享快乐。户外活动，下雨了，孩子们用小手当伞为我遮雨……这些小插曲，丰盈了我的生活，更坚定了我要用自己的“爱心、耐心、细心、精心”呵护每一个孩子的信念。

除了带给孩子们温暖与爱，我更想将这份温暖与爱背后的力量传到校园里，惠及更多的教师。在教研活动时，我们展开了专题研讨，交流如何让孩子们愿意听你的、如何让孩子们喜欢你的活动、如何培养班级良好的常规习惯……我和老师们共同制订出了符合幼儿实际能力的各领域教学计划和各年级常规培养计划。在一日活动的各个环节，充分利用各种机会，对幼儿进行全方位的常规习惯的培养，组织适合孩子年龄阶段的游戏活动。经过一年的努力，幼儿园孩子的整体行为习惯都有了进步，我任教的大三班的孩子各方面的能力更是进步显著，大三班在2013—2014学年度被康定市教育局评为“优秀班集体”。

叶子妈妈，这是什么呀

看着孩子们一张张纯真的笑脸，一双双渴求新知识的眼睛，一种强烈的责任感涌上心头，我没有理由不尽全力去关爱孩子们。面对空荡荡的教室和孩子们单一的玩具，我绞尽脑汁，思考着能为孩子们做些什么，才能让孩子们幼儿园的生活更加丰富多彩。多少个夜晚，当别人酣然入睡时，灯下的我在设计着各种自制玩具；多少个周末，当别人在家人的陪伴下四处玩耍时，我还在姑咱镇的街上到处奔走，为制作玩具收集着各种废旧材料。

功夫不负有心人，我为孩子们制作出了沙包、纸棒、飞盘、响罐、高跷等玩具。当这些玩具投放到户外体育活动中，孩子们久久不愿意停下来，兴致高涨，爱不释手。另外，我还自费为班上的孩子们购买了橡皮泥，当孩子们第一次玩橡皮泥的时候，孩子们问我："叶子妈妈，这是什么呀？我从来没玩过。"当时，莫名的心疼涌上心头。后来，我和园领导交流，希望能为孩子们增添多媒体设备和玩具，增添区角活动，让孩子们在游戏中学习，在游戏中成长。园领导看到我为孩子们如此尽心尽力，经过多次行政会议讨论，最终决定向康定教育局申请，为幼儿园增添电视机、玩具柜和各种玩具。从此，姑咱幼儿园开始运用多媒体进行教学，孩子们有区角游戏了，每天不再只是认字、写字，他们在游戏中探索着世界，体验着成长的快乐。

叶子妈妈，我不要你走

至今仍记得我离开姑咱幼儿园的时候，那是一个下雨天，和孩子们的道别，笼罩着忧愁。"孩子们，叶子妈妈要回成都了……"还没等我说完，已经有好几个孩子跑上来拉住了我的腿，一个劲地说："叶子妈妈，我不要你走，不要你走。"不知不觉，我们都哭成了泪人。"那你什么时候回来？""你不要走好不好？"我不敢看他们的眼睛，只想紧紧地抱着他们。抬起沉重的腿，这一步，就意味着彻底的分别，也许一生一世也不得相见。那情那景，令人不忍。我抑制住泪水，回头向他们微笑，不断地说着："我一定会回来看你们的……"伴随着马达轰鸣声，一切渐渐远离……孩子的心灵是最淳朴的，愿我们彼此都能被温柔对待。

爱，让我耐心地面对每一个孩子；爱，让我必须努力提升自己，期望能带给孩子们更多……我爱我的孩子们，爱我的教育事业，我会在默默耕耘中继续演绎别样的精彩，无悔于自己的生命，更无悔于自己的选择。愿所有以幼儿园教师为职业的人在付出辛劳的同时，能体验到幼儿教育带来的快乐和幸福，在幼儿教育事业中，实现自己绚丽的生命价值。

第二章

我的成长之路

本章导读

四川省教育科学研究院 杜玉萍

现实的生存考量、对他人命运的关注、对乡间诗意生活的向往……各样的缘由，让他们踏上了乡村教育之路，来到坐落于乡野田间、大山深处的学校。熟悉了之前居住、求学城市的繁华与便利，这里的闭塞、清冷、简陋以及原生态，令人无论出发前有着怎样的心理准备、乐观态度，仍是多少有些心生失落。但生活总是要继续，“兵来将挡，水来土掩”，几乎出于本能，他们撸起袖子，“搭上装修剩下的天花板，捡来一些硬纸壳作铺板，拉起床单作窗帘”，“拿起扫把，和蚊子、蜈蚣、螳螂作殊死斗争”，甚至还曾“打水洗衣、挑粪种菜”。时间的磨炼，还有乡间的宁静、秀美与清爽，终究让他们“学会了接受和自我调适”，生长出“此心安处是吾乡”的平和与从容。

较之于乡村的生活条件，教书育人才是他们的心之所系。初为人师，表现难免稚嫩，备课、上课、教育学生、与家长沟通，还有被要求接手非本专业学科、完成控辍保学任务，让人常有力不从心之感。“犹如旱鸭子过河——真是不知深浅了”，“身份的突变，听课前辈们的‘虎视眈眈’，三年级七十八个孩子叽叽喳喳，都让我的内心忐忑不安”，“谁知按下葫芦浮起瓢，整个教室乱成一锅粥”，“家长们对我的态度就像一盆凉水浇透了我想挥手大干的信心”，“心中实在委屈，眼泪掉了下来”……如此种种，是很多乡村教师初入职时的经历和感受。此时，他们深陷沮丧、彷徨与自我怀疑的情绪之中。但是，心中的不甘与倔强、热心同事的鼓励、孩子们给予的一切无言的感动、学生走出乡村的渴求、家长殷切的期望，终让他们调整心情、重整旗鼓，全身心投入教育教学工作中，积极寻求艰难困境的突破之道。

继续认真做好各项常规工作，夯实优质教育的根基；开发身边资源，向有经验的前辈、同事求教；观摩优质教育教学活动视频，适合的直接拿过来用；努力走进乡村孩子们的世界，了解他们的所思所想、成长环境，并想办法让自己的教育言行与之对接；与家长沟通交流，在倾听、吸纳、包容和专业引导中寻找平衡，形成家校合力……慢慢地，工作的各个环节，都有了个人的感悟与方法，不似先前的磕磕巴巴、杂乱无章，他们重拾久违的自信，脸上有了欣慰之色。

在前行路上积蓄向上力量，不满足于一时的成绩，短暂的停留后，他们又重新规划蓝图，再攀高峰。沉浸于乡村教育的浪漫构想彰显中，英语老师转教数学，就努力让自己“成为‘张齐华全国千强’吧”；在寂静的乡村夜晚，博览群书，笔耕不辍，为自我专业成长插上双翼；挖掘乡村教育资源，思考如何让孩子在自然中感受“世界的细枝末节”“唤醒他们对世界的惊奇和温柔”，以本地的风土人文厚植孩子们的家乡情怀；加入名师工作坊，在优秀教师的示范、引领中，与团队成员互促共进；踏上科研的台阶，专注于教育中的关键事件，努力探寻深蕴其中的规律，用理性精神引领乡村教育的深远发展。

回首走过的路，当初无论是被动选择还是主动奔赴，他们这群乡村教师，实实在在地用梦想、实干与超越撑起了乡村教育的蓝天，撑起了乡村孩子的梦想，让我们看到了乡村教育的希望。

我的温度

达州市开江县永兴镇中心小学　陶康玲

“乡村”二字，颇有诗意，尤其对于拥有莲花世界[①]的开江人来说，正是“江南可采莲，莲叶何田田”。而乡村教育，对于在培训机构中磨砺了五年的我来说，亦交织着天地之间育人树人的浪漫寂静。当然，还有乡村留守儿童教育命题带来的全方位新奇体验。

第一次来学校，出了县城，穿过城郊宽敞平坦的县道，拐进歪歪扭扭的乡道，车窗外的景色从簇拥的楼群逐渐跳接到街铺老旧的小镇，再过渡到坦荡的田野和抱成团的村落。虽然早已给自己做过心理建设，但带队老师的车一个一百八十度的大转弯，闪进一条狭窄的无名道路，又小心翼翼地通过刚好够一辆车经过的小桥，在距校门口十米不到的地方停下的时候，我的心仿佛经过了祖国三级阶梯从西往东的连续下落。

乡村完全小学，“乡村”得很“完全”。它坐落在一大片田野边上，由一条小河隔开，表明教育的神圣。从校门走入，左手边门卫室连带一溜儿逐级往上的食堂和厕所，厕所右边是两栋教学楼，教学楼后边是一栋孤零零教师宿舍。教学楼的另一端，接着另一幢教学楼。这栋教学楼前面躺着一个操场，操场左边是两列由花坛和升旗台隔开的阶梯，通往那两栋教学楼。操场右边是一圈围墙。靠着墙种着石榴树和挺拔的桉树。校园布局方正，干干脆脆，一览无余。

四周都散落着农户的房子，单独的那栋教学楼背后直接紧贴农户的砖墙和猪圈粪池。夏天，群魔乱舞的蚊虫连带着各种生活气味一道，挤进教室窗户和老师学生们“相依为命”。

据说我是这所学校近十年来第一位过了英语专八考试并且考了雅思的英语老师，所以很受信赖，第一天上班，我被安排去负责二年级的数学教学。毕竟是乡村小学，教育资源不足嘛，现在有了一小股新生力量（如果我算的话），就应该最大化地

---

① 景区名，位于达州市开江县城郊，风景秀美。

挖掘其潜力。

为了教好我人生中的第一节数学课，我把教参视作法宝，将教案捧在手心，正儿八经地看了一晚上数学名师张齐华的课程视频，不由得惊为天人！当即下定决心，为师要做张齐华第二！

第二天教 6×7 的乘法口诀，教他们画爱心、数爱心，用简便算法算乘法。孩子们很体贴我，虽然早就在先前老师的指导下背会了乘法口诀表，但是也跟着我兴高采烈地复习了一遍。思考了许久，我决定小小修改下我的教育目标，成为“张齐华全国千强”吧。毕竟，打小我数学就一直在及格线上“垂死挣扎”，挣扎了几十年。

说到我的孩子们，这才开始扣题，引出我这篇杂乱文章的主人公。整个二年级共一个班级，七个孩子。这些小可爱们，第一次见他们的时候，他们眼睛亮亮地从头到脚打量我，并不怯场。有个男孩子跪在凳子上，双手撑着桌面，声音脆脆地问我：“你是来教我们数学的吗？”其他孩子坐着，只见一会儿这个小姑娘啃着指甲，歪着头睁大圆眼睛等我回答，一会儿那个小丫头用小指头碰碰鼻孔，迎头撞上我的目光，立刻把双手藏到桌底下。

“是的呀，I’m an English teacher. Nice to meet you!”

水滴进油锅，立刻炸了。孩子们七嘴八舌地问我，可不可以教他们英语。这之后，我的孩子们在数学课上，注意力非常集中，因为时不时我就带着他们数“one strawberry, two eggs”。一节课，又学数学，又捡了几个英语单词，放学可以好神气地向哥哥姐姐们炫耀了。

几年前，上一份工作让我听说了美国的深泉学院。在这所学校里，学生不仅要完成规定的学业，还要学会种地、养鸡、养牛、挤奶、盖房子，成为一个幸福的、对社会有用的人。我是多么向往这所学校啊！可是我建不了一座这样的学校。但是这样强烈的向往，日积月累，回响成了我的浪漫教育构想。于是，我带着孩子们在教室里、课堂上，开始了“摆摊”。每个人都当老板，卖什么东西，画出来。不会画，我拿出手机，孩子们的头挤着我的头，我一手拿着手机，一手拿着粉笔，一笔一画地教他们画简笔画。定什么价位，让他们努力回想赶集的情景，定个范围再确定。我是难缠的顾客，这也要那也要，还偏偏算不来账，反正揣着一百块的钞票，要找补多少，四处问“小老板”。“小老板”们有的急得抓耳挠腮，有些争着抢着让我到他那儿买，他能算得明白。下课了，他们自己又相互兜售，吵着说你得给我多少钱。真是个小集市了。这么一来，我离“张齐华全国千强”近了一步吧？

张大均在《教育心理学》里边讲美育心理问题是传统教育心理学较少涉及的重要研究领域。陈鹤琴让学生直接向大自然大社会学习。

> 孩子们的心啊，这样敏感、柔嫩，广阔的天地间，四季的轮转、自然的美一定可以唤醒孩子们对世界的惊奇和温柔，继而让他们温柔对待自己、对待世界，成为幸福的、有意义的人。

孩子们的心啊，这样敏感、柔嫩，广阔的天地间，四季的轮转、自然的美一定可以唤醒孩子们对世界的惊奇和温柔，继而让他们温柔对待自己、对待世界，成为幸福的、有意义的人。所以，2022 年初冬的一个清晨，当白雾轻轻绕着村庄，树尖儿上露珠滴落、钻石般闪烁的时候，我带着孩子们去看日出了。看天空的颜色愈发清晰、明亮，去察觉这静谧自然的变化，慢慢去感受这一缕一缕的光影变化。2023 年春天，当草长莺飞，绿色在大地上渐渐铺开的时候，我带着他们去看桃花和梨花，让他们观察桃花和梨花的不同，让他们自由地奔跑在田野里。春天的风，美好得不像话。孩子们在刚刚犁过的田野中、洁白的石板路上，快跑得像是要长出翅膀。两根电线杆之间是现成的五线谱，孩子们清脆的笑声就飘到上面缀成音符。孩子们一定要飞得远一点、高一点，笑得再大声点。

有老师和我挤眉弄眼："乡村娃儿智商真的不得行，教不好。"我心里白眼一翻——我做给你看。班上人少，一对一辅导见效快。有位教授说，成绩和表现的差异只是因为孩子们的认知水平和我们教材要求的不一致。我深以为然。所以面对那个可爱的小丫头歪着头猜测似的说"黄瓜长两米，哦不，两千米"的时候，我可劲儿压下太阳穴暴起的青筋，打掉颤颤巍巍想要掐自己人中的左手，深吸一口气，默念道：说好了讲到第五十次的时候她还不明白才放弃，这才第九次，继续。再摊开她乌黑的小手，让她回忆一厘米大约一个指节，一分米大约手掌长度。

有三四位老师和我说，自从我来后，二年级的小孩子开朗了好多，更亲近老师了。班上之前总喜欢低着头，耷拉着乱发的小姑娘，现在辫子扎得爽朗，我再也没见过她在课堂上挖鼻孔了。她不喜欢做作业，总喜欢撒谎说作业不见了。我也不骂她，也不罚她，趁中午午休的时候，和她聊着天，越过玉米地，跨过水坑，从田埂上走过，站在离她家十几米的地方，等她找到作业本练习册，再走十几分钟回学校。到这学期，她不做作业的次数不到四次。她慢慢地喜欢靠近我，改作业的时候，她会挨着我的胳膊。和孩子们一起拍照观察蚂蚁的时候，她的头就紧挨着我的头。班上孩子们来量我双臂长的时候，她轻轻地抱住了我。没有爸爸妈妈悉心关爱的她，和身体不便的奶奶相依为命的她，一定经过了很多她还没办法用言语表达的孤独的无言的时候。我看着她起毛边的小裙子，脏脏的开胶的鞋底，我夸她数学从不及格到稳定在八九十分的时候，她故意不看我，担心露出一丝自得的神气，假装拿出草稿本，用力地写算式。在她瘦小的胳膊环住我的腰的时候，我的泪都要下来了。

你说，我这样一个从忙碌的城市生活的壳里蜕出来的人，到这偏远的、人口不断流失的乡村，做一个孩子头，值不值得？面对现实的乡村教育问题：教育资源不丰足，家庭教育缺席且难以弥补，学校教育难以重视人文个性培养……我不止一次有过理想破灭的时候。

但是，我想，教育不止发生在课堂，也不只在我一个人身上。既然无法成为月亮，就成为星星，或者萤火虫，在他们长远的人生中，在他们童年的时候，带去那么一抹光亮和不同，像春天的风，自在地吹，唤醒一朵朵桃花李花，像雅斯贝尔斯说的，一棵树摇动另一棵树，一朵云推动另一朵云，一个灵魂唤醒另一个灵魂，这或许就是我的温度、我的意义。

没有爸爸妈妈悉心关爱的她，和身体不便的奶奶相依为命的她，一定经过了很多她还没办法用言语表达的孤独的无言的时候。

在她瘦小的胳膊环住我的腰的时候，我的泪都要下来了。

用阅读和写作成全自己

宜宾市屏山县学苑街小学校　张道明

2020 年 10 月，我应邀为一百名乡村小学语文教师分享了作文教学经验。中场休息时，一个戴眼镜的小伙子抱怨道：乡村学校缺少氛围。言外之意，应当是乡村学校不重视教研，没有人指导和帮助老师们在专业上突围与成长吧。

他的话，让我不禁想起了自己的专业成长之路。回首二十多年的教师生涯，前十五年浑浑噩噩、懵懂度日，职业倦怠不时袭来。2005 年夏天，我有幸到成都参加乡村小学语文教师新课程培训，聆听了专家名师讲座，开阔了视野，增长了见识，提升了境界。当时四川省继续教育中心的杨东老师在培训总结会上讲道："语文教师最该是读书人，阅读和写作是教师专业成长的双翼。"这番话点醒了我，那一刻，我暗下决心：要做一个喜欢阅读和写作的老师。这是我作为一个乡村语文教师的梦。

带着兴奋和激动，我回到了学校，开启了追梦的旅程。阅读像是蜜蜂酿蜜，只有采过很多花，方能酿出芬芳的蜜。那时，学校订有《四川教育》《教育导报》，我就到校长那里要来看。后来，我自费订阅教育期刊，每次出差必逛书店。当别人沉迷于"修长城""斗地主"时，我却沉醉在文字构筑的美妙意境中，自得其乐。我在丰厚教育理论素养的同时，也找到了一方精神的庇护所，让自己诗意地栖居。

阅读磨砺了我的思想锋芒。读得多了，思考也多起来，喜欢琢磨身边的教育教学现象。天长日久，脑子里装的东西愈发丰富起来，思维火花随时闪现，常有表达的冲动。于是，我开始用文字记录教学生活，一篇篇青涩稚嫩的教育随笔、教学反思、班主任手记诞生了。当时，学校仅有两台没有联网的电脑，于是，我就在晚饭后把文字敲在电脑上，周末再骑单车上街到网吧投稿。坚持了两年，一篇教育随笔终于公开发表在《语文报》上。捧着散发着油墨香的样报，我兴奋了好一阵。从此，我的阅读劲头更大了，动笔更勤奋了。2009 年 9 月，我注册了网易博客，坚持教育写作，多年来共记录了四百多万字，阅读量达十多万人次。

然而，让人想不到的是，阅读与写作让我成了学校的"另类"，招来了异样眼光，说我不务正业、爱出风头，有时还会被拐弯抹角地“表扬”。做一个专注阅读、写作，引领孩子们喜欢语文的老师，不对吗？一个人做了一件他周围的人没有做或不敢做的事，是否会招致非议？我困惑、迷茫、痛苦，想放弃，随大流。

这时，我收到《教育科学论坛》杂志发出的邀请函，到广元参加全国一线作者笔会，近距离聆听专家、编辑、名师的讲座，这封邀请函令我倍受鼓舞。分组讨论会上，我分享了“乡村教师专业成长的思考”，得到了杂志社专家点评。“在这个时代，张老师还能静下心来写作、搞研究，难能可贵。你很优秀！”杂志社编辑何静老师鼓励我。这次笔会让我接触了更多优秀的教育同行，心底重新燃起了对阅读与写作的热情。渐渐地，“四川省屏山县大乘镇柏杨小学张道明”的名字开始出现在全国各地的省级期刊上。我收获的不只是发表的文章，重要的是养成了用文字记录教育生活的习惯，每天不读点什么、写点什么，心里就感觉不舒服。

阅读是吸纳，写作是内化，二者让我的课堂渐渐生动活泼起来，常常聆听到学生思想开花的声音，精彩如约而至。2011 年宜宾市屏山县全县毕业班语文复习研讨会上，我受邀上了一节作文复习课，受到与会专家和老师们的好评。这是我第一次登上县级教研活动的舞台，时隔六年我把那次研讨会上课的经历写成《你的拒绝让我成长》一文，发表在《福建教育》上。2010 年、2011 年暑假我为县语文骨干教师举办培训讲座，颇受好评；后来又获县优秀教师殊荣，这些都是我用阅读和文字走出来的足迹，得到的馈赠。

我用勤奋和执着浇开了梦想之花，有一种小小的成就感。有人说，学生是老师的作品。师生同过一种幸福的教育生活，营造书香人生，与文共舞，该是何等美好的境界。我越来越认识到，语文教师的职责在于用自己的语文生命去点燃学生的语文生命激情，在其幼小的心田播撒下热爱语文和喜欢阅读的种子，培养学生用文字记录生活和抒发情感的习惯，使其获得精神和人文的滋养，成为一个心智健全，能够感受并创造幸福的人。我时常把自己的文章带到教室与学生分享。孩子们有了写作的冲动，我就鼓励他们写日记；我带着学生办班报《小作家报》，孩子的文章入选，我会发用稿通知，用样报和稿酬激励他们的写作热情；孩子们的优秀习作投向全国各地，每每收到样刊和稿酬，我会搞个颁奖仪式，用相机记录美好的瞬间，向家长发喜报。孩子们欢天喜地，比过年还高兴。我暗喜，自己点燃了学生的语文梦想，这不正是我所期望的吗？

阅读不断，笔耕不辍，成为我教育生活的常态。从 2008 年发表第一篇豆腐块文章，到 2012 年 8 月，四年时间里我在《教育科学论坛》《江西教育》《云南教育》《教书育人》《校长参考》《小学教学》《语文报》《教育导报》等十多种刊物上已发表了一百三十多篇文章，学生在《小猕猴画刊》等期刊上也发表了三十多篇作文。

2012 年 9 月，我到城区学校工作，在这片新的教育热土上辛勤耕耘着，继续用阅读和写作来丰富自己、成就自己。坚持阅读和写作十二年，我已在《中国教育报》《中国教师报》《中国德育》《中国教师》《中小学校长》等几十种刊物上发表三百多篇文章；多次站上市级教研活动的舞台；成为《教师博览》（原创版）第四批签约作者；多次到宜宾市翠屏区、江安县及成都市等地做学术讲座交流。2020 年创建“教育写作共同体”，吸纳了北京、浙江、广东、新疆等十多地的三十名教师，坚持周更文千字，共同发展，共同成长。2021 年 5 月 6 日和 6 月 1 日在《教育导报》第三版整版刊发团队文章，引领更多的教育同人走上阅读与写作之路。

我想用自己成长的经历告诉乡村教师：这个世界没有谁是我们专业成长的救世主，唯有自己才能拯救自己；对于普通教师而言，赛课与做课题研究有很多门槛和不可控因素，而阅读和写作没有门槛，谁也限制不了你。只要愿意，谁都可以阅读，随时可以写作。老师们，用阅读和写作成就自己吧。

天长日久，脑子里装的东西愈发丰富起来，思维火花随时闪现，常有表达的冲动。于是，我开始用文字记录教学生活，一篇篇青涩稚嫩的教育随笔、教学反思、班主任手记诞生了。

那一年　刻骨铭心

遂宁市射洪市第二小学校　谭永红

1988 年，我从射洪师校[①]毕业了，被分配到了一个偏远的乡村小学任教。报到的那一天，父亲和我从太和镇（现射洪市太和街道）乘坐客车来到太乙（现射洪市太乙镇），然后抬着我的全部家当——一只大木箱子，步行一个多小时，走一走，歇一歇，终于来到了我任教的学校——白洪庙小学。父亲将我安顿好以后，独自离开了学校。看着父亲孤寂的背影，我的心也开始空落落的，无可奈何地开始了我孤独的教学生活。

轮流称粮

白洪庙小学只有十几位老师，一个炊事员。每一位老师都要轮流去食堂用秤称要吃的米面，并记账到人头。我过去不认识秤上的那一个个小点子代表着什么，老师们就耐心地教会我。每天上完课，就要定时去食堂称粮，要不然炊事员就真的要做“无米之炊”啦。想要改善伙食的话，还要请人或者自己亲自去买肉买菜。晚上要及时记账、核实。一周后，还要对账，移交给下一位老师。这真的像在管理一个大家庭，再也不像读师校那样只需要管好自己的饭票就可以了。

打水洗衣

过去在家里，或者在学校里，我都是用自来水，很方便。没想到在这儿，只能依赖于学校旁边的一口老井。井水清澈见底，摸着凉爽舒适。开始，我都是依赖一同洗衣服的村民或者老师帮忙打水。因为我实在有些胆怯，怕自己力气不够，不但没把

① 即四川省射洪师范学校，2000 年改制为射洪县子昂中学校，2005 年并入四川省射洪中学校。

水打上来，反而被木头摇手拽下去。不过后来慢慢地，我一边观察别人打水，一边请教，也能试着打上来一小桶水了。平时打水还比较容易，但水枯时，打水就困难了。很多时候摇上来的都是空桶，偶尔有幸打上来，也是极少的一点，洗一次衣服就需要花费很多的时间。夏天还无所谓，一到冬天，双手冻得通红。

抬粪种菜

学校后边有些空地，校长就带领老师们把地划成一小块一小块的，分给每一位老师。还要求必须耕种，不能荒废。我的心里忐忑不安，因为从小就没有干过农活，更不知道柔弱的双肩能否挑起那一桶桶臭烘烘的粪水。但看着别人都在行动，没有办法，我只好和一同分来的一位老师一起种。我们两个年轻的女娃娃[①]学着别人的样子锄地、播种，一有空就去那一小片自留地里转一转，拔拔草。看到种子从土里钻出来，冒出了尖尖的、嫩嫩的绿芽，就兴奋得欢呼雀跃，流连忘返。但当小苗长大一些，老师们告诉我们要浇粪水时，我们的心一下就掉进了冰窟窿。粪水太臭，我们的力气又太小，怕弄不上来粪水，反而弄到自己身上。开始我们央求别人帮忙，后来也慢慢学会两个人抬粪水浇菜。功夫不负有心人，看着那满架挂着的一根根四季豆，我们欣喜若狂，摘下来，用煤油炉子煮面条吃，那真叫一个香。每一次，我俩都能吃完满满一大碗四季豆面条。

耐心家访

乡村的孩子大都入学迟，我任教的六年级，许多女孩子都比较大了。家长们会认为，反正女大不中留，不如回家干点农活，早点嫁出去算了。于是，陆陆续续就会有女生不来上学了。我很着急，却也不知如何是好。幸好搭班的数学老师经验丰富，就带我一同去家访，一遍又一遍地劝说，告诉家长让孩子读书的重要性，一次不行再去一次。后来我一个人也能边问边找，单独家访了。经过我们两位老师的共同努力，终于没有让班上任何一个孩子辍学。

---

① 四川方言，指小女孩或年轻女子。

直面挫折

我刚当上班主任时，工作方法简单粗暴，不被班上的男孩子们所理解，他们当面不敢说什么，就偷偷地在黑板上写话骂我。当我看到时，那一瞬间，我彻底懵了，眼泪也不争气地流出来。我跑回寝室，号啕大哭，为什么会这样呢？我教育他们，也是为他们好啊！校长和老师们闻讯赶来劝慰我、开导我，并且告诉我一些教育孩子的方法。那天晚上，学校的大队部放电影，班上的女孩子们纷纷放弃观看盼望了好久的电影，捧着一束束亲手采摘的野花来看望我、安慰我。感受到大家的关心，我慢慢地冷静下来，反思自己在工作中的失误，并暗暗下定决心：我一定要让班上的孩子们不恨我，反而爱上我这个老师。多年以后，当这个班的孩子千方百计地联系上我时，都非常亲近我，他们常常约我一起喝茶聊天，回忆当年的往事，逢年过节还要给我发上一个个小红包表表心意哩。

流泪补课

离家的孩子都非常盼望回家，我也不例外。一周六天的工作结束了，我早早地收拾好了行囊，准备放学就回家，可是盼来的却是学校要求给毕业班补课的决定，我的眼泪哗哗地流下来了。看着别的老师笑眯眯地离开了学校，我的心里更加沉重、难过。但当我擦干眼泪走进教室，看到一双双期盼的眼睛里闪着求知的欲望，我就忘记了一切，又重新变成了一个完完全全的领路人。

教学相长

刚刚开始教学时，我可以说是两眼一抹黑，不知从何入手。校长经常不打招呼悄悄来听课，给我指点，又叫我可以随时去听别的老师讲课，还要求我把上一届六年级老师的备课本找来学习。开学不久，太乙片区要进行赛课，学校推荐了我，并且帮我选好了五年级教材里的《再见了，亲人》作为讲课内容。当时我真是初生牛犊不怕虎，把任务应承下来，却并没有太当回事。学校要求我写教案、试讲、评课，再写教案、试讲、评课。一次又一次，我有些不耐烦了。回家时，我无意间将这件事告诉了同样是老师的父母，没想到他们竟一脸严肃，告诉我：“台上一分钟，台下十年功。不一次又一次地打磨，你怎么能给学生们精彩的课堂？”我哑口无言，只得虚心接受，认真听取老师们的评课，再一次次修改自己的教案。

到上课的那一天，我早早地起床，和老师们一同步行到太乙一小[①]去参赛。到了以后，我找了一个同学的寝室做课前准备，写板书，回忆上课内容。看看时间差不多了，我提着黑板，兴冲冲地跑上了四楼，可是却没见到一个学生。四下一打听，才知道我跑错楼了。我慌忙提着两块黑板，又跑下楼。当我再次气喘吁吁地冲上楼时，上课铃响了，我暗自庆幸：幸亏没有迟到。看着教室里坐得端端正正的孩子，我静下心来开始讲课，完全投入了朝鲜人民送别志愿军的难舍难分中。没想到，那次赛课反响很好，取得了第三名的好成绩。我在兴奋的同时，也有了信心。任教的班级的毕业考试也取得了不错的成绩。

想想那一年，真的是五味杂陈，刻骨铭心。感谢身边的亲人朋友，感谢学校的领导老师，是他们让我学会了独立生活，学会了为人师长，帮助我为以后的教学生涯迈出了坚实的第一步。

看着别的老师笑眯眯地离开了学校，我的心里更加沉重、难过。但当我擦干眼泪走进教室，看到一双双期盼的眼睛里闪着求知的欲望，我就忘记了一切，又重新变成了一个完完全全的领路人。

① 指射洪市太乙镇第一中心小学校。

一群人会走得更远

凉山彝族自治州冕宁县复兴小学校　邓宗梅

名师引领是教师专业成长不可或缺的一个途径，特别是乡村学校教师的专业成长更需要名师的引领。由于地处乡村，信息闭塞，许多教师职业幸福感不强，虽然工作上兢兢业业，但缺乏奋斗的目标。而名师具有深厚的理论知识，较高的业务水平，还了解前沿的教育教学改革方向。名师充分发挥其示范、辐射和引领作用，能帮助形成一个师德高尚、目标明确、努力奋斗的教师团体。

人们常说，“一个人走得很快，但一群人会走得很远”，我在 2014 年 10 月有幸加入了凉山彝族自治州小学数学名师工作坊，在这里我找到了自己的存在感，发掘了乡村教师在教育中的真正价值。

一本书给我的启示

乡村教师的工作状态往往是这样的：每天奔波忙碌着，备课、上课、批改作业，急急忙忙地应付着各项任务，下班回家时总觉得这一天的工作留下了许多遗憾，需要明天抓紧时间补一补……比如我，每天我忙了些什么连自己都不知道，学校有什么工作就做什么工作，缺少自己的思考，似乎从没静下心来考虑过我要成为一个什么样的老师。

虽然我所处的是一所乡村学校，但我非常幸运，因为在我身边有一位非常务实的副校长，她就是吴杰。她不仅是一位有着先进教育理念的优秀教师，更是一位深爱教育事业的名师。她曾被评为四川省特级教师、四川省教学名师、数学骨干教师以及乡村教育家培养对象。正是她推荐我阅读了《名师启迪与骨干教师成长》这本书。

这本书的作者徐世贵、于美老师，让我深刻明白了“名师是一面旗帜”的道理。一个人的成长和发展，与他所交往的人、所接受的指点息息相关。我深感自己非常幸运，因为我所处的学校管理环境、校本研修以及教师专业引领等，都为我的成长提供了良好的外部条件。

然而，我也意识到，自主成长的内部因素同样重要。教师的内生动力、目标、方法、意志等，都是决定一名教师能否持续成长的关键因素。在这方面，我还需要不断地努力和提升。我认真看了徐世贵、于美老师的这本书，知道了应该给自己规划一个成长目标。

在规划目标之前，首先应明确自己的现状，从根本出发，分析自身的优势和劣势，制订一个适合自己的长远计划。教师是专业技术人员，只有专注自己技术能力的提高才能在行业中站稳脚跟，才能成为有特长的专业人才，才能体现自身的价值，寻找到作为教师的幸福感。我想，只要心中有了目标，就有了行进的方向，只要我向着这个方向坚持不懈地走下去，我的脚步一定会更加坚实。

一堂课改变了我的命运

我刚参加工作时是在山区，校长要求每个教研组都要上一堂公开课。很多老师觉得很麻烦，认为上公开课会增加工作量，所以大部分人都找各种理由推辞了。最后校长问我是否愿意承担这个任务，我本来也可以推诿，但我认为作为老师，应该大胆面对课堂和学生，接受教学检验，于是我就欣然接受了。

我记得当时我要上的是“圆周率”这一课。为了调动学生的主动性，我采用了分小组测量圆的方法导入课程内容，让学生测量几个大小各异的圆的周长和直径，然后把各个组的结果收集在一个表格中。通过观察计算，学生们发现每个圆的周长总是圆的直径的三倍多一点。这时，我适时引入，向学生们介绍了我国古代著名的数学家祖冲之，并补充了圆周率的相关知识。

当时的教学设备比较落后，只有一台用电池的小录音机。我利用这个唯一的教学媒体，在介绍完祖冲之的相关背景知识后，让同学们在《五星红旗》这首歌的背景旋律中，朗诵祖冲之的相关资料。随着音乐和诵读声响起，教室里突然变得庄严肃穆，作为中国人的自豪感在每个同学的心中油然而生。这种对有限的教学资源的利用，正好实现了本堂课情感态度、价值观的教学目标。

这堂课得到了校长和老师们的认可，也给了我很大的信心。后来，在 2006 年 4 月的学区青年教师赛课活动中，学校派我去参加，我获得了第一名，并代表学区去参加县上赛课，再次获得第一名。最终，我代表冕宁县参加凉山州的赛课，获得了二等奖。那时的我只有二十六岁，这堂课让我得到了县领导的认可，并被破格调入城镇学校。后来，我才有机会遇到名师工作坊的那些优秀的老师们。这一系列的成功，都源于我最初的那次勇敢接受挑战，敢于面对课堂和学生的行动。

一次讲座给了我自信

那是 2015 年的暑假，我们名师工作坊承担了凉山州小学数学教师的学科培训任务。坊主邓霞老师给工作坊里的几位资深老师都分配了讲座的内容板块。而像我这样的年轻教师，被安排在专题讲座老师后面，有二十分钟的发言时间。我知道这是坊主为了让优秀的老师（如学校校长、主任等）带领我们，给我们锻炼的机会。但从接到任务的那一刻起，我就开始紧张。作为一个普通教师，面对老师们，我应该讲什么呢？过去面对学生时，有具体的教学任务，我可以熟练地设计活动，但现在台下的听众已经变了，我到底要讲什么呢？那天晚上，我做了一个可笑的梦。在梦中，我站在台上，只说了一句话："我是来自乡村学校的一位一线普通教师……"话音刚落，我抬起头时，发现台下的老师已经陆续走出了教室。他们可能是顾及我的面子，选择悄悄从后门溜走。当时我急得直跺脚，想让他们回来，可是却无法发出声音。等我醒来，眼泪已经不听使唤地流了出来。

后来，我把这个梦告诉了坊主，她笑着说："没关系的，谁都会有第一次，你就讲你真实的故事就行。"她的话提醒了我，于是我把自己讲的内容定为分享自己的成长故事。我讲述了参加工作近十年来的思想变化和专业提升的过程。我没有讲那些高深的东西，只讲了自己最真实的感悟。我相信我的故事会给老师们带来一些共鸣。确定好内容后，我把自己分享的题目定为"我是一枚小小的五彩石"。我愿做一枚小小的五彩石，发扬石头精神，踏踏实实地做好自己专业的事情，去寻找教育带来的快乐。我还结合现代教育技术，做了一个五分钟以内的微课视频。我配上音乐播放视频，立刻就吸引住了老师们。接下来，我把自己反思中整理的一些观点和看法分享给了他们。虽然前后分享了二十分钟，但中途没有一个人离开过。

自那以后，我参加了大大小小的讲座十来次。每次我都确定不同的主题并精心准备。每次讲座都是对自己一段时间专业内容的反思，每一次都促进了自己的提升。

一个课题坚定了我的信念

我在山区工作了八年，其间从未接触过课题研究，但那几年的经历锻炼了我吃苦耐劳、积极乐观的精神。进入复兴小学后，在几位校长的带领下，我们成功申请到了省级课题“提高农村小学生文明素养的实践研究”。正值开题会之际，需要上一堂切合课题主旨的实践活动课。原本负责这堂课教学的老师因故无法继续，吴校长找到了刚到复兴小学任教的我。她耐心讲解了课题研究的内容和目标，并给予了我一次展示自己的机会，让我承担这堂实践活动课的教学任务。非常感谢吴校长的帮助，在她的支持下，我圆满完成了这堂课的教学，并取得了不错的效果。这次上课让我对这个课题有了深入理解，并在研究过程中思索了许多解决问题的办法和策略。我成了这个课题的主研教师，这是我第一次参与课题研究。在这个过程中，我认识到课题研究就是将日常工作科研化，即用最新的教育教学理论来审视和指导教育教学工作。课题研究是一个发现问题、解决问题的过程。经过三年的实践研究，我们的课题于 2010 年圆满结题，并于 2013 年 9 月获得“冕宁县科技进步奖二等奖”。此课题研究取得了突出的成绩，赢得了社会、家庭和教育主管部门的高度评价。

后来，我陆续参加了十三项省、州级课题。虽然课题研究很辛苦，但这些成果对此后的教学工作具有非凡的指导意义。在评课中，我总能找到与课题研究相关的问题，并能运用课题研究的成果来指导教师教学。课题研究不仅奠定了我的科研素养，也坚定了我科研兴校的信念。

对于学校教师，特别是年轻教师来说，参加教育科研是必不可少的。在名师的引领下，要强化教研科研意识，学会研究、参与研究并产出研究成果，实现以研究促提高的目标。要将课堂教学与课题研究相结合，在教学过程中关注学生能力培养和终身学习的发展需求。通过参与课题研究，教师能够真正成为研究者。课题研究的过程可以将自主学习、教学、反思、论文撰写等方面进行有效整合，从而提高教师的专业素养。

心理学研究表明，人类具有从众心理，即个人行为容易受到外界人群行为的影响。如果周围的人是优秀的，我们会不自觉地去模仿和学习他们，大家在一起就会形成一种竞争意识。我参加工作已经二十二年了，我要感谢那些引领我专业成长的名师们。虽然进入工作坊的时间只有三年，但他们给我的影响却是一生的。现在我是冕宁县名师工作坊的专家组成员，学会了静下心来梳理自己的工作，与身边的一群人共同思考和规划自己努力奋斗的方向，同时我还带领学校的年轻教师解决教学中的困惑并分享成功的喜悦。工作坊是一个孕育名师的摇篮，我们将一直在路上，不断并肩前行！

一个人的成长和发展，与他所交往的人、所接受的指点息息相关。

自然的寒暑　生命的温度

宜宾市叙州区第一幼儿园　李秋缘

冬天来的时候，整个世界好像都是灰色的。空气里被注入了大片轻飘飘的绒雪，当它们聚集起来鼓胀到临界点时，就一股脑儿地喷涌而出，使人不禁哆嗦起来。

这么冷的天气，我想城市里的孩子应该是穿着温暖而舒适的羽绒服，在开着空调的教室里想象着雪花的模样吧。即使现在已经比平时还要晚一些了，天却还是黑沉沉的，我站在大门边，望着蜿蜒不平的石子路，轻叹一声："大概今天不会来了吧。"

"老师早！"清脆而洪亮的声音打断我的轻叹，也划破沉闷的长空，似乎连空气都鲜活起来，给这冬日里沉寂的幼儿园注入生命的活力，那样鲜活灵动。

我像往常一样抱了抱他，并回应着他的热情："早上好！冷吗？"

"不冷，路上结冰了，奶奶走得慢，我们才来。"

我看着他身上只穿了一件带绒的小外套，脚上穿着一双高筒的雨靴，整个鼻子已经冻得红彤彤的了，挂着一串清亮的小鼻涕，不过因为常年流鼻涕，已经分不清是由于冷还是鼻炎了。

我摸了摸他的头，说道："那么冷，都下雪了，是奶奶带你来的吗？"

"还没放假，我要来读书的。今天跟昨天一样冷，只是今天菜叶子上起霜了，路上肯定有冰，我怕路滑，让奶奶慢慢走。"

我对着他竖起了大拇指。

"老师早！"

"老师早上好！"

不一会儿，全班三十二名学生一个不少地都坐在了教室里，教室前后门都开着，窗户也透着风。三十二个学生坐在里面并不多，还是空荡荡的，还是冷浸浸的。但似乎也不少，刚好把我的心填满了，整整齐齐，让我整个人都温暖了起来。

至今我还能回忆起孩子认真而严肃地跟我说的话："还没放假，我要来读书的。"在他小小的心里，读书是一件神圣的事情，没放假，就没有中断的理由。这是一个人从小培养的好习惯，良好的习惯是影响人一辈子的教育，好习惯可以决定他的处事原则和做人准则。辉煌的高楼不管它如何巍峨雄伟，那也是从打地基开始，一砖一瓦垒砌出来的。那么，我们塑造灵魂的教育又该从哪里开始呢？

三十二个学生坐在里面并不多，还是空荡荡的，还是冷浸浸的。但似乎也不少，刚好把我的心填满了，整整齐齐，让我整个人都温暖了起来。

“今天跟昨天一样冷，只是今天菜叶子上起霜了，路上肯定有冰，我怕路滑，让奶奶慢慢走。”他观察得很仔细，这是大自然给予的馈赠。乡村孩子更能感受到气候的变化，大概因为他们更需要“看天吃饭”，他们更注重观察着自然的变化，理解自然变化的规律。气候不仅仅影响到生物的成长，还影响着人的性格，更复杂的含义还在于影响着他们感受世界的细枝末节的过程。这世界的细枝末节非常微妙，往往只有身临其境才能真正明白。

对世界更深入的了解，会影响一个人的想象力和创造力。比如，在童年时期看到水在寒冷的冬天凝结成冰的人，长大后成为护士时，一定会在输液时把病人的手放进被子，并提醒病人不要忘记在输液管上放置保温器；比如，看到沸腾的水的人，发明了蒸汽机；比如，看着摇曳的烛光、墙上的影子，除了皮影戏，还有人想到了手术中的妈妈，从而制造了无影灯。

夏天躲在凉爽的空调房里和冬天缩在羊绒被里的孩子，他们的生物温差不会太大。他们甚至来不及感受烈日的炙烤，就会觉得阳光刺目；来不及感受寒冬的凛冽，身体就会感冒。他们哪里有时间、有机会感受着这时候的天气，去想到菜叶子上的霜、路上的冰和奶奶慢慢走三者之间的关系呢？

乡村的孩子更像大自然的孩子，背着背篓满山跑，他们认识许多杂草，知道哪种草可以止血，哪种草的根甜，哪种可以食用；他们踏过泥坑，趟过小溪，捉过小鱼，抓过螃蟹；他们的玩具是自制的玉米串、木头车、竹筒枪、碎瓦片；他们有用不完的精力、成群的小伙伴、不惧寒暑的身体。

在乡村任教的我，能更真切地接触、认识、理解到大自然，在这样的环境中，人类感受、摸索、学习，更懂得感恩。或许这里生活条件比较艰苦，但这里有任何物质也不能替代的珍贵财富。我们教育的是祖国的下一代，给他们更亲近自然的环境，让他们能走到大自然中感受和学习，是我们应该做的事。

夏天躲在凉爽的空调房里和冬天缩在羊绒被里的孩子，他们的生物温差不会太大。他们甚至来不及感受烈日的炙烤，就会觉得阳光刺目；来不及感受寒冬的凛冽，身体就会感冒。

扎根乡村沃土　砥砺无悔青春

达州市宣汉县新华镇河坝中心校　黄元娟

我曾经读过臧克家先生赞美斯霞教师的一段话："一个和孩子常年在一起的人，她的心灵永远活泼像清泉。一个热情培育幼苗的人，她会欣赏它生长的风烟；一个忘我劳动的人，她的形象在别人的记忆中活鲜。一个用心温暖别人的人，她自己的心也必然会感到温暖。"臧克家先生的诗句正是我从教至今心声的写照。我不是耀眼的太阳，也不是明亮的圆月，我是天上的一颗流星，划过美丽的夜空，散发出自己的光芒。

1991 年 9 月我出生在四川省万源市固军镇的一个小山村，2013 年 7 月毕业于成都艺术职业学院音乐教育专业，同年 8 月参加四川省特岗教师考试，进入宣汉县新华镇河坝中心校任教，实现了我的教师梦。自参加工作以来，我一直战斗在教学第一线，担任过少先队辅导员、图书管理员、语文教研组长、班主任等工作。"认认真真做事，踏踏实实做人"是我一直秉承的理念。年华似水，岁月飞逝，转瞬间我已躬耕讲坛八载有余。

儿时的我性格腼腆，不喜欢与人说话，就连上学都是在父母的逼迫下去的，但一进校园，就喜欢上了启蒙老师肖老师。她长发如瀑，一双似盈盈秋水般的眼睛，高高的鼻梁，雪白的皮肤，衣着时髦而不失淡雅之风，由内而外焕发出一股阳光般的活力。她那温婉的话语、慈母般的神情，在我内心悄悄地播下了一颗种子，那就是长大后我也要当一名像她一样的老师的愿望。后来我喜欢上了上学，上课总喜欢盯着老师发呆，甚至幻想起自己当老师的样子。有一段时间"走火入魔"了，周末会约几个小伙伴到家里来，我扮演老师的角色，模仿起老师的语言、动作，教小伙伴们读书识字。高中毕业后，我又毅然报考了大学的师范专业，迈进了理想的大门，踏上了教育之路。

三尺讲台存日月，一支粉笔写春秋。一路走来，几多辛酸、几多欣慰、几多愁绪、几多欢笑。刚进河坝中心校，由于缺少语文教师，学校安排我任教三年级语文。让艺术专业毕业的我上语文课，这该是多难为我啊。拿着那本厚厚的语文教材，我根本无从下手，但乡村学校师资紧缺，我也只得服从安排。难忘我上的第一堂公开课，身份的突变，听课前辈们的“虎视眈眈”，三年级七十八个孩子叽叽喳喳，都让我的内心忐忑不安，虽然做了充分准备，但我仍然慌乱不已，教学毫无章法。我深刻地记得那堂公开课的每一分钟都是一种煎熬。那堂课后，我躲起来了，躲到了一个无人的地方，眼泪止不住地流。理想与现实之间有强烈的落差感，让我开始怀疑自己的选择。可望着班上那七十八双渴求知识的眼睛，想着勤劳朴实的家长的殷切希望，我那彷徨、迟疑的念头顿时又烟消云散了。我调整好自己的情绪，又全身心地投入工作之中。

这些更加坚定了我的教育信念——教师是太阳底下最光辉的事业。

每一堂课，我都精心准备，学生的作业，我认真批改；没有工作经验，我就虚心向老教师请教，观看网上相关专家的课例、视频；学生成绩不理想，我就放弃休息时间为学生辅导；每上一堂公开课前，我都会对着墙壁预演无数次。付出终于有了回报，我获得了领导和同人们的一致好评，在青年教师赛课中多次荣获一等奖，我慢慢找回了自信心。在教改春风深入人心的今天，我积极学习新课程理论，参加各类培训学习，不断开阔视野，领略、学习同人们高超的教学艺术，几经打磨，也逐渐形成了自己的教学风格，教学成绩每学期都名列前茅。与此同时，我也获得了县、校“优秀教师”“德育先进个人”等称号，这些更加坚定了我的教育信念——教师是太阳底下最光辉的事业。

我喜欢在夜里仰望满天星斗，我坚信，每个学生都是一颗星，也许有的星星生来并没有其他星星那么璀璨夺目，但不能因此否认他们的光芒，也许在某个瞬间，他们散发的光芒反而更耀眼。看着那满天星斗，我与孩子们相处的往事又浮上心头。

郎同学，是我在河坝中心校教的第一届毕业班的班长，她活泼开朗、阳光自信，是一个典型的爽利女孩。可有段时间，一向爱笑的她，突然变得郁郁寡欢，动不动就朝同学发脾气，与同学发生冲突，对老师也是爱理不理，学习成绩严重下滑。我找她谈心，她一句话也不说，我立即向她家里打电话了解情况，这才得知她的爸爸妈妈离婚了，她一直不能接受这个事实，很恨她的爸爸妈妈。该怎样安慰她，该怎样做，才能让她恢复以前的阳光自信呢，我思忖着。恰巧，那时她又和班上的一名男生发生矛盾了。我把她从教室里叫了出来，询问她原因。一开始，她什么话也不愿意说，一脸倔强地站着。我知道，她实际上是在学校里宣泄自己在家庭中受伤的情绪。孩子的心灵如纯洁无瑕的水晶，又如透明易碎的玻璃，我们做老师的应该用欣赏的眼光去对待他们，更要保护他们玻璃一样易碎的自尊。我知道这个孩子的自尊心很强，便没有再追问下去，只是同她说一些无关紧要的班里琐事，讲一些我读书时男女同学间的趣事。她不愿提及的事，我知道那是一种伤痛，需要时间去抚平，我不想再让她幼小的心灵再次受伤，我在等待着、关注着，等待她能放下戒备，对我敞开心扉，我才能够走进她的心灵，去温暖她……我从衣兜里掏出了一颗糖递给她："听说吃糖可以让心情变好哦，你试试！"她拿着糖迟疑了片刻，说了一声："谢谢黄老师！"

第二天语文课，我特意上了一堂作文课——写一封信。我本以为郎同学会写给她的爸爸妈妈，劝他们和好，可是她信的题目却是"写给亲爱的黄老师的一封信"。我很诧异，信中她讲清了与那位同学间的矛盾，并承认了自己的错误。更触动我内心的是这句话："黄老师，我很渴望有个爸爸妈妈在一起的幸福的家……"看完这封信，我的情绪久久不能平静，如同自己孩子受挫那般心疼。我庆幸，庆幸自己昨日没有用简单粗暴的方式批评她，要是那样做了，可能会在她幼小脆弱的心灵里埋下痛苦的种子。同时，我也意识到，这是她人生中最为脆弱、最没有安全感的一个时刻。如何引导她，才能帮她解开心结顺利跨过这个坎呢？在她的那封信下，我回了这样几行字："小郎，爸爸妈妈的抉择定是深思熟虑的，他们不会因为分开而减少对你的爱。我们也爱自己的爸爸妈妈，与其让他们在已破碎的婚姻里勉强度日，不如让他们选择自己觉得幸福快乐的生活吧……我相信你会做个让你爸爸妈妈感到幸福和骄傲的女儿，独立起来吧，坚强起来吧！你很优秀！"

事后，我经常找她谈心谈话，她也逐渐开朗起来。看到她每天洋溢在脸上的笑容，我甚是欣慰。后来，她进入新华中学后，给我打了一个电话。电话中她一度哽咽，停了很久才对我说出这样一句话："谢谢你……我的恩师，黄老师，因为你，我才能理解我的爸爸妈妈，我才走出心里的阴霾，让自己再次快乐起来，找到人生的目标。"

后来，我们经常通话交流，在这种交流中，我体验到了作为一名老师的成就感，并不只是站在三尺讲台上讲得精彩，不只是自我才华的展示，还要用心理解学生，真诚地关心学生，帮助学生走出人生的困境，找到快乐。感谢她，感谢我的学生，她让我悟出为人师表的第一个朴素的真理。

世界上有种东西，当你给予别人越多，自己拥有的也越多。这神奇的东西是什么呢？让我告诉你吧，这就是爱！为人师者，“金凤凰”要爱，“丑小鸭”更要爱。

为了更好地锻炼自己，2019 年 8 月我自愿申请下村支教，到大洞村小[①]任教。那是一个偏僻的乡村小学，道路泥泞不堪，交通不便。村小条件简陋，除包班教学之外，还要为三十二个孩子准备午餐，我经常弄得手忙脚乱。但这些孩子天真烂漫，为寂静、冷清的校园增添了活力与欢乐，有了他们的陪伴，我的生活变得更加充实。

村小的三十二个孩子全都是留守儿童，他们的爸爸妈妈为了生计，忙于养家糊口，都外出务工去了，都是爷爷奶奶在家带娃。老一辈的乡村人文化水平整体不高，有的对孩子过度宠溺，有的有心无力管教孩子。这样一来，这些孩子好的行为习惯难以养成。班上有一位庞同学，经常衣着不整洁，头发凌乱，上课总是一言不发，下课也不和同学们一起玩耍，学习成绩极不理想。经过家访，我才知道，庞同学的母亲身患各种疾病，终日卧床，生活不能自理，他的父亲在附近的砂石场，边上班边照顾他的母亲，家境十分困难，导致庞同学有严重的自卑心。同学们都不愿意跟他同桌，总说他身上臭烘烘的。该怎么办呢？我反复思考着，决定从关心他的生活着手。我去朋友家里收集了很多衣物，洗得干干净净的，又买一些日常洗漱用品一并送给他。平日里，我会督促他常换衣服，头发长了，我会帮他修剪头发，并悄悄地说：“你洗澡后会更帅，老师会更喜欢你。”渐渐地，他变得讲卫生、爱整洁了。我暗地里嘱咐同学们玩耍时邀请他，同学们也开始慢慢接受他，愿意跟他玩耍了。其实，我发现他很聪明，学习上只要一点拨就懂了。于是，我就经常和他“套近乎”，请他帮老师收发作业，请他帮老师批改作业……作为回报，我送给了他一支英雄牌的钢笔，并告诉他，老师希望见到一个干净整洁、积极向上、努力学习的他。“丑小鸭”终于变了，一番良苦用心，让他的学习成绩突飞猛进。在期末考试中取得了 85 分的好成绩后，他高兴得又蹦又跳。望着他兴高采烈的模样，我笑着对他眨眨眼：“下学期继续加油！”他调皮地冲我比了个 OK 的手势。在喜悦之中，我体会到了作为教师“润物细无声”的满足感，至今我还能记得他那笑容中露出的两个浅浅酒窝。

《孟子·离娄章句下》曰：“资之深，则取之左右逢其原。”作为一名乡村教师，面对当前不断深入的教育改革，瞬息万变的课堂局面，武装自己势在必行。一直以

---

① 指四川省达州市渠县三汇镇大洞村小学。

来，本着对教育事业的热爱，我潜心钻研，努力学习教育教学理论，积极参加各级各类教研培训活动，积极学习并努力实践着，督促着自己不断前进。

“捧着一颗心来，不带半根草去。”陶行知先生的真知灼见，犹在耳边。人生在世，皆有使命，为师者薪火相传，立德树人，领航人生。作为一名教师，我不敢有丝毫的懈怠。在今后的教育教学工作中，我将立足山区教育实际，认真搞好教学，创造性地开展学校的教育教学、教改科研工作，扎根乡村这片沃土，用自己毕生的精力和爱心去浇灌祖国的花朵。

孩子的心灵如纯洁无瑕的水晶，又如透明易碎的玻璃，我们做老师的应该用欣赏的眼光去对待他们，更要保护他们玻璃一样易碎的自尊。

让科研之花在乡间绽放[①]

泸州市叙永县兴隆中心小学校　付忠英　吴光君

叙永县地处乌蒙山区，是少数民族待遇县，也是2020年刚脱贫的全国贫困县。我所在的兴隆中心小学校位于叙永县城北十七公里的321国道旁，是一所典型的乡村小学。我在这所小学任教已三十一年，担任科研室主任有十五年之久。一路走来，对于教育科研工作，从一无所知到现在略知一二，经历了一个非常漫长而艰难的过程，也说明了在乡村小学，尤其是边远山区的乡村小学要搞教育科研是十分困难的。但是，“近水知鱼性，近山识鸟音”，只要走进这个领域，就能知道教育科研的“庐山真面目”，也就能让教育科研为我们服务。

科研种子，从心孕育

最早接触教育科研是从一篇论文开始的。我的第一篇论文获奖是在1999年。那一年，叙永县教育学会进行教育教学论文评比，学校鼓励老师们积极参加。1998年，我写过一篇教学设计，获得县上二等奖，改编过一个课本剧，也获得二等奖。这些获奖给我莫大的信心，让我也想尝试一下论文写作。但因为从来没写过论文，不知道怎么下手。于是找到了一本论文集，还有《四川教育》，开始学习。通过学习，我大概知道了教学论文的大致体例和撰写的基本方法，于是炮制出了第一篇论文《快乐作文》。这篇论文只获得三等奖，因为理论知识缺乏，所举例子可能也不具有说服力，成绩自然不佳，但后来还是在进修校内部刊物《教研师训》上发表了。第一次的不足并不妨碍我以后继续写论文。后来，我的论文在县上得了一等奖，也开始在市上获得各个奖项，也在一些杂志和网页有发表，这极大增强了我写论文的勇气和信心。我也写一些教育随笔、教学反思、教育故事，有篇教育故事在教研室获奖，并在

① 本文的经历来自付忠英老师。

《师训教研》发表。

科研幼苗，破土而出

不知从哪一年起，县教研室要求各学校搞课题研究。“科研立校，科研兴校”，通过课题研究，提高教师们的教育教学水平，促进学校的发展与提升，那是再好不过了。领导们的想法是美好的，但是实施起来却困难重重。当时我只是一名普通的语文教师，不知道课题研究是什么东西，只是听说我们学校前两年的课题都“流产”了。这是个新鲜事物，领导们也没有做过课题，一所学校没有一个人懂课题研究，这个起步真的太难。

有一天，领导们找我谈话，说学校要成立科研室，让我负责科研工作。我一听，吓得不轻，我连什么叫科研都弄不清楚，怎么做科研工作？我连连拒绝，说自己做不了。领导们语重心长地告诉我，说我这些年接受培训的机会比别人多，接受了这么多年的培养，应该为学校做点事。听领导们这么一说，我只得“赶鸭子上架”，硬着头皮应承下来。但从那时起，我的心里就仿佛压着一块石头，再也轻松不起来了。

第二年，县教研室又一轮课题立项开始了，学校领导要求我报一个课题去立项。我吓坏了，但是事还是要做，不会做，我可以学。我开始大量查阅资料，教研室的老师给我推荐了四本书，我马上买了，慢慢地啃，慢慢地学。经过和学校领导多次磋商，反复论证，结合当时我校的具体情况和存在的问题，我们确定了课题“构建和谐校园的教育教学实践研究”。然后我开始写立项方案。学校又请教研室的专家来给我指导、修改，我们的课题立项资料终于如期上交。一段时间过后，收到消息，我们的课题在县上立项了。这可真是一桩大喜事，这是我们学校的第一个立项课题，开启了学校课题研究的先河。科研的种子，终于在这所乡村小学破土而出了。

细心浇灌，生机盎然

课题由校长统筹，教导处的吴光君主任、科研室和少先队大队部共同参与研究。尽管课题已经成功立项，但后续的研究工作一度陷入瓶颈。为了寻找研究方向，学校领导邀请了教研室的领导老师进行指导。在教研室的指导下，我们将课题细分为几个子课题，即领导与老师之间的和谐、老师与老师之间的和谐、老师与学生之间的和谐，以及学生与学生之间的和谐。针对这些子课题，我们对主研人员进行了分工。大队部负责研究学生之间的和谐，教导处负责研究师生之间的和谐，科研室则负责研究老师之间以及领导与老师之间的和谐。

每个学期，各个部门都开展相应的研讨活动，将学校的教师培训、教学教研、大队活动、自主学习等与课题研究相结合，形成一种和谐的、积极向上的科研氛围。同时，学校领导也采取了一系列措施，如和老师谈心，开展趣味体育活动、文娱活动，慰问贫困家庭等，以增强老师之间、领导与老师之间的团结。这些措施让老师们有了归属感和责任感，对自己的职业也有了认同感和使命感。

在这期间，我也多次参加了市、县级的课题研究培训，对课题的选题、方案撰写、过程管理等方面进行了系统学习，收获颇丰。经过两年的努力研究，学校的面貌发生了翻天覆地的变化。校园环境、师生精神面貌、师生的工作学习状态、学校的教学质量等方面都得到了显著提升。看到这些变化，学校的领导和老师们都感到非常开心。每次上级领导来学校检查工作，都会夸赞学校的变化之大，称赞学校正在变得越来越好。这也使得老师们的干劲更足了。

蓓蕾初绽，欣喜可人

课题进入结题阶段时，我再次陷入了困境。面对那一大堆结题资料，我感到无所适从：研究报告、工作报告、成果鉴定书、阶段报告、佐证资料……那段时间，巨大的压力让我焦虑不安，甚至影响到了我的生活和睡眠，我几乎要抑郁了。

无奈之下，我再次寻求教研室专家的帮助。我发现，不仅仅是我一个人对此感到困惑，很多学校的老师都同样不明白。幸运的是，教研室再次组织了一次课题结题培训。于是，我决定动手开始写报告。白天，我在学校上课，晚上则回家加班写报告。那段时间，我几乎每晚都要熬到凌晨两点多才能睡觉。我用了一周左右的时间，写出了近两万字的报告。看着那密密麻麻的文字，我感到特别有成就感。

我满心欢喜地把研究报告拿给教研室的老师看，期待得到夸奖。然而，老师却告诉我写得太多了，有些内容并不必要，需要进行大量的修改。老师耐心地指导我如何写研究报告，哪些内容是重点，如何提炼成果，如何描述效果……虽然我有些沮丧，但回到家后，我还是继续修改。这时，我想起了曾经买的四本书，于是翻出来认真研读，边学习边修改。

尽管过程如此辛苦，但我从未想过放弃。前期我们已经付出了大量的努力，而且学校的领导和老师们对这个课题都寄予了厚望，这毕竟是我们学校的第一个课题，怎么能半途而废呢？我多次修改那份结题报告，教研室的老师也多次给予指导。每次修改完，我都亲自跑去叙永找老师请教，根据老师的建议再回家修改。一个县级课题，我们竟然也做得如此辛苦。但是，我始终坚信那句话："不会做，我可以学。"

最终，课题成功结题了，我终于可以稍微松一口气。然而，更大的挑战还在后头。叙永县政府第四届教育成果奖即将开始接受申请，教研室希望我们把这个课题拿去申奖。面对那眼花缭乱的申奖资料，如成果报告、工作报告、检测报告、简述书等，我一开始感到无所适从。但教研室再次进行培训，我再次加班加点撰写各类报告……

收获总是眷顾那些敢于坚持、努力付出的人。最终，我们的成果获得了叙永县人民政府二等奖。尽管结果不尽完美，但我们付出了努力，这毕竟是我们学校的第一个教学成果奖，我们都为此感到骄傲。从此以后，我们学校的面貌发生了巨大的变化，县上的教育督导评估中，我们获得特等奖的荣誉，学校也走上了科研兴校的道路。

一项课题研究，给学校的影响是巨大而深远的，它渗透到学校的方方面面，不仅仅是一个成果获奖那么简单。它改变了老师们对待教育教学工作的态度和方法，也改变了老师们对自己的职业以及未来发展方向的认知；改变了学校仅仅靠处罚、惩戒等单一的方式来管理老师的方式，也改变了学校对老师们的培训策略；改变了领导和老师之间那种复杂的上下级的关系，也改变了学生之间、师生之间极容易走向矛盾和对立的关系；改变了学校对待上级检查工作的态度，也改变了上级对待我们学校和老师的目光。我很欣慰，这种变化，有我的一份功劳。

科研之花，竞相绽放

2007 年，叙永县教研室成功立项了一个省级课题——"贫困山区农村中小学综合实践活动实施策略研究"。为了进行实践研究，教研室选定了七所学校作为第一批基点校和协研学校，我们学校有幸成为其中之一。这对我来说是一个珍贵的学习机会。我紧随教研室课题组的老师们开展实践研究，逐渐对课题研究有了更深入的理解。

我们学校也针对此课题，确立了子课题"立足农村实际实施综合实践活动校本化研究”，并在县上立项。在那段时间里，学校承办了两次总课题组研讨活动，还承担了市上组织的综合实践活动现场会、综合实践活动课堂研讨活动以及“三开减负三开放”研讨会。每次活动，我们都需提供两节综合实践活动研讨课，供全市与会的领导和老师们观摩。而我则主要负责课例的指导，以及资料的收集、整理、汇编等相关工作。

这几次活动收获了市县领导和与会老师们的高度评价，大幅提升了我们学校在市域范围内的知名度。其中，我们精心打造的课例“话说兴隆煳辣椒”荣获全国综合实践活动课例一等奖，另外三个课例也分别获得省二三等奖。经过大家的共同努力，这个课题还获得了泸州市人民政府教学成果二等奖，我们学校也被评为“全国综合实践活动课题研究先进单位”。这些成绩不仅是对我们努力的认可，也是对我们学校科研实力的有力证明。

这个课题的研究让我们收获满满，产生的影响深远而不可估量。对外，我们学校赢得了市县各级领导的高度赞誉，也引起了市内其他学校的关注，一拨又一拨的领导和老师们来学校参观交流。对内，这个课题彻底改变了老师们对教育科研的态度，他们纷纷主动要求参与课题研究。2014 年，我们学校有六个课题在市县立项，直接参与者多达三十人，另外，村小还有四个课题在县级立项；到了 2019 年，学校又有四个课题在县上立项，参与者达到二十人，其中有些老师多次参与课题研究。

在这么多课题的管理和指导工作中，我也付出了大量的心血和努力，收获的成果也是丰硕的。除了两个村小课题因为人员调动而未能结题外，其余所有课题都成功结题。这些课题的内容涵盖面极为广泛，包括了学校各学科教学、综合实践活动、学校文化、德育、安全、艺体、课外活动、课外阅读等各个方面。除了少数几位老教师外，几乎每个人都有课题在身，村小也有十多人积极参与过课题研究。在这些课题中，有一个课题荣获市教学成果一等奖，三个课题分别获得市教学成果二等奖和三等奖，还有一个课题获得县政府教学成果一等奖，其余各课题也正在积极申请奖项。这些课题研究给学校、老师和学生带来的影响是巨大的。短短十几年时间里，我们学校的老师获得了迅速的成长。全片区九十名教师中，有全国优秀教师一人，四川省优秀乡村教师一人，四川省特级教师一人，省级骨干教师一人，市级骨干教师十五人，县级骨干教师十人，县级名师一人，高级教师十四人。大多数教师的科研意识得到显著提高，能够运用研究方法解决教育教学中的实际问题，他们所撰写的论文获得市县一等奖、二等奖、三等奖的次数达到几十人次。同时，教师们还积极开展微型课题研究，研究成果在市县层面也取得优异成绩。

这些年来，学校荣获了多项荣誉，并成功创建了多个品牌。学校先后获得“全国综合实践活动课题研究先进学校”“泸州市教育体育系统先进党组织”“泸州市文明校园”“泸州市优秀乡村学校少年宫”“泸州市校风示范校”“泸州市实验教学示范校”“泸州市绿化示范学校”“泸州市爱国卫生先进单位”“泸州市安全管理标杆学校”“叙永县‘两学一做’共产党员示范单位”“叙永县先进基层党组织”等荣誉称号，并五次获得叙永县年终督导评估特等奖。

有专家表示，教育科研是一项既能成就自己也能成就他人的事业。的确，许多人通过教育科研成为一代名师，乃至教育专家。然而，在乡村小学，受地域和各方面因素的限制，教育科研犹如一株娇弱的幼苗，需要精心呵护、细心浇灌，才能茁壮成长，开出绚烂的花朵，因为稍有不慎，便有枯萎的危险。因此，在乡村小学开展教育科研，不仅需要教育情怀，更需要科学的教师评价办法，以及更多的奖励激励措施，以更好地调动教师的科研积极性。

令人欣喜的是，近年来乡村小学的教育科研得到了很大的发展。总有一些人愿意成为开拓者和点灯人，他们怀揣梦想走进校园，愿意在这片热土上奉献自己的青春与智慧。乡村教育犹如千里沃野，我们深信，在这片美丽的土地上，必将绽放出更美更艳丽的科研之花。我们期待着乡村教育美好的明天！

在乡村小学，教育科研犹如一株娇弱的幼苗，需要精心呵护、细心浇灌，才能茁壮成长，开出绚烂的花朵，因为稍有不慎，便有枯萎的危险。

走进学生的世界

广安市岳池县酉溪中学　胡　瑛

师范一毕业，我就被分配到有岳池小西藏之称的黄龙乡的黄龙小学。

乡亲们听说我要到黄龙小学当老师，都为我捏了一把汗。小小的身材，瘦瘦的身体，怎么吃得了那个苦？虽然在家也没少受磨难，但那里毕竟是一个陌生的地方，偏远不说，单是山路，就让人觉得走一步有一步的艰难，听说站在黄龙山上，抬头看一眼天，帽子就会掉到山沟里，走半天也捡不上来。

尽管乡亲们说得让我恐惧，但我并没有退缩。在规定报到的日子，我如同西天取经的唐僧，随着挑担的“猪八戒”——我的亲哥向黄龙乡进发了。过了长田水库，爬上凉风垭口，就能清晰地看到黄龙那边的山，正好作为南充市营山县鄂家湾的屏障出现于我的视野里。习惯了山野生活的人，一辈子喜欢山，看到山就觉得亲切，就有了方向，就有了目标。从金城山[①]到黄龙山，看起来确实不远，但从一个山脊到另一个山脊，须得呼哧呼哧地爬山，再蹦来蹦去地下山，再勾腰驼背地上山，这样的路途，真有“翻过了一道山，越过了一道弯，撩动白云蓝天蓝，望眼平川大步迈向前”的浪漫与豪壮。从早上到下午，离目的地终于越来越近了。

一排瓦房出现在眼前，已经是午后三四点，太阳已经偏西，如果不是房前略显平整的空地上挂了个篮球架，我还真不相信那就是我的诗与远方，一路走来，感觉比乡亲们说的还要惨烈，心里那个凉啊，真像是掉进了冰窟窿。

看起来像个中学生的我站上讲台，面对二十来个小青年似的初三学生，他们正虎视眈眈地盯着我，大有我讲不好，就要把我哄下来的架势。我定了定神，一个简短而幽默的自我介绍，就赢得了学生真诚而热烈的掌声。掌声给了我无限的希望，我的教学生涯正式开启。第一课，毛泽东的《沁园春 · 雪》，这首大气磅礴的词适合朗读。我用自由读、示范读、伴读、齐读、男女分组读、男女比赛读等多种方式，引导

① 金城山，地处岳池、高坪、蓬安三县（区）交界处。

学生想象词作所描绘的壮美意境，体会其间所抒发的豪迈情感，极大地调动了孩子们朗读的积极性。一节课不知不觉就过去了，学生放学后议论说，新来的语文老师好“歪”[①]，这个“歪”是指导朗读时，读不准字音就要求他们翻字典注音，掌握不了朗诵的节奏就反复练习，读不出词的感情就多理解品味。这样一来，就跟他们之前的语文课有了一点差别，这样一来，就跟他们之前的老师有了些许不同，对于习惯了老师讲的他们来说，这样的语文课似乎有了一点新意，至少这节课的内容定格在学生的脑海里，若干年后他们还隐约记得。

当时的黄龙小学有五个教学班，初中三个年级三个班，后来四个班。学校的形状像一个大写的“日”字，中间的那一横是通道，“日”字的右边一竖是南门，阶沿下便是篮球场,“日”字的左边一竖是北门，出北门左走有一条小道可达乡政府。“日”字上面的一横除一个教室和食堂外，其余为教师用房，每个教师一间，小的不足十平，大的约有二十平，既是办公室也是宿舍。本地教师全都走校，只有刚从学校分来的七八个外地师范生以校为家，即使周末也坚守在此。

地远车马稀，山中日月长。闲暇时间，我们要么看书，要么打篮球，要么家访……偶尔聚集到一处闲聊，聊着聊着就聊到了各自班上的学生，觉得本班的哪个学生思想有点波动，或者成绩有点下滑，或者表现有点异常，就有人提议家访，大家相约一起去那个学生家，看看有什么问题需要解决，有什么事情需要帮忙。家访既是一场说走就走的旅行，也是一场说干就干的工作。

记得那次大家一起去山脚下的王同学家，他的父母感动得有点不知所措了。秋季开学不久，香香老师就觉得她班上的王同学有点异样：一天总是愁眉不展、无精打采的样子，没有多少小孩子应有的朝气与活力。问她她什么也不说，香香老师观察了一段时间，越来越觉得有必要知道原因。香香老师忧心忡忡地说：“我们班那个王同学总是一副郁郁寡欢、萎靡不振的样子，她家到底发生了什么事，我也不晓得，一直想去她家看个究竟。要不我们到她家去走走吧？”

到了王同学家，我们看到他们家的瓦房刚搭了个架子，墙壁都没有。一问，才知道现在处于停工状态。我们一致建议开工，这样，冬季到来时，就可以遮风挡雨。而让王同学的父亲犯难的是修还是不修，修呢，耗时耗力耗钱不说，关键是王同学母亲生病了，现在房子立起差不多有一个月了，她的病不仅不见好转，反而好像更严重

① 四川方言，指严厉、强势、凶悍。

了，真是……唉！

一声叹息，让我们的心情也变得沉重起来，让我们也开始担忧起来。我们开导王同学的父亲，让他打起精神，走出困境；看望王同学的母亲，让她明白，有病一定得上医院；关爱王同学，让她感受到，有老师一起，一切问题都不是问题。那个学期，我们三天两头就去王同学家，这让王同学的父母有了精神支柱，心情渐好。他们克服困难，努力重修了房子，王同学母亲的身体也日渐好转，王同学的脸上有了笑意，成绩也持续上升，三年后上了师范学校，后来回到母校任教。

黄龙小学的偏远如同悬崖村，是一个独立于纷扰之外的纯净存在。当你在鸟语中醒来，当你在栀子花丛中驻足，当你在松林中漫步，呼吸着特别清新的空气，平视远方，真有“会当凌绝顶，一览众山小”的感觉，放开嗓子吼两声，山谷也不甘寂寞，将你的尾音拖长。

在黄龙小学的那两年，是我们最不像老师的两年。那时虽然我只任一个班的主科教师，但所有班级的学生都是我关注的对象，哪个班的学生有异样，我们就“跟踪”那个学生，有时一个人，有时两三人，与学生一起上下学。因此，我们很少待在学校，大部分时间都随着学生一起行动。不管学生家远近，不管学生家贫富，我们以学校为起点，用脚画了一条又一条线，把那些线的外端连起来，就形成了一个又一个同心圆。由于进村入户的时间多，哪个村的位置，哪个学生家的房屋，哪个家庭的情况，我们大都了然于心。由于与学生相处的时间多，我们对黄龙学生的生活有了更深的体验，对学生的思想行为有了更全面的了解，因而教育的方式也会因人而异，有时是语言，更多的是行为，于无声中引导学生，于无形中教育学生，使他们回归到家长的期望上来。

不管学生家远近，不管学生家贫富，我们以学校为起点，用脚画了一条又一条线，把那些线的外端连起来，就形成了一个又一个同心圆。

黄龙的学生，很少接触外界，没有接触电子设备，既单纯又可爱，拥有求知的心，深得老师爱怜。老师如同他们的哥哥姐姐，时常与他们学在一起，玩在一起，深得学生爱戴。“亲其师，信其道。”学生成绩扶摇直上，在全区排名基本处于前三。

我认为教师的任务不只是传授书本知识，更要引领，引领学生探索掌握未知领域的技能，引领学生把握自己的未来。引领的关键在于有让学生信服的涵养与能力，有同频共振的师生关系，要时刻关注他们，时刻走近他们，成为他们人生的指引者。

走进学生的世界，引领学生前行，让我体验到学生单纯而美好的内心世界，让我体会到教书育人的快乐，让我感悟到最佳的教学境界是忘掉自己教师的身份。

想当然　不可取

达州市宣汉县胡家镇小学　周智育

二十几年前的一件小事，我至今仍记得清清楚楚。宣师[①]二年级时，我在达州市宣汉县东乡镇一完小试教，当时试教的是二年级语文。在教学一节识字课时，其中有“挤牛奶”这个词，为了激发学生兴趣，加深理解记忆，我问同学们看见过挤牛奶没有。很多同学都回答看见过，我便请一位同学上台学一学挤牛奶的动作。那是个手举得高高的小女生，她见我请了她，兴高采烈地上台，伸出右手，食指和拇指轻轻地捏了捏。台下爆发出一阵热烈的掌声，同学们都深以为然，我也很满意，这动作做得多好啊。这课堂氛围确实营造起来了，因为这一组词都与动作有关，学后面的词语，同学们便争先恐后举手，要求表演。

岁月匆匆，我经历过的事情数不胜数，因此试教时的情景也逐渐模糊。后来，我被分到了另一所小学任教。在那个年代，那个村庄，家家户户都养奶牛，牛奶成为大部分家庭的主要经济来源之一。有一次放学后，我到学校旁边的一户人家玩耍，正好赶上了挤牛奶的时间。于是，我跟他们一起去看挤牛奶的过程。只见挤奶工先用清水洗净牛的乳房，然后在乳房下放置一个干净的胶桶，开始挤牛奶。他的两只手飞快地交替着从牛的乳房上用力挤拉。每次挤拉，牛奶就像注射器中的水一样呈一股乳白色的线条喷入桶中。大约挤了十分钟后，他又换了另外两个乳头继续挤。在挤到一半的时候，他的额头已经开始冒汗。他说，每次挤牛奶都非常辛苦，两只手因为用力而感到酸痛。他称赞自己的牛温顺，一般不会乱踢，但如果到了时间不挤奶，奶水涨得牛发慌，刚开始挤的时候牛也会乱踢。

看着那个人挤牛奶的样子，我深深地感到震惊。原来挤牛奶是这个样子的！二年级试教那节课的情景又条件反射地闯入脑海，那个小女生的动作，食指和拇指轻轻地捏，一副轻松的样子。那个小女生和我，以及班上的孩子，当时都没有挤过牛奶，甚

① 即现在的四川省宣汉职业中专学校。

至也没有观察过挤牛奶，我们都以为应该是那样的。

从此，试教那节课深深刻在记忆中。那个小女生以及班上的学生对于挤牛奶的动作会或不会，可能影响不是很大。但我深以为耻。我的“以为是这样”“以为会这样”，成了我懒惰的借口、退步的通道、麻痹的帮凶、敷衍的伎俩。有时静下心来细细思索，我自己，以及其他正奋斗在教育岗位的教师，不正是在做着“以为是这样”的想当然之事吗？语文课上，教师以自己的经验为出发点，讲得极为细致，分析得极为透彻，想着这样学生应该听懂了吧；数学课上，生动地讲解，再现分析过程，再配以幽默的比喻，环环相扣，步步为营，想着这类题应该不会再有问题了吧；班主任工作中，本着立德树人、惩前毖后的目的，抱着为学生好的心态，狠狠地把学生批评一顿，道理讲得很远很深，想着这次应该有效果吧了？我们很多时候都是以为一定是这样、一定会这样，按照自己的想法来从事教育，但教育效果可能会不如人意。想当然不可取。古人有“子非鱼，安知鱼之乐”，今人有“实践出真知”等诤言。只有亲自实践，自己真正掌握或懂得了，才可肯定地回答学生。只有设身处地为学生着想，倾听学生的心声，才能找到对症之策。

那天听了一个故事。在一次聚会上，酒过三巡，一位中年男人认出了自己的小学班主任也在桌上。他怀着激动的心情来到班主任面前：“老师，还记得我吗？”班主任满怀歉意地摇摇头说：“对不起，我记不起来了。”中年男人又道：“老师，您再想想。”班主任仍记不起。中年男人急切地说：“我是偷别人东西的那个小男孩。”但班主任还是记不起。于是那个中年男人讲了小时候偷东西那件事。一天，一位学生向班主任汇报自己东西被人偷了。班主任要求所有学生用红领巾蒙住自己眼睛，面向墙壁站立。然后班主任挨个搜学生口袋，最后在那个男孩身上搜出了丢失的东西，还给失主后继续上课。中年男人讲完故事，激动地说：“老师，我当时怕极了，生怕你当众揭穿我、批评我，那样我的自尊心将会毁掉，我可能会成为人人喊打的小偷，我将不会有今天。但你没有，我后来才痛改前非。老师，你现在记起我了吧？”班主任仍然充满歉意地说道：“我还是记不起。因为当时我怕自己知道是谁在偷东西，忍不住会批评，我也是蒙住眼睛的，我真的不知道是你。”那位中年男人听后，紧紧地和班主任相拥在一起。

这故事，我不想辨别是真是假。我只是在想，我们碰到过学生偷拿别人的东西的事少吗？我们又是怎样做的呢？相信大部分教师都会严厉地批评教育，真心希望犯错的孩子在自己的教育下幡然醒悟、痛改前非。听了那位中年人的知心话，我们是不是觉得有时候的教育是一厢情愿式的想当然呢？我们的“好”，可能达不到预期的效果，相反还会毁了孩子。不同的孩子来自不同的家庭，不同的家庭有不同的环境。正所谓“人之初，性本善。性相近，习相远”。每个孩子的性格不同、思想不同，我们采取的教育方法就应该不同。老师一味地想当然，认为自己小时候就是这样，书上专家说的就是这样，用老化的、陈旧的、毫无针对性的方法去教学或管理班级，效果会怎么样，就可想而知了。成功的教育案例很多，只要细细品味，就会发现并非要一味地“爱”或“严”，教育家采用的方法是因人而异。

教育有规律。但因为教育的主体和对象是人，所以教育规律最不易掌握。很多外行大言不惭，认为教书最简单。面对外行，不值得与其争辩，一笑置之。我们很多行内教师，也以为自己了不起，按照自己的主观臆测来教书育人，行想当然之事，那就万万不可了。

我的“以为是这样”“以为会这样”，成了我懒惰的借口、退步的通道、麻痹的帮凶、敷衍的伎俩。

在路上

——致我特岗[①]的三年

南充市阆中市枣碧乡中心学校　刘蓓蓓

弹指之间，我已经在这片贫瘠而又富足的土地上工作两年有余了。2017 年 9 月是我特岗的第三年，也是特岗最后的一年。

夜幕降临，校园周围一片寂静，偶尔草丛中传来稀稀拉拉的蟋蟀叫声。望着远处的万家灯火，想起两年多的过往，许多瞬间历历在目。自己生命中无法忘记的东西，可能只是别人眼中十分平凡的点点滴滴，却能在心中镌刻很久。记得 2015 年大学毕业时，由于家人要求，我放弃了大城市优越的生活，回到了家乡工作。那时的我对于去乡村，还有许多的愤愤不平，但是没想到此后我却爱上了这个原本我不愿意来的地方。是那山，那人，那情，让我停驻，让我留恋，让我难忘，让我不舍……

学生如同我的孩子，我们已经陪伴了彼此两个春秋。刚与他们接触时，他们那一张张淳朴可爱的脸庞深深地吸引了我。他们身上具有许多跟城市孩子不一样的品质。接手一个多月以后，我陆陆续续发现他们身上的坚韧、自律、质朴和吃苦耐劳的劲儿。记得有一次，我去一个孩子家里做家访。陡峭的山路蜿蜒崎岖，一路坎坷，越过高高的山坡，蹚过长长的小河，走了许久。那天正值农忙时节，来到他家附近，映入我眼帘的已不是一个七岁的孩子该有的模样，只见我的学生熟练地在田地里干着农活，一堆一堆高大的高粱秆被他一次又一次地抱来抱去。此情此景让我很是惊讶。如此幼小的孩子，已经承担了家里的一部分劳动。在了解了一些孩子家里情况之后，我起身准备离开，这时孩子拿给我一张纸条，上面画的是一位扎着长辫子的女老师拉着一位学生的手，笑着走在绿草茵茵的田间地头的画面，配了些许文字，一笔一画地写

① 即特岗教师，中央实施的一项对中西部地区农村义务教育的特殊政策，公开招聘高校毕业生到中西部地区“两基”攻坚县、县以下乡村学校任教。

着：老师，我是生活在大山里的孩子，可是我也有一个梦想，走出大山。

孩子的梦想，成了我前行的动力。于是，我继续在大山深处跋涉着。第一年，我担任一年级语文老师的同时还负责了幼儿园的教育管理以及学校大队工作。每天至少有九节课，常常站得我腰酸背痛，筋疲力尽，但我从来没有一丝埋怨。为了完成教学任务，我不敢浪费一丁点儿时间。每天小学班放学的钟声响起时，也是我幼儿班托管的开始。幼儿班孩子年纪小，大部分时间是离不开老师的，晚上照顾完幼儿班孩子洗漱睡觉之后，我才能回到自己那空荡、孤寂、不到八平方米的昏暗小房间。不要以为结束了一天的忙碌，终于可以好好休息了，其实接下来的时间才是我最难熬的。伴随着昏黄的灯光，我开始在冰冷的办公桌前批改一摞一摞的作业。乡村学校的夜晚，静得让你感觉到异常可怕，孤寂不断疯长，恐惧不断涌动。灯光下拉长的影子，沙沙作响的树叶，户外偶尔传来的几声怪异的呼叫声，都让我的内心涌起无限的无助和惶恐。

这种无助和惶恐让我学会了用隐忍克制无奈，用读书对抗孤独，用坚强战胜怯懦，用勤劳赢得成长。

每周一的早晨，天还没亮，我就会从家里出发，拎着自己一周的行李踏上去往乡村的路。每天早上我都会坐第一班公交车，六点半准时与早班司机汇合。第一班的公交车上很多时候只有我，连上学的孩子们都还没有出发。时间长了，就连开车的司机们都不约而同地问我同样的问题："小姑娘，这么大清早的，你大包小包地去哪儿呀？"我总是笑笑对他们说："去一个神秘的地方，撒下我包里的五彩石。"司机们都笑了。去学校的路是漫长的，虽是清晨，却酷似夜晚，但还好，每当大巴车行驶到学校山头的时候，太阳就冉冉升起了，我常想：我是沐浴着阳光而来的，我要给他们带来新的希望。

渐渐地，生活虽然很清苦，但是越来越有意思了。就在我逐渐乐在其中之时，我意外生病了。记得那是特岗第二年的冬天，我病了许久还是不见好，拖着虚弱的身体再次站在讲台上时，孩子们看出了我的难受，在课余时间，纷纷向我送来了他们最诚挚的关心和问候。有一个平时很胆怯的小姑娘课堂作业本上的一句话引起了我的注意，她用"气色"造了一个句子，写道："今天老师的气色不太好，她可能是生病了。"就是这样一个简单、朴实无华的句子，开启了接下来的故事……

下午上课前，有学生跑到我办公室来告诉我说那个小女生把身上弄得脏脏的、臭臭的，特别不爱干净。我当时很生气，怒气冲冲地把她叫到办公室，训斥她，教育她要爱干净、讲卫生。她胆子特别小，大气都不敢出，只在我面前小声地啜泣着，一句话也没有说。最后，我让她回去洗澡换身衣服再来学校。但是对于这件事情的处理方式，我到现在都充满着愧疚之情。因为那天我下班回到寝室，宿舍阿姨说，我屋外门口有一只鸡，是我们班一个女生亲自给我捉的。我顿时明白了是怎么一回事，内向胆怯的她用自己的行动在向我传达着她对我的关心和喜爱。回想着她瘦小的身躯，衣服上沾满了黑黑的泥土，充斥着难闻的气味，我再也抑制不住自己，眼泪如同泉水般夺眶而出……

孩子们给予我的一切无言的感动，让我不再畏惧一切外部的条件，让我坚定了自己的信念——扎根乡村基层教育，在这里奋勇前行。只要付出总是会有回报的，在日复一日、年复一年的努力中，我收获了喜悦和欣慰。孩子们作业本上的大红勾一天天增多；试卷上的分数也在一天天增长；家长的笑容也在一天天变多。在孤独和寂寥中，在落寞和无助中，在彷徨和犹豫中，我选择了坚持；在喜悦和分享中，在快乐和幸福中，在成长和改变中，我收获了感动。最终在 2017 年片区的期末考评中，我和孩子们取得了片区第一名的成绩。这就是我的选择，这就是我每周早晨风里雨里六点半坐大巴车的回报，因为我始终相信，即使再贫瘠的土壤，只要你用心浇灌，就能开出最美丽的人性之花！

我常常对自己说，我是这山中常年跋涉的行人。每当经过峰峦起伏的高山时，我都会疑惑，到底是我翻过了它，还是它托起了我。

精彩在我肩上，我，在路上……

我是这山中常年跋涉的行人。每当经过峰峦起伏的高山时，我都会疑惑，到底是我翻过了它，还是它托起了我。

可为与有为　只在相信

广元市昭化区实验小学　沈钰婷

五个“白加黑”

在我的抽屉里，至今珍藏着一个作文本，他的主人是一个男孩。这个男孩读三年级那年，我成了他的老师。班里有七个孩子，空空的教室里，明亮的灯光因为稀稀拉拉的课桌而显得略微黯淡，我突发奇想：人这么少，为什么不让孩子们把桌子摆成一个“U”形呢？这样我就可以和所有的孩子打成一片了。说干就干，孩子们也不亦乐乎。正当我们兴致勃勃互相介绍自己的时候，校长走了进来：“桌子怎么可以这样摆呢？马上改回来。”大家的一腔热情瞬间凝固了，那一晚，我只记得那座远山上，没有月光，没有星辰……第二天，我还在失望的灰烬中愁苦着，一个叫小雪的女孩拉着泪眼汪汪的小曼愤懑不平地来到了我跟前。

“老师，小权抢了小曼的冰淇淋！”

“把他叫来，我问问。”

小权忐忑不安地走到了我面前，埋着头，一言不发。短短的头发刚理过，晒了一个暑假的小脸连着黑黑的颈项。

我像个法官，冷静地审视着他。

“你怎么能抢小曼的冰淇淋呢？”

“我没有！”他语气坚定。

“那为什么同学们都这样说？”

“我只是捡了她扔了的冰淇淋吃而已。”

“是他硬要吃，我才扔了的。”小曼说着，眼泪大颗大颗地划过红扑扑的面颊，抽泣声越来越大。

我用手拍了拍小曼的右肩，安慰她道：“这件事是小权不对，他不应该勉强你，要去跟你分享你的冰淇淋，可是你作为同学和朋友，也不应该把东西扔地上呀！”

小曼听出了自己的不对，慢慢敛住了哭声。看着全身穿着新衣服的小权，我想这孩子家境应该不错呀！我让小权抬起头来，单眼皮的小眼睛，长长的睫毛下，不安的眼神迅速扫过我的脸庞，然后又埋下头去。我回到寝室，找出五块钱交给他："去买五个，吃完哦！"

看着他飞快地消失在台阶上，我紧跟着过去了。夏日的余热在这群山之巅消失得特别快，晚饭后，我盯着他拿着五袋"白加黑"双色冰淇淋。一开始，美味就是美味，他的小嘴忙不迭地去舔、去吮吸，甜甜蜜蜜的滋味让整张小脸蛋儿露出愉悦的神情。看热闹的孩子们已经开始口舌生津，口水悄悄地往下咽，眼睛直勾勾地望着小权。

一个、两个,"白加黑"才完成了一袋，第二袋还未启封，小权就主动认错了："老师，我错了，我再也不贪嘴了。"说着两行热泪就滚落下来。看着那可爱的面庞，那无奈的表情，我仍故作严厉。

"好吃你就多吃点，快吃，还剩那么多呢，一次吃个够！"眼见这愧悔就要化成崩溃，我扑哧一笑，缓解了这困窘："把剩下的跟大家分一分，大家陪你一起吃就更香了！"

小脸蛋立马破涕为笑，看热闹的孩子更是喜上眉梢，连忙围着小权分起冰淇淋来。

这件事成了我和孩子们永不磨灭的回忆。因为，我们学会了分享，学会了原谅，在四年的日升月落中开启了"白加黑"的求知之旅。

安全第一课

没有安全就没有成绩。学校的工作就这样，也应该是这样。

我的"安全第一课"是沉重的，甚至是沉痛的。那一天是我为幼儿园代上体育课的第一天。上午第四节，活泼可爱的幼儿园小朋友跟在老师背后，像一群快乐的小鸟。怎么办呢，我不会带小孩子呀？班主任杨老师对我说，学校购置了新滑梯，孩子们可喜欢了。一不会做游戏，二不会做操，我只能带着这群快活的小鸟爬上台阶，来到滑梯旁。

大红大绿的滑梯，装饰着数字、椰树、星星，立在灰白的水泥地上，是学校最耀眼的风景。孩子们看到这风景，前呼后拥地直奔过去，你挤我、我挤你，你呼我、我唤你，拉手一起滑、"飞翔"着滑、翻滚着滑，"S"型的转弯处，每一张笑脸都朝着我所在的方向欢呼，一切都是明亮的。

意外总是发生在兴奋时。刚入学的家兴头朝下滑了下来，一下子就被紧随其后的大孩子从滑梯四分之一处挤了出来，“嘭”一声脆响，随后孩子的哭声打破了祥和和温馨，大家都一惊，顿时安静了下来。我立马冲过去，抱起家兴，看着他头顶起了一个大包。我把他抱到了学校门口处的医生那里，很快家长来园把孩子接了回去。下午，校长一个电话叫我去了办公室，问了我事情的经过，紧接着家兴奶奶就走了进来，可我始终一言不发。我不觉得我有什么过错，听说孩子回家以后状态不太好，但没出什么事情，直到后来家长直接让他转学去了很远的学校上学，我才醒悟过来。回想起当时，我还哭着和校长争辩，顽固得像一块坚硬的石头，全身都是棱角，哪一面都不肯服软。

岁月流转，棱角渐失的我渐渐拥有了坚韧和豁达，对“安全”一词也有了更深刻的认识，那就是“安全是一切工作的前提”，永生难忘安全第一课，既是难以释怀的痛苦回忆，也是让我深深受益的人生课程。

她是小偷吗

小小的一间宿舍，老是传来可怕的议论。

晨光熹微，一缕缕阳光穿过薄薄的雾气，若隐若现的远山变得深绿，石拱桥也愈发苍老、沉重。楼梯转角处，一股冷风透过菱形的孔隙迎面扑来，我心里想着孩子们已经起床了，得快点去检查一下内务整理的情况。

我们班是三年级，孩子们把被子折腾来、折腾去，豆腐块儿始终叠不出来，头发也是往后脑勺一拢，一只脚就迈出门槛儿了。小梅走后，小雯和小羽留了下来，她们郑重其事的严肃表情让我心里一惊：这得有什么大事情啊？

她俩互相对视了一下，犹豫了十几秒，还是嘴快的小雯忍不住悄声说：“老师，小梅是小偷！”

“怎么会？”

“真的！我们都这样认为。”

“为什么呢？”

“我们都知道，她拿了晓燕的发夹。”

“也许她只是捡到了，或者就是她的。”

“不是，就是她偷的。”

这样的议论从一把梳子到一根橡皮筋，或者是一包偷偷带进学校的零食，我不知道小梅在寝室里接受了怎样的审问和论断，最后我找到这个卷发的小姑娘，准备和她好好谈谈。

那是午饭以后，孩子们都在操场上追逐、游戏。我把小梅留了下来，我问她："同学们都说你拿了别人的东西，是真的吗？"

"我没有。"她的语气无比坚定。

"老师也觉得，我们小梅这么漂亮，一定不会有'小偷'这样的名字。"

听了这话，小梅眼中闪过一缕异样的光，坚定的语气增加了几分犹豫："我不是小偷……"

她的犹豫让我决定继续。"如果真的拿了别人的东西，我们就还回去好了，真诚地向同学道歉，知错就改，大家一定会夸奖你的。"

小梅眼角湿润了，她喃喃道："我以后再也不会拿别人的东西了。"

看着她一点点柔软，我拉起她的手，她那明亮的大眼睛里装满了歉意，粉红色的嘴唇紧紧抿着，我趁势夸起这个美丽的小女孩。"你看，别人的东西始终是别人的，拿过来就是脏东西了，你这么漂亮，怎么能要脏东西呢？其实呀，干干净净、整整齐齐就是美，不需要很多花里胡哨的东西，老师最喜欢这样的小朋友啦！"

从那以后，"小偷"从我们的生活中消失了。

乡村教育工作随着生源的变化而面临诸多困难，也许我走了很远的路，走出了这一方天地，但在乡村教育经历的磨炼和美好，让我拥有了坚强、坚定、坚持的力量，不忘初心，不忘自己曾是其中的一个学生，我始终不忘自己也曾是其中的一名教师。仍愿我如这激流，翻越千山，携卷春潮、夏雨、秋水、冬雪，让知识成海，臻于至善。

这就是相信的力量，平凡如我，也能这样。

仍愿我如这激流，翻越千山，携卷春潮、夏雨、秋水、冬雪，让知识成海，臻于至善。

这就是相信的力量，平凡如我，也能这样。

他是路边那盏灯

宜宾市屏山县岷江幼儿园王府井园区　宋　敏

从乡村出生、长大，再扎根乡村工作五年的我，骨子里对乡村有着特殊的情感，这情感是爱是愁是牵挂。每每谈论起过往的乡村生活，我只能用记忆犹新来形容，其间所经历的酸甜苦辣，犹如尘封多年的白酒，随着时光年轮的增长，越发值得回味，因为这是时间积淀的智慧，是情谊生发的力量，是经历促就的成长。

十多年前，刚从幼师毕业的我，经过公招考试考上了县里的教师编制，被分配到了一所偏僻的乡村小学任教。来到学校，简陋的教室着实让人惊讶：两间有破洞的土墙青瓦房一横一竖立在操场两边，中间是块泥地操场，操场边有张石头堆砌的简易乒乓台，这就是学校的全部了。像我这样的外地老师，吃住在学校的偏房，买东西只能等周末到镇上，还得看天气，如果遇上雨天，根本没有车能开动。对于没有单独开过锅灶生活的我来说，其间的种种艰辛可想而知。

好在学校负责人是位慈爱可亲的老校长，他在这里工作了整整三十年，我的到来，让他满是欣喜，从生活到工作也都尽心尽力地为我考虑。他说："不是想刻意留住你，只是希望你的父母能放心你在这里工作的每一天，我有这个责任。"在我之前，已来过好几个年轻老师了，不到半年或一年他们都调到镇上了。说起他们时，他不但没有抱怨，反而是自豪，因为他曾带过的几位老师都非常优秀，直接被镇中心学校选上了。对我，他也是这样。

面对三个老师教四个班的问题，他主动带了两个学生最多的班，我和代课老师一人带一个班。他说是因为我刚来，不熟悉环境，条件也艰苦，怕把我累坏了，代课老师的水平又的确让他不是特别放心。

由于我是幼教专业毕业，所以我担任的是一年级的教学工作。没有任何小学教学经验的我与一群没有一点入学前准备的孩子撞到一起，再加上好几个孩子因第一次上学哭鼻子，一个星期下来，我的热情被击垮了一半。伤心绝望之余，我找到老校长诉说我的情况，他一边安慰我，一边了解我的情况，一边给我支招。他教给我的方法似乎很管用，明显可以看到孩子们的学习效果了，我又有了点信心。当遇到拿捏不准的问题时，我会主动找他探讨。渐渐地，我适应了一年级的教学工作，掌握了一些好的方法。他常对我说："过硬的专业素养是老师的看家本领，年轻人的路很长，必须肯钻研。"后来的日子里，如何提升专业素养成了我的重要课题，不懂就问、不会就学、不精就钻。回想起这段经历，我总是干劲十足，这样的做法已经伴随我十五年了，以至于现任学校的领导总爱以我为榜样，鼓励老师们要精于自己的专业发展。

老校长，一位五十三岁的老教师，他所教班级孩子的成绩总是全镇第一，学生德才兼备，这些都是有原因的。在日常工作的每一天，无论是从教案的设计、活动的组织，还是对孩子日常的观察评价，又或是与家长的深入交流中，都可以看出他是一位有思想且充满智慧的老师。在老校长的带领下，我一边模仿他如何开展工作，一边尝试一些新的做法。大多数家长由于不了解孩子的学习特点和发展规律，以及迫切希望孩子成功，基本上不支持学生参与实践活动。为了改善这一状况，我采取了与家长沟通交流的方式，并寻找支持工作的家长来树立榜样，让其他家长能够亲眼看到实际效果，从而理解这些活动的重要性。正所谓"百闻不如一见"，真实的体验更能改变人的观念。在与老校长的讨论中，我们对一些课程进行了大胆的调整和创新，尽可能地实现理想的教育方式。我们不再盲目遵循教材和教参，而是根据孩子们的年龄、能力和性格特点等因素来设定合适的目标，从而让活动更具意义。

在信息闭塞、网络不普及的年代，想要增长知识，全靠书籍。老校长爱看书，每年进一次县城专门买上八本十本书为自己补充学识能量。夜晚、周末、寒暑假里，看书、写写故事便是他的主要消遣方式。村里的同龄人见了，总少不了调侃他又在啃书了，但遇到事了准会求助他，准拿他当孙辈学习的榜样。乡村条件艰苦，娱乐消遣方式也少，我晚上、周末便看看向老校长借来的书，慢慢地我也爱上了看书。每学期放假回家经过县城，便去买上许多本。看到优美的、惬意的文字便记录在小册子里，久而久之，写教育论文时，我的表达更丰富了，语句描述更精准了。随着教育改革的发展，用文字表达自己教育行为、教育感想的要求更多了，常有老师会说："论文、案例、故事、心得……太要命！"其实不然，当学习成为一种习惯后，不仅自己的写作能力提高了，思路也打开了。

老校长陈旧的办公桌上有着厚厚的一摞教育笔记，每天下班后，他总会花上半个小时记录下当天最有意义的事情。我对老校长是崇拜的，所以后来我也学着他写教育日记了。刚开始，我写得很少，几句话表述心情也就完事了。随着与孩子们的交集变多，我会用心记录下他们的小小进步，有时是与他们的对话，有时是我的思考……渐渐地，日记让我枯燥的生活变得充实、快乐，让我的教学水平也有了很大的提高，写教育日记也变成了一种习惯。每当被繁杂的工作或生活困扰时，我总喜欢捧起一本日记细细回味，找寻坚持的力量，消除心灵的浮躁，感恩生活的幸福，享受生命的精彩。十五年的教学生涯，我不间断地写着教育日记，如今这一摞摞的日记本也成了我生命里的精神食粮，或悲或喜，都是人生的一笔财富。

俗话说："师傅领进门，修行靠个人。"扎根乡村的经历是我成长的基石，乡村里那位朴实的老人便是我的师父，他用"授人以鱼不如授人以渔"的带徒思想带领了我和很多位老师。如今我也成为现在工作的学校里的"师父"，身上反射着老校长的光芒。我也常常用老校长身体力行的方式引领着新入职的妹妹们潜心工作，快速成长。

每当被繁杂的工作或生活困扰时，我总喜欢捧起一本日记细细回味，找寻坚持的力量，消除心灵的浮躁，感恩生活的幸福，享受生命的精彩。

转行记

成都市大邑县苏家学校　宋　珣

人的一生，总是充满许多变数。几年前，学校领导希望我不再教语文，而改教英语。这个任务让我感到十分惊讶、万分为难。本来在大学里我学的是政史专业，工作后一直教政治，2001 年转教语文，半路出家，我费尽心血，苦钻猛干，最终我教的学生在 2006 至 2007 学年县统考中语文成绩获得全县第四名。刚刚初尝成功的喜悦，又要涉足新的领域，这使得我感到犹如旱鸭子过河——真是不知深浅了。

我也确实犹豫过、徘徊过，教吧，怕误人子弟，不教吧，强烈的责任心告诉我学校这样的安排，可能也有它不得已的缘由。有句话说得好，“不谋全局者，不足谋一域”。学校领导那么关心我、信任我，我岂能知难而退？况且，人生能有几回搏？这样一想，我豁然开朗，于是决定接受这个光荣而艰巨的任务。

问渠那得清如许，为有源头活水来

我的性格是不做则已，要做就做好。但是要把英语这门学科教好，对我来说是难上加难的事。就在我不知如何入手的时候，我想到了我大姐，眼前一亮。她是崇州市英语骨干教师，她的课生动有趣，深受学生喜欢，教学成绩也相当不错。这不是个很好的师傅吗？有了这线曙光，我带着希望远赴崇州市拜师。暑假里，骄阳似火，我忘了酷暑，忘了流汗，忘了休息，忘了家庭，又回到了学生时代，以学生般的谦逊态度，把初中三年的英语课反复温习了好几遍。听录音，看教材，求老师，问同行，案上的英语资料和录音磁带堆积如山。为了一个英语单词的发音三问其师，为了弄清一个句式而打破砂锅问到底。脑海里整日都是英语在回响，笔下整日都是英语字母在游走，真是苦也、累也！这一个月没回过家，忙碌的三十天里，流下的是汗水，收获的是一段宝贵的经历。当我觉得充电完毕，可以上课时，便满怀信心地回到了学校，走上了庄严神圣的讲台。

纸上得来终觉浅，绝知此事要躬行

杨校长提出“课堂教学三段式”理念，要求我们研究和探索出成功的经验。作为年级组长，我理应率先身体力行，在实践中探索，在研究中提高。

英语是外国人的语言，对于初学者来说，它可是又陌生又难学难记的一门课，简直是高不可攀，甚至会让人因畏难情绪而退缩。俗话说得好，兴趣是最好的老师，良好的开端是成功的一半。所以要做好课前准备，激发学生热情，调动学生主动性。乡村学生的英语听说能力相对较弱。我备课时充分考虑了他们的学习实际情况，实事求是，具体问题具体分析，“备教材的同时更做到了备学生”。

为了让学生听录音更方便，节省上课时间，同时为了让自己发音准确，我还自己掏钱买了两台复读机，家里一台，教室里一台。有段时间，我声音沙哑，说话困难，但为了不影响上课，不耽误学生学习，我就去成都买来扩音器帮助上课。我的付出没有白费，学生理解我、配合我，上课更加认真了，学习更加勤奋了。但英语毕竟是难学难懂的一门课程，为了激发学生兴趣，收到事半功倍的效果，上课时我变换方式，反复讲述。如我说汉语，学生说英语等。为了让课堂不死板、不枯燥，我还采用直观教学法，如从电脑上下载图片，从新华书店买来图片，或请美术老师画图片等，把图片和我们学习的知识联系起来，从而加深学生印象。一些重点句型，我还请不同的学生上黑板书写，其余学生当评委，让同学们取长补短，从而做到课堂上的有效互动。

要学好英语，只靠课堂还不够。为了让学生把知识记牢，课后我们布置了一些小练习，复习、巩固和检查学生的学习情况，对做得好的学生加以表扬和鼓励，对做得不好的学生利用一切可以利用的时间进行个别辅导。我在班上成立了英语学习小组，组长由成绩优秀的学生担任，每天负责督促学生记单词，抽查学生背书，检查学生作业，帮助有困难的学生。

总之，为了英语教学我绞尽脑汁，想尽办法。真可谓苦也、乐也！宝剑锋从磨砺出，梅花香自苦寒来，经过我坚持不懈的努力，我们班的学生你追我赶，互帮互学的良好学风已形成。

千淘万漉虽辛苦，吹尽狂沙始到金

说真的，这半年多来，我放弃了固定休假日，放弃了对自己孩子的教育，利用一切可利用的时间和学生融在一起，打成一片，了解学生对英语学习的情况。如果发现哪位学生有未懂或未过关的知识，我一定给他补上，直到掌握为止。久而久之，学生们也养成了良好的学习习惯，形成了绝不轻言放弃的可贵学习品质。我还经常采用家访或微信等方式与家长沟通交流，向他们通报学生近期学习情况，并向他们提出要求，要他们协助督导孩子。

从教英语学科以来，为了提高自己的业务能力，我每月定期要到崇州去拜师学艺。为了调动学生学习英语的积极性，我经常从自己微薄的工资里，掏钱奖励学习好和学习进步的学生。为了更好地搞好英语教学，我没了休息日，忘了寒暑，食不知味，夜不安席，备课到深夜而不知倦，听录音到夜半而意尤浓。总而言之，为了英语，我用尽心思；为了英语，我奔波辛劳；为了英语，我使出浑身解数。

当然，在教学中时常会出现问题和困难。有时一个问题才下眉头，另一个问题又上心头，怎么办？想到孩子们那求知的眼神，想到家长们那期盼的心情，我那平生不服输的脾性又钻了出来，能退缩吗？不能！万万不能！功夫不负有心人，第一次成都市调研考试，我班英语以均分 105 分的成绩而居县内第三名。听到此消息，我流泪了。我高兴，也心酸，酸甜苦辣齐涌心头。我深知此成绩来之不易，除了我个人的努力以外，还有领导的鼓励、名师的引领、同事的帮助、家长的支持、学生的努力。

首战告捷，我的教学工作受到了学校的高度肯定。今后，我将锲而不舍，继续奋斗，多学、多问、多想，不断丰富和完善自我，勇往直前，让自己的人生不只因收获而幸福，更因付出而精彩！

乡村教育科研能行

自贡市德铭中学校　王超

十年前，我来到了这所以卢德铭烈士[①]命名的德铭中学，怀着无比的热情站上了三尺讲台，成了一名乡村化学教师。

教学伊始，我在老教师的指导下，认真钻研教材、教参进行备课，也把每一个知识点认真地讲解给学生，课后花了许多时间辅导学生。每天都在重复着备课、上课、批改作业和辅导等工作。化学在初中阶段只有初三这一年有课，一年下来，所带的班级取得了一定的成绩，也得到了学校领导的认可。

第二年、第三年，我重复着相同的事，渐渐觉得有些疲惫。一个偶然的机会，我参加了成都一所中学的课题推广活动。在活动中，老师引导学生参与课堂教学，学生参与度高，老师也能轻松驾驭整个课堂，课后分享中授课教师阐释了他的教学方法。我第一次认真听完了关于教育科研的全部内容，发现原来一节好课的背后隐藏着这么多的学问。

在此之前，教育科研对我来说是完全陌生的。因为那时的我认为教育科研应该是专家的事情，作为一线的年轻教师，上好课就行了。所以，我只专注于课堂上知识的传授，对各类比赛、征文、培训是敬而远之。这次培训之后，我感到醍醐灌顶，突然明白之前闭门造车的自己是多么的愚蠢，自己的这三年的工作简直就是事倍功半。

幸而我是个有了想法就要付诸行动的人，我开始一头扎进教育科研中。我走进其他老师的课堂，聆听他人评课，请同事进入我的课堂并虚心请教，积极争取机会参加公开课展示、优质课比赛，及时撰写整理教育教学心得……越是深入，越发现自己的无知与浅薄，然后就越期待下一个挑战。

2014 年，自贡市组织普教系统的科研课题申报，我满怀热情地联络我们自然组

---

① 卢德铭（1905.6.9–1927.9.23），四川省自贡市自流井区仲权镇竹元村人。1927 年，担任秋收起义总指挥，为掩护部队突围而壮烈牺牲。

（物理、化学、生物三个学科）的老师参与，最后确定了由物理、化学两个学科老师共同申报有关学科实验教学方面的课题。申报进行得很顺利，很快就得到了市教科所的批准。此时，我心想也许课题研究没有想象的那么困难。

然而事情并不简单。由于涉及物理、化学两门学科，课题的开展并不顺利。研究人员的学科差异，人员的流动等问题致使课题研究从开题后就停滞不前。平常的教研活动虽然也探讨了与课题相关的事情，但始终形成不了统一的思想，就这样一拖再拖。后来课题组开会商议，根据我校能参加课题研究的物理学科教师很少，而化学学科教师较多的实际情况，将物理学科排除，只进行化学学科实验教学方面的研究。

这样，课题以“PBL 模式在农村初中化学实验教学中的应用研究”为题确定了下来，以问题为导向，切合学校农村初中的实际，研究化学实验教学，我们终于能向着有目标的方向前进了。课题组的成员都是第一次参与研究课题，一切都是从零开始。研究过程中有不懂的就学习别人课题的思路和方法，购买理论方面的书籍自学，参加课题推广等活动。渐渐地，大家终于摸索出了一套课题研究的思路与方法，有序推进课题研究，形成了初步的物化成果，顺利地完成了中期验收。之后在专家的指导下，提炼出了一定的理论成果，并于 2018 年 1 月顺利结题。2018 年 3 月，课题研究成果在全区推广运用。2018 年 11 月，课题参评自贡市首届政府教学成果奖，获得三等奖。

借助几年来在教育科研路上的探索经验，课题组成员的理论水平有了很大的提高，教学实践能力也得到了提升，迅速成长起来，有成为校级干部的，有成为学校中层干部的。我的多篇论文获得自贡市教学成果奖一等奖，自己也被评为自贡市学科骨干教师、自流井区名教师，所带班的化学成绩几年来也名列全区前茅。

第一次做课题就取得了不错的成绩，反思其过程，我的收获有很多。

转变教育观念是第一位的。不少人包括乡村教师自己都存有一定的思想误区，他们片面地认为，乡村学校教师的视野和能力有限，不能承担教育科研的任务；相当多的乡村教师认为，自己的本职工作就是上好课，教育科研是非常神秘和高深的，与自己没有关系或关系不大。所以转变观念势成必然。只有观念转变了，乡村教师才能更有信心和兴趣将更多的时间和精力放在教育科研工作上。

大部分乡村教师缺乏一定的理论基础，不知道科研的实质和意义，不明白科研的基本步骤和程序，不了解科研中最基本的概念和常用方法，不知道理论成果的提炼。可以通过定期召开教科研工作培训会议、教育理论专家报告会、课题推广会，举办城市乡村共同体活动等多种方式，培养一支优秀的乡村教科研队伍，推进课题研究，引领教师成长，提高乡村教师科研理论水平。

乡村学校规模普遍较小，除语文、数学、英语等大学科外，物理、化学等学科教师人数相对较少，能参与课题等教育科研活动的人数很少，开展教育科研困难重重。可以积极寻求上级教育科研主管部门的指导和帮助，通过整合教育科研资源，凝聚区域内的教育科研力量，发挥他们的骨干带头作用，成立联合教研组，广泛开展教科研工作，促进教育科研工作快速发展。

另外，要加大课题的推广力度，在乡村中小学，立项、结题课题也逐渐多了，但进行了成果推广转化的课题不多，产生不了实际效益。乡村教育更应克服“两张皮”现象，让教学和科研相互协同、相互促进。

在课题研究上，虽然进步很大，但是我深知自己的教育科研之路还很长，还要善于针对教育教学中的新发现、新问题开展及时的专题研究，对经验成果进行提炼升华，对产生的研究成果进行推广与转化。路漫漫其修远兮，我相信自己会不忘初心使命，继续扎根乡村，努力学习，认真研究，为乡村教育事业贡献自己的力量。

助你跳出弧形的地平线

成都市大邑县安仁中学　何继波

我的乡村教育故事，从树人街到学府路。

犹记得二十年前的那个夏天，我和大学好友乘上从金沙车站①开往安仁②的车，一路打听，来到安仁。街道两边的木板房让人恍如进入一个古老的乡村。

由树人街老校门迈进安仁中学，两边是高大茂盛的法国梧桐、青瓦黛墙的古建筑，迎面一座钟楼，我一下就被这所学校惊艳到了。此前安仁中学校长韩文和赴川师大③进行校招，我抱着试试看的态度投了简历。虽签了协议，却对这所学校一无所知，不免心怀疑虑，没想到这古色古香的校园竟然如此美丽。

后来我就成了安中的一员。住在俗称“将军楼”的四合院楼上，该四合院是原川军师长的住宅，后收归政府作新教师宿舍，庭院森森，构造别致，陈设精巧，院内梧桐叶茂。同事开玩笑说，让我们也来当一回“将军”。不过，所谓的“将军”只是一个孩子王！古语云：“家有隔夜粮，不当孩子王。”话虽如此，在这个“行行出状元”的美好时代，在这样一所富有文化气息的学校里任教是一件值得骄傲的事。

但一开始并不美妙，出身于贫困山区的我，大学四年的书本学费基本是向亲友借的，毕业后尚欠债不少，工资也低，除去日常开销所剩无几。就在这艰难的情况下，父亲突然打来电话。原来老家遭遇洪灾，房屋被山洪摧毁了，家人处于无处安身的境况。屋漏偏逢连夜雨，大哥又恰在此时患上急性肾病，急需手术。顿时我心急如焚。校长不知从哪里听说了我的事儿，主动对我说：“有什么困难向学校说，如果是钱的问题，可以先向财务预支，等有结余了再还上。”我听了很感动。于是向学校预支了五千元，后来又加支了三千元，解了燃眉之急。这笔钱直到两年后才还上。这让

① 金沙车站，四川省成都市青羊区交通枢纽，原金沙车站已于 2013 年 4 月 24 日关闭。

② 指大邑县安仁镇。

③ 指现四川师范大学。

我第一次领会了“仁者爱人”的精神。

韩校长常说，“安居才能乐业”，所以当届校领导反复和政府沟通，促使政府在镇西头规划出一大片土地，供安中修建教师园区，为学校大多数教职工解决了困扰已久的住房问题。

安中老教师是一个富有智慧并且极为关心新教师的群体。杨玉云老师就是一名学识渊博的“老语文”，课上得精彩，又很关心年轻人。记得有一次学校安排我去做继续教育管理员工作，我一时没想通，发出了“凭什么是我”的疑问。快下班时，杨玉云老师叫住我说：“听说你对此有怨言？”我没有否认。杨老师说：“年轻人不要怕多担责，人就如一棵树，要做到有用就得长成大材。灌木杂草有谁去用？”我一听，顿时醒悟，继续教育也是学校工作的一部分，服务好学校老师，也就相当于间接服务好学生，都是为学校教育做贡献，何乐而不为呢？

2008 年 5 月 12 日，其时我在“将军楼”三楼寝室午休完，正准备到办公室去。突然地震来袭，短暂的惊慌之后，我回过神来，立马三步并作两步冲下楼梯，来到四合院内，小院里已乱成一片。年幼的初中生惊慌失措，惊叫连连，四处乱跑。我想着自己是老师，顿时强迫自己镇定下来，告诉孩子们不要慌，招手呼喊他们快来到院子中央。地还在晃动，大家相互搀扶着，努力站稳，抱头蹲下，围成一圈，互相安慰。楼上的玻璃碎片、砖块、木屑纷纷往下掉落，所幸无人受伤。地震过后虽然学校到处砖石碎落，墙体开裂，但全校师生无人受伤。惊魂甫定，回想刚才一幕，才知道即使平凡如我，在大灾面前，在孩子们的心中，老师仍然是主心骨般的存在，不由得再次明白了杨玉云老师的话：“职业不在高低，关键在于是否对社会、对他人有用，这就是意义所在啊。”

随着时间的推移，千篇一律的教学逐渐让我失去了钻研的动力，加之学科特点导致的教学成效不彰，我不可避免地进入了职业倦怠期。这时，刘刚校长点醒了我。一次，我因考试成绩的问题与学生发生了较为严重的冲突，恰好刘校长查课看到了，课后让我去了趟办公室。他对我说：“教育是个需要长期付出的工作，非一朝一夕之功，急不得。心态应放平和些。我们教育工作者要甘于成为孩子的垫脚石，助其高飞远走。也要乐于当一支小小的蜡烛，烛照他人。”我至今想来，刘校长的这句话，就是对“仁者安仁，仁者爱人”最好的诠释。自此之后，我在教学上时刻注意提升自己的素养，希望能够在教学中做到启发蒙昧，调动起学生的求知欲。

地震的直接后果就是安仁中学整体搬迁至离树人街 24 号大约六百米的学府路 288

号。新学校保留了老安中青瓦黛墙的风格，又多了一些亭台楼阁，修建了荷花池、曲苑亭等，教学设施也更加现代化了。沿用了数十年的藤椅、长条凳成了校史陈列馆的“古董”，取而代之的是现代化的多媒体办公设备。但不变的是安中人的奋斗拼搏精神，刘刚校长的“烛照”精神也在新安中有了更好传承。

还记得杨玉云老师常说“学问之道，求其放心而已”。我一直在想所谓的“放心”，应该是老师将心思放在教书上，不求结果，而求是否烛照他人；学生也将心思放在学业上，不问最终是否金榜题名，而求在三年高中生涯中身心健康，如此，金榜题名也会水到渠成。这也许就是教育的真谛吧。

与安中的故事关乎时序的变迁，关乎空间的迁移，它还在继续……陆游曾在《安仁道中》中言：“天大围平野，江回隔近村。”当初陆游途经安仁时，那种想要有一点余俸“小筑占云根”的感慨，于我而言也算是一个平凡的梦想，扎根乡镇也正是这平凡梦想的一部分。而对这些平野茫茫的川西平原的乡村中学的学子们来说，必须跳出这弧形的地平线，才能看到更大、更美好的世界！我们作为教师，就应该甘做垫脚石，助孩子们跳出这弧形的地平线！

我从事乡村教育的这几年

广安市武胜县飞龙幼儿园　唐　鲜

白驹过隙，时间总在不经意间从指缝中悄悄溜走。转眼间，1994 年出生的我也在乡村教育一线工作了五个年头了。这五年，在工作中有欢笑、有泪水、有成长，也有遗憾，但我却从不后悔在教育这片土地上生根发芽。时间的指针回拨到 2016 年那个令人喜悦的夏天，我就是在那个夏天通过公开招聘考试正式成为一名幼儿老师的。

进入职业生涯，我上班的第一站是一所特别的幼儿园——武胜县白坪乡张家院子幼儿园。为什么说这是一所特别的幼儿园呢？因为它地处白坪旅游区，风景秀丽，空气清新；因为全园总人数在十五人左右徘徊，并且每个年龄段的孩子各几个；因为生源少，全园只有一名老师来组织教育教学活动；因为这里没有任何可以辅助教学的电子产品……

刚踏入张家院子幼儿园，我感觉一切是那么新奇，一百平方米的操场上坐落着一组大型滑梯，五颜六色的，美丽极了，像极了当时我的心情。之前在这里工作的张老师和我做交接工作时说道："这里孩子少，教学很轻松的，相信你会很快适应。"我记得我那时向张老师自信地点了点头，期待着新学期快点开始，迫不及待想和这些"小怪兽"们见面了。

开学前夕，张老师调回飞龙镇幼儿园上班了，她将我拉进幼儿园家长微信群向大家介绍了我，并说明她工作调动了，接下来将由我带领孩子们一起学习成长。我也立即在群里发言："很高兴能和大家因孩子而结缘，在以后的日子里我将和孩子们共同学习成长，给他们一个愉快的幼儿园时光。"结果，没有一位家长对我的到来表示欢迎，反而都在发问："怎么换老师了，我家孩子最喜欢张老师了，换老师不习惯怎么办？""我们去给领导说，继续让张老师教吧！""换了老师，我家娃就不在这里上幼儿园了……"

最终，张老师还是走了，我一个人在张家院子幼儿园留了下来。开学了，家长们将孩子送来，我热情地和孩子及家长打招呼，但大多数家长都对我爱答不理的。孩子进了教室，几个家长就围在一起聊天，聊张老师对孩子怎么好、张老师走了孩子总是说想张老师等话语。当时家长们对我的态度就像一盆凉水，浇灭了我想挥手大干的信心。我总想着自己怎样做才能得到家长的认可、孩子的喜欢。在种种困境中，终于，我忍不住流下了眼泪。

这里的生源少，小中大班各几个孩子，只有我一个人管。起初我以为带大班小朋友进行活动时，其他小朋友在旁边观看就行，这样可以轮流进行教学活动。可谁知按下葫芦浮起瓢，整个教室乱成一锅粥，孩子们相互影响，根本没办法进行正常的教学活动。我苦恼地向同样作为教师的姐姐请教。姐姐和我一起探讨，最终决定尝试分层教学，就是把班级孩子按照能力来划分，设定不同层次目标，使所有孩子都能参与每次活动，都能得到相应的提高。还别说，让每个孩子在每次活动中有自己的任务，都参与到活动中来，课堂纪律就根本不用操心了。没有电子产品辅助教学，那就多做形象生动的教具来支撑教学内容。孩子们越来越喜欢幼儿园，喜欢开展这些有趣的活动了。

关于家长对我的不接纳态度，我认为作为老师应该具备善于自我调节情绪、保持平和心态的能力。我尽力去和家长了解孩子的情况，用专业的育儿知识去和家长沟通。当家长认为孩子在学校应该学算术、拼音、汉字时，我组织了一场家长会专门讲幼儿园小学化的危害，说明幼儿正处于长身体的阶段，机体和神经系统都还比较弱，决定了他们还不是可以“坐下来学习”的学生。如果强制幼儿长时间地集中注意，大脑容易疲劳，会造成神经系统的伤害，使孩子变得表情呆板。过早过多地进行规范性学习，不利于孩子肌肉、骨骼的发育，会导致幼儿近视、驼背、消瘦等，给幼儿的身体健康带来严重危害。家长们听后面面相觑，再也没提出让幼儿园布置作业的要求了。随着长时间的相处，家长们也逐渐认可了我的教学方式方法，对我也热情了。我在张家院子幼儿园的工作越来越得心应手，得到了孩子们的喜欢、家长们的认可。我觉得之前经历的困难都是值得的。

进入教育行业五年了，从一开始关注自己是否能适应新环境，能否得到孩子喜欢、家长认可，到把工作重心移到怎样备好课，使课堂效率提高，再到关注学生的差异性，静下心来观察孩子、倾听孩子，做到因材施教，一旦沉下心来，我会觉得自己的眼睛一下子明亮了许多，耳朵也灵敏了许多。我能更清楚地看到孩子的行为、听到孩子的言语，脑子里会进行一系列的反思，分析孩子行为，设法寻找合适的理论依据来支持我的教育策略并写好反思记录。当我进入这种状态时，我会觉得反思真好，就像在记录我的收获和成长。如何使自己长时间地进入这样一种积极的、有效的状态呢？这就需要我们有一定的教育智慧、教育能力和教育理论储备。学习和成长是幼儿老师教学生涯中永恒的主题。在成长的道路上，虽然跌跌撞撞，但我已寻找到了自己的方向，要不断地学习、实践、反思自己成长中的薄弱环节。只有这样不断提升自己的专业水平，才能好好培养新时代祖国的花朵。武胜县教育科技和体育局已开展“五育合一”教育综合改革，我要跟随教育发展方向，将理论和实践融合，与教育共同成长！

万顷良田　静待花开

成都市大邑县芙蓉幼儿园　陈丽文

德国哲学家雅贝尔斯曾说：“教育，就是一棵树摇动另一棵树，一朵云推动另一朵云，一个灵魂唤醒另一个灵魂。”我深以为然，小到个人命运，大到国家未来，都与教育休戚相关，而学前教育作为孩子教育的第一棒，更是责任重大。

满目踌躇

我与学前教育的不解之缘还要从高中毕业那时说起，人生百年，立于幼学，我兴致勃勃地选择了学前教育。可是当周边人问起我的选择时，百分之八十的人会认为这是一项简单且毫无技术含量的工作。但是未来的关键在于教育，教育的关键在于老师。教育离不开老师，而幼师，一直是被忽略的存在。部分家长对于幼师的印象还停留在很久以前，认为幼儿园老师就是带孩子玩玩，这让我很是沮丧。可是真的是这样吗？

于是我开始收集相关资料，得到的结果却让我心里颇不是滋味，城镇教育资源与乡村教育资源差距很大，以至于从幼儿园开始，孩子们各方面能力就有了巨大的差距，且行业中专业人才极度匮乏。于是我从那时起就下定决心，要投入基层学前教育事业，为改善这种教育资源不均衡的局面，贡献出一份自己的力量。

等到真正系统地学习了学前教育理论、相关课程后，一种对未知的不确定感又涌上心头。我能成为一个好的幼儿园老师吗？孩子们会乖乖听我的话吗？如果在带孩子们的过程中出现了什么问题，我又该如何面对家长们？种种问题转化为迷茫，让我不知所措。这时，系主任的一番话却让我幡然醒悟。他说：“最伟大的教师不是教会学生多么难懂的知识，而是教导他们成为一个正直、坚毅的人。很多人生在城市，很方便就拥有了这些教育资源，可你是否想过那些村里的孩子，连上个学都成问题。帮助乡村儿童完成第一步教育，需要我们幼师，一个，两个，千千万万个。”虽然未来依旧不甚明晰，但我有了动力，为此，我决定回到家乡大邑县。前方等待我的究竟是荆棘密布还是前程万里，我不知道，但至少我能做到的，是为家乡贡献出自己的力量。

“浮云虽暂蔽，终不灭清光。”纵使我们这些基层幼师只能发出烛火般微弱的光芒，但无数微光汇聚到一起，就是太阳。

拨云见日

等真正加入幼师行业中，我才明白个中艰辛。每天小朋友各种摸不着头脑的小意外，“熊状”百出，家长们也关心则乱，常常心急不已。刚开始那段时间真是手忙脚乱，又要记住每个小朋友的名字、他们各自的喜好以及家长的大致样貌，又要时刻关照他们，真称得上是“焦头烂额”。

那段时光中，我记忆最深刻的是一个小男孩和他的母亲的事情。这个中班的小朋友在午休前和另一个小朋友争抢玩具时，不小心被玩具的尖头戳了一下，他肉肉的小胳膊上留下了一个显眼的红印。发现这一情况后，我立即带孩子去校医处进行了仔细检查，得知孩子并无大碍，我这才松了一口气。

等孩子们都安静睡下后，我将此事及时告知了那个小男孩的母亲。然而，孩子母亲在接电话后情绪激动，斥责我工作不尽职尽责。我觉得在当时的情况下，与她争辩只会让事情变得更糟，所以我选择了保持沉默。然而，她的责备越演越烈，甚至开始使用一些难以入耳的言辞。我心中感到十分委屈，眼泪不由自主地掉了下来。那次事件让我对工作产生了深深的挫折感，我开始感到灰心。

事后，我开始深入反思这次突发情况，检查其中是否存在处理不当的细节。我意识到，在带孩子去保健室进行诊断处理的时候，我没有留下相应的记录，这很容易让孩子母亲产生误解，以为我在掩盖事实；而在与孩子母亲沟通的过程中，我过于沉默，没有做到与家长进行有效的沟通。经过这次事件，我对自己的工作有了全新的认识。我明白了不能一味迁就，要以真正对孩子成长有帮助为出发点，以教育孩子为主，规劝家长为辅。

从那以后，我投入更多的精力和心血，照顾好每一个孩子，针对每个孩子不同的性格特点，采取不同的教育方式。比如，对于那位男孩，虽然他好动，喜欢用肢体动作表达自己的想法，但他富有正义感，很勇敢。因此，我以“超级英雄”为切入点，告诉他要保护他人，不能欺负其他小朋友，并且要遵守幼儿园的规则。

大约三个月后，孩子的母亲再次找到我。她十分感谢我对她儿子的教导。她告诉我，男孩在家里变得听话了许多，有了很大的变化，并多次提起了我。那一刻，我深深感受到了被家长、被孩子认可的快乐。我会因为孩子解出某一道难题而快乐，看到他们天真烂漫，勇敢表达自我，不断成为更好的自己时，我会感到无比欣慰。这种快乐是独属于我的，因为我看到了他们成长的足迹。

不知不觉间，我从失意的迷雾中走了出来，慢慢体会到身为幼师的酸甜苦辣。每当繁忙劳累的时候，想起孩子们的笑脸和家长的感谢，我又动力十足。“浮云虽暂蔽，终不灭清光。”纵使我们这些基层幼师只能发出烛火般微弱的光芒，但无数微光汇聚到一起，就是太阳。

阳光万丈

在日常教学中，我不断发掘教育的契机。结合大邑本土资源，我尝试了多种主题活动，如剪窗花、画家乡、制作家乡美食、了解家乡历史、走进安仁古镇、探索旗袍文化等，旨在激发孩子们对家乡的热爱之情。尽管孩子们的感情不如成年人丰富，但从小培养这种情感，随着时间的推移，他们一定会比其他人对家乡有更深刻的爱。日后，大邑的建设中也一定会留下他们的身影。

如今，我已成为学前教育事业的一名奋斗者，并乐在其中。每个孩子都是一片未经开垦的沃土，我们的教诲就像锄头一样。我们用言传身教告诉他们何为对、何为错，引导他们成为正直的人。看着孩子们从调皮捣蛋的熊孩子一步步成长为尊老爱幼、阳光向上的优秀学生，其中的快乐难以言述。

对我来说，当一名幼师已经不仅仅是一份工作，它已经成为我愿意用一生去奋斗的事业。就像耕耘良田万顷一样，我愿意默默付出，静待花开。这是我对教育事业的执着追求，也是我对孩子们未来的美好期许。

每个孩子都是一片未经开垦的沃土，我们的教诲就像锄头一样。我们用言传身教告诉他们何为对、何为错，引导他们成为正直的人。

控辍保学乡里行

成都石室中学（北湖校区）　何　波

我从教的第一所学校，是位于射洪县（今射洪市）的一个偏远乡镇——官升镇的乡镇中学（官升中学，现在因为生源萎缩，已经和镇小合并为官升学校）。当初本以为通过读书、分配工作从此就“跳出农门”，却不知后来在这个乡镇的“最高学府”里，照旧和农村、农民打交道，并且在下乡过程中有了新的收获和体验。

刚到学校半学期，学校根据各班学生流失的情况，统一部署，让全校大部分老师都领命下乡。因为对当地非常陌生，学校安排我在校守班。当时全校有十五个班级（初中学校，每个年级五个班）。很痛苦，整个白天，我们留守人员除了上完自己的课，就是守着学生上自习，非常无聊。看着自己的同事们三三两两，早饭后二人一组纷纷离开学校，向不同方向走去，我心里不禁有些羡慕起来。同住一个寝室教计算机的赵老师看着我羡慕的眼神，对我说道：“要不我们换一下嘛，今天估计皮鞋都要走烂哦！”我只得笑了笑：“赵哥，你是‘地头蛇’，只有你去才能辟邪哦。”无论如何，对于下乡，刚开始我是很好奇的。

很快，从第二学期起，我就作为“老人”（经过一学期，周围的村社也基本熟悉了，用他们的话来说就是“地皮子踩熟了的人了”）同样在开学后第二周被安排下乡了。乡村学校，学生特别容易辍学，根据开学第一周各班到校的情况，学校很快就安排起了控辍保学工作。殊不知，从这一开始，我的下乡之路就不曾断过，甚至有时主动去下乡，收获颇多，感慨颇深。

新年刚刚过完，行走在乡间的土路上，一户户农家都贴着春联，可是整个村子里基本没什么人。除了几个在田地里劳作的村民，就是偶尔遇到的在院坝边闲聊的几位老人。同行的老师说，现在的乡村就是这个样子的，春节一过，打工的、上学的都走得差不多了。这些辍学的学生，多半都出去打工了。我的心顿时一凉，这样看来，我们今天“走访三个村，了解十几个人”的任务是完成不了啦。没办法，只有走到相应的地方，跟附近的村民做侧面了解，登记好相关信息再走访下一位。

下乡的过程中，我们还是能见到部分学生。他们有的在劳动，有的在家闲着，有的甚至在麻将桌上。走访之中，他们多数还是愿意和我们打交道的。不过，说起回去读书，很多都面露难色，要么觉得学习跟不上，要么觉得老师太严厉，要么就是厌学。其实，因为家庭困难而不读书的反而很少。而家长呢，基本上拿学生没法，辍学学生家长说得最多的一句话就是“他能读到哪里我就供他到哪里，哪怕砸锅卖铁”。可是，话虽如此，又怎样呢?

在2000年左右，乡村学校里差不多一半的老师都有摩托车（那会儿电瓶车还没有普及），部分殷实点的老师买的是嘉陵摩托125型。我每次下乡都是蹭同事的车，坐在后座，行驶在乡间土路上，十分颠簸。

在乡间，摩托车基本是骑不到学生家里的，难免会停车步行一会儿。但是乡村留守人少，有人家的地方都会养狗。对于拴着绳子的狗，我们稍加留意，基本不用怕。最头痛的是放养的狗——尤其是体型较大的，我们心里还是十分没底。有一次和一位范姓老师一起下乡，在路上一只恶犬迎面跑来，我当时想着去拿棍子，可是范老师二话没说，直接迎着恶犬冲了过去，我顿时呆了！只见恶犬稍稍怔了下，立马扭头逃窜，真是神奇！我问范老师，为何这样呢?他解释道，找工具怕是一时间没有那么顺手的，但狗也怕恶人，你向他冲过去，它也没底，气势上压过它就行了。佩服，这还是第一次听说!

在乡村，因为村民少，家家户户对于外来人员都很警惕。一般来说，如果是陌生人，他们不会轻易开口说话。在刚开始碰了几次钉子后，我们后来都主动自我介绍并且热情回答他们的问题。慢慢地，村民的话匣子就打开了，有些当面不好了解的情况都能侧面知晓了。比如我们到学生家里走访时，有家长说孩子出远门了，但跟附近的村民一交流，才知道孩子就藏在家里，老师来了不好意思出来。这样，我们杀个回马枪，就能找到学生当面交流，说清楚有些情况后，也有学生愿意回学校继续读书。看来和群众打交道，还是要热情、主动、耐心和讲方法才行。

下乡的过程还是很艰苦的，向村民讨口水、买点瓜果都没啥问题，但有些时候，饥渴难耐，却很难遇到一个商店甚至一个村民，这就比较麻烦了。比如2001年夏季，在牛家祠村下乡的时候，当地的梨子结得非常多。我和一个赵姓老师已走得很累了，当时我俩就在梨树下行走，不用伸手摘，只需张口就能吃到路边的梨子，可是我们谁都不敢造次。想要或者想买，看看周围，半天都没有一个人。没法，只有坚持走到附近的镇子上买了水。真是瓜田李下，必须避嫌啦!

学生辍学，教师下乡，其实能够起到的效果是比较有限的。但是，我们每学期都坚持下乡动员辍学学生返校，动员没有考上普高的学生就读职高，单独家访，做家长的工作……长期下来，还是有一定的收获。比如我班上一位李姓学生家庭经济确实困难，给他减免了几次学费后，学生有点不好意思，怕同学说闲言闲语，因此不去上学了。经过到家访问，学生的疑虑消除了，最终重返课堂，该生现在浙江一所学校任教。又比如 2003 年，一位吴姓学生，毕业后无所事事，经过下乡走访，才知道他想读职高，但是觉得 9 月份再去也不迟。经过我们动员解释，家长把孩子叫回来知悉了情况。我们进一步协助该生提前选好了专业，而现在他在上海，工作做得还不错。

下乡，不只是基层干部才做的事。在乡村工作的那些年，下乡是一种另外的教育活动，它既联系了学生、家庭，又是教师的一种自我认识、自我教育、自我反思。曾经在乡下冒着暑气穿行的经历，如今成了我拼力前行的精神动力。今天，坐在省城重点中学的空调办公室里写文章的我不由得在想，我们曾经的那些故事，是不是今天依然在乡村地区、边远地区上演。我在想，今年暑假，我定会驱车数百里，去重新走走当年我下乡的那些路。

以梦为马　不负韶华

遂宁市射洪市仁和镇永平小学校　张　莎

一

匆匆十年，弹指一挥间。2011年9月至今，我已在乡村小学投身一线教育工作整整十年了。这十年间，我从一个刚毕业时毛手毛脚的学生，蜕变成了一个行事细致周到的教师；从一个连韭菜和麦子都分不清的愣头青，变成了一个能带着班上的孩子们在操场一角种植瓜果蔬菜的"老人儿"。十年的坚守，十年的磨砺，以梦想为马，以汗水为泉，不忘初心，不辜负美好的时光。

作为一个从小听着汽车喇叭声长大的城市孩子，我在小时候对乡村并没有太多的向往，甚至不太喜欢。然而，出乎我意料的是，大学毕业后我回到家乡考取编制，竟然来到了乡村小学就职。第一个晚上，我就因为蚊虫、蜈蚣、螳螂等生物而崩溃大哭。然而，这里离城市较远，需要坐一个多小时的汽车，所以每晚回家并不现实。我只能硬着头皮打扫寝室，与各种虫子展开殊死斗争。在工作的第一周里，班上孩子们身上特殊的味道，鼻子上挂着的青白黄鼻涕，乌黑的手指……这些都深深地烙印在我的记忆中，以至于晚上梦中都充斥着各种彩色鼻涕的画面。

我相信不只是我，很多刚毕业的老师都是难以接受这样的环境的。因为这里和电视里的乡村小学太不一样了。哪里不一样？一方面是学校规模。电视里的乡村小学似乎还是有上百人，因为我看电视里、新闻上播放的乡村小学一个班都是三十多人。而我所在的乡村小学是一所规模很小的学校，全校不超过五十人，一个年级一个班，一个班最多也就九人，大部分孩子到城里读书去了，这里的都是留守儿童。另一方面是教学环境。电视上看到的乡村学校至少还有水泥操场，教室也是白墙红瓦房，而这里的小青瓦房破旧不堪，教室外的操场是泥巴操场，下雨时满脚泥泞，晴天便是尘土飞扬。教室里倒是水泥地板，但一下完雨就返潮，地上像泼了水一样潮湿，黑板也湿得不能写字。

这样的环境，我无时无刻不想着逃离，中途外出考过几次。但是，辗转之间，当初的不甘与不屑悄悄转变成喜欢。选择留下，也许是这里早已像我的家乡一样亲切了，也许是这里的风土人情让我倍感温暖，也许是人在成长的过程中学会了接受和自我调适，经过时间的沉淀，感觉此心安处便是吾乡。城市里的热闹是我向往的，乡村的宁静也是我所期盼的。每周回城早晨醒来时的各种嘈杂声比不上学校的清晨“鸟雀呼晴，侵晓窥檐语”，夜晚撸串的街头不如乡间的荷塘月色秀美宁静。

二

教师的专业成长里面最重要的是教师自我能力的提高。

刚刚成为一名老师的时候，我发现学生对我的课堂并不感兴趣。他们对我讲解的内容感到一片茫然，这也是考试成绩不理想的原因。在最开始的时候，我甚至感觉自己压不住课堂。当时，学校领导对我这个新来的老师还是很关心的，常常组织教研，听我的课，帮我分析原因。我自己也总结了一下，主要是以下几点：

教案的重难点分析不到位。我的课前准备不充分，备课不是写一篇教案就可以了，更要对自己学生的学习情况有一个充分掌握。

语言表达不够清晰，专业术语掌握不到位。良好的语言组织能力直接影响一堂课的效率，幽默的语言能够激发学生的学习兴趣，专业术语的流畅表达能加深学生对概念的理解，简洁而又充满高低起伏、具有语速变化的语言充满力量感，能够让人加深印象，不易走神。所以，锤炼自己的课堂语言表达能力是关键。

组织教学不够老练。教师要根据教学目标有计划地组织课堂教学，激发学生学习兴趣，促进学生自主学习。教学组织要贯穿整个课堂，课堂行为规范、教学纪律良好是提高学生学习效率的重要保障。

“教书，教的是学生课本上的知识，但教会学生的不应只是课本上用来应付考试的那些知识点，更是学生将来在成人社会里，仍然忘不了、用得上的东西。”这句话是我在一次教研学习中听到的，受益匪浅。让学生学会知识的同时也要让学生学会思考、学会创新、学会学习。教师在教学过程中要注重培养学生的语言表达能力、数学逻辑思维能力和良好的学习习惯。上完一堂课，必须让学生知道我们这堂课的主要学习目标是什么，我们用了什么方法来学习，我们学到了什么。

工作六年以后我发现，不管是学生还是家长，关注的只有成绩。在我们这所乡村小学，很多学生一二年级的时候考 90 分以上很容易，到了三四年级大多成绩就只有 80 多分，到了五六年级能够考上 90 分的就屈指可数了，95 分以上的基本是凤毛麟角。很多家长都会对我说“哎，小的时候还聪明，长大了就变笨了”，或者就是“老师给我管严一点，他现在大了就不听话了，成绩下降了好多”。但真的是学生不努力了吗？原因到底是什么？

我分析过，低年级的时候知识点本就简单，以学习计算和简单地解决问题为主，而这些在他们学前班的时候就学过了，但最重要的语言表达能力和理解能力却没有得到过正规的指导。乡村幼儿园几乎没有训练过学生的语言表达能力和理解能力，到了小学，学习简单的计算他们不重视过程，不善分析原理，只觉得我做对了就好了，学生和家长自身就不注重逻辑思维的培养。到了高年级，知识的逻辑性更强，学习用转化的思维方式处理问题的时候就学不懂了。这个问题当然也需要老师的引导，但是大部分孩子的逻辑思维能力较差，这是我们教育过程中的难题，也是我们在教学过程中必须正视的一个问题。要提高学生的认知，教师必须先提高自己的认知，所以，在教学过程中，教师应该明白自己的主要教学任务是什么。

在乡村小学所待的这十年时间里，我除了学会离开父母怎样独自生活，也在工作中学会了如何努力做好自己分内的事情，懂得了什么叫责任。在这里我度过了自己最美好的十年，接下来又是多久？我不知道，但我希望我在的每一天都可以让我的孩子们有一个快乐的童年。我希望自己能够尽力做好一切该做的事情，希望在和孩子们相处的过程中教会他们知识，提高他们的能力，培养他们的兴趣爱好，给予他们温暖。我的梦想便是，我的孩子们长大以后，回忆起这所家乡的小学，能够面带微笑，眼里有光，心中有力量。在这所并不起眼的乡村小学里，希望我们都以梦为马，不负韶华。

每周回城早晨醒来时的各种嘈杂声比不上学校的清晨“鸟雀呼晴，侵晓窥檐语”，夜晚撸串的街头不如乡间的荷塘月色秀美宁静。

第三章

用爱照亮成长之路

本章导读

四川省教育科学研究院　罗　媛

让一个孩子健康成长的完美环境，都包括哪些因素呢？要有母亲温暖的怀抱、父亲宽阔的肩膀、干净整洁的衣服、健康美味的食物、嬉闹玩耍的伙伴、人生路上的师友、傍晚归家的晚灯……还要加上旅行出游的快乐、丰富多彩的书籍、体育艺术的点缀、游戏玩乐的笑容……这个问题的答案似乎是无穷无尽的。

然而，在家庭各有困扰、物质条件难以保障的情况下，孩子成长过程中最不可缺少的因素是什么呢？本章十六篇教育叙事文或多或少为我们提供了答案——是对孩子的关爱。这种爱的形式是如此多样，可以是给孩子整理遮挡眼睛的刘海，是为流泪的孩子递上纸巾，是篦去孩子头上的虱子，是为孩子长满冻疮的手抹上护手霜，是给孩子亲手做两只大脚板雪糕，是旅行时带回来三颗糖果，是为孩子保守一个秘密，是给孩子打一份肉菜，是一次次奔向孩子家访……这种爱有着许多来源，有来自故土乡情的眷恋，有来自感同身受的怜悯，有为了实现理想的冲动，有热烈涌动的母爱，更有人性本源的善良……

这种爱的传递并非一帆风顺，老师们时而后悔、时而徘徊，惋惜、愤怒此起彼伏，绝望、放弃的念头频出……然而这种爱还能获得如此多的反馈，教师们会得到孩子叫的一声“妈妈”，会看到孩子们脸上露出了得意、骄傲、自豪的表情，会在毕业以后接到孩子的电话，教师节收到祝贺短信，会因为孩子从 30 分考到 40 分而感到开心，会被幼儿园的孩子邀请回家吃肉，会得到孩子奶奶拉手的感谢，会受到孩子全家的尊敬……教师的关爱如涓涓细流滋养着孩子，日积月累，孩子们发生了奇妙的变化，施爱者得到了爱的回馈。

此时此刻，在四川省广袤的沃野乡土上，正孕育着丰富、多彩、绚烂的爱的链接。这些链接承载着人类文明的代际传承，为乡村教师的前行路上点亮点点星光。这些文字更提醒我们，爱才是教育之路上繁华落幕后的至简真理。

师友·友师

南充市阆中市城北小学校　侯晓容

“报告！”随着声音，一个高高大大的帅气男孩，脸上挂着痞痞的笑意，三步两步地“飞”到教室最后一排，后门那张开学空了三天的凳子被压得吱呀一声。“啪”，书包落下……原本安静的教室顿时爆发出一阵怪叫——这个场景在我的脑海里浮现过无数次，这就是我班“大神”陈同学与我见的第一面。

那时，我幸运地被录用到郊区一所中学，任一个初二班的语文教师兼班主任。开学三天了，始终有一个学生没来报到。三天期满，这位“大神”噼里啪啦闪亮登场，给了我一个小小的下马威。陈同学是个威武帅气的男孩。他父亲是一个城郊的大老板，做生意很成功，从小向他灌输读书无用论：只要有钱，一切都可以用钱来解决。陈同学上学年本在城内一所重点中学就读，由于沉迷网络，在网吧和人打架斗殴，被学校劝退。父亲用一大笔钱才了却此事，并将他转到这所郊区学校。他由于成绩差而留级，所以开学一直不愿意来学校。

陈同学来到班上展示了极大的号召力。原班很多学生都是被城内中学开除或者被同学排挤才到这个班上的。他们有很多共同语言，形成了一个小团体，拜陈同学为“老大”。而我这个刚从乡下到这儿来的老师哪见过这个阵势，一脸茫然，手忙脚乱。还好学校领导出面，帮我暂时化解了危机。

一个月过后，陈同学每天按时上学、放学，上课发呆睡觉，放学上网。每天，我和儿子也按部就班地生活着。那时儿子上小学六年级，先生又在乡下上班，我们娘儿俩互相陪伴，每天早上六点儿子和我一起去学校上早自习，晚上等我晚自习下课后再和我一起回家。十一岁的娃，个子比我还高，我们肩并肩，手牵手，一路上交流着每天的生活点滴，倒也怡然自得。

又是一个晚归的路上，我和儿子跟平常一样，有说有笑地出了校门，往回家的路上走去。一辆自行车突然出现并紧紧跟着我俩。车上一个瘦高个的男生引起了我的警惕。儿子紧紧拉着我大声喊：“妈妈有坏人！”这一喊，惊动了男生，一溜烟儿，车子从我们身边疾驰而过。夜色中，我觉得这人似曾相识。

第二天，同一个地方同一个时间，那车那人仍是如影随形。我坚决地把儿子护到身后，大声叱喝："你谁啊？干什么？"

"老师，是我！"男生缓缓地把车骑到我俩面前。是他——陈同学。一个月与我几乎零交流的男孩，第一次与我四目相对。他略显局促，还有丝丝羞涩。我问他什么事，他说只想和我聊聊天。

我把男孩带回家，儿子递上饮料，他拘束地搓着手，目光闪烁。这是我第一次发现，这个陈同学其实也是个还很稚嫩的小男孩。我拍拍他的肩膀，让他喝饮料，别紧张，最终他那根紧绷的弦得以放松。

"老师，你儿子怎么会和你手牵手？"这是他开口问我的第一句话。我满脑子问号，脱口而出："我是他妈妈啊！"他突然哭了："我爸我妈从不牵我的手！"近乎呐喊。后来，在他絮絮叨叨的陈述中，我认识了一个从未了解过的他。

男孩的父亲曾从军五年，本想大干一场，可是在一次执行任务的时候受伤致残，一条腿瘸了。一个近一米八的帅小伙变成了一个残疾人，性情也大变。复员后，他回老家另起炉灶，生意越做越大，脾气也越来越大。回家对妻子非打即骂，对儿子进行军事化教育。小小的孩子哪里受得了这种严厉管教，随着青春期的到来，越发逆反，从一个乖巧的男孩变成了一个以网吧为家、以社会青年为友、以烟酒为消遣的问题少年。老师不敢管，同学不敢惹，父母不喜欢。亲情、友情的温暖，对他来说，都遥不可及。所以，他对于我的儿子可以和我手牵手才感到惊讶。现在他的母亲正在备战二胎，他觉得自己快被抛弃了，处于崩溃的边缘。

看着泪流满面的男孩，我静静地递上纸巾，轻轻地拍了拍他的肩膀。我知道这孩子有得救，但得有人帮他一把。我什么也没有多说，只是告诉他："爸妈一定爱着你，有什么事有什么话尽管和老师说，老师一直都在的。"儿子也拉拉他的手："哥哥，我们做好朋友吧！"他再次泪光闪烁。

夜深了，我坚持送男孩回家。这是我第一次见他父亲，这位曾经的军营铁汉黑着脸，以为儿子又惹事了。我轻声告诉他："孩子今天表现很好，护送老师回家了，做了一回男子汉。我很感谢你培养了一个勇敢有担当的儿子。"父亲愣住，坚持要送我回家，我趁这个机会和他进行了一次深谈，交流了孩子的心里想法，也聊了聊我的一些见解。全程父亲没有任何表态，分手时却说："谢谢您。我也希望儿子成才，别像我啊！"

次日男孩一脸不可思议的表情，说道：“老师，昨晚我爸没有打我，今早还开车送我来上学了！”我微笑着回应，心里明白父子俩的关系开始破冰了。

从那以后，男孩上课很少睡觉，晚上去网吧的时间也变少了。隔三岔五就随我回家，我帮他补课。他很聪明，学起新知识来非常快。更多的时候，我们会像朋友一样聊天，说说当天的新鲜事，谈谈自己将来的打算。儿子偶尔插上一句，气氛非常愉快。有时候，他还主动帮我干点家务活，男孩力气大，重活抢着干。他渐渐变得开朗，成绩、生活状态一天天眼见进步，我也很高兴。谁知，一个周末，男孩失踪了。两天不见踪影。家里人急得报了警，还是遍寻无果。周日晚上，当我们一家三口四处搜寻、筋疲力尽地回到家时，却看到他蜷缩着身子，头深深地埋在胸前，坐在我家门旮旯里。我拉他进门，他什么也不肯说，我只好让他洗洗和儿子挤一晚，先向他父母报平安。

第二天早上，他既不上学又不回家，只是悄悄告诉我：“老师，我恋爱了，外校的！”我愣住了：早恋，这可是青春期的禁区，老师最头疼的事！当我愁眉紧锁、无计可施的时候，我先生挺身而出：“别急，交给我！”先生拉着男孩出了门，临走时告诉我，他们要来一场男人之间的对话。

晚上，两个帅哥满脸轻松地踏入家门时，我知道，难题有解了。我们把男孩送回家，并且一再叮咛他的父母别再追问任何事。回到家，我迫不及待地问先生到底怎么回事。先生说：“女孩太优秀了，是学霸。我告诉他，现在的他配不上人家，只有让自己足够优秀和强大，人家父母才会放心地把宝贝女儿托付给他！”

我们和男孩私下约定：他俩依然可以做 QQ 好友，但是现阶段只谈学习，不谈感情。我们知情的人会永远保密。

男孩重返学校，如同换了一个人，学习上突飞猛进，生活中成了我的得力助手，同学们推选他为纪律委员。一个散漫的班集体，终于走上了正轨，温情满满、学风浓郁，让学校领导刮目相看。

转眼两年过去，孩子们毕业了。男孩顺利升入高中，与那个女孩成了同班同学。高中毕业，女孩考上了云南一所重点大学，男孩直接去了部队，完成父亲未竟的事业，听说在部队表现优秀，踏实肯干，考上了军事院校。

去年春节期间，我接到了一个陌生的电话，是男孩的父亲打的，他告知我：他儿子现在是一名营级军官，与初恋喜结连理，定居昆明，本想来拜访我，由于疫情未能成行。挂掉电话几分钟后，我收到一条微信好友申请，是他，头像是一张全家福：帅气的他、美丽的她、萌萌的娃。

他给我发的第一条微信是：老师，在我这儿，从前您的 QQ 标签是“师友”（老师中亲爱的朋友），现在您的微信标签是“友师”（朋友中永远的老师）！

我的眼眶湿润了。

“老师，你儿子怎么会和你手牵手？”这是他开口问我的第一句话。我满脑子问号，脱口而出：“我是他妈妈啊！”他突然哭了：“我爸我妈从不牵我的手！”近乎呐喊。后来，在他絮絮叨叨的陈述中，我认识了一个从未了解过的他。

远山沟的妮妮

雅安市天全县兴业小学　刘　婷

安妮拥有两种极其宝贵的财富，一是对生活的惊奇感，二是充满乐观精神的想象力。

——周国平评《绿山墙的安妮》

担任乡村教师的第五年，我来到了远山沟，并迎来了一批特别的四年级学生，这个班一共有三十个孩子，他们都是单亲留守儿童。由于家庭破碎，这些孩子身心受到过极大的伤害。

班里有个孩子叫妮妮，她上课时总是心不在焉，对老师的态度也很随意，心情好时叫声老师，要是心情不“美丽”就送上一记白眼再加一个“哼”。

妮妮总是努力表现得与众不同，例如晚自习时把扑克牌带到教室里带领全班孩子打牌，美其名曰锻炼思维能力。她会把种在雪碧塑料瓶里的玫瑰花带到学校里，下课其他孩子玩耍时，她就专注地赏花。野猫野狗闯进校园里，其他孩子避之不及，她却一脸平静，兴致来了还拿出水彩笔在野狗野猫们的头上画朵小梅花，印上她的专属记号。

她几乎把一个老师的雷区都踩了个遍，忍无可忍的我开始“制裁”这个“问题女孩”。上课无视她的自说自话，故意挫败她的锐气，考试成绩好我也只会轻描淡写地说这个试题很简单，考得好并不能说明什么。如果她直呼其他老师的姓名，我就让她站在办公室里反思。但是，有时候我也觉得作为老师这样对一个小孩子难免过于苛刻，也太过主观。我回到家看到自己的孩子就会时不时地想到妮妮，我对那远山沟里很特别的妮妮，似乎还有些难以言状的情感。

我的办公室里有个“秘密基地”，孩子们有什么秘密可以写成小纸条放在里面，我会一一回复。班里的孩子们都在尽情地写着自己的小秘密，分享着自己的乐与悲，只有妮妮看似一脸不屑，但是我知道她很想写下自己的秘密。学《去年的树》一课时，我提到了一个词语“死亡”。当天下午我的抽屉里出现了等待已久的妮妮的纸条：“老师，什么是死亡？”我回答她：“死亡就是从这个世界上永远地消失了。”

十岁的孩子为什么会执着于那么沉重的话题呢？和同事聊天时我得知妮妮才三岁时，她妈妈就得脑癌去世了，爸爸以前是矿工，不幸患上尘肺病（肺被尘埃覆盖而形成的病），丧失了劳动力，命不久矣，父女的生活全靠政府的贫困补贴。心突然咯噔了一下，被愧疚和自责挠得生疼，我明白我愚蠢地用成人的傲慢想当然地定义了一个孩子。

妮妮的心思很细腻，总能捕捉到事物最特别的一面，她的脑袋总被各种新奇的事物装满，所以在闭塞的远山沟她显得是个异类。家里人不懂她，老师误解她，小小的她索性用叛逆伪装自己，躲避外界的干扰和伤害。

我突然惧怕外界的偏见会折断她的翅膀，所以我要鼓励她把自己的想法大胆地写在作文中。这个看似乖张的孩子其实是脆弱敏感、极度渴望爱与尊重的。

妮妮写了一篇《伯母的话》，文中的伯母很刻薄。犯错了伯母会边打文中的“我”边咒骂道：“没妈的孩子，不听话就等着别人指着鼻子骂吧！扫把星，你妈就是被你克死的，现在你爸爸也快被你克死了。”我知道她在写自己的经历，很难想象这样的语言对妮妮幼小的心灵是怎样粗暴的摧残。考试考得好伯母会怀疑她是抄的，考得不好又是一顿打骂。她在文中写道：“没有妈妈不是我的错，为什么我做什么都是错的？可不可以告诉我怎么做才是对的？”孩子的话深深地扎着我内心的柔软处。原生家庭一点也不温暖的妮妮，在冰凉的环境里成长，却写出了“这个世界应该很大很美吧，离开这条山沟沟，我一定要带着我的玫瑰花去看一看”这样的话。

《我的玫瑰花》揭开了她在教室赏玫瑰的秘密：“老师说小王子拥有了玫瑰花就会找到属于他的幸福，我多养几支就会有很多幸福吧。”《小花狗》解释了她给野猫野狗的头上画梅花的原因：“它们和我一样没有妈妈，给它们印上我的专属记号，它们就有家了，就不会有人欺负它们了。”在《我该听谁的》中我惊奇地看到这个孩子的勇气和善良，文中她发出这样的疑问：“大人们为什么说一套做一套呢？教你不能贪小便宜，捡到钱却悄悄藏在包里，我说这是不对的，他们骂我傻，话多。只有我知道这样做是不对的。大人应该都很苦吧，所以才那么喜欢撒谎，撒谎说自己没事，撒谎说他们讨厌你。”《我努力想忘掉的事》里，她说：“妈妈过世很多年了，如在我的记忆中模糊了，她的声音、背影已经彻底从我的记忆中消失了。”

阅读和写作文成了她的大事，在她的每篇作文后面，我都会写上一些话，如：“孩子，你并不孤单，有很多人爱你。”就这样过了一学期，我和妮妮的距离慢慢地靠近了。妮妮的生日彻底打破了我们之间的隔阂。冬日的午后，这个一向安静的“秘密基地”突然出现了一张匿名纸条：“老师，今天是我的生日，祝我生日快乐吧！”字迹是妮妮的。我从同学们那里得知，妮妮没有过过生日。看她那瘦弱的身体在寒冷的冬天里瑟缩着，脖子总是裸露着，我织了一条粉色的围巾送给她。那个冬天，她就一直戴着这条围巾，仿佛它能够驱散她的寒冷和恐惧。她像宝贝一样珍惜着这条围巾，连最好的朋友都不能碰一下。天气暖和了，妮妮就把围巾叠得整整齐齐地放在抽屉里，时不时拿出来摸一摸，然后露出天真无邪的微笑，这时的妮妮突然有了这个年龄该有的片刻快乐。她在作文里写：“妈妈应该就像老师这样吧，我喜欢她。”妮妮慢慢不再那么倔强，开始听从我的教诲，也变得越来越有礼貌。

妮妮的眼睛不大，一笑就弯成很好看的月牙状，眼角露出狡黠的光。薄薄的小嘴巴，一说话就翻得特别快，坚挺的鼻子向全世界宣告她的与众不同，小小的脸容纳了与年龄不符的倔强。无论别人怎么苛责和贬低，她总是仰起高傲的额头。她就像绿山墙里的安妮一样，那个与命运抗争的红发少女，在世俗的苦难面前用热情淡化伤痛。

我仿佛看到了少女时期的自己，同样敏感热情，总能看到别人看不到的一面，很喜欢说话，脾气倔强。同样遭遇了家庭的变故，遇到了刻薄严苛的亲人。不同的是，在强大的成人世界面前，小小的妮妮选择坚持自我，成了异类。而我却妥协成乖乖女，成了为别人的目光而活的人。我曾讨厌她其实是在对自己软弱无力的逃避。

去年妮妮小学毕业了，她考上了县城最好的学校。她说：“老师，您说过的，努力学习就会飞出这个山沟沟，去更远的地方。”对妮妮说过的所有的话，其实也是对自己说的。《无声告白》里说：“我们终此一生，就是要摆脱他人的期待，找到真正的自己。”妮妮在困境里也永远坚持做自己，在她遭受白眼苛责偏见时，也永远热爱这个美丽的世界。《绿山墙的安妮》陪我走过了孤独迷茫的少女时期，远山沟的妮妮让我在而立之年找回了最初的自己。

是我和她治愈了对方吗？不，是她治愈了我。

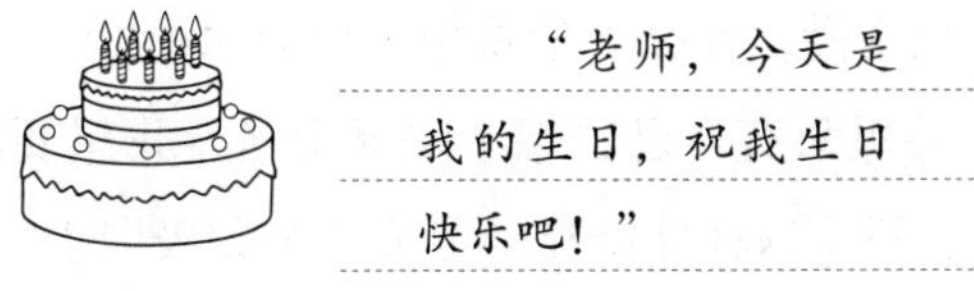

我和我那蜇人的“蜂”

资阳市乐至县资阳机车天池希望小学　蒋万英

时光飞逝，岁月如梭，扎根乡村教育已十余年。在乡村教育的这片土地上，我耕耘着，播种着，与孩子们一同成长。自走上三尺讲台以来，我对师生关系的认识，也有了较大的变化。传统的师道尊严观念让我一度以为老师是绝对的权威，然而在实际工作中，我逐渐领悟到课堂是师生间的一种对话，师生彼此应该是平等的。只有在和谐、平等的师生关系中，孩子们才会有真正的自主；只有蹲下来与孩子说话时，才会发现孩子们原来也是这般的“伟大”。

曾经有个孩子，名叫小峰。他是个活泼好动、敢说敢做的孩子，但这也成了他的缺点。同学们给他取了个绰号“马蜂”，因为他总是逮谁“蜇”谁，在课堂上接话，无论是课上还是课下，无论老师说什么，他总会阴阳怪气地接嘴。

这个问题一直困扰着我，我曾想过用强硬的方式去解决，但并未成功。一堂课上，我讲到《论语》中“三人行必有我师焉”时，“马蜂”还没等我说完，就自顾自地重复着刚才的那一段话，同学们都转头盯着他，有捂嘴大笑的，有低头私语的。我知道这样下去可不行，会对班上的学习风气和孩子们的知识掌握造成影响。我严肃地要求“马蜂”站起来，没想到“马蜂”却先给了我一个下马威，站起来还没等我说话，他就哭了起来。我心一软，就简单地说了他几句，让“马蜂”坐下了。但是到了第二天上课的时候，同样的情况又出现了。

我打电话请来了他的家长。从他奶奶那里得知，“马蜂”的妈妈在生下他后不久就因嫌弃家穷一去不回，爸爸也在外地工作，并组建了新的家庭，平常很少有机会回家。“马蜂”从小跟奶奶生活在一起，因为缺少了爸爸妈妈的疼爱，奶奶觉得亏欠他，对“马蜂”就格外地溺爱，什么都依着他。作为家里的“小皇帝”，“马蜂”对于他人的感受不太在意，心里只有自己，想干啥就干啥。我想要改变“马蜂”，必须通过对他自我意识的转化，只有这样才能让他变成一个积极向上、心中有他人的孩子。

一次作文课上，我给同学们出了两道作文题：“假如我是老师”和“我和老师谈谈心里话”。我从爱出发、从情入手，想用这种换位思考和讲出心里话的方式让“马蜂”对我敞开心扉。

两节课后，作文交上来了，从作文里我看到了孩子们的真情实意，看到了他们的苦恼和诉求。我的心里五味杂陈，有感动也有心酸。同时，我也开始寻找“马蜂”的作文。“马蜂”的字迹并不十分工整，但却能看出他十分用心，他写道：有一次，我因生病发烧迟到，当时的班主任老师二话不说就批评我，还打电话叫来了我的家长，我不服气，因为我觉得自己受到了不公平的待遇。从此，我就破罐子破摔，事事和老师们对着干，大不了就是回家不读书罢了。

之后我特意找了个时间，让“马蜂”来办公室。我通过“马蜂”的奶奶了解到“马蜂”喜欢吃大脚板雪糕，我跑遍了所有的小卖部都没有找到，于是我特意在淘宝网上买了模具和制作雪糕的材料，经过多次的失败，终于做出了两只大脚板雪糕。“马蜂”看到这些雪糕时，非常高兴，也非常感动。我跟“马蜂”从他的性格谈到课上的表现，最后告诉他，老师一定不会让他受委屈，不会不分青红皂白地批评他。人都有犯错的时候，老师也是人，也会犯错。这也启示我们与别人交流的时候要注重方式方法，注意说话的场合，注意说话的语气，要适当照顾他人的情绪。我能感觉到“马蜂”若有所思。

有一次“马蜂”生病了，又吐又拉的，联系家长无果后，我叫了一辆面包车把他送去了镇卫生院，又是挂号找医生，又是缴费拿药，跑前跑后的，直到他奶奶来后我才离开。晚上，我骑自行车去看望他。他看到我不辞辛苦来他家看望他，激动得热泪盈眶。也就是从那天开始，“马蜂”不再毫无来由地接话了，他改掉了很多毛病，同时也会学着提出一些让大家认真思考的问题了，“马蜂”逐渐成了班级守纪律的楷模和老师的得力助手。后来，“马蜂”用小纸条对我说，老师的爱像春风一样温暖了班里每个同学的心灵。

在接下来的学期中，“马蜂”更加活泼了，同时也更加亲近老师了。每天去上课总会有小小的惊喜等着我：泡好的茶、一颗糖、一个千纸鹤、一幅什么都不像的画……曾经到处蜇人的“马蜂”现在酿出了满满的蜜。

我想，这就是爱的力量。记得我曾看到一句话：真心可以打动人，用心可以了解人，用情可以转化人。教育是心灵的沟通，是理解与信任的交织。

我愿做教育路上的养蜂人。

除虱大战

成都市新都区木兰小学校　彭　莹

那一年，我第一次当班主任；那一年，我遇见了小小的你；也就是那一年，你让我认识了虱子。

遇见你在金秋9月，开学第一天，当我走进三年级（7）班的教室，第一眼就看见了坐在最后一排／个子小小的你。我很纳闷儿，为什么这么小的你，会在最后一排。于是，我重新编排了座位，你来到了第一排，眼神怯生生的，上课都不敢看我。

开学第二天，我刚踏进教室大门，班级的一群孩子就跑过来跟我说你的头上有虱子。我很是惊诧，说实话，我还从来没见过虱子！我赶紧来到你的身边，低头仔细拨弄你的发丝，在其他孩子的帮助下，终于发现了那一串串白色的"蛋"，还有在你头发里跳来跳去的虱子。周围的孩子都拉我的衣角，说就是因为你的头发上有虱子才坐在最后一排，要离你远一点，要不然虱子跳到自己身上，就被传染了。我赶紧翻看班级花名册联系你的父亲，请他带你回家清理虱子。我带着你在校门口等待，你始终一言不发，等啊等，最终是你的爷爷把你领了回去。

第二天一到学校，我赶紧跑到班上找你，急切地拨开你的头发，发现依然如故。我想这种情况或许已经持续了很久，所以班上的孩子们都早已知晓。我再次联系了你的父亲，向他询问家庭情况，可电话里他支支吾吾。我只好问了小小的你："家里人知道你长虱子了吗？"你只是点了点低着的头。我又问道："爷爷昨天带你回去，给你洗头了吗？"你摇摇头，一直沉默着。你的反应以及你家人的反应，让我意识到了你的特殊。我赶紧把你带到办公室，询问其他年长的老师，头发长虱子了该如何处理。幸运的是，有一位老教师有经验，他说剃光头最省事。我看了看你，三年级的女孩子知道爱美了，知道你不愿意。于是请他们再想想其他办法，他就叫我去药店买除虱子的洗发水，他则赶紧把你带到学校食堂，让食堂的师傅帮忙烧热水。等我买回洗发水一切就绪，按照除虱洗发水的说明书，先把你的头发浸湿，然后再把洗发水涂抹在你的头上，让你箍上发帽戴了十分钟，最后仔细轻柔地给你冲洗。

我以为这样就万事大吉了，在下午放学时，我特意留意了你的头发，确实没有跳来跳去的虱子了，可是我发现还有白色的虱卵。借着这件事，我跟着你一起去了你家。你的家到处都是黑乎乎的、脏兮兮的。原来家里只有爷爷奶奶，通过跟你的爷爷奶奶沟通，我知道你的爸爸妈妈离婚了，爸爸外出打工，你就由爷爷奶奶照顾。本来我还想再开口说说虱子的事，看了看这情况，我最终没有开口。回到家，我就在网上搜索去除虱卵的方法，原来需要用到一种很密的梳子叫篦子。我连忙跑到日用品店，连续问了好几家都没有这个东西，最终在快要失去信心的时候，居然在一家杂货铺里找到了它。就这样，接下来的几天，一到学校我就先用篦子给你梳头发，再用除虱洗发水在学校食堂烧水给你洗头发，就这样梳了洗、洗了梳，连续一周下来，你头发上的虱子才总算彻底消失了。

经过了一周的“除虱大战”，我发现你跟我亲近了不少。上课的时候，你总是坐得端端正正，眼神一直跟随着我，开始积极举手回答问题。下课的时候，你总是跑到办公室来，要为我唱歌，给我跳舞，还给我表演主持人如何主持节目。原来你不是那个在我面前只会怯生生地低着头的小姑娘，而是一个如此古灵精怪的小不点呀！

因为你，我真正体会到了，只要真心对待孩子，孩子就会真正敞开心扉。作为老师，只有热爱学生，去关心他们的成长，才能给予他们温暖。尤其对待这一类父母都不在身边的留守儿童，老师更要用自己的真情点亮孩子心中的灯，照亮他们前行的路。让留守儿童的童年不再灰暗，纯真的童心不再孤独。

原来你不是那个在我面前只会怯生生地低着头的小姑娘，而是一个如此古灵精怪的小不点呀！

英英

自贡市沿滩区邓关中心小学校　何天海

一

我所任教班级里有一名“三残儿童（智残）”，一直到现在，五年了，羸弱瘦小的身子，大大的头，大而圆的眼睛一直盯望着我。身上的衣着明显地在展现着农村孩子的贫穷；头上的发辫，看上去是早上梳过的，但一点也呈现不出平整光滑的美感。

我打听到她的身世和家庭情况。她是一名弃婴，被一名老光棍在街上的房檐下捡到而抱养。但不久后这名善良的老光棍死了，她就被寄养在老光棍的兄弟家。老光棍兄弟外出打工去了，又把她送到老祖母那儿照料。我心里油然而生的是对她的同情与怜悯。孩子，牵着我的手走吧！至少在学校里，我会让你感觉到生活的美好，体会到学习与成长的快乐！

二

她被鉴定为“三残儿童”是在一年级的时候。被鉴定为“三残儿童”既是不幸又是幸运的，“不幸”在于很容易被人们所鄙视、所抛弃；“幸运”是可以得到特殊的照顾和教育。从教育基本理论上讲，了解“三残儿童”学生是因材施教的前提，可是我没有这方面的专业知识。但有一点我很清醒，就是我必须知道她的生活与学习能力等各方面的情况，才好对症下药。

在当时，她的饮食起居完全需要靠大人的帮助；她经常生病；她在学校的表现很本分，从不与人主动发生纠纷，绝大多数时候总是静静地一个人待在座位上，不爱运动，很少参加同学们的游戏；在上学或放学的路上，她偶尔能与班上少言寡语的斯文女生同路结伴；在学习当中，不管作业难易，她都能尽自己所能完成——虽然正确率不高，但是字迹却娟秀、工整。还有一点要特别表扬她，在劳动中她总是能够默默无闻、自始至终地参与。对于这一点，我不知在班上表扬过她多少回，要大家向她学习。

三

雨果曾经说过：“人世间没有爱，太阳也会死。”没有爱就没有世界，但不是所有的孩子都享受到了真正的爱。很多智残儿童家长总感到有这样的孩子会给自己丢脸，何况再怎么关心他们也没什么出息，于是对孩子表现出冷漠、歧视、不闻不问。我能够理解，但是我还是反复与家长交流，做思想工作：在对待孩子的问题上，家家有本难念的经，只是你家的烦恼与别人家有点不同而已，关键在于怎样调整心态，从容应对，保持乐观的生活态度。如果家长能抱着既来之、则安之的心情接受这个现实，认真地计划和安排好一家人今后的生活和工作，不要过多地把自己的孩子同其他同龄孩子进行比较，而是欣喜于自己孩子的点滴进步，那么一切也许并不可怕。因此，家长对孩子，要学会宽容期待，多一些爱心，以理解的心去接近她，用期盼的眼光鼓励她——我真是苦口婆心地一次次诉说。

万幸的是，我的观点最终得到了家长的认同。

四

结合理论学习，我了解到心理学家加德纳提出的“多元智慧”理论，认识到人的智慧是多方面的，每个人都具有各种不同的智慧……我利用我所了解到的英英同学的情况，扬其所长，因势利导地施展学校教育。

在课堂上，遇到简单的问题我就请她回答，让她在同学们面前展示自己的优点；在作业批改上，我向来将她与其他同学一视同仁，所不同的是评价标准，一律给“好”，从不吝啬。另外，根据她的学习情况给她提供辅导，让她感觉到老师对她的重视、耐心与关爱。在团结同学、尊敬师长、热爱劳动等方面，我常拿她作典范，乘机鼓励她。这常让那些调皮捣蛋的同学讶异却又不得不服。

记得在一次班会课上，我抛出一个问题问全班同学：“我教大家到六年级了，这么多年来，哪一位同学从没有被我批评过？”学生们东张西望，面面相觑。最后有人说是班长，有人说是学习委员……我却都一一给予了否定，并问班长、学习委员被批评过没有，他们都当场承认被我批评过。最后，当我说出这位同学就是我们班最不起眼的英英同学的时候，大家终于恍然大悟，频频点头。这一阶段的这些做法让我感觉到，她从我这里获得了一种激励、一种支撑自信的爱的力量；是老师的帮助让她获得了许多骄傲。也是这样一些做法使我们班形成了一种舆论、一种视角、一种价值观，那就是不能看不起英英同学。

五

“身体是一个人的本钱。”结合英英同学胆子小、身体羸弱、经常生病的实际情况，我又给英英同学开了一剂“药方”。我鼓励她要学会玩，自己玩，和同学们一起玩；上好体育课，大胆地跑、尽情地跳。另外，在美术、音乐课上，我也是大肆激励她画色彩、展歌喉，不要怕其他人说笑。在生活自理方面，我记得给她布置的第一个任务是叫她在周末学洗自己的红领巾。她做到了，第二周升旗仪式上，一条干净的红领巾系在她的脖子上。我趁机赞扬了她，她的脸上露出了灿烂的笑容。继后，是要求她在大人或者邻近同学的指导下学会热菜、做蛋炒饭。不久，她也学会了。

点点滴滴的进步，昭示着爱的教育成果；一个又一个的成果，证明着我的“三残儿童”教育的可行性。为了不断提高英英同学的动手能力，我的妙招频频施展。譬如，当老师的都有这样的体会，就是让学生帮个忙传个信儿、抱抱作业本，他们会欣喜无比，仿佛一个钦差大臣般去执行，那小模样十分可爱。我也曾把发放作业本这样的“公务”交给英英同学去完成，有意识地培养她的工作能力。

记得头一两次都失败了，她把作业本抱到教室后只是放在了自己的桌子上。原因是作业本上同学的名字她认不完，因此不敢发下去。由此可见，她的识字量是多么的有限啊！但是，这又让我抓到了一次机会：我让全班学生都来帮助她认识自己的名字。这简直起到了事半功倍的效果，英英同学不仅识字量大增，与同学之间的关系也增强了，日后发本子就变得顺利了，从而也培养了她大胆动手与社交的能力。

是啊，我就此感悟到了，现在所提倡的素质教育不正是倡导“以人为本”“以人的发展为本”吗？对像英英同学这样的学生，更应当根据实际情况为她的将来着想，为她的生活实际发展着想。我认为，这应该属于针对“三残儿童”的正确的教育伦理，符合《智残儿童训练纲要》中所要求的“生活教育，生存教育”两大主题。

六

在长达近五年的学习与生活接触当中，我有意让英英同学感触到了成长当中身边发生的这样一些幸福：我们有美丽的校园、和蔼可亲的老师；在我们的身边有许多好心人一直在关心她、帮助她；更重要的是，我们都拥有一个憧憬未来的生命，能感受大自然的美丽与神奇！

在我的班里，不仅英英同学受到了心理健康的关爱，而且因为有她，我这位教师也因此而“教学相长”；因为有了她的存在，我班全体学生懂得了相互牵手一起成长并能给别人送去帮助，同时也会给自己带来一份快乐的道理。这是一种真实的善良体现，是“赠人玫瑰，手留余香”的美德熏染，更是一种新时代讲和谐的人文精神在校园里的闪耀！

当老师的都有这样的体会，就是让学生帮个忙传个信儿、抱抱作业本，他们会欣喜无比，仿佛一个钦差大臣般去执行，那小模样十分可爱。

放下虚幻的爱

成都市新津区花桥小学　唐冬雪

21世纪是信息时代，网络给我们带来便捷的同时，也带来了很多问题，网恋就是其中之一。对于小学生来说，男孩容易因为手机而迷恋上手机游戏，而女孩则更容易因为手机而跌入网恋的陷阱。

我是一名乡村小学教师，在任教之前，听到因网恋被欺骗侵害的报道时，认为这类事永远不会发生在小学生身上，因为小学生天真无邪，情感单纯，怎么会网恋呢？可是，短短几年的任教经历改变了我的认知，小学生也会是网恋的受害者，尤其是乡村留守女孩。因为父母不在身边，留守女孩的情感诉求缺乏有效回应，导致她们的性格一般都比较孤僻、胆小。同时，由于缺乏有效监管，她们在使用网络、手机上较少受到限制，她们迷恋游戏、微信或QQ，导致她们与同伴关系差，只能通过网络寻找情感寄托。

小红是我所带班级的一个女孩，还记得我刚教他们班时，小红还在读四年级，那时的她开朗活泼，大方自信，是班上最高的女生，我一见就很喜欢。四五年级时的小红成绩优秀，乐于助人，喜欢参加学校各种综合活动，可是步入六年级的小红变了。我记得五年级下学期那个暑假结束后，小红爷爷领着她来报名，那天小红报名的样子我记忆犹新：脸上没有以往自信的笑容，眼神也失去了灵动，整个人就像被霜打了的茄子，一脸丧气。起初，我只是想这个孩子肯定会慢慢恢复的。可是小红的表现越来越差，学习成绩迅速下降，上课还睡起了觉。好好的孩子有如此表现，我很难过。

一次偶然的机会，我找到了问题的根源。那天早上，我提前来到教室突击检查班上孩子抄作业的情况。我刚进教室便发现小红正在翻看手机，手机是禁止带入学校的，于是我没收了她的手机并说上完课后找她谈话。手机刚收在我手里，便弹出一条聊天消息："宝贝，你吃早饭了吗？我想你了。"开始我还以为是小红的妈妈发来的，并没有在意。可是不一会儿又发来一条，看见第二条消息，我不再认为是她妈妈发来的了，不祥的预感在我脑袋里出现。

课后我找到小红。小红主动交代，她网恋了，对方是暑假里通过手机 QQ 聊天软件添加的。添加后男网友开始用各种方式显示对她的关心，知道她父母不在身边后对她更是“关怀备至”。在男网友的花言巧语下，小红对他十分依赖和信任。更糟糕的是，在男网友的诱导下，无知单纯的小红还向对方发了自己的私密照……

我十分庆幸那天早上收了小红的手机并知道了她网恋的秘密，不然后果不堪设想。庆幸之余，我决定立刻将小红从网恋的陷阱中解救出来。通过与小红的交流，我找到了小红网恋的原因。

首先，父母不在身边，没人监管小红。父母在家时，小红只有因学习和正常的人际交往才能使用手机，父母离家后为了方便联系就在家里留了一部手机，而爷爷奶奶对小红使用手机这一事无法有效监管，于是小红经常打游戏、玩 QQ，长此以往，她变得性格孤僻，无法友好地与同学相处，只能在网上寻找能寄托情感的网友。

其次，父母外出务工，小红失去情感关怀。进入青春期的小红心思敏感而复杂，妈妈在家时，可以通过小红的日常表现或非语言形式的表达发现小红情绪的变化，进而帮助她排忧解难。温暖的母爱可以消除她情感上的不安，而爷爷奶奶是隔代监护人，不能完全满足她日益增长的情感需求。

再次，青春期出现生理变化，小红好奇未知。面对生理发育，小红变得羞怯茫然，但是妈妈不在身边，无人引导并给予她帮助，好奇的她只能用手机搜寻答案。网上的信息包罗万象，小红无法辨别真假但又羞于与同伴交流，网友成了他的倾诉对象。

最后，在网络虚幻空间里，小红可以美化身份获得自尊感。自从父母外出打工后，小红的心思散乱无法好好学习，成绩下滑，在同学面前失去了往日的骄傲与优越感。然而在网络这一虚幻的空间里，她可以美化身份，在网友那里虚构一个十分优秀的自己从而找回在现实生活中失去的自信。

我想了几种办法帮助小红放下虚幻的网恋。

首先，我列举新闻案件引导小红认识网友的真面目。与小红面谈时，我首先表扬了她对我以诚相待，谢谢她能信任我，将她的网恋秘密告诉我。拉进与她的关系后我便给她讲了一个真实的故事，引导她辨别网友的好坏，告诉她真正爱护她的人是不会让她发私密照的。听到会导致如此严重的后果，小红害怕了，毕竟她才十一岁。事后我通知了她的爷爷奶奶来学校交流此事，我和家长还有小红一同将她的网友删除了，她的爷爷领走了手机。

然后，我联系了小红的父母。小红之所以会网恋，是由于父母离开后，她缺少关爱。我告诉他们隔代监护的弊大于利，成长中的孩子还是需要父母的关爱与引导，希望小红的父母能有一个回到小红身边照顾她，如果经济条件实在不允许，父母可以每天晚上和孩子视频聊天，听听孩子的心声。

最后，我引导小红与身边的同龄人相处，并学会向朋友分享喜怒哀乐。小红会选择网友来排解烦恼，是因为她认为在现实生活中朋友们都不理解她，其实不然，是小红自己封闭了自己，孤僻的她让朋友们无法靠近。我通过与小红以前的朋友交流，发现小红的朋友们对她的转变也措手不及，敏感的小红情绪波动很大，不愿意像以前一样和朋友们分享喜怒哀乐，有时还无端发脾气。我引导小红明白，不是朋友们远离了她而是她自己将朋友们推开，朋友的相处靠的是以诚相待、将心比心，并将她和她的朋友们约到一处化解了误会，告诉她们以后如果有心事，老师也是她们的朋友，愿意当她们忠实的听众。

小学高年级的留守女孩处于异性社交的朦胧期，她们对网恋的错误认识在长者的引导下很容易得到矫正，友爱的力量能够将其从网恋的虚幻空间带回现实生活。如果在他们接触网恋之初我们老师、家长和朋友一同努力形成爱的合力，她们就不太可能选择虚幻的爱，就不太容易跌入网恋的陷阱。

第一百零一种方法

广元市青川县凉水九年制学校　彭成芳

2018 年的 9 月，又到了开学季，我满怀期待地重新回到阔别俩月的校园，开始了新一学期的征程。我翘首以盼——那个迎接我的新班级将会是什么样的呢？

9 月 1 日进行了分班抽签仪式，我抽到了这个新集体。看着他们一张张活泼稚气的脸庞，我激动万分。我给班级取名为“萤火虫”，希望他们飞舞在知识的万花丛中，闪闪发光，为世界带来自己的光亮和色彩。

可现实给了我重重一击。孩子们自由散漫、不懂规矩，坐没坐相，站没站相，满教室乱跑。我离开教室一小会儿，讲桌上的“小蜜蜂”（指便携式扩音器）就会变得四分五裂。午休期间，这群淘气包把绿化带边的树林当作了游乐场，他们爬树、拽着树枝荡秋千，多次被校领导抓个正着。我的批评无济于事。

这时，我想起了苏霍姆林斯基的一段话：“一个好老师意味着什么？首先意味着他是这样一个人，他热爱孩子，感到和孩子在一起交往是一种乐趣，相信每个孩子都能成为好人，善于跟他们交朋友，关心孩子们的快乐和悲伤，了解孩子的心灵……”原来，好老师就得用爱去呵护孩子，用心去和孩子们交流啊！

接下来的日子，我改变了对孩子们的态度，我蹲下身子与他们做朋友。一年级的小朋友喜欢告状，一个告状，接着会有很多个告状，虽然都不足挂齿，但我总耐心听着，还面带微笑地把告状人和被告人拥在身前，拉着他们的小手用浅显易懂的故事交流引导。没有训斥，也不带半点批评。久而久之，孩子们与我有了亲近感。

2019 年 4 月，我去浙江大学参加培训，回来听家长们说：“彭老师，你走了的这一周，娃儿们就像无头苍蝇，灰头土脸的，一点精神也没有……”第一节课进教室，孩子们一下精神抖擞，围着我，“彭老师，我们都好想你啊……”就连平时胆小的张同学和尚同学，脸上也扬起了一种仿佛与妈妈久别重逢时特有的笑容。我特意为他们带了浙江最有名的糖果，每人三颗，拿着糖，他们可高兴了。

“孩子们，糖可以自己独自吃，也可以给自己最喜欢的人分享着吃。”

有的孩子说："我不吃，我留着回去给我婆婆吃……"

我顺势表扬道："真有爱心，是个孝顺的孩子！"

"我给我哥留一颗……"

"我给我妹留两颗……"

赵同学拿着他买的巧克力，给我了两颗，他说："彭老师，我准备了巧克力，等你回来，我就送给你。"

"宝贝，你真乖，老师把巧克力留给你吃，你有这份爱心，老师很感激。"

"不行，你必须拿着，我拿了你的东西，也必须送给你我的东西！"他也懂得礼尚往来。一幕幕爱的瞬间在我与孩子们心头绽放！

日子一天天过去，新的挑战又来了。我的班里又有几个孩子掉队了。

王同学，一个患有先天性癫痫的留级孩子，第一次发病吓得我魂飞魄散。每次发病后，他都四脚朝天、泪流满面地躺在地上，令人心疼。然而，在正常情况下，他喜欢给老师打小报告，不遵守纪律，开学不久就把教室里的开关搞坏了，甚至用嘴巴直接在热水器上喝水。他是留级生，比其他孩子个子大，喜欢欺负个字小的同学。老师批评他时，他就不认真听课，左顾右盼，任性使坏。

李同学，一个走路不协调的小胖子，随时手里都捏着橡皮擦，却不主动与任何同学交流。他经常在课堂上打断老师的话，只要他开口说话，你就得认真听，如果不听，他就会自顾自地继续说下去，完全不理会你讲的内容；他也不按时完成作业，非要回家做；你跟他讲道理，他也跟你讲他的道理；你问话时，他目不转睛地瞪住你，一言不发；你要敢批评他，他就号啕大哭，还吐得满身、满地都是。

刘同学贪玩、爱撒谎，布置的课堂作业从来不写完。他甚至会把自己的名字擦掉改成赵同学的名字，把赵同学的本子改成了自己的名字。这就像是用狸猫换太子一样，偷梁换柱的事被他做出来了！

尚同学和张同学连我大声说话都会哭，他们像小老鼠似的，小眼睛总是偷瞅着我，一脸惊惧。

这一切的一切，让我觉得不可思议，很棘手，我曾徘徊过、绝望过……甚至怀疑过自己的能力。

然而，静下心来细想，也许是我哪里真的没做好，于是我想起了苏联教育家说过的一句话："如果找了一百种方法，这个孩子都没有改变的话，我会去寻找第一百零一种。"接下来，我改变了方法，走近这些孩子，了解他们，了解他们的家庭。原来王同学、李同学、张同学这三个孩子从小父母离异，缺失父爱和母爱，得到的只是婆婆[①]爷爷隔代的爱。这让我明白他们的举动只是想吸引老师、同学对自己的关注。之前总被老师点名批评，他们觉得自己在班级同学的心目中，是坏孩子的化身，每每都抬不起头来。

所以，在往后的日子里，只要他们有一点进步，我都会当着全班同学的面进行表扬，让全班同学都去关心他们。在受表扬的那一瞬间，我发现他们脸上分明流露出了得意、骄傲、自豪的表情，走起路都是昂首挺胸的！后来他们的成绩进步都很快。

张同学因为胆子小，鼻尖上随时都渗出许多小汗珠，遇到问题总是哭。所以我在给他讲题时，同坐一个凳子，用一只手揽住他的肩膀，另一只手放在本子上指导。久而久之，孩子没有了畏惧感。他的婆婆甚至让他叫我“妈妈”，因为他三个月大时妈妈就离家出走了。每每听到这声“妈妈”，我明白我的肩上又多了一份责任与担当。李同学也跟我有了母子一般的感情。一次他在跑操时（他长得胖，动作不协调，我让他在我们队伍外面单独跑）不小心摔倒了，额头上磕了一个大口子。我把他从地上拉起奔向医院，在跑去医院的路上，他几次想哭，我说：“李同学，男子汉，不许哭，男儿有泪不轻弹哦！”

跑到医院，医生一看，有点严重，要缝好几针。在擦洗时，酒精的刺激会有多疼啊！三指多宽的口子，令我全身发麻。但是我说：“李同学最勇敢，不哭哦，我们要

一个告状，接着会有很多个告状，虽然都不足挂齿，但我总耐心听着，还面带微笑地把告状人和被告人拥在身前，拉着他们的小手用浅显易懂的故事交流引导。没有训斥，也不带半点批评。

① 四川地区一般指奶奶。

坚强哦！”医生在缝针时，他爷爷怕影响孩子的智力，没让医生打麻药，三厘米多长的弯针一针一针刺向他的额头，他硬是没有作声。他跟他爷爷说：“今天要不是彭老师，我就死了。”（孩子刚上学时，他狠心的母亲就绝情地离开了他，让他总是爱说“死”字。）从那以后我对他的关注一点也没有少，孩子也越来越好。经过一年的悉心关怀，孩子一点一点地在进步：从过去不写作业到现在爱写作业，从过去不听讲到现在认真思考老师提出的每一个问题，从过去的 30 多分到 60 多分再到现在的 90 多分……

教育是一场爱的旅行，眼中有彼此，心中有阳光、有风景，才能走得更远！在孩子们的成长路上，我将满怀爱意，永不缺席！

“便宜”的幸福

宜宾市江安县阳春镇中心幼儿园　吴玉玲

2011 年我初入幼教行业，一晃至今，已匆匆十年。从事这份职业十年，我感触很深。

记得刚当教师的第一年，班上有个孩子吸引了我的注意力。孩子已经六岁了，可是他是那样的瘦小，看起来像只有四岁左右。每次集中活动结束的时候，别的孩子都是三三两两结伴玩，可他只有在上厕所的时候才会离开座位。起初我还以为是他身体不舒服，后来发现他一直都这样，而每次放学的时候来接他的都是一位婆婆。后来经过了解才知道，孩子的妈妈在几年前离家出走了，孩子的爸爸也在半年前出门打工去了，孩子留给了年迈的奶奶，从此孩子变得沉默寡言。

他奶奶告诉我，他爸爸妈妈在还没结婚的时候就生下了他，可是在他几个月的时候，妈妈就走了，再也没有回来。而他爸爸也没有做父亲的责任心，常年在外打工，却从来没有给家里寄回来一分钱。孙子就这样被他们两个老人拉扯大。他们靠种地、养牲畜才有一点收入。还好孙子比较有孝心，从来不会和其他孩子比吃穿，慢慢长大后也知道帮助家里干一些家务活。只是孙子从来不在他们面前问爸爸妈妈的事。

在往后的日子里，每每看见孩子清澈的大眼睛，我总想为他做点什么。经过几番周折，我打听到了孩子妈妈的电话，我以老师的身份拨通了他妈妈的电话，告诉她孩子的现状，可孩子妈妈冷漠的反应让我很失望，仿佛孩子的事与她毫无关系——当时我想还是算了吧，毕竟我只是一个普通老师，别人家庭的事我也管不了。可每当看到孩子一个人坐在座位上时，我心里就莫名地刺痛。在往后的工作中我很多时候会刻意地多关注这个孩子：做游戏时多关注他，让小朋友们游戏时多邀请他。没事我就找他说话，平时偶尔给他买一些铅笔、水彩笔、橡皮擦等小玩意儿，让他感觉到除了爷爷奶奶，还有很多人喜欢他、爱他，愿意和他一起玩。慢慢地，他变得开朗起来，也乐意和大家一起玩耍了。

这样平稳地过了一个月，有一天他很高兴地跑来拉着我的衣服说：“老师，今天你和我到我家里去吧！”我问他：“你请老师到你家里去做什么呀？”他说：“今天早晨来上学时奶奶说晚上我们要吃肉，我请你到我家里去吃肉。”当时，我听到这话，眼泪在我眼眶里打转。孩子的世界多单纯，他是有多久没有吃肉了，就连吃一次肉都那样的兴奋，而且还想着请老师到他家去吃肉。

后来，当我告诉他老师下学期就要离开去其他地方的时候，他告诉我说：“老师，你一定要记得我，我会好好读书，长大了我会开着车带你去西藏。”他说的话仿佛大人般成熟——他竟然还记得我告诉过他们，老师最想去的地方是西藏。

一年后，我来到了全新修建的阳春镇中心幼儿园，随即而来的是我的教师路遇到了瓶颈，我出现了负面的情绪。当时我带小班的孩子，他们的哭闹让我手足无措：抢玩具的、尿湿裤子的，我都还能应付。可一进教室就哭着要找妈妈、一到就餐环节就要找妈妈、午睡时也要找妈妈，我真的难以搞定。

各种不适应向我袭来，我每天无精打采的，对孩子们的关注也没之前仔细，乃至班上最调皮的悦悦小朋友什么时候不再捣蛋了，我都没有注意到。不知从什么时候开始，悦悦总爱出现在我身边。我为孩子们打饭时，他在我身后；我为孩子们擦脸时，他在我身后；就连下午开展区域活动时，他也总是在我身边打转。

有一次户外活动时，别的孩子都玩得不亦乐乎，悦悦把我拉到旁边坐下，一脸认真地看着我问道：“老师，悦悦陪你玩好不好？悦悦好久都没有看见老师笑了。”这样的认真样出现在悦悦这样的小脸蛋上，是多么不和谐、多么滑稽啊，我被他的样子逗笑了。我一把将悦悦揽入怀中说道：“好，我的小悦悦陪我玩。”悦悦在我怀里，不好意思地笑出“嘿嘿”的声音。

抱着悦悦我抬头看着这群孩子：滑滑梯上你追我赶的他们、秋千上晃晃荡荡的他们……笑意写在他们的脸上，全是满足的愉悦。这是怎样的一幅画卷呢？我豁然开朗，把怀里的悦悦抱得更紧了。

是啊，在孩子们中间，那种放松、无拘无束、融洽的气氛是多么吸引我，这些孩子，时而天真、时而深沉的交谈，又常令我回味无穷。当孩子们有进步时所体验的那种成功感，是其他任何工作都无法比拟的。这种爱是我最好的老师，这种爱更是一份沉甸甸的责任，这种爱也是一种“便宜”的幸福。

是的，幼儿教师的工作是塑造人的工作，它神圣而伟大。十年过去了，我在摔打中成熟了，也懂得了一名幼儿教师应树立正确的儿童观、教育观，应有一颗爱孩子的心。我用一颗炽热的童心去感受生命中的温暖，用一脸童真的笑容去感染身边的每一个人。在从教的这十年里，我送走了一批又一批的孩子，跟着他们从哭闹的小班到依依不舍的大班，孩子们在长大，我也同样在成长。是孩子们一张张稚嫩的笑脸陪伴我成长、引领我进步。

“今天早晨来上学时奶奶说晚上我们要吃肉，我请你到我家里去吃肉。”当时，我听到这话，眼泪在我眼眶里打转。

山羊不吃天堂草

广元市利州区范家小学　王毕卫

我们班的孩子开始了《山羊不吃天堂草》的整本书阅读。算算时间，已是半月有余，孩子们第一次自主读长篇小说，也不知他们读得如何，是否有所感悟。今天，没什么事，我便和孩子们闲聊起来。

刚开始聊的时候，彬彬说明子太可怜了，小小年纪便背上行囊，远走他乡，在一个陌生的城市做个小木匠。那里的城里人傲慢，看不起他，他只能住着像垃圾堆一样的窝棚，吃着又冷又硬的馍。

彬彬刚说完，其他同学便反驳道：明子虽可怜，却是一个幸福的少年。因为他有关心爱护他的师兄黑罐，能够默默忍受他的尿床和恶作剧。还有牵挂他的父母，时不时地从小豆村寄给他家信。明子有鸭子的陪伴，有好朋友紫薇（城里人）的关心，最后还能学成出师，独当一面。最关键的是，明子在像“天堂”一样的城里，经受住各种诱惑，战胜了卷款逃走的邪恶念头，坚持做一个洁身自好的纯美少年。

孩子们说得太好了！没想到，孩子们居然能够有这么深刻的领悟。

“王老师，这部小说最后那句‘那时天空的太阳已是初夏的太阳’是什么意思呀？”快要结束时，小新问我。还别说，这一问倒是把我问住了。“其余同学有没有答案呢？不妨说来听听。”我把问题抛给学生，趁机思考一下。

有同学说这是在告诉我们明子离开这座城市的时间，有同学说这是指那时候的天气比较温暖，有同学说这是指那时候的太阳很明亮……

“是这样吗？小新你认为呢？”我反过来问小新，很想知道他会有什么理解和想法。

小新说：“我是这样认为的，明子在城里打工，生活艰辛，住房条件也不好，城里的人也看不起他，他卑微地生活在这座城市的边缘。但经过一段时间的磨砺，明子依然保持着一颗乡村少年所独有的明朗而又纯美的心，这颗心就像初夏的太阳一样明亮、温暖。这也说明，明子已经长大了。”

小新刚说完，全班响起了雷鸣般的掌声。是呀，明子成长了，成长起来的不仅是他强壮的身躯，更是一颗强大的内心，那颗明朗纯美的心灵犹如初夏的太阳一样温暖、明亮。

看着这一幕，我不禁想到，孩子，明子成长了，你又何尝不是呢？关于小新曾经的一幕幕便浮现在我的脑海……

在其他老师眼里，小新头脑够用，有点小聪明，只要有点儿进步就骄傲自满，自控能力较差，不听话，爱发脾气，特别淘气。由于父母长期在外，他的哥哥被监禁过几年，有些老师便给他贴上了“道德败坏”“长大后可能会像他哥哥一样”的标签。面对着老师这种有点残忍的、带有歧视的评价语，我心里多少有些不舒坦。对于一个十岁的孩子，怎能轻易地给出道德败坏的评价呢？

2016 年暑假，学校组织学生开展免费夏令营活动，小新理所当然被排除在外。很巧的是，刚好有另一个孩子临时决定不参加，我便给小新打电话。我巧妙地问他：“夏令营马上就要开始了，我在名单里没有看到你的名字呢？”

“我是报了名的，可能是参加的人太多，我的名字被弄丢了吧。”小新单纯干净的回答让我心头怦然一震——没想到这孩子挺理解他人的。

“你能不能回忆一下上次夏令营活动的表现（大家都讨厌他），然后说说你这次的打算？”我接着问。

他沉默了很久，说道：“我想参加这次夏令营，如果可以参加的话，我一定会听老师的安排，认真完成夏令营的任务。”毕竟免费参加夏令营对一个乡村的孩子来说是非常难得的机会。

“你准备好参加活动的东西到学校来吧，我非常期待你有更好的表现！”就这样，小新参加了夏令营。在活动期间，小新兑现了自己的承诺，并没有惹是生非，也很好地完成了夏令营的任务。夏令营活动结束后，我给参加夏令营活动的孩子布置了一份用思维导图记录活动过程和感受的任务。本以为小新不会完成的，即使完成也只是敷衍了事，然而，8 月 19 日上午，我在班级微信群看到小新传了一张很精致的思维导图，这是自我教他做思维导图以来他做得最认真、最好的一次。

现在的小新变得勤劳、阳光了。

孩子，人生的路上会遇到许多的波折、诱惑、困难、误会……我希望你做一只不吃“天堂草”的山羊，成长为像明子一样的纯美少年，永远保持着那颗明朗纯美的心，让这颗钻石般的心散发出耀眼的光芒，抛洒在世界的每一个角落，让世界变得如初夏的太阳一样明亮、温暖。

面对着老师这种有点残忍的、带有歧视的评价语，我心里多少有些不舒坦。对于一个十岁的孩子，怎能轻易地给出道德败坏的评价呢？

爱作音符淌入心田

成都东部新区芦葭实验幼儿园　李文彬

乐乐是一个不会说话、性格暴躁的特殊小男孩，他只跟家人亲近。我第一次看到他是在小班教室门口，他呜哇乱叫着，在地上打着滚，拒绝老师的安抚。后来，我分别向带班老师、保育员和孩子的母亲了解情况，知道了这个小男孩的特殊情况。针对乐乐的状况，我变换思路，利用教研会，再次把乐乐的情况以及我准备采取的策略在全体教师教研会上进行了分享和讨论，老师们积极地献计献策，仿佛拿到了制胜法宝的我，再一次跟乐乐小朋友展开了“较量”。心理暗示法、情境创设法、“威逼利诱”法、同龄幼儿同质法、激将法，当我将所有的策略使用一遍以后，却发现效果并没有我想象的那样有用。

当我决定放弃的时候，一个偶然的发现，让我燃起了新的希望。“六一”儿童节快到了，每个老师都忙碌起来，作为音乐老师的我，更是忙得不亦乐乎，每个班的节目都要帮忙创编、排练。一天，我像往常一样走进了中二班，孩子们看到我，都欢快地呼喊起来：“音乐老师来咯！音乐老师来咯！”

我把孩子们组织起来，打开事先准备好的音乐课件，开始一句一句地教唱。我弹唱一句，孩子们就学唱一句，当我正弹得起劲的时候，一只手伸到了我的琴键上，按响了好几个音。我这才注意到，搞破坏的是那个一向喜欢乱跑又不说话的乐乐。我刚想对他说点什么，保育员一把就抱起了乐乐，一边吃力地控制乱踢乱打的乐乐，一边跟我说道：“对不起呀，李老师，都怪我没看住！”

下课以后，我想起那个捣乱的乐乐，总觉得这个孩子的表现跟平时有点不一样。我利用午休的时候，跟抱走乐乐的保育员老师进行了简单的沟通，原来乐乐已经不是第一次这样捣乱了。只要有老师弹琴，他就会跑上去乱按一通，常常让上课的老师叫苦不迭。我听到这里的时候，眼前一亮——我似乎找到了走进乐乐内心的秘密通道。

下午，我把乐乐从教室带到了功能厅，空旷的大厅里只有一架跟乐乐一样不怎么

"发声"的钢琴，静静地伫立在那里。我牵着乐乐的手，径直坐到了钢琴前，打开沉重的琴盖。我握着乐乐的手，轻轻地敲响了"中央C"。当钢琴响起的一瞬间，乐乐一下子转过头，怔怔地望着我，我从他的脸上读到了欣喜，从他的眼里，看到了平时从来没有看到的光芒。

我握着乐乐的手，时而弹一个高音，时而按一个低音，时而把一组黑键挨个儿弹响。美妙的音符从指尖响起，从钢琴里流淌出来，一直流进孩子的心里。乐乐再也不愿被动地被我牵来扯去，激动地挣脱小手，自顾自地在钢琴上忙活起来，一通乱响瞬间打破了刚才的和谐。我的耳朵已经受不了啦，可小家伙完全不受影响，高兴地在钢琴上敲打着，时而回头望望我，看到我微笑的表情时，仿佛受到了鼓励，更加起劲地按了起来。过了好久，他终于发现这样的声音是混乱的、不美的，甚至是难听的。他向我怀里靠过来，用双手抱起我的右手，拽向钢琴的琴键。我明白他的意思，我故意慢慢吞吞地抬起手，就是不弹。他很着急，口中习惯性地发出着急的"咿——呀——"声。

我微笑着抓着他的双手说："乐乐，我知道你很着急，但是你越着急，别人就越不明白你的意思，并且你着急时发出的声音很不友好，也很难听。你需要别人帮助的时候，要好好说话，说不出来也不能急，哪怕只说一个字也行。就算一个字说不出来，你比划动作我们也能懂你的意思。你是想让我弹琴，是吗？"他又一次抓起我的手往琴键上放。我试着弹了一个音，乐乐立刻安静了下来，同时又指向其他琴键，我随手弹起了一首他们班经常唱的"虫儿飞"。让人意想不到的是，乐乐竟然咿咿呀呀地跟着"唱"了起来，虽然他唱得不成曲调，但是也着实让我感到了意外和震惊。是啊，我曾经尝试了那么多方法都没能让乐乐开口，今天的情况真是让我太激动了，我再次感受到了音乐的力量，真是不可思议！

自此以后，多功能厅里经常出现两个人弹琴的一幕，一个喜欢乱弹，一个在乱弹之后总会弹一些耳熟能详的儿歌。在弹琴的间隙，我总是一个人对着这个从不说话的乐乐讲很多的大道理，我不知道我讲的这些乐乐能听懂多少，但是现在的我已经和乐乐成了好朋友。乐乐也慢慢地有了一些变化，比如说以前从不听老师说话的乐乐可以短时间地听老师说几句了，以前从不排队的乐乐在我的坚持下也开始学会排队喝水、排队滑滑梯了。

一年半时间转瞬即逝，乐乐的进步特别大，从保洁阿姨到食堂大叔，从保安叔叔到各班老师和保育员，幼儿园里的每一个人都成了乐乐可以信任的"亲人"，现在的乐乐虽然还是不怎么说话，但是他已经能发出“要”和“不”这个单音节字了，暴躁的脾气也收敛了很多，打滚、吐口水、打人的情形也少了很多。大家都明显感觉到乐乐比刚来的时候懂事多了。

瞧！其实每一个孩子都有无限的可能，只要我们细心观察，用心教育，因材施教，不放弃每一个孩子，对待孩子们多一点爱心和耐心，用心和他们交流，用心发现，用爱浇灌，他们就会开花结果、光彩夺目！

乐乐再也不愿被动地被我牵来扯去，激动地挣脱小手，自顾自地在钢琴上忙活起来，一通乱响瞬间打破了刚才的和谐。

师爱无言　润物无声

泸州市叙永县麻城镇中心小学校　苟晓玲

我是一名在边远山区学校工作了二十六年的小学教师。从教二十六年，教过的学生可谓是不计其数。若要问这二十六年来，印象最深刻、最难以忘记的学生是谁，我想一定是那个叫小马的男孩子。

我认识小马的时候，他读小学六年级。他是一个苗族孩子，十三岁，个子不高，瘦瘦的。我对他最初的印象就是这个孩子“人小鬼大”：无论他说什么，或是做什么，总会有几个男孩子附和……尤其是他调皮捣蛋的时候，更是不乏追随者。对他的一言一行，我暗暗唏嘘：这孩子脑瓜子聪明，很有号召力，但他也有不少问题。我该如何下手呢?

我刚刚接手这个班级，那就从家访开始吧。来到他家里，才知道原来他的父亲游手好闲，有家暴倾向。妈妈已经离家外出打工五年。家中只有年过七旬的奶奶一边干农活一边照顾小马读书。面对这样的家庭环境，我放弃了询问孩子情况的打算，选择和他奶奶聊天。我发现小马在家里很勤劳，跟变了个人似的。在我和他奶奶聊天的时候，他已经做好了晚饭。我在想：这个孩子的内心一定是在抵抗着什么，才会在学校里故意不听话，故意使坏。于是我大大方方地在他家吃晚饭，还时不时地和他探讨他做的饭菜，既有赞扬，也有建议。对于他在学校里的表现，我只字未提。之后的几天里，我发现他虽然还是要捣蛋，但是明显感觉得出来——他不那么故意而为了。

都说要改变一个人，首先要改变一个人的思想。要改变一个人的思想，不是简单地说“你不可以这样做”就可以，而是要抓住时机，在“天时地利人和”时进行引导。不着急，慢慢来吧。耐心等待之下，时机终于被我逮到了。一天早上，一名女同学急火火地跑来告诉我：“老师，不好了！小马带了一把大刀。”我一听，赶紧跑到教室里，走到小马的面前。他看我黑着一张脸，啥都没说就把刀给了我。这一天我们谁也没有提刀的话题，但我心里却一直悬着这把刀：他带了这么大的一把刀到学校来肯定是有事情，十有八九是要打架吧？我肯定不能把刀还给他，但是这出了校门他会不会有危险呢？下午快放学的时候，我找了他的一个好伙伴来问话。果然不出所料，下午有几个校外人员要来找他麻烦。

放学以后，我把他留了下来。我换上平底鞋，对他说：“走，老师陪你打架去！”他顿时不敢置信地望着我。我接着说：“今天我就要去看看到底是什么人，竟敢欺负我的学生，还欺负上门来了。走，带我去。我就不信这法治社会谁还敢如此嚣张！”他好像被我的气势吓着了，赶紧说：“老师，我错了。我们不去行吗？”我看他瞄了一眼那把刀，试探着问道：“你是不是担心我是女老师，又没带什么工具，打不过要吃亏？”他把头点得像小鸡啄米似的，连声说：“嗯嗯嗯。”我笑着说：“没事。今天我们必须去。这刀我们就不带了，我替你保管了。你放心，打架也是技术活，讲方法讲策略的。今天我们师生俩两手空空也一定会胜利的。走吧，绝对不会有事的。”就这样，我带着他，大摇大摆地出了校门。那几个人确实等在校门口，但是一看我和小马一路走，窃窃私语了几句，都悻悻地离开了。我担心那些人会跟踪小马再寻机会，就一直把他送到家。一路上，我抓住机会和他谈心，有一句没一句地闲聊着。

交谈中他对我说：“老师，我特别想我的妈妈。我知道是我爸爸把妈妈打跑的。我很讨厌我的爸爸，他不干活，都是我奶奶一个人做事。我特别希望我快点长大，那样我就可以带着我奶奶去找我的妈妈了。”

我听得眼睛都湿润了，哽咽着说：“孩子，在老师心里，你们就像是我的孩子一样。当你们需要我的时候，我会像保护我儿子一样保护你们。今天我不能让你去犯错误，更不能让你受到伤害。”

我看他的表情有了一些变化，趁机问：“你知道今天那些人为什么看到我们就走了吗？”

他说：“老师，他们怕你！”

我说：“是啊！老师今天就是靠威严吓走他们的。”

我顿了顿，接着说：“你很懂事，那天我来家访就看出来了。你心里抵触爸爸，我完全理解，我会找时间和你爸爸谈谈他的脾气问题。你也不要纠结爸爸妈妈的事情，他们是大人，他们自己的事情需要自己去解决。你要把心思转移到学习上来，不要错失人生中最好的学习时段。知识改变命运。等你长大了，有了文化，才有真正的本领，才能改变你的现状，改变你家里的生活状态。当你像老师一样，有了工作，你的生活就不会有这么多的磕磕碰碰了。”

他听了，沉默了一下说：“老师，我知道了。你今天说了，这是一个法治社会，谁都不能乱来的。我明天就主动找他们和解，以后我不会再给你惹事了。”

我高兴地说：“嗯！我相信你！来，我们握个手，表示约定。好吗？”

当我们师生俩的手愉快地握在一起时，我明显地感觉到了他来自内心的坚定。魏书生曾经说过：“走入学生的心灵中去，你就会发现那是一个广阔而迷人的新天地，许多百思不得其解的教育难题，都会在那里得到答案。”是的，教育的对象是有血有肉有灵魂的人。育人往往就在一瞬间，我们无须对学生讲太多的道理。当你用爱心去感染学生时，他看到的是爱的行动，听到的是爱的声音，感受到的是爱的力量，学生的思想转变就迎刃而解，人生的健康成长就自然而然了。

“今天我就要去看看到底是什么人，竟敢欺负我的学生，还欺负上门来了。走，带我去。”

萤火虽微　但成其芒

成都市新津区永商学校　何宵虹

在中国，有一个特殊的群体——留守儿童。他们与父母两地分隔，常年与自己的祖辈或其他亲人生活在一起。

有心栽花花不开，无心插柳柳成荫

A 是一个爱笑的瘦瘦小小的男孩儿，整天蹦蹦跶跶的，活力四射，给人的第一印象是聪明、阳光、活泼。他的父母常年在外打工，留下他和弟弟跟着爷爷奶奶在本地生活。虽然常年和父母分离，但初次见面，我并没有从他身上看到留守儿童的孤单抑郁、紧张焦虑，加上他挺爱读书的，我对这个孩子心存好感。可是新学期后不久，他就原形毕露了！虽然他口齿伶俐、能言善辩，但是在课堂上老是频繁接嘴，不管谁说一句他总能跟在后面胡乱说一通。有一次上课，我正声情并茂地讲课，正说到“天使”，不容我往下说，他立马接了一句：“天使，是天上的狗屎吗？”说完放肆地笑着，看着周围的同学哈哈大笑！我怒目圆睁，请他站着听课，他却一脸无所谓，似乎还为把老师惹生气而沾沾自喜。这样扰乱课堂的行为屡禁不止，他还给班上同学起外号，惹得每天都有同学来控诉他的“罪行”，我尝试用很多方法教育他、感化他，都以失败告终。

可是有一天，事情出现了转机。A 同学的书写一直不佳，经常被老师要求“回锅”（重新写作业）。某天我正批改家庭作业，看到他的书写有了进步，心想不能吝啬自己的表扬，于是画了一颗大大的五角星。接下来我准备签日期，但不知为何又画了一颗五角星，原本打算涂掉这颗多余的星星，但想想又算了，因为那样会使页面变得脏乱，于是便保留了那两个星星。后来我暗自为这无心造成的“柳荫”感到欣喜！因为很少有人能得到两颗星星，他在周围同学的羡慕目光中找到了久违的自豪与自信。从那次“意外”后，他的书写发生了巨大变化。我在班上大力表扬他，看到他的表情不再是以前的无所谓和浮夸，取而代之的是坚定和稳重。

之后的语文课堂上他能有意识地注意自己的言行，当然，有时他还是会不由自主地接嘴，但只要我们四目相对，他就能立刻领会并改正。有时班上需要义务劳动者，他也能主动为大家服务。我不禁思考：有些孩子，特别是这种缺少父母关爱的孩子，他们有的满脸笑容，有的充满不屑，有的冲动易怒，有的厌学逃学……他们让人头痛的表现后面，实际是一颗颗零碎的没有力量的心，他们不过是想得到别人的关注，很希望有人爱他们、赏识他们、鼓励他们！很庆幸这次的无心之举，不仅渡人——让外在的认可成为他学习的内驱力并不断前进；而且渡己——让我对教育与人生又有了新的思考。

予人玫瑰，手留余香

B和A完全不一样，她安静、忧郁，双眼皮，眼睛大大的、圆圆的，很漂亮。可是她这样稚嫩的女孩眼里却满是空洞，像是一潭泛不起波纹的死水。有时，我甚至不敢和她对视，因为我感觉不到希望。从她的户口簿和她爸爸交来的残疾证明里，我了解到她的妈妈患有脑部残疾，爸爸老来得女，家庭相当贫困，是名副其实的贫困户，家里经济全靠爸爸一人打工和低保作支撑，本来不太年轻的爸爸看起来颇为苍老。有一次她的爸爸来学校接她，同学好心大声喊："你的爷爷来了！"我看见她害羞的脸涨得通红，急匆匆地往外走，生怕别人看出她的慌张。我明白，那是一个小女孩内心的自卑与怯懦。我尽可能地帮助她申请各种资助，但是微薄补贴并没有起到多大作用。

一个冬天，教室里传来朗朗读书声。我拿着语文书检查孩子们的早读，走到她的面前，我看到她那指着书本的手指被冻得通红，像是一根烂掉的胡萝卜。这让我回想起我的初中同学在寒冷的冬天用刺骨的水洗衣服，手冻得让人心疼。我吃惊极了，这个年代居然还有人的手被冻成这样！我轻轻捧起她的手问："疼吗？"她噙着满眼泪花看向我，不语。我的心一惊。晚上，我和爱人去买了一套秋衣秋裤和一支护手霜，第二天送给了她。

我总是关注她的手，我发现她没有用那一支护手霜，也没有穿新的衣服。我甚至有点责备地问她为什么不用，她还是不语，只是低下头。又过了一段时间，我发现她在作业本里夹了一张绿色的爱心贴，上面写着：何老师，谢谢你！我突然想到：或许她的妈妈从来没有给她买过衣服，从来没有给她送过护手霜，从来没有跟她说过一句我爱你……

尽管她上课仍旧不太发言，但是她不再孤单地坐在课桌前发呆了，也会跟另外两个女孩一起来找我玩了。尽管她还是只做个听众，但她成了一个带着笑意的听众。现在正是黄桷兰盛开的时候，每天清晨，我总能在我的办公桌上闻到一缕芬芳。

我时常在想，这些孩子，都是一粒粒种子，或许有的能成为参天大树，有的只能成为一株小草，但不管怎样，我希望他们能在将来的困境中想起老师带给他们的微光，还能有一丝温暖与幸福。这不也是一种成功的教育吗？在新时代，有像张桂梅、“80 后”白发“校长爷爷”等这样无私奉献、发光发热的乡村教育者，这是民众的幸运、国家的幸运。而我，只是微不足道的一只萤火虫，无法与他们相提并论。但我愿意拿起一支粉笔，保持两袖清风，站在三尺讲台，继续四季耕耘，用我微弱的光芒照亮他们的旅程。

他们让人头痛的表现后面，实际是一颗颗零碎的没有力量的心，他们不过是想得到别人的关注，很希望有人爱他们、赏识他们、鼓励他们！

智慧的等待

广安市邻水县鼎屏镇第三小学　潘春梅

又是一年开学季，五十五个可爱的小宝贝在爸爸妈妈的带领下，来到了我们一年级（2）班这个大家庭。从家长们期盼的眼神中，我已经感受到了肩上的责任。

记得那是一个冬日的午后，我正坐在办公室里批改作业，门突然被推开了，只见小杨同学已经哭成了一个小泪人。“怎么啦？谁欺负你了？快告诉老师。”她伤心地哭着说：“我今天刚带来的笔袋不见了，这是我大姑新给我买的。”我忙问：“是什么样儿的？什么时候不见的？”和她同来的同桌连声说：“她的笔袋可漂亮了，上面还有芭比娃娃的图案呢！可中午到校后，就不见了。”“你把它放在什么地方啦，会不会带回家了啊？”“没有，我中午放学时就把它放在了抽屉里，可下午来的时候就不见了。”

于是，我来到教室，对全班孩子说：“你们见过小杨同学那个漂亮的笔袋吗？”同学们都叽叽喳喳地说见过，可是全班孩子一起找遍了教室的每个角落，还是一无所获。看来不得不承认，是有人喜欢上了这个笔袋，把它悄悄拿走了。

怎么办？望着一张张天真可爱的小脸蛋，我实在找不出怀疑的对象。还是等等吧！兴许笔袋能自己出现呢！回到办公室，其他老师帮忙出谋划策：你一个一个地仔细观察，也让孩子互相观察，发现异常情况向你报告；找一面他们没见过的镜子，可以美其名曰“诚实镜”，让全班孩子都来照一照，不敢照的那肯定与这个笔袋有关系；干脆告诉孩子们教室里有监控……

看着好心的同事，我不免有些担忧：这些主意也许会有效，可也会给孩子心理造成一定的压力——互相揭发会使孩子互相不信任，照“诚实镜”，利用监控会让“借”笔袋的孩子心怀恐惧而不愿上学。

后来，我想了个法子，对大家说：“小朋友们，老师就是你们的大朋友，今天我这位大朋友想和你们做一个讲悄悄话的游戏，你们愿意吗？”教室里一下炸开了锅，这群顽皮的孩子忍不住欢呼起来。我借机鼓励道：“我们每个人都会犯错误，老师也会，如果大朋友做错了事，现在知道错了，很想改正错误，你们会原谅我吗？”“会！”孩子们回答得很真诚。眼看时机成熟，我赶紧揭晓游戏主题是“知错就改”，并宣布游戏要求：下面我们就找自己要好的朋友，向他诉说压在你心里的秘密。倾听秘密的朋友要做到帮助他保守秘密，并提醒他改正错误！

一年级的孩子，心灵是那么天真、纯洁。话音刚落，一些活泼可爱的孩子就离开了自己的座位，走向好朋友，开始轻声细语起来。看着小朋友一个一个从自己的身边走过，我的心里有点失落。孩子们能把他们的秘密告诉我吗？毕竟我是他们的老师，万一没有孩子来找我，丢失的笔袋怎么办？还能找得回来吗？我的心中充满忧虑。这时，性格活泼开朗的小钰同学蹦蹦跳跳地来到我的身边。

“小钰同学，你想和我交朋友，对吗？”

他咧着嘴呵呵地笑着说：“大朋友，我告诉你一个秘密——有一次，我的同桌小睿把我的文具盒碰翻了，我就悄悄把她的橡皮藏了起来！”

我趁势引导：“朋友，你一定知道该怎么了做吧！”

他马上就把橡皮还给同桌，还对小睿深深鞠了一个躬，说：“对不起！”

我本以为他会让我为他保守秘密，没想到孩子能当场认错，我情不自禁地为他竖起大拇指。不一会儿，又有许多孩子来承认自己犯过的一些小错误，他们都得到了我的表扬。

可下课了，还是没有任何有关笔袋的消息，但我想：只要我把这个游戏坚持下去，相信会有更多的惊喜在等着我。第二天放学，我正在教室关门窗，一个平日里性格内向的孩子小兰正在慢吞吞地整理书包。

“要不要老师帮忙？”我走到她身边。她低着头，不说话。

她红着脸低声说：“潘老师，我也要告诉你一个秘密，小杨同学的笔袋是我拿的，你不要告诉别人。”

我心里长长地吁了一口气。

经过漫长而又短暂的三天等待，笔袋事件终于可以“结案”了。

“知错敢于承认，真是个了不起的孩子！那你准备怎么办呢？”

“我不敢自己还给她。”

“明天你悄悄把笔袋放在老师讲台的抽屉里，我帮你还。”

“不过，以后借东西时一定要先征得别人的同意，好吗？”

她使劲地点点头，我笑了，她也笑了。

每个孩子都是一朵花，每朵花的成长都有一个过程。我们之所以会犯错，就是因为过重的功利心让我们等不到花儿开放的那一刻，等不及让孩子经历完整的成长过程。是浮躁的态度让我们少了一份宽容的胸怀，少了一双智慧的眼睛。而今，我回过头以一个旁观者的身份去回味这一切的时候，却发现那微笑的瞬间，我品尝到了教育的喜悦。这一次成功的教育故事给了我很多思考。

我明白，教育的等待并非守株待兔，它是一种积极主动的无声呼唤，是一种智慧的等待。很多时候，孩子的豁然开朗、顿悟清醒，也许就在我们漫长的耐心等待之后。对小兰的这份等待，是我对她犯错的宽容，更是对她自尊的呵护。正是这份等待，让她在愧疚之后能够平静而从容地抬起头。也正是在等待中，我享受到了别样的幸福。

每个孩子都是一朵花，每朵花的成长都有一个过程。我们之所以会犯错，就是因为过重的功利心让我们等不到花儿开放的那一刻，等不及让孩子经历完整的成长过程。

小旭的鸭蛋

自贡市沿滩区九洪乡共和小学校　易礼聪

我是一名长期在偏远乡村小学教学的教师，我所面对的几乎都是留守儿童，这些孩子的生活或多或少都有一些遗憾。我常常在思考，作为教师，为孩子们传道授业解惑是本职工作，但是让他们的身心能够得到健康成长更为重要。每一位教师必须充满爱心，去关爱这些留守儿童，去呵护这些幼小的心灵，让他们真正健康快乐地成长。

那年我刚刚调到新的学校，接手了一个四年级的班级。上第一节课的时候，和学生不熟悉，我环视了一下教室，看见最后一排一个白白净净、斯斯文文的男孩子，坐得很端正，于是我就抽他起来回答问题。可是我叫了他好几次，他既不站起来，也不回答我的话，只是盯着我。我感到很生气，决定狠狠教训他一下，给学生们来个下马威。这时，有几个学生叽叽喳喳地说开了："老师，他是个傻子！""老师，他是哑巴！"我一愣，然后制止了大家的讲话，让班长起来回答。班长告诉我，小旭（这个男孩子）从来都不和大家讲话的，傻乎乎的，大家都叫他傻子。

听着同学们和班长的话，小旭紧咬嘴唇盯着我，眼神里不知道是满不在乎的无动于衷，还是见惯不惊的不屑一顾，我不是太明白。但是当时我的心一颤，像是被针刺了一下——因为那眼神里分明还有愤怒、无奈和渴望。于是，我示意班长坐下，清了清嗓子，说道："同学们，你们都是好孩子，都是聪明的孩子，我们中间没有傻子，以后不许再叫同学傻子了，同学之间要学会互相尊重互相关爱。"

随即，我将小旭的座位调到了第一排。下课后，我向其他老师了解了一些小旭的基本情况：他从上学开始就很少讲话，也不合群，每次考试的分数都是个位数。我问，小旭有没有残疾证明，但是没有人告诉我。面对我的发问，其他老师也只是笑笑，而后说："反正大家都把他当傻子，你就把他当傻子得了，六年小学时间混完，就眼不见心不烦了。"

我沉默了，面对这一切，我一时不知道该怎么办，脑海里老是闪现小旭的眼神和稚气的小脸——左思右想之后，我决定去小旭家做一次家访。当我一路询问着走进小旭家院坝的时候，小旭和他的奶奶都很惊讶，因为小旭上学后就没有老师来家访过。小旭的奶奶告诉我，小旭是早产儿，很迟才开口说话，反应迟钝，不太合群，大家都认为他是个傻子。可是家人带小旭去检查，医生都说他智力没有问题，只是发育迟缓而已。小旭爸爸妈妈在外地打工，就由奶奶专门在家里照顾他。了解了小旭的情况后，我心里有数了。

针对小旭的这种情况，我查阅了不少资料，并发现小旭不说话、不合群应该是自闭症的表现，而非智力问题。他家的房屋是单门独院，没有小朋友可以一起玩耍；奶奶没有文化，只能照管他的生活起居，无法与他进行深层次的交流和安抚他的心灵。由于自闭，他不合群，长此以往，同学们和小伙伴们都疏远他，这让他更加孤独，情况愈发糟糕。了解这些情况后，我深感痛心，想到自己作为一名教师，不仅要教授孩子们知识，更要教给他们做人的道理和方法。小旭还小，就像一棵幼苗，必须用爱去呵护，才能够健康成长，否则今后他的世界会是灰暗的。

我首先在班上对学生进行了严格的要求，不允许任何人再称他为哑巴或傻子，要求大家学会互相尊重；组织了学习小组，让小旭和大家一起学习，一起完成作业，不孤立他，并多帮助他；在课间活动时也常提醒同学们邀请小旭参与。我在课堂上经常向小旭提问，不管他能不能回答，都鼓励他开口说话；他写字时笔顺混乱，我就耐心地教他正确的写法；我课后经常和他聊天，为他辅导作业，同时也提醒其他任课老师也这样做。小旭开始有些害怕和抵触，都是我和同学们主动找他，他只是被动地和大家一起学习一起玩耍，但是说话的次数明显多了，至少对大家的问话他还是愿意回答的。我又去了两次小旭家里，他的奶奶告诉我小旭变了，具体怎么变了，她说不清楚。其实，我们都看到了小旭的变化，虽然不是很明显，但是有改变就是好事。我知道对小旭不能急于求成，我告诉他的奶奶，这学期我要求他的成绩不再是个位数，然后 20 分 30 分这样慢慢往上提高，我会给她一个不一样的小旭。

时间一天天过去，转眼到了元旦前一天，下午放学后，我正准备离开学校，却看见小旭还在学校门口逗留，我叫住他让他赶紧回家。如果是在平时，他会立刻跑掉，但是这次他却没有跑，而是清晰地叫了一声“老师”。

我问他有什么事情吗，他脸一红，说道：“老师，你等等我，一定要等我。”说完立刻跑开了。我不知道他要干什么，只好等他。过了一会儿，他气喘吁吁地跑来，手里提着一个布袋，跑到我的面前说道：“老师，给你的。”

“是什么呀？”我打开布袋一看，是生鸭蛋。

“小旭，老师不能收你的东西。”我将布袋还给他。

“老师，你一定要收下，这是我亲自喂的鸭子生的蛋，你不收我就不回去了……”小旭脸涨得通红，一口气说了很多话，我一时呆住了，旁边的老师和学生们都很惊讶。

后来我将鸭蛋钱给了小旭奶奶，了解到小旭养了两只小鸭子当宠物，鸭子生的鸭蛋他舍不得吃，攒了二十个蛋送给了我……

在我的教学生涯中，还遇到许多有问题的留守孩子，我首先让他们懂得互相尊重和互相关爱的重要性，让他们彼此之间充满爱心。我也努力做学生们的榜样，用老师的爱心去呵护去温暖他们幼小的心灵，照亮他们前行的道路，让他们健康快乐地成长。

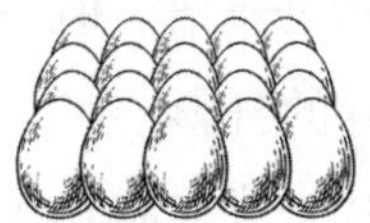

但是当时我的心一颤，像是被针刺了一下——因为那眼神里分明还有愤怒、无奈和渴望。

师者如母　爱心育人

成都市彭州市九尺小学　梁冬梅

韩愈的《师说》中写道："古之学者必有师。师者，所以传道授业解惑也。"然而，对于一些有着特殊家庭背景或者有过特殊经历的学生来说，老师于他们不仅仅是传授知识、解答疑惑，更是他们精神上的依托、心灵上的慰藉。我从教已经七年了，在这七年教育教学生涯中，有一个孩子一直是我心中的"疼"，他就是我最喜欢的代代。

大学刚毕业，我就走上了三尺讲台，担任一年级（5）班班主任及语文教师。新生入学后不久，代代就引起了我的注意。他的头发跟其他孩子不一样，头顶有几簇白发，他不爱跟其他孩子玩耍，喜欢独处不语。但一下课，只要我在教室里，他就会静静地站在不远处，默默地望着我忙碌的身影。

如果用成绩来衡量他的话，代代真是名副其实的后进生。我板书在黑板上的字词句，他连照着抄都不会。上课永远处于发呆状态，眼睛盯着一个地方就会出神。当老师叫他的名字时，他才如梦初醒一般，摇晃着自己的小脑袋，好像在提醒自己不要做梦了。背诵课文时，其他孩子一节课就能搞定的，他要用上一两天，甚至更久，而且还是结结巴巴的。一句话，学习对代代来说比登天还难。

我苦口婆心地教育过，声色俱厉地批评过，也多次"晓之以理，动之以情"，但起色不大，他毕竟还是个孩子，哪里明白什么"知识改变命运"的大道理。我感到束手无策，甚至想过放弃，但师德告诉我不能这样做，我要对得起自己的良心，对得起"人类灵魂工程师"的美誉啊！

后来，我一面加大对代代的学习辅导力度，一面加强了和他的家长交流沟通。这才知道，代代其实是个没有父母的孤儿，他在医院出生才三天，妈妈就走了，是现在的奶奶出于善心领养他回家的，他是吃着奶粉、米粥长大，跟着爷爷奶奶一起生活，从来没有体会过母爱的滋味。虽然有养父，可养父在工厂上班，每天早上六点多出门，晚上要十点多才回家，根本顾不上他。

他像一只雏鸟依赖大鸟一样，依赖着爷爷奶奶。记得有一次，奶奶因为腰痛住院了，他怕奶奶离开他，经常哭着打电话问奶奶会不会死，会不会不要他了。想到这些，我的眼睛不禁湿润了，他只是一个六岁多的孩子。当其他孩子享受着母爱，在妈妈怀里撒娇时，他甚至连自己的妈妈是谁都不知道。当其他孩子无忧无虑地享受着快乐的小学生活时，他却时常担心着自己最亲最爱的奶奶离他而去。他的内心该有多么煎熬啊！从那以后我便决定下功夫帮助他，把更多的爱给他。

上课时，我会特别关注他，当他走神时，轻轻走过去提醒他，有时会请他起来回答问题，无论对错都及时给予他鼓励。下课了，我会让他来到我身边，有时把他拉到怀里，跟他讲故事、拉家常，有时也会给他辅导功课。慢慢地，代代开始接纳我、亲近我了。我发现他变了，开始开朗起来，上课有时还会主动举手回答问题，不仅会抄写黑板上的字词句了，背课文的速度也变快了。虽然成绩不如其他学生优秀，可他在尝试着改变自己。有一天，他很高兴地告诉我，奶奶的病好了，已经回家了。在他的脸上，我看到了兴奋和喜悦。对于他来说，奶奶就是他的全部世界吧。

一个周末，我接到代代奶奶的电话。电话那头，奶奶告诉我，代代想来我家玩，问我可不可以。我欣然答应了。一个单身的老师，带着一个学生在家能干什么呢？正好那段时间还在学拼音，我就变着戏法给他补习拼音。学习累了，我就带着他到小区篮球场去打篮球。中午，我就带他回家做饭。吃饭时，代代很认真，狼吞虎咽的，我心疼地不停给他夹菜。吃着吃着，突然，他抬起头，脆生生地喊了声“妈妈”！

我当时愣住了，下意识地抬起头向周围看了看，屋里只有我俩，他在喊我，他居然喊我“妈妈”！我的心热了，脸也红了，似乎能听到心跳动的声音。这稚嫩的声音，这沉甸甸的“妈妈”二字，直接戳到我内心最柔软处。

当时我的眼眶也红了，心里酸酸的，他长这么大，心里最渴望的最期盼的，不就是能拥有对他来说极其珍贵的母爱吗？今天，当我陪他写作业，陪他玩耍，陪他吃饭时，他把我当成了妈妈。当时他可能意识到自己叫错了，不好意思地低下了头，整张脸都埋进了碗里。我告诉他没关系的，以后周末就来老师家，在家里就可以管老师叫妈妈了。那一天直到天黑，他奶奶才来把他接走。我想，那一天的代代一定是快乐和幸福的。时至今日，那一天我们说过什么话我已经记不清了，可他的笑容至今印在我的脑海里挥之不去。

从那以后，在老师的耐心帮助下，在同学们的感染下，代代融入了班集体。他快乐阳光，学习努力，进步了很多。他让我懂得了爱才是教育的源泉，正如苏联伟大教育家苏霍姆林斯基说的：“教育技巧的全部奥秘就在于热爱每一个学生。”

很多人都知道，老师就如同学生的父母，但又有几个学生真正把老师叫作爸爸妈妈的？代代向我喊出的他内心对母爱的渴望与期盼是多么的强烈啊！他不经意的言行深深地震撼了我的心，我才给予了他一点点爱心，他就如此感恩，让我心里十分甜蜜！

师者如母，这四个看似简单的汉字，力重千钧，其蕴含的道理，初为人师的我，须得坚定踏实地用行动去长久地体会和探索。每个孩子都是父母的心头肉、祖国的花骨朵、未来的栋梁，身为教师的我，有什么理由置之不理呢？唯有不忘初心，勇担职责，尽心尽力地去做，教好书育好人，才能无愧于人民教师的光荣称谓！

如今，代代已经读初中了，功课不错，懂事多了。每逢教师节，他都要给我发祝福信息，虽然他尊称我为老师，但我想，在他的梦里，我依然是他最美丽的母亲……

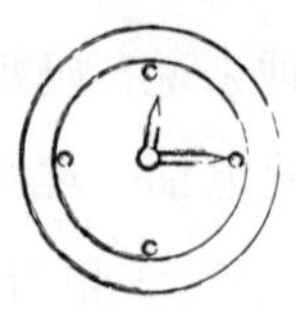

屋里只有我俩，他在喊我，他居然喊我“妈妈”！我的心热了，脸也红了，似乎能听到心跳动的声音。这稚嫩的声音，这沉甸甸的“妈妈”二字，直接戳到我内心最柔软处。

抬头望天的小男孩

广元市旺苍县东河镇第二幼儿园　汪彩霞

每年9月，幼儿园里总有很多场景让人揪心。我们经常看到这样的场景：很多家长把孩子送到幼儿园，孩子就哭闹不止。开始几天还有耐心，时间久了，他们就狠心地把孩子推开，甚至大发脾气，丢下孩子就走，然后躲在角落，看着孩子哭泣。很多时候，小孩哭的哭、闹的闹，这就构成了每年9月的一幅“生离死别”图。

新入园的幼儿，有的爽朗聪慧，有的乖巧可爱，有的霸道淘气，有的胆小懦弱，还有的攻击性强……所有这些表现，作为幼儿教师的我都十分熟悉。在从教二十几年的教学生涯里，我摸索出了一些经验，对付这一帮小淘气，很快就能让他们乖乖的。

在2019年，我接手了一个小班。刚开始我以为还是和以往一样，哭闹一个月后孩子们都会好起来。可是总有一个小男孩每天都上演“生离死别”，他叫小飞。每天入园他总是双手抱着妈妈的颈项，双脚紧夹着妈妈的大腿，放声大哭，嘴里还不停说着“我不上幼儿园”。这样的场景每天重复，弄得妈妈心痛不已，曾一度都不敢送他入园。后来就换成爸爸送，但他也一样每天不松手。开始爸爸还挺有耐心，可是时间一长，他硬是把孩子往教室里一推，满脸不高兴地离开了。

老师把他搂在怀里安抚，可不管说什么，他都抬头望着天，怎么劝也没用。他把手指放进嘴里不停地吸吮，不参与任何活动，经常把裤子尿湿，经常把大便弄到自己身上和床上，经常咬伤身边的小朋友，从不离开自己的固定座位。爸爸妈妈开始质疑：为什么我的孩子上幼儿园总是哭？是不是有小朋友欺负他？是不是老师体罚过他？是不是老师不爱他，让他感觉不到幼儿园的温暖？一连串的问题抛出来，我们老师也头疼，也疑惑不已：为什么他对上幼儿园如此排斥？为什么教室如此温馨的环境不能让他感到舒适，反而如此焦虑？为什么幼儿园里这么多新奇的玩具和那么多的游戏活动都吸引不了他？为什么只要有小朋友一触碰到他，他就产生敌意，对人进行攻击？最后我们决定先了解一下他的家庭情况。

从家访中，我们了解到小飞爸爸在外地上班，常年不在家里；妈妈在保健院当医生，平时工作很忙，经常加班；家里才添了一个妹妹；奶奶一个人在家，平时很少出门；奶奶是巴中人，有很重的地方口音，而且讲话的语速特别快，与我们沟通时我都经常弄不明白她的意思。了解到这一状况，我们心里有了底。

自从家访以后，我和侯老师在每天入园的时候都亲自去幼儿园门口接他。他还是每天都哭闹不止，对我们拳打脚踢。但是我们一直坚持，接到他后就带他在操场走走，陪他在草坪上，抬头望望天空，时间久了这就成了一种习惯。

有一天我正在陪他看天空的时候，我仍然像往常一样，和他有意无意地说着话。虽然他从不回应我，但是却从嘴里拿出了手指头，望着我，也停止了哭闹。那一刻，我内心欣喜若狂，我知道，有效果了！我尝试着给他擦擦眼泪，把他揽入我的怀里，尝试着触摸他，他的身体不再像以前那样僵硬，我知道他有进步了，他也在尝试与我接触。

时间过得很快，我们每天陪小飞在操场抬头望天，几个月过去了，秋天的风已经带走了最后一丝暖意，冬天来了。渐渐地，天气变凉了。每天小飞一到幼儿园，仍然哭闹着，从他的嘴里、鼻孔里喷出团团热气。寒风吹在他那小脸蛋上，我心疼不已，总是担心他被寒风刮着。有一天清晨，起床后看见屋顶上、草地上铺满了厚厚的一层白霜，我穿上了厚厚的衣服来到幼儿园接小飞，他家长把孩子送给我后，我抱着他到操场。之后，我让他从我怀里下来，一起抬头望天，最后我们回教室，坐在他一直坐的那个凳子上。他盯着我，从他的眼里，我读懂了他对我的信任和依赖。我乘胜追击，拿起一些玩具问他："想玩吗？"他望着我，不说话，我又说："我陪你玩好不好？"他没有回应我。我边自己玩起来边和他聊着天，我说："小飞其实是一个好哥哥，对吗？在家里很爱妹妹，很爱妈妈，很爱爸爸，很爱奶奶，在幼儿园爱老师，爱小朋友，对吗？"忽然，他冒出一句"我不喜欢妈妈打我。"

这一句简单的话语，差点让我落泪，我知道，他终于对我敞开了心扉，学会了和我交流。

冬去春来，又开学了。我盼来了小朋友一张张可爱的笑脸。一天早晨，浓雾渐渐散去，嫩嫩的梧桐树叶探出脑袋在枝头晃动，鸟儿三三两两地在树枝上跳来跳去，太阳公公撩开薄薄的面纱，漏出红红的脸蛋，一切都是那么温暖，空气中弥漫着一股暖洋洋的味道。我接到小飞以后，刚好碰见我们班的小朋友峰宝来幼儿园。峰宝对小飞说："我陪你望天好不好？"小飞没回答，望着我。我告诉他："我们同意峰宝加入好吗？”他默许了。后来，我们幼儿园就有一道亮丽的风景：每天早上我们班的孩子来了，只要碰到小飞，就陪他一起望望天空，到最后“抬头望天”甚至成了我们班级每天早上的一种仪式。

春天过去了，夏天来了。爸爸妈妈都给小朋友买了换季的新衣服。有一天早上小飞也穿了一件新衣服入园，和往常一样孩子们陪他望天，忽然人群中一个稚嫩的声音说：“你这衣服真好看，谁买的？”

“妈妈。”小飞笑着回答。

这是他入园以来的第一次笑，带着一点羞涩。从那天以后，我发现他能默默地参与到集体活动中来了，小飞的行为得到了比较明显的改善，我和侯老师也舒了一口气。他正在学着与人相处，我和侯老师经常把他带在身边，教他与其他小朋友沟通，用语言表达自己的想法。每天放学我都会给他说一声“明天见”。高兴的时候他也会回应我一句“明天见”。

后来我针对小飞这些表现翻阅了很多资料，了解到他这些行为属于儿童社会退缩行为。造成他社会退缩行为的缘故可能是缺乏安全感和归属感，因为平时很少出门，他缺乏与人交往的技能，所以到了一个新的环境他无所适从，会用哭闹来表现他的不满与恐惧。一年多的观察、陪伴和努力，在不同的时期、不同的氛围，小飞树立了与同伴一起生活的观念，他最终明白，自己是幼儿集体中不可缺少的一员，我们最终帮他建立起了健全的关系，让他在老师的带领下，学会与其他小朋友相处，逐步学会自理，慢慢走向独立。

那一刻，我内心欣喜若狂，我知道，有效果了！我尝试着给他擦擦眼泪，把他揽入我的怀里，尝试着触摸他，他的身体不再像以前那样僵硬，我知道他有进步了，他也在尝试与我接触。

第四章

乡村教育激发教学智慧

本章导读

四川省教育科学研究院　邢秀芳

乡村教师是乡村教育的支柱，他们的教育理念和教学技能对乡村学生的成长具有决定性的影响。面对乡村学校的独特环境和乡村学生的特性，教师们并未气馁，反而深深扎根于乡村教育，灵活利用本地资源，用自己的专业知识努力弥补乡村教育的“断层”。

教师们注重学情分析，他们通过观察学生的学习表现，听取学生的反馈，进行家访等，全面了解学生的学习状况和需求，从而为学生提供更优质的教育教学服务。

在课堂教学方面，教师们大胆改革，不断创新教学模式，让课堂教学焕发个性魅力。例如，他们采用分层小组学习模式、复式教学模式，以及小导游实践活动模式等，通过自制教具，对教材进行深度加工，开展课外实践活动，让课堂教学变得生动有趣。

教师们也能敏锐地抓住偶然事件，随机应变地采取适当的教育措施，让这些事件成为宝贵的教学资源。比如，利用飞入教学楼的鸽子教育学生珍爱生命，利用误入课堂的“大侠”让学生理解母爱的伟大，利用书包里的蛇让学生学会与大自然和谐共处等。

在专业提升方面，教师们通过阅读名家专著、向经验丰富的教师学习、进行网络学习、参加教研培训等多种方式，不断提高自身的教学能力和素养。

教师们怀着对乡村教育的热爱，无怨无悔地投身在这片热土上。他们甘于寂寞，学而不厌，诲人不倦，在平凡而伟大的工作中实现着自己的人生价值。他们用青春和生命为乡村孩子插上了腾飞的翅膀。这是一份无比崇高和值得尊敬的工作，他们用自己的实际行动，为乡村教育的发展和乡村孩子的未来，做出了不可估量的贡献。

不一样的课堂

阿坝藏族羌族自治州汶川县教育研究培训中心　李永强

“5·12”地震前，汶川县各乡镇分布着大大小小几十所村级小学。从师范学校毕业后，我怀着美好的教育憧憬来到汶川县映秀镇的一所村级小学。记得到校报到那天，村上书记开着一辆拖拉机来接我，我把简单的被褥行李往后箱一放，便伴着拖拉机阵阵“突突”声向学校进发了。一路上，在与村书记的闲聊中，我得知这所学校之前只有一名代课教师，学校教学质量很差，家长们意见很大，多次到镇上、县上反映，强烈要求分配一名公办教师去任教，所以才有了我的这次分配。

大约半小时，我看到一地势相对开阔处，几栋较为集中的民房前站满了男女老少几十个村民。拖拉机刚停稳，村书记就站上高处，扯着嗓子大喊：“你们要的老师来了！”村民们一阵欢呼，几个热心的村民拎着我的行李就往学校搬。其中一个中年男子热情地说道：“老师，你来了要把学校弄巴适哦，我们的娃娃还是要真正学到点东西。年年‘幺鸭子’①，我们的学费都交得不甘心啊！”

“我也刚毕业，没啥经验，但我会尽最大努力！”我生涩地回应道。不一会儿，村民们散去，学校寂静下来，我一下意识到我肩上的重担：学校现在是“一师一校”，从校长到教职员工我都得“一肩挑”啊！

校舍只是一栋两层楼的木结构房子，二楼用木板铺就，堆放着周边村民的农作物；一楼是一间屋子两间教室，教室间讲台互通，中间用一米多高的半截墙隔开，就像鸳鸯火锅里面中间那块挡板——后来我才知道这是用来做什么的。

我来之前，只有一个一年级班，是由前面那个代课教师带的。我来的这一年，又招收了一个一年级班，听说这是这么多年来这所学校招生规模最大的一个班。这是因为许多家长听说要分配一个公办教师来，就“压茬”或提早送娃娃来读书，所以新招班上学生有的超点龄、有的差点龄。这样一来，一年级新招收十五名新生，原来一年

① 四川方言，表示垫底、排行倒数。

级班的七名学生升上二年级，就构成了同时包含一、二年级的“复式教学班”。

我在师范学校学习期间，从未接触过“复式教学”这一概念，对于如何同时给两个不同年级的班级上课感到十分困惑。那一夜，我躺在木板床上翻来覆去，无法入睡。第二天早上，我安排好学生后，便乘车前往镇上中心小学，向教务主任请教“复式教学”的经验。教务主任是一位即将退休的老教师，当我说明来意后，他取下鼻梁上的眼镜，放下手中的笔，从文件柜中拿出一个黄色的备课本，向我解释道：“‘复式教学’的备课过程中，需要在备课本的每一页中间划一道竖线，将其一分为二，左右两侧分别备不同年级的课。每节课四十五分钟，两个年级的班级同时上课，需要合理分配时间。例如，如果一年级班级授课十分钟，那么二年级班级就需要备课十分钟的自主练习。一年级班级讲完后，就需要‘跳’到二年级班级授课，同样的，二年级班级授课十五分钟，一年级班级则需要安排十五分钟的自主练习。以此类推，反复循环，直到四十五分钟结束。在备课时，需要充分考虑各个环节……原理就是这样，但要想真正掌握，还需要你自己在实践中摸索。”

“复式教学”需要教师在一节课中不停地在两个不同年级的教学内容间跳跃，对于像我这样的新手来说，无疑是一个巨大的挑战。返回学校后，我着手设置学校课程。我首先安排好两个年级的语文和数学学科，然后根据自己的特长设置了思想品德[①]、体育、美术、写字等学科，并制订了两个班级的课程表。虽然面临巨大的挑战，但我初生牛犊不怕虎，且没有退路，只有大胆地实践探索。

第一学期，我每天都花费大量的时间钻研，如每节课的学科搭配、内容安排、时间分配、教具制作等。然而，在条件简陋的村级小学中，影响课堂效果的负面因素很多。例如，“复试教学”中的班级互扰问题。有一次，在二年级班新上《小蝌蚪找妈妈》一课时，我使用了刚配备的幻灯机。然而，当我投放第一张幻灯片时，“隔壁”的一年级班正在完成自主练习的学生们的目光立刻被吸引过来。他们站起来，目光越过那半截墙，嘴里发出“哦、哦”的惊奇声。我赶紧制止他们：“不要看这边，专心做自己的练习题。”虽然学生们坐下了，但由于幻灯片实在太新奇了，他们还是忍不住偷看这边。我无奈地多次中断课堂进行制止，导致那堂课的效果大打折扣。

一名老教师曾告诉我：“教育是一份讲良心的职业，没有捷径，功在平时，育在爱中。”在这种“一师一校”和“复式教学”的特殊教育模式下，面对各方面都相对

① 该科目即“道德与法治”的前身。

短缺的山里孩子，要提高他们的成绩，确实没有什么灵丹妙药，只有付出更多的耐心和爱心。面对困难，我也没有气馁，我不断请教专家，改进课堂教学方法；课后耐心辅导学生；积极争取改善学校条件；引导宣传家庭教育；融入孩子们的生活……真的是全身心投入、心无旁骛了。更重要的是，我坚持每周家访一个学生，向家长宣传国家的惠民政策，交流好的家庭教育方法，谈论孩子学习中存在的问题等。这使我与家长逐渐熟络起来，消除了许多家校之间的障碍。家长对学校和教育变得热心起来，对我布置的任务也积极配合完成。他们时不时地让学生带些蔬菜、特产来表达对我的感激之情。

经过不断努力，第一学年期末统考中，我所教的一年级语文、数学成绩均名列前茅，达到了全镇十所学校中上游水平，二年级也成功摆脱了成绩垫底的困境。这些成果让我更加有信心去思考如何更好地教导山里的孩子。我深刻认识到，木受绳则直，金就砺则利。只要我们给予孩子们正确的教育，引导他们走在成长的正确道路上，他们就能够茁壮成长。

在第二学年里，我对“复式教学”有了更深入的理解，并在教学中不断扬长避短，与孩子们的融合也更加深入。在当年的学科统考中，二年级班的语文、数学成绩双双获得全镇第一名，这是村级小学教学成绩首次超过中心小学。此外，数学学科还获得了全阿坝州各级各类小学同级学科会考第二名的佳绩。三年级班的语文、数学成绩也跃升至全镇中游水平。这些成绩在镇里、县里引起了广泛的关注，各种奖励和荣誉也纷纷涌来。一个多年来一直垫底的学校竟然在一夜之间有如此大的变化和进步，大家纷纷表示难以置信。

“5 · 12”地震后，汶川县撤销了所有村级小学，将它们合并到中心小学，这使得“一师一校”和“复式教学”成为历史。回顾过去，我感慨万千。教育不是一蹴而就的，相反，它需要我们潜下心来，坚持与坚韧；静下心来，坚守与执着。这些品质至关重要。在教育的道路上，只要我们持续努力，终将迎来一片繁花似锦的美好前景。

飞吧！鸽子

成都市大邑县北街小学　万　霞

一大早，漫天浓雾，我匆匆赶往学校。寒气袭人，我不禁把衣领提得更高，但仍难以抵挡寒冷。

刚进入教学楼，我就听到一阵混乱的声音："抓住它，别让它飞了。""真好玩，看它那可怜的样子，小张，把棍子给我，我戳戳它。""嘿，你看，它真会躲，你飞呀，跑呀，怎么不跑了？没退路了吧。"这些声音分明来自我班的孩子们。

我迅速走到孩子们身后，轻声问："你们在干什么？"孩子们转过头看到我，有些惊讶。"老师，这里有一只鸽子，飞不动了，真好玩。"小张笑着对我说，同时主动给我让路。

我走到前面一看，墙角里有一只灰色的鸽子，瑟缩着身子。它的眼睛像小黑豆一样，充满了恐惧，低声"咕咕"叫着，似乎在哀求。我的心里咯噔一下，难道寒冷的冬天让孩子们的心也变得如此冰冷吗？

我知道此刻责备他们是无济于事的，只会让他们的心更冷。我想起了心理学中的"潘多拉魔盒效应"——越禁止孩子的错误行为，他们可能会做得越厉害。他们现在需要的是了解如何关爱生命，这样才能唤醒他们心底的爱。

"孩子们，把这只鸽子送给老师好吗？"我问道。"好啊！"孩子们虽然感到困惑，但还是异口同声地回答。

我走到墙角，蹲下身去，想用双手捧起鸽子。它本能地向后缩，绝望地望着我，叫声更加凄惨。我轻轻捧起它，它的双爪凉凉的，食囊鼓鼓的，没有血迹或伤痕。我不禁疑惑：它怎么会到这里呢？是因为浓雾迷路还是因为天太冷？

我拿着鸽子进入教室，孩子们也跟着我。我小心翼翼地把鸽子放在一个装书的小纸盒里，从衣兜里取出暖手器放在盒底，铺上我的手套。一个孩子似乎明白了什么，走上讲台解下围巾轻轻盖在鸽子身上。然后开始上课，我在黑板上写下两个大字——生命。孩子们都很诧异，因为这不是语文课的内容。

“孩子们，今天老师给你们讲两个关于生命的小故事，想听吗？”我说道。

“想听！”孩子们欢呼雀跃。

“好，我要给大家讲的第一个故事是《流泪的牛》。一位屠夫正要杀一头牛，那头牛却突然跪在他跟前，哞哞地叫着，大大的眼睛里泪水直流，无助地望着屠夫。屠夫心想自己杀牛十多年，从未遇到过这样的情景，但还是决定杀了它。然而，当他剖开牛的肚子时，却发现里面有一头小牛静静地蜷缩在牛妈妈的肚子里，恬美地睡着，也许正在做美梦。可是，它再也无法睁开眼睛看蓝蓝的天、青青的草，再也无法和妈妈一起去河边嬉戏了。屠夫顿时泪流满面，丢下手中的刀，从此再也没有杀过任何动物。”

故事讲完后，教室里出奇地安静。这群十来岁的孩子眼角都湿润了。我温柔地问小张：“你知道牛妈妈为什么要给屠夫下跪，为什么会哭吗？”

“它不想让自己的孩子受到伤害。”小张低下头小声地回答。

随后，我又讲了另一个故事：“燕子爸爸和燕子妈妈在一个小男孩家的屋檐下筑巢。有一天，小男孩心情不好，趁燕子妈妈不注意时弄死了燕子爸爸，还在燕子窝后面装了一面镜子。从那以后，燕子妈妈每天回来都会对着镜子中的自己叫唤，她以为那是燕子爸爸。秋天到了，其他燕子都飞走了，只有燕子妈妈一直在寻找自己的伴侣。她不停地啄着镜子，直到镜子破碎也未曾找到燕子爸爸。最终燕子妈妈在悲伤与绝望中离开了这个世界。小男孩后悔不已，亲手埋葬了燕子妈妈并为她立下一块小碑。”

听完这个故事后孩子们都哭了起来。原来他们并非冷酷无情，只是感到迷茫而已。

“老师，对……对不起，我不该用棍子戳……戳鸽子，要是它妈妈知道了会伤心的。”小张已泣不成声。

“老师，我错了。”

“我也错了。”教室里响起了呜咽的道歉声。

“老师，这只鸽子怎么啦？是受伤了吗？”“它是不是饿了？”“鸽子是不是在浓雾中迷路了？”孩子们七嘴八舌。我微笑着说：“孩子们，我替鸽子谢谢你们，它没有受伤，也没有饿，大概是太调皮飞出来玩，雾太大，又太冷，找不到回家的路了。”

“哦——”孩子们长舒了一口气，“老师，等雾散了，我们就放鸽子回家，好吗？鸽妈妈找不到它会着急的。”他们急切地说。这一刻，我深深感觉到孩子的心真的很柔软，只要轻轻拨动，就能弹奏出美妙的乐曲。我感动地对孩子们说：“好！”说完，我又转身在黑板上重重地写下一句话——请爱一切生命。

这时，鸽子“咕咕——咕咕”叫了起来，叫声中似乎还带着一些欢快。孩子们顿时破涕为笑，纷纷说：“老师，鸽子在唱歌。”“老师，鸽子在说谢谢你！”我摸了摸鸽子暖和的身体，又看看窗外，操场上的一切清晰可见。“孩子们，雾散了，鸽子该回家了，走，放鸽子去。”

孩子们簇拥着我来到操场上。“让我摸摸鸽子吧。”“我要亲亲小鸽子。”孩子们叽叽喳喳地和鸽子道别。我把鸽子捧过头顶，鸽子欢快地叫着，拍拍翅膀飞了起来，在温暖的阳光中越飞越高，越飞越远。

“再见。”

“再见！”孩子们叫着、跳着、笑着挥动着小手，目不转睛地望着鸽子远去的方向，直到看不见鸽子的身影了还不忍离去。我也久久地凝望着那方天空，心里涌起满满感动……

这一刻，我深深感觉到孩子的心真的很柔软，只要轻轻拨动，就能弹奏出美妙的乐曲。我感动地对孩子们说：“好！”说完，我又转身在黑板上重重地写下一句话——请爱一切生命。

细流润心田

泸州市古蔺县中城中学　范婧英

在课堂教学中，一些看起来微不足道的小细节、小故事、小感悟，却能反映出课堂教学是否有效或者高效。我从教近二十年来，在物理教学中经历了无数小故事，感受到了许多小温暖，也悟出了许多小道理。它们像无数小水滴流进我的心里，滋润了我的心田。

一

在我刚工作的那年，我被分配到一个乡镇初中学校。虽然乡镇小，但学生数量却特别多。在我任教的八年级四个班中，只有一个班是八十七人，其余班级学生人数都超过了九十人。在讲台上，我看到的是一片黑压压的学生头。但那时的我满怀激情，精力旺盛，在课堂教学中，总是不厌其烦地指出并纠正学生所犯的各种错误。开始的一段时间，我误以为这些农村孩子真好管，即便班级人数这么多，也能被我管理得井井有条。

但一段时间后，我慢慢发现原本有趣的物理课堂变得越来越沉闷。我开始向有经验的老师请教课堂管理经验，并不断加强对各类教育教学理论书籍的学习。其中，苏霍姆林斯基的一段话深深触动了我："任何一种教育现象，孩子在其中越少感到教育的意图，它的教育效果就越大。把教育意图隐蔽起来，是教育艺术十分重要的因素之一。"这段话让我意识到了我之前教学的错误，我开始反思我的教学方式。我明白了课堂不是单纯传授知识的场所，而是一个师生互动、生生互动，充满生机和活力的场所。通过不断学习，我在物理课堂的引入、实验演示、活动设计等方面进行了巧妙构思，逐渐改变了过去课堂沉闷的气氛，让课堂焕发出生机与活力。

二

在我所带的班级中，留守儿童居多。他们的父母为了生计常年在外打工，没有时间和精力关注孩子的生日。于是，在讲授“熔化与凝固”一课时，我决定用点燃一支祝福的蜡烛作为教学引入，为当天过生日的同学提供了一个难忘的生日惊喜。课后，过生日的那位同学满眼泪光地抱着我激动地说：“老师，您竟然记得我的生日！”她的反应深深触动了我。在交谈中我得知她从小失去了母爱，父亲一个人带着三个孩子，根本没有时间关注他们的生日。这是她长这么大以来过的第一个生日。

这次巧妙的教学设计瞬间拉近了我们师生之间的距离，将枯燥的理论知识与生活实际紧密结合在一起。学生们在学习物理知识的同时获得了一次情感上的洗礼。整个课堂充满了感动与真诚。那一刻我深深地意识到拉近师生之间的距离并非想象中那样困难：一个实验、一声问候、一句赞扬都足以消除师生之间的疑虑与隔阂，成就一道亮丽的风景！

三

只有亲近学生，教师才能真正了解学生，走进学生的内心世界。而微笑，对学生而言，是理解，是信任，是鼓励，更是一种亲近的表达。班级里，有一位同学一直显得有些自卑，我从未见过她的笑容。记得那时学校禁止学生在冬天穿露脚踝的裤子，但她似乎总是在违反这个规定，每次仪容仪表检查不合格的名单上都有她。我曾多次找她谈话，每次她都答应下次改正，然而却始终没有改变。这让我感到纳闷，为什么平时不调皮的她却屡教不改呢？

经过一段时间的细心观察，我才发现她冬天只有两条裤子，每次换洗时不得已只能又穿来上学。这让我对自己先前的说教感到惭愧。当我们学习到“光的反射”这一知识点，认识到光路是可逆的时候，我找来一面大镜子，特意邀请她和我一起做这个游戏。镜中的我真诚地微笑，而她却害怕得浑身发抖，不敢直视镜中我的眼睛。我半开玩笑地轻声告诉她：“我报你以微笑，你忍心用这个表情回应我吗？”然后在我期盼的目光里，她瞬间舒展开眉头，露出了久违的笑容。课后，我故意再次与她相遇，她又冲我淡淡一笑。自此，我们的关系越来越亲近，微笑也显得更加自然。后来，我把微笑贯穿课堂教学的始终，贯穿育人的整个过程。微笑成了我和学生之间最亲近的语言。

四

倾听是教育的重要一环，俄罗斯教育心理学的奠基人乌申斯基曾说：“真正的教育必然是从心与心的对话开始。”在教学中，如果教师不专心倾听学生的发言，甚至不等学生说完就急于插嘴，纠正学生的问题，那么愿意发言的学生会越来越少。记得有一次学习了“平面镜成像”内容后，有学生向我提出疑问：“当你靠近平面镜时，像会变大吗？”不少学生始终不理解为什么像的大小不变。我并没有急于解释，而是给出实验器材让他们自己探究。最终他们发现无论远离还是靠近平面镜，物像都能完全重合，说明像与物大小相等。通过倾听和引导，我让学生们真正理解了这一物理现象。

每节课结束后，我总是不忍心立刻离开教室，因为学生的一句“老师，等一等”总是留住了我的脚步。有时是为了个别辅导，有时是找某个在课堂上分心的学生谈心，有时是为了随机询问一两个同学，了解他们听课的效果……这种润物细无声的力量，作为教师的我们不容低估。尤其是对于这些乡村的孩子，他们的问题往往只能在学校里找老师帮忙解决，回家后，大多数父母无法帮忙辅导，更不要说参加培训班了。坚持下来，你会发现课堂的效率提高了，学生提出的问题越来越多了，师生之间的距离也越来越近了。这一份坚持，虽然看似微不足道，却可以引领学生走向成功！

这一个个小故事、一份份小温暖、一种种小感悟，如同无数细流，流淌进我的心里，滋润我的心田。我坚信：简单的事情重复做，你就是专家；重复的事情用心做，你就是赢家！正是这些看似微不足道的小故事，成就了我满园春色的物理课堂，让我更加热爱教育事业，更加坚定地走在教育的道路上。

当语文邂逅生活

达州市宣汉县普光镇中心校　覃　玥

“语文”二字，细细想来，已伴我三十余年。少时懵懂，求学时代的“语文”，是清晨的书声琅琅，是蜜蜂采蜜般的点滴积累，是一次次考试——偶有失误，还要附赠一顿批评。当我成为一名语文教师后，才开始慢慢思考语文的深刻意义，渐渐领悟到它的美与内涵。在语文教学的道路上，我始终怀着赤子之心，努力去探索教材内容与孩子们生活的联系，尽量让孩子们在我的语文课堂上既能学到技巧，又能体悟生活，达到语文工具性和人文性的统一。我就像一位海边拾贝的孩子，沉迷于海的辽阔丰富，为它偶尔的馈赠欣喜不已。

一

在上一学年，我担任了宣汉县普光镇中心校四年级（3）班的语文教学工作。当我们学习到四年级上册教材中的第七单元——写信这一内容时，我决定让孩子们给远方的亲人写一封信。这个单元的习作要求是让孩子们掌握信件和信封的书写格式，通过邮局寄给对方，同时要求孩子们在信中表达真挚的情感。

我这样考虑：大部分学生的家长都在外地务工，常年不归家，孩子们与家长的沟通机会较少。因此，孩子们可以选择给外地的父母或远方的其他亲人写信，这样不仅能增进亲子交流，融洽情感，还能让他们在实际操作中掌握写信的技巧。

我利用一节课的时间与孩子们共同讨论了他们想写的内容，并给予了简单的方法指导。接着，又用一节课的时间阅读修改了学生们的作文初稿。在得到孩子们的同意后，我选出两三篇文辞优美、格式正确的佳作在全班展示，以此鼓励其他孩子继续优化自己的书信。书信与其他文章不同，虽然对写作技巧有要求，但更重视真情实感。因此，在指导修改的过程中，我充分尊重孩子们的情感和意愿，保护他们的个人隐私。我以鼓励和肯定为主，同时适当地提出修改建议。此外，我也为孩子们准备了精美的信纸和信封，让他们将自己想说的话，一字一句工整地书写了下来。由于孩子们一开始就知道这是要寄给家人的信，所以他们整个学习过程都热情高涨，非常专注。有了之前的讨论和修改作为铺垫，孩子们写得非常流畅，写作质量也较高。

课后，我通过家长群、电话等方式联系家长提供地址，指导孩子们写好信封，并一一核对。在与邮局做好衔接后，我将一封封充满孩子们真情实感的信寄到了家长们手中。我能想象到家长们收到信时的激动心情，也深切理解孩子们内心的期盼和深情。

一两周后，一封封回信如同满载心意的蝴蝶翩翩而来。甚至有些家长还给我回了信。读着这一行行质朴的文字，我想，美的种子、爱的种子应该在孩子们和家长们的心田中生根发芽了……

尽管这堂课在收集、核对地址和与家长沟通等方面耗费了不少精力，但从课堂教学的角度来看，我感觉非常轻松愉快。在孩子们学习的过程中，我只是一个陪伴者和引路者。真正用力迈步前进的，其实是孩子们自己。你看，这就是“要我学”和“我要学”之间的巨大差别。半个月后再次回顾，我发现孩子们对信件和信封的书写格式依然记忆犹新，几乎没有遗忘。这堂作文教学课不仅达到了既定的目标，还带给我许多意外的收获。我更深入地了解了学生们的家庭情况，并赢得了家长们的信任和认可。孩子们也真切地体会到语文学习并非局限于课堂，学习的目的也并非只是为了考试。

二

不知不觉间，那学期的语文学习进入了第七单元。本单元的语文要素是体会静态描写和动态描写的表达效果，并搜集资料介绍一个地方。课文包括《威尼斯的小艇》《牧场之国》《金字塔》。口语交际主题为“我是小小解说员”，要求介绍一处地方。习作目标是介绍中国的世界文化遗产。在完成新课教学后，我将口语交际部分作为承上启下的重要环节，进行了精心设计。

我和学生们初步决定介绍我们的校园。利用一节课的时间，孩子们在小组内统一意见，安排好游览路线，并进行导游任务分工，设计好介绍词。当天的课后服务时间正好是语文社团活动，于是我们的“班级旅行团”兴致勃勃地来到操场。各小组的小导游们一到操场就迫不及待地向“游客们”介绍起我们的校园。看着他们如数家珍、自信满满的样子，我感到我们这所不算大的乡村学校似乎越来越有魅力了。活动最后，我们还采用投票方式现场评选出了“最佳导游团”。有了这样的训练，后续的作文教学也变得非常顺利。

星光不负赶路人，时光不负有心人。三十余载悠悠时光，我对语文的热爱仍在延续。一路走来，点滴积累，我渐渐意识到语文教学是与生活紧密相连的。语文来源于生活，也必将回归生活。只有静心挖掘，才能用丰富的方式构建课堂，让语文教学真正生机勃勃、趣味十足。今后，我将坚定不移地追求和构建生态语文，致力开展有温度、有生活气息的语文教学，孜孜不倦，循着这条温暖的道路走得更久、更远。

一两周后，一封封回信如同满载心意的蝴蝶翩翩而来。甚至有些家长还给我回了信。读着这一行行质朴的文字，我想，美的种子、爱的种子应该在孩子们和家长们的心田中生根发芽了……

意外甜蜜

成都市大邑县蔡场小学　郑　萍

2021 年，对我来说，充满了挑战与喜剧的色彩。作为一名数学专业的小学老师，我突然被学校安排了一个教三年级英语的任务。我瞬间感到压力倍增，但同时也意识到了责任的重大。为了更好地肩负起这个任务，我赶紧认真备课，虚心向别的英语老师请教，同时在手机里下载了好几款英语学习 APP，提前进行听力测试和阅读练习。我希望在我的英语课堂上，孩子们可以畅所欲言，欢快地学习，并且能愉快地接受我这个新英语老师。

一

一切准备就绪后，我也迎来了与孩子们的第一次见面课。我刚开始自我介绍时，墙角边的一个小男孩突然激动地大喊："郑老师，我认识您，您在教我弟弟，您是他的数学老师！"话音刚落，全班都沸腾了起来："郑老师，您还是数学老师呀，您教我们英语吗？"孩子们你一言我一语，整个教室好不热闹。

没想到第一节英语课，我的"秘密身份"就被识破了。我微笑着对孩子们说："我是郑老师，以前我教一年级数学，现在我教你们英语。过去的成绩已成过去，我们要把握现在，展望未来。努力从来不怕晚，我希望大家都认真听课，我会用心教你们。同时也希望你们认真学习并与我一起进步。今天我们就正式认识了，下次你在校园里碰到我时，可以热情地跟我打招呼说 'Nice to meet you'。"

孩子们笑了起来，热情地回答："OK!"

孩子们身上散发出的真诚、率真和天真无邪的光芒让我倍感温馨。我小心翼翼地呵护着这些闪光点，也憧憬着我们可以一直这样平等地对话交流。

有了第一次的课堂交流后，我感觉与孩子们之间的距离拉近了许多。为了增进彼此的了解，我决定给每个孩子送上一份见面礼——一张精美的字母表。同时，我也给他们布置了一项作业，要求他们将这张字母表粘贴在英语课本封底的空白页上，方便随时查看，并把二十六个字母抄写两遍。

然而，理想很丰满，现实却很骨感。在检查孩子们的英语作业时，我有些惊讶。部分孩子的字母写得扭曲不正，有的字迹潦草难以辨认，更有甚者直接在作业上涂鸦。更让我难以置信的是，还有好几个孩子竟然没有完成作业。这让我深刻意识到，必须明确作业要求，引导孩子们养成良好的学习习惯。

在下一堂课中，我再次向孩子们演示了字母的正确书写顺序，及时指出并纠正了他们的书写错误。我还展示了几本书写工整的作业，给这些孩子贴上小红花贴纸作为奖励，以此激励更多的孩子认真对待作业。同时，我也对那些学习态度不够端正、不交作业或乱写乱画的孩子进行了耐心的批评和引导。

在我的持续努力下，孩子们逐渐明白完成作业是他们自己的责任。他们的学习态度变得越来越认真，作业质量也有了明显的提升。看到孩子们的进步和成长，我感到由衷的高兴和欣慰。

二

由于我接手了两个班级的英语教学工作，每天都有英语课要上。然而，突然有一天，我接到了一个通知，告知我其中一个班级还需要每周上一节外教直播课。收到通知的瞬间，我感觉脑袋嗡嗡作响。好不容易让孩子们逐渐适应了我的教学方式，教学步入了正轨，没想到又迎来了一个巨大的挑战。面对这个情况，我唯一的选择就是勇敢面对。时间紧迫，于是我立刻向其他英语老师请教外教直播课的具体操作步骤，下载了相应的小程序，并在手机上预约选课。晚上，我开始备课，准备迎接这堂特别的直播课。经过一番努力，万事俱备，终于迎来了孩子们翘首以盼的直播课。

在直播课堂上，外教老师风趣可爱，头上戴着可爱的小鹿角，身上挂满了孩子们喜欢的小饰品。他还带来了孩子们钟爱的甜美糖果卡片。二班的孩子们开心地跟着外教老师互动，一起对话，一起唱英文歌、玩游戏。我也沉浸在这欢乐的氛围中，享受着这一切。

一学期下来，外教直播课在不知不觉中结束了。我看到孩子们在课堂上大笑着，蹦蹦跳跳，手舞足蹈，非常快乐。这一切的辛苦都是值得的，这就是作为一名老师的职业幸福吧。

在我刚开始教英语的第一个月，每天都感觉时间特别紧张。一天清晨，我刚进校园，一个小女孩追着我，手里捧着一朵玫瑰花喊道："郑老师，这是给你的！"我当时的心情很是惊喜和感动。由于三年级两个班的学生我还没有完全记住名字，所以我有些不好意思地摸了摸她的头，微笑着说："谢谢你的鲜花，郑老师很喜欢。"她娇羞地回答："不用谢。"然后一瞬间跑开了。同事在旁边调侃我："真幸福呀，一大早就收到玫瑰啦。"我笑着回应："孩子们太可爱了。"这份香甜不仅在我和孩子们之间传递，更渗透进新学期的每一刻。

简单的一个微笑、一个拥抱、一句喜欢，都是孩子们表达爱的方式。他们用稚嫩的语言、天真的眼神和甜美的笑容，传递着这份深厚的师生之情。

有一天，当我拿着"小蜜蜂"[①]和英语书走进三年级（1）班的教室时，一群孩子涌上来围着我，其中一个小女孩挤在最前面，跑过来张开双臂一下子抱住了我。我惊讶于她的胆量和力气，内心感到非常高兴。她仰头笑着说："郑老师，我好想您。"看着她可爱的笑容，我的内心瞬间被融化。我佯装严厉地问："你不怕我吗？郑老师可是很严格的。"她笑眯眯地回答："郑老师，您很严格，但您不凶，我好喜欢您！"说完，她又紧紧地抱住了我。这个意外的表白让我心里乐开了花，我感觉像是吃了糖果一样甜。我微笑着回应："我也喜欢你呀，快上课了，快去准备吧。"

在校园里，简单的一个微笑、一个拥抱、一句喜欢，都是孩子们表达爱的方式。他们用稚嫩的语言、天真的眼神和甜美的笑容，传递着这份深厚的师生之情。这份双向奔赴的爱是如此珍贵，我想多年以后我仍会清晰记得这个笑容灿烂的小女孩，以及这个甜甜的拥抱。

岁月悄悄溜走，在我们不经意间，一学期就这样结束了，感谢三年级两个班的孩子们的信任和喜爱，每天，孩子们和我之间的故事都在上演，日复一日，每一天都很崭新，每一天都充满快乐，这意外的邂逅，比蜜糖更甜。

① 指便携式扩音器。

英语“脱贫计划”

广安市岳池县赛龙小学校　李蜀娟

我是一名乡村小学英语教师，当我初次面对一群活泼的小学生时，我感到有些焦虑：孩子们是否能适应我的教学风格？他们是否听懂了上课的内容？他们喜欢我吗？这大概是所有新手教师都会有的顾虑吧！几堂课下来，我的办公桌前陆续迎来了一批又一批的“好奇鬼”。他们不是为了探讨学习，而是想和新老师聊聊天，摸摸新老师的脾气。小美也是其中之一，但她与众不同。几乎每次上课，她都会帮我拿书进教室，每节英语课下课后，她都会来到我的办公桌前，有时展示她的新衣服，有时打听我接下来的课程安排，有时告诉我哪些同学上课不专心，有时给我捶背、揉肩、倒水。我不禁感慨：多么聪明、富有情商的孩子啊！

然而，一次小测试彻底颠覆了我对她的印象，原来她的英语成绩很差。渐渐地，我了解到她在班上不太受欢迎，原因可能是成绩差、爱表现、爱告状。我有点无奈，原来班级也是一个小社会。了解班级现状后，我一方面在教学中经常教育孩子们要团结友爱、互助互学、包容理解等，另一方面在课后努力帮助英语学习困难的学生提高成绩，帮助他们树立信心。我找来班上分数较低的同学谈话，了解他们的现状和真实想法，然后根据个人情况制订一套特有的英语学习“锦囊妙计”。对于小美，我为她制订了以下学习方案：首先是单词发音。我要求她每课单词课堂上必须全部会读，课后还要单独读给我听，不允许在单词旁写汉字或拼音。其次是读课文。新课文必须在学后三天内会读，不会就问我或者组长。然后是背诵课文。我要求她背诵每个模块中的对话部分，由我检查背诵情况，从而帮助她养成记忆的习惯，增强英语学习信心。此外，我还让她在英语兴趣小组做我的小助手（本学期兴趣小组针对的是英语基础较好的学生），让她学习榜样，感受英语学习的乐趣。同时给她分配一些班级任务，并借机表扬她，帮助她在班级中获得认可。

我们坚持了一个学年，班级中所有英语学困生的成绩都有所提高。特别是小美，从一个及格线下十几分的学生变成了中等生，期末考试成绩更是达到了中上水平。看到她取得的进步，我当时特别高兴。六年级时，她的英语平时测试成绩都处在中上水平，整个人身上都闪烁着自信的光芒。

接下来，我在其他年级也实施了这个“锦囊妙计”。小光和小川是我教的四年级学生，他们的英语成绩特别差，存在严重的偏科现象。在了解他们的情况后，我根据已有的经验，也为他们制订了相应的“锦囊妙计”。由于他们俩性格内向，一开始来办公室时都是蹑手蹑脚的。为了让他们感到更自在，我试着跟他们聊各种话题，关心他们的学习和生活。随着时间的推移，他们开始自觉地准时来办公室读书给我听，而且不再显得那么拘谨了。

大约半个学期后，他们的成绩有了明显的提升。我清楚地记得每次发试卷时，他俩脸上都洋溢着笑容。小川在作文中写道：“……妈妈，我这次英语考了 88 分，我从来没有想过我能考这么高，我特别开心。你一定也替我高兴吧！”

看到这些，我既高兴又担忧。高兴的是，学生收获了喜悦，有了学习的信心；担忧的是，有多少这样渴望得到别人认可的学生，长期处于想改变却不得法的苦恼境地，甚至有多少学生破罐子破摔。其实，这些学生需要的只是有人愿意拉他们一把，给予他们赞同或鼓励、关心或帮助。

然而，我的时间和精力都是有限的。如何让班级中所有英语学习困难的学生都“脱贫”，是我接下来需要解决的问题。我需要更深入地去了解每一位学生的具体情况，有针对地给予他们帮助和引导。同时，我也希望能找到一种更有效的教学方法，能够激发这些学生的学习兴趣，让他们在英语学习上找到自信和动力。

在认清现状和明确目标后，我决定结合之前的成功案例，以班级的形式展开英语“脱贫”计划。首先，根据座位将学生进行分组，每组四人，并设定小组长。小组长负责组员的课文阅读及背诵，并确保组员间的交叉检查或由老师进行检查。其次，在早自习时，科代表带领全班进行十分钟的齐声阅读，剩余时间则由小组长组织本组成员进行阅读，相互帮助。每天午自习时，学生们进行二十分钟的英语阅读，同样由小组长组织。最后，小组长需向老师反馈组员的异常情况，以便老师及时处理。

通过这种方式，每天保证了至少二十分钟的英语阅读时间，有效避免了学生在家中不自觉阅读、遇到困难不问、发音不准确以及不开口等问题。在计划实施过程中，我发现学生们非常乐于接受这种方式，他们互相学习、互相帮助，常常比赛哪组的阅读声音最洪亮、哪组的发音最准确。在自习时间，我也会在各班巡视，及时发现并处理问题。

除了利用早午自习来弥补家庭教育的不足，课堂时间也需要高效利用，以便有额外的时间解决课后作业、及时发现并纠正问题。根据多年的教学经验，我认为课堂教学应遵循两个原则：

第一，不要高估学生的能力。即使教师认为课堂内容非常简单并且课堂气氛热烈，也不要以为学生都能够完全消化。因此，课后的反馈、问题的解决以及知识点的复习都至关重要，必须在课堂中完成才能确保效果。

第二，不要低估学生的能力。学生具备自学和合作学习的能力，课堂中应给他们更多的机会锻炼和展示这些能力。例如在学习新课文时，老师应尽量少讲，让学生多做多说，通过自学和合作学习的方式解决问题，老师在必要时给予纠正和帮助。

遵循这两个原则进行教学后，我发现课堂效果有了明显的提升。学生们在小组中互相帮助和学习，各个层次的学生都积极参与到了学习中。经过一个学期的坚持，我们班英语平均分比上学期提高了十几分，这一进步让我信心倍增。

当前，我的这套方法也存在一些不足：班级成绩每学期虽有所上升，但趋势相对平缓，究其原因在于中下水平学生成绩上升较慢，且不稳定；中上水平学生稳定但停滞不前；少数及格线以下学生、特殊学生和优等生稳定，无法突破。如何让同学们突破发展瓶颈，实现下一个飞跃，这也是我在以后的工作中要揣摩的重点。

乡村学生大多是留守儿童，家庭教育有所缺失，学校教育在孩子们成长中显得尤为重要。教师要善于发现，善于沟通，善于探索，寻求适合乡村学生特点的教育之道。

书包里发现一条蛇

广元市苍溪县石马镇中心小学校　权卿宗

六月的一天下午第二节课，我正在办公室里埋头批改作业。电话铃声骤响，原来是搭班周老师打过来的，我赶紧按下接听键。

"你快来！小张书包里有蛇！"电话那头传来周老师焦急的声音。

我心想：怎么可能？说不定是哪位孩子搞的恶作剧吧。我半开玩笑地说："周老师，不要吓人，是条玩具蛇吧？"

"快来！错不了，还在动！"电话里我明显感受到了他的惊慌。

周老师年近六十岁，是位德高望重、见多识广的男教师。他这么惊恐，我顿时紧张万分：万一蛇出来，把哪个孩子咬伤怎么办？我请办公室唯一的男老师赵老师与我同行，并在杂物间拿了一根扫灰尘用的长竹竿，迅速奔向一楼的教室。

刚到教室门口，就看见周老师已经用拖把把书包挑到了教室外的小操场上。

"蛇呢？"我迫不及待地问，满脸疑惑。

"书包里。"周老师指着地上的书包。

赵老师立即抄起竹竿，把书包钩住倒挂在半空剧烈地抖动。书、纸、笔、算盘散了一地，就是不见蛇的影子。我紧张起来。周老师再次肯定地说："蛇还在书包里。这生物潜伏得可真够深！"

书包继续在竹竿上疯狂地"舞蹈"。

"出来啦！"随着一片惊叫，一条半米来长、银白色的小蛇，在水泥地上扭动着身子，拼命逃去。在众人的围追堵截下，蛇被"请"出校门外，放归了大自然。

我赶忙走回教室，准备安抚惊魂未定的孩子们。他们一看到我，纷纷围了上来，七嘴八舌地给我讲事情的由来：下午第二节数学课，周老师让孩子们拿出算盘，小张同学在后墙角打开书包找算盘时，发现书包深处有东西在蠕动。同学小龙一看，吓得跑了出去，全班一片混乱……于是就有了开头的一幕。

这时，一个灵感从我的脑海中蹦出来，何不趁热打铁，来一堂生命安全教育课呢？毕竟陶行知先生曾言，生活即教育嘛，教育不能脱离生活，生活中无时无刻不含有教育意义。

“请同学们说说，生活中你都见到过哪些蛇。”我说。

“青竹标（竹叶青蛇）、乌溜扁（乌梢蛇）、乱草蛇、菜花蛇……”乡野的孩子对蛇比较熟悉，回答起来也毫不费力，他们兴奋劲儿上来了，方言也脱口而出。

我调出资料，用PPT展示了这些蛇的特点，还补充了其他蛇：眼镜蛇、蟒蛇……几个胆大的男生从座位上站起来，伸长脖子看。

“老师，蛇为什么会咬人呢？”小龙提出问题，教室里一下安静了许多，大家都很关注这个问题。

我告诉孩子们：蛇一般不会主动攻击人类（好斗的眼镜蛇等除外），只有人类过分接近它们，或无意触碰到了它们，它们才会反抗伤人。比如，小张书包里的蛇，我们刚开始没有动它，保持了一定的安全距离，所以没有发生攻击人的“流血事件”。如果小张把手伸进书包里，那就极有可能受伤。

“以后遇见蛇怎么办？”我问。

大家纷纷说：“尽量与它们保持安全距离。”“它们是善良的，我们不主动伤害它们，它们也不会攻击我们，这样才能和谐共处。”我为孩子们的发言鼓掌，瞬间教室里掌声雷动。我想，刚才把蛇放归大自然的时候，这一幕已经刻在他们心里了。

我又问：“如果小张被蛇咬伤，该怎么办？”

孩子们陷入了沉思。

小向打破了沉默：“应该及时送医院，再通知家长，电视上都是这么做的。”

“含一口酒，用嘴巴吸。上次我奶奶被蛇咬，我爷爷就是用的这个方法。”小高提出自己的看法。

“还可以用麻绳把受伤部位扎住。”

我看火候已到，打开蛇伤处理的动画片，孩子们津津有味地看起来。最后，我和孩子们一起总结出处理蛇伤的多种常用方法。

道理不如故事，天边不如身边。或许多年后，他们依然会记得这堂安全课。书包里发现一条蛇本身就是一个活生生的关乎安全教育、仁爱之心、人与大自然和谐共处的典型案例，远比空洞的说教来得通俗易懂、贴近生活。作为教师，我们就是要做一个有心人，及时挖掘生活背后隐含的教育价值，把道理看透、说清、讲明白，实现生活即教育，知行合一。

支教艺事

成都市泡桐树小学（天府校区）　李世涛

2020年9月，作为成都高新区第六批援藏（支教）工作队的一员，我来到了甘孜藏族自治州德格县错阿镇中心小学，担任三到六年级的美术教学工作。

一

在初步接触学生时，我试图了解他们的美术学习基础，便在每班课前询问：“你们以前学过美术吗？”然而，学生们对此问题的回应并不积极。我开始思考，这可能是因为孩子们长期处于偏远少数民族聚居区，与外界接触较少，不善表达的缘故。

为了更深入地了解，我走到孩子们身边，以更温和的方式再次提出问题。他们的回应证实了我的猜测：有的孩子害羞地低下头，有的胆怯地表示他们不知道，还有的孩子小声地说他们没学过美术。

面对这样的情境，我开始仔细阅读学校的美术教材，并发现教材内容、活动建议等与当地学生的生活实际存在较大差异，要完成教材中的教学目标难度较大。为了解决这一难题，我决定从基础开始抓起。

首先，我解决了工具问题，通过朋友和爱心人士的捐赠，我获得了一些美术用品和耗材，如素描纸、水彩笔等。随后，我开始引导学生们熟悉这些美术工具，教授他们基本的美术知识与技能。我带领学生们了解每样工具的用途，慢慢地，学生们开始熟悉并掌握这些工具，他们能够在课堂交流中使用美术术语。最后，我引导学生开始绘画。为了避免限制学生的想象力，我探索出“动物三步画法”的教学方式。

第一步，我们在纸上画出动物的客观物象。动物形象深受学生喜爱，因此我一步步引导他们完成画作，从外形轮廓到内在结构，再到细节装饰。我示范一部分，学生跟着画一部分，直至完成整个画作。画完后，我们进行总结，讨论本次作业中需要解决的问题，例如画面大小、作画顺序和作画态度等。通过这个环节的教学，学生初步培养出画面感，能基本理解老师的要求，如画面整洁、细节描绘、线条等要求，并简单掌握一些美术术语。第二步，我们安排对称的物体进行绘画。我示范一半，然后让学生补充另一半。这个环节主要引导学生自由解读对称物象，让他们体验到自己的作品“与别人不同”的乐趣。第三步，我们引导学生进行“自由组装”。我提供画面的各种“零件”，如素材、花纹等，让学生自由组装，创造出富有个性的画面。然后，根据学生的画面特点，我会进行单独辅导和建议。这种教学方式有助于发挥学生的创造力，让他们在实践中学习和成长。通过这种方法，学生能够逐步掌握绘画技巧，同时他们的创造力和想象力也得到了充分的发挥。

经过一个多月的练习，许多学生已经能够依据课堂要求完成作业，展示出稳定的画面安排能力。他们在作业中体现出对材料、画面的稳定表现能力，这表明他们已经初步掌握了美术活动所需的基本造型表现能力。看到他们的进步和成就，我倍感欣慰，这也更加坚定了我继续做好教学工作的决心。

二

2020 年 11 月 6 日，我们的美术社团正式成立，并迎来了首批二十二名学生。虽然学生的基础较为薄弱，但这个美术社团是学校目前最规范、最专业的美术学习团体了，完全与成都的美术学习团体看齐。自此，每周一和周四的中午，成为美术社团的固定学习时间。考虑到条件限制，我主要为学生教授水彩笔色彩课程。

第一阶段：人物画系列。这一阶段指导学生从熟悉的人物开始画起。我主要进行两个方面的知识教学，一是“三庭五眼”，即教授学生学习人物面部五官的基本规律，包括头发、眉毛、眼睛、鼻子、嘴巴、耳朵的基本位置、形状和相互关系；二是人物特点，对于当地的人物形象，我着重引导学生关注发型、饰品、服饰等基本特征，通过示范帮助学生理解并表现这些特色。经过一段时间的学习，学生们从画妈妈爸爸、画老师再到画自己，对人物的基本比例、头颈肩关系、人物特色、色彩搭配等方面的把握都有了明显的进步，能够在我的指导下初步完成作品。

第二阶段：仙人掌系列。仙人掌是当地常见的植物。为了教学需要，我在县城购买了一大盆仙人掌作为教学素材。有了生活经验和直观体验，第二阶段的教学内容变得容易了许多。在这一阶段，我增加了教学难度，例如增加画面的层次感，采用剪裁—拼装的方式，用不同颜色的卡纸为作品添加背景，通过强烈的色彩对比使画面主题更加突出；同时，我引导学生添加文字，让画面更加富有节奏感，并体现出诗意，要求他们把自己创作的心情、创作元素、描绘对象的属性等内容写进作品，使画面更具人文气息。

第三阶段：向日葵系列。在这个阶段，学生已经能够完全掌握现有材料的用法，从水彩笔、勾线笔、素描纸的使用，到剪刀、卡纸、双面胶的剪裁粘贴，都能自主完成。他们也开始注意对画面细节的掌握，以及对画面大小的合理安排。

三

经过一年的紧张学习，许多学生都有了自己出色的作品，整个社团也积累了一系列美术教学成果。2021 年 6 月 1 日，为庆祝中国共产党成立 100 周年以及“六一”儿童节，我和学生们在错阿小学举办了主题为“用画笔描绘生活，用艺术照亮成长”的师生美术作品展。这次展览不仅展示了我们的教学成果，也让孩子们通过作品表达了童心向党、共庆“六一”的美好愿望。这些作品涵盖了社团三个阶段的学习成果，如人物系列、仙人掌系列和向日葵系列。它们呈现了学生们从初期学习基础造型、色彩、线条，到第三阶段不断探索与进步的创作过程。

在“六一”当天，孩子们拉着父母的手，在自己的作品前驻足，热切地向他们介绍画作的内容和创作过程。虽然我听不懂他们之间的交流，但孩子们和家长们灿烂的笑容就是对我们美术作品、丰富的校园生活的最好肯定。这一刻，我深感兑现了对学生的承诺，他们也真正理解了美术展览的意义和目的。

这就是我的支教艺事。这个过程中没有惊天动地的事迹，只有与当地孩子的一点点接触、一点点提升、一点点改变。然而，在这个过程中，我欣喜地看到了孩子们在美术知识、美术技能、美术创作方面的逐步提升。他们走向缓缓开启的艺术之门，那里有五彩斑斓的颜色，有各种各样的美好世界，等待着他们去探索和发现。看着孩子们的笑容，听着他们的欢笑，我深感自己的付出得到了最好的回报。我希望，通过我们的努力，能够让更多的孩子接触到美术，感受到艺术的魅力，让他们的生活因艺术而更加丰富多彩。

我的孩子们和那片深爱的土地

成都市金堂县竹篙镇小学　罗泽垚

那一年，我遇见了一群活泼可爱的孩子们，并深深地爱上了他们；那一年，我们共同遇见了那片丰饶的土地，从此我们都深深地爱上了它。在这片土地上，我和孩子们一同体验了翻地、种植、除草、收获等一系列过程。新鲜的蔬菜成了孩子们野餐活动课上的美味佳肴，阳光遍洒的向日葵园变成了校园的拍照圣地……我和孩子们深爱着我们的“蔬香乐园”。

当我初次踏入这所校园，怀着一颗敬畏和忐忑的心走上我人生中的第一个工作岗位时，我被种植园里五彩斑斓的花朵深深吸引了。它们不同于花圃里精心种植、排列有序的花，而是有一种自然的魅力。学校老师介绍说这是学校的学生实践园地，专门供学生进行农业实践活动，这些花儿都是孩子们自己亲手种下的，下课后孩子们经常来看望这些花朵，关注它们的生长情况。我不禁感叹：太美好了！初遇种植园，我便爱上了它，也为后来与它结下深厚缘分埋下了伏笔。

作为一名地地道道的乡村教师，我带着一群朴实无华的乡村孩子开始了他们的农业劳动之旅。学校对花园进行了重新规划，将其变成了菜园。每个班级都可以认领一块土地，自由选择想要种植的农作物，并亲自完成翻地、种植、维护、收获等一系列工作。我们班认领了两块青草长势非常好的土地，通过拔草开始了与这片土地的亲密接触。

第一项任务是拔草。孩子们都非常积极，举手报名的积极性远超过上课时的踊跃程度。为了不打击孩子们的积极性，我决定让全员参与第一次拔草任务。然而结果却是孩子们的积极性没有被打击到，反而是我受到了打击。第一，组织学生难度较大。由于种植园的空间有限，每个人分到的区域并不大且间隔不远，他们你一言我一语地交流起来，最后课堂变成了孩子们的游玩时间。第二，劳动成果不明显。我原以为乡村的孩子们都具备基本的拔草经验，所以没有事先教授方法。孩子们非常努力，一开始就投入工作中，但由于方法不对，结果事倍功半。最大的失败是孩子们拔草时只拔除了草叶部分，草根依然留在土壤里。第三，对土壤造成二次伤害。由于土地几乎都由孩子们自行管理，土壤并不像农村用于种植的土地那样松软，而是相对较硬，这次拔草活动后，每个孩子都在地里踩上几脚，导致原本就有些硬的土地变得更加坚硬了。

第二项任务是翻地。基于第一次的经验，我在第二次任务中决定让学生选择性参与。在分配任务之前，孩子们根据自己的特长进行了分组，在翻地任务中，一些从未干过农活的女生表达了强烈的参与愿望，我心软地答应了她们。于是，由自称农活能手的熟手和以体验为主要目的的生手组成的翻地小组迅速成立。虽然这个小组成立得有些草率，但重要的是过程和结果。首先，我们让熟练的孩子们演示如何正确使用锄头等工具，然后由生手尝试操作，边操作边接受指导。在这个过程中，孩子们深切体会到了农活的艰辛。一个简单的翻地动作，需要一次次重复挥舞锄头，非常累人。但孩子们有序地工作、轮换、休息，没有人落后。汗水湿透了衣服，他们脱掉外套；手磨出了泡，他们贴上创可贴继续干活……甚至有两个学习困难的孩子在这件事情上找到了前所未有的自信，后续上课也认真多了。看着孩子们辛苦劳作的身影，我既心疼又欣慰——心疼他们手破、手酸，又欣慰于他们能坚持下来并爱上了这种体验。

第三项任务是种植。孩子们在种植园活动中都表现出强烈的参与意愿。由于提前布置了任务，有条件的种植组同学向家长请教经验，并与同学们分享、交流。最终，大家选出了一种适合我们土地的种植方法。家长们也提出了关于种植种类的建议，并为大家提供了菜苗。

从最初的不知所措到现在的游刃有余，孩子们用汗水和努力滋养了这片土地，而这片土地也以丰收回报了他们。蔬菜成熟时，孩子们欢欣鼓舞。为了让他们品尝到自己的劳动成果，我们组织了一节野炊班会课。孩子们再次来到种植园，亲手采摘四季豆，他们用稚嫩的双手洗、切、炒……虽然年纪不大，但每个孩子都展现出了小厨师的技艺。品尝时，如果你问孩子们哪个菜最好吃，他们会毫不犹豫地回答："都好吃！我们都喜欢！"我知道，因为这是他们亲手制作的菜肴，无论怎样都美味可口。

经历了这一次的丰收，孩子们更加期待种植园的下一个惊喜。这一次，孩子们突发奇想，渴望体验卖菜的感觉。于是，大家一致决定，这一季的蔬菜不吃了，拿来卖！在一个热闹的集市日，孩子们带着自己种植的莴笋前往镇上。集市上各种叫卖声此起彼伏，孩子们分工合作，有的负责制作海报，有的负责拔莴笋，还有的负责运输。刚开始，孩子们还有些害羞，不敢大声叫卖。但有经验的卖菜人给他们出主意："你们要大声喊，还可以主动去找买家！"于是，几个勇敢的孩子放开嗓子喊起来，甚至抱着莴笋边走边叫卖，成了流动的商贩。那一天，集市上多了一道独特的风景线。在大家的支持下，孩子们采用连卖带送的策略，很快，我们的纯天然莴笋就销售一空。孩子们兴奋不已，回家的路上还在回味趣事，并反思哪些地方做得不足，下次应该如何改进。他们计划用赚来的钱购买种子和肥料。看，孩子们已经深爱这片土地，并主动开始规划。

一季又一季的植物从发芽、成长到成熟，我和孩子们与这片土地已相伴四年。这四年里，孩子们从小朋友长成了比老师还高的少年，种植园的植物也越来越丰富，孩子们更是收获了无数的劳动技能。他们表示，愿意一直守护这块土地，直到离开学校。家长们也发现，孩子们参加完种植园活动后总是兴致勃勃地分享快乐，甚至主动要求和家长一起参与农业劳动。这不仅增进了家长与孩子的感情，更让孩子们深刻体会到劳动的艰辛。

是的，我们深爱这片土地，陪伴它绽放美丽，它也陪伴我们度过每一天。这片土地不仅长满植物，还让孩子们的生命之树上也挂满了爱心、快乐和幸福的果实。

从最初的不知所措到现在的游刃有余，孩子们用汗水和努力滋养了这片土地，而这片土地也以丰收回报了他们。

我想去春游

成都市温江区寿安镇中心幼儿园　汪　熠

我所任教的地方是成都市温江区寿安镇中心幼儿园，这是温江离中心城区最远的乡村幼儿园，位于温江最北部的寿安镇。目前，这里的家园共育工作仍然比较薄弱，存在许多困难和问题。为了让孩子们得到符合其身心发展特点的教育，并鼓励家长积极参与家园共育，我不断学习先进的教育理念，认真开展各项活动，并根据幼儿的兴趣和问题延伸出相关课程。

在预设和生成课程之间，我曾感到困惑。春天来了，维尼班的宝贝们也在感受着这生机勃勃的春日，体察着春日里悄然发生的变化。在一次“拜访春天”主题谈话中，孩子们用说、画的方式表现着自己在春天里经历的美好瞬间。有的孩子说奶奶带他去赏菜花，看到许多小蜜蜂在采蜜；有的小朋友说妈妈带他去放风筝；还有的小朋友说他们看到许多燕子在天空中飞翔。当裕裕分享他和妈妈姐姐去春游的经历时，其他孩子们都变得很兴奋，纷纷表达他们也想去春游的愿望。于是，我脱口而出：“那么，这个春天，我们也来一次春游，怎么样？”孩子们沸腾了，一致同意去春游。

然而，看着孩子们在盥洗室意犹未尽地谈论着要去春游，我犯难了。这个月的课程计划中可没有这一环节，到时候李园长巡班的时候，看到我没有按照计划开展活动，会不会批评我呢？另外，在“拜访春天”这个主题中没有提到关于春游的活动，我也不知道该如何去支持孩子们，但是我刚才又和孩子们说了要去春游，老师怎么能食言呢？而且在与孩子的相处中，我也体察、感受到了孩子们的兴趣与需要，怎么能漠视呢？午睡时间，我与唐老师、周老师两位老师说了我的想法和困惑。我们认为计划内的课程内容固然有其合理性，但是根据孩子们的兴趣与需要，即时生成课程内容，这既是我们乡村幼儿园教师课程设计的任务，也是我们对孩子最好的爱。

我们要试一试！

一旦确定了要去春游，接下来的问题就是：我们要去哪里春游？既然这是孩子们的春游，我们决定尊重孩子们的意见。

晨宇提议：“我想去寿安心灵湖春游，因为春天那里有一片绿油油的草坡，可以在那里放风筝。”萱萱说：“我想去汪家湾看油菜花，春天到了那里，一大片油菜花都开了，非常漂亮。”博博则说：“我想去盆景公园春游，因为盆景都发芽了，颜色特别美。”

通过孩子们的描述，我们可以看出他们对家乡的景观有深入的了解，他们能感知到植物在春天的生长变化。这让我们更加坚定了要尊重孩子们的选择的想法，让他们能在春游中更好地感受和理解自然。接下来，孩子们自己，制订了物品计划清单，记录了要带的物品。我们发现有些孩子的计划中的物品设计不合理，于是我们通过小组活动讨论后做了调整。我们发现，大多数的孩子都计划在春游时带上风筝。还有一些孩子考虑到可能会下雨或者出太阳，因此计划带上雨伞、太阳镜和帽子。

然后，孩子们开始动手做风筝。他们带来了各种材料，包括塑料纸、竹棍、一次性筷子、短的树枝等。他们根据自己的设计图纸开始制作风筝，这是一项富有创造性的活动。

万事俱备，只欠东风。到底谁带我们去春游呢?

为了让每一个孩子都能去到自己心仪的地方，我们三位老师就和家长悄悄地进行了一场“密谋”。我们在家长群里召开了专题讨论会，和家长们一起讨论如何让孩子们更好地了解春天，感受春天的生机。家园共同科学育儿一直是我们乡村幼儿园的短板，也一直是我们班级的薄弱之处。当我们一开始和家长谈论带孩子春游的事项时，只有几个家长配合，大多数孩子的爷爷奶奶觉得很困难，个别家长还觉得幼儿园“多管闲事”。不过经过专题讨论后，大家转变了思想，很愿意带孩子去春游了。这也让我们看到家园共育的重要性。只有当家长和幼儿园共同努力，才能让孩子们得到更好的成长。我们也认识到，家长群不仅仅是发送通知的平台，更是分享育儿经验、探讨家园共育的场所。

“我想去春游”活动后，家长朋友们也积极给我们反映，孩子们通过这次春游，对春天动植物的变化观察得更仔细了，和家长的关系也更亲密了，做事情变得有计划了，也更有主见了。有的孩子早上起床以后，必须自己选衣服穿，家长给他找好了他都不穿，还要给家长安排晚上想吃的菜。原来乡村的家园共育工作也不是那么困难，只是需要你说服家长配合老师和幼儿园，为了孩子的发展家长们还是愿意支持和配合的，家长看到孩子的变化也是很开心的。

虽然我们的幼儿园地处乡村，但是我们的教育理念与现在学前教育的趋势没有脱轨，跟上了时代教育的步伐。通过开展“我想去春游”活动，我对什么是幼儿园课程有了更深切的理解和体会，我会依据孩子们的兴趣开展“我想去春游”的生成性课程，在今后的主题教育活动中更加注重对孩子们兴趣的挖掘，研判孩子们的问题和兴趣，为满足和支持孩子们的兴趣与需要提供支撑，让地处乡村的孩子和其他孩子相比无差距，让乡村孩子借地理优势、生态环境优势开展更多有教育价值的活动，让孩子们不断获取更多的知识。

我会持续做孩子们成长路上的支持者、引导者和合作者，让孩子们继续作为活动的主体，让家长和我们一起科学、有效地教育幼儿。

我们有棵李子树

成都市大邑县潘幼集团上安分园　余　瑶

我们的幼儿园是一个由爱砌成的家。这份爱，既体现在老师们对孩子的关心与照顾方面，也体现在孩子们之间的友善互动方面。身处乡村，我们的幼儿园拥有得天独厚的自然环境，孩子们每天都能与大自然亲密接触，沐浴在泥土与青草的芬芳中。“一花一叶皆有爱，一草一木皆有情”，我们始终坚守“爱满天下”的初心，期望在孩子们幼小的心灵里播下爱的种子，让它在阳光下茁壮成长，让“爱满校园，爱满天下”的愿景成为现实。

美丽的三月，幼儿园弥漫着各种花香。园内有两棵李子树，每年这个时候都会盛开雪白的李子花。在阳光下，老师带领孩子们在幼儿园里踏青，来到李子树下，三五成群地坐在一起，感受大自然的神奇与美丽。“老师，每朵李子花的花瓣数量都一样吗？”“哇，李子花的中间有好细的线哦！”“李子是结在花上还是花下呢？李子花可以吃吗？”孩子们通过自己的观察，提出了各种问题。作为老师，我并没有直接回答他们的问题，而是记录下每一个问题，然后引导他们亲自动手动脑去寻找答案：捡一些掉落的李子花，数一数花瓣数量是否一样多；观察其他花中间有没有线；看看园内的不同种类的花朵，了解一下什么是花蕊。

下了几场雨之后，李子花开始凋落。看着随风飘落的花瓣，孩子们欢呼雀跃。“哇，好像雪呀！”几个小女生跑到树下，在花雨中跳舞。有些孩子对于李子花的凋落感到惋惜：“我不想李子花落下来，花落了就没有了。”另一个孩子说：“用胶水把它粘起来，它就不会掉了。”孩子们对于生命的凋零有着不同的情感和理解，他们还不完全明白大自然的神奇和生命的规律。于是，我让他们按照自己的想法去“粘花”，和他们一起感叹李子花的凋落，并让他们为李子花画一幅画。当我们再次来到早已没有花的树下时，孩子们惊奇地发现，枝头上长出了小小的、绿绿的果实。

在这个过程中，孩子们自己学到了许多知识：原来李子花中间的部位是花蕊，李子花有五片花瓣，大约两个星期就会凋落，然后会长出李子。他们也亲身感受到了大自然的神奇和生命的规律。

到了五月，圆圆的李子像绿宝石一样挂满了树枝，李子树被压弯了腰。孩子们又开始担心起来："老师，李子结了好多，都快把树枝压断了。""是呀，老师也很担心的，要是压断了树枝，不仅李子会掉下来摔坏，明年李子树还会开很少的花、结很少的果。"在我的引导下，孩子们开始商量怎么拯救李子树：有的说用绳子把树枝绑起来，有的说用胶布把树枝粘上去，还有的说摘掉一些李子减轻树枝的压力。最后经过探索，孩子们采用了绳子绑和竹竿撑的方法帮助李子树度过了这段危险时期。

在绑绳子和撑竹竿的过程中，孩子们都非常小心，甚至连说话的声音都降低了，生怕声音大会把李子震落下来。尽管他们非常小心，但仍然有一些李子掉了下来。孩子们看着掉落的李子，心疼不已。我安慰他们说，掉落一些果子是正常的，每种果子在成熟前都需要摘掉一些小的、长势不好的，这样才能让其他果子更好地成长。听了我的话，孩子们才放下心来。有几个调皮的孩子捡起掉落的李子，偷偷地咬了一口，结果立刻皱起了眉头，吐出了嘴里的李子，大喊着："太酸了！酸得口水都流出来了！"这一幕引得大家哈哈大笑。

转眼间，枝头的李子从"绿宝石"变成了"黄宝石"。老师和孩子们每天都要来看好几次，每次都要惊叹几声。尽管李子已经成熟，但没有一个孩子去摘，因为他们知道，这些李子"有任务"。我们和孩子们一起讨论如何处理这些成熟李子的问题。经过讨论，孩子们提出了一些建议：每个小朋友可以分到四颗李子，剩下的李子一部分送给幼儿园外的街道环卫工人，一部分用来义卖，义卖所得的钱用来捐献。收集到孩子们的建议后，我们开始组织大班的孩子负责摘李子，中班的孩子负责分装李子。大班的孩子说，小班的弟弟妹妹太小，不适合参与摘李子，只需要在旁边观看，等他们长大后再来摘。

我们按照计划将摘下的李子分为三部分：一部分给孩子们品尝，一部分由孩子代表送给环卫工人，一部分由老师和幼儿代表拿到街上进行义卖。义卖所得的四百多元钱被用来购买肉、牛奶、油等物品，然后被送到贫困家庭、孤寡老人和留守儿童的家中。这一温暖的行动得到了家长的支持、社区和群众的赞赏。虽然筹集的钱款不多，但孩子们的心意是无价的。从开花到结果，再到送爱心，孩子们在不知不觉中感受到了自然的奥妙、生命的奇迹、分享的喜悦和助人的快乐。

我们幼儿园以探究式教学与课程为核心，确立了"在食育中感悟生命"的课程理念。通过课程的实施，我们帮助幼儿建立亲近自然、热爱探究的意识。在活动中，孩子们经历探索发现的过程，同时感受大自然的魅力。我们也注重培养孩子们的分享意识、协作意识和集体意识，让他们学会珍惜和感恩。我们的目标是让孩子们懂得如何“爱自己”“爱他人”和“爱自然”，在食育中，培养他们的责任感和大爱精神，从“小我”之责任逐渐扩展到“大爱”之胸怀。

孩子们对于生命的凋零有着不同的情感和理解，他们还不完全明白大自然的神奇和生命的规律。

一个答案带来的触动

南充市阆中市龙泉镇中心学校　张秀华

我是一名特岗教师，从小生活在乡村。我小时候的梦想就是成为一名优秀的教师，因此在大学时我选择了师范专业。毕业后，我如愿以偿成为一名特岗教师，离开了繁华的都市和温暖的家，独自来到了阆中市龙泉镇中心学校，开启了特岗生活。

报到的那一天，我乘坐班车从城里赶往龙泉镇。经过大约两个半小时的车程，我终于抵达了目的地——龙泉镇。学校位于半山腰，还需要坐几分钟的摩托车才能到达。当我走进学校时，我的内心感到一丝凉意。校园很陈旧，往上走是三幢陈旧的楼房，操场上的杂草有半人高。看到这一切，我难免感到困惑和犹豫。但是，当我走进办公室时，校长热情地迎接了我，并和蔼可亲地介绍了学校的情况。他鼓励我做一块发光的金子，这份热情像春风一样吹走了我内心的失落和犹豫。我决定留下来，并告诉自己，选择教育事业是正确的，越是艰苦的条件越能锻炼自己。

上课的第一天，我走进教室，拂去讲桌上的尘土。面对孩子们一双双渴求知识的眼睛和一张张稚嫩天真的面孔，我很快就融入了他们的世界。乡村的孩子们似乎对一切都充满了好奇心，我和他们一起体验着单纯和纯朴带来的快乐。他们每一声“老师好”都是对我作为教师的尊重和喜爱。孩子们像小鸟一样围着我问个不停，我也情不自禁地和他们一起谈天论地。他们甚至会告诉我一些我不知道的知识，他们的学习态度感染了我，促使我不断学习和充电，以更好地教导他们。

当然，作为一名特岗教师，我也经历了许多不适应。刚到这里时，一切都显得那么陌生，我曾感到无法融入这里的环境。每次打电话回家时，我都会忍不住痛哭流涕，甚至有过放弃的念头。但现在回想起来，我庆幸自己坚持了下来。如果当时放弃了，我就错过了一次宝贵的锻炼机会。

在头两年里，我教授的是自己的专业——体育学科。两年后，由于学校教师紧缺，学校领导安排我包班小学一年级语文、数学并兼任班主任。当我真正成为一名班主任时，我才深刻体会到在这里工作的教师是多么伟大和可爱。这里的教师工作量巨大，往往身兼数职，既是班主任，又可能兼任其他科目的教师。在我看来，我们的教师既像是班级的领导，又像是班级的母亲，同时还要承担许多琐碎的事务。

教师工作虽然累，但也充满了快乐。在这里，孩子们不仅给我带来了欢乐，更让我深受感动。在我的班级里，大部分孩子都是留守儿童，他们长期和爷爷奶奶生活在一起。有一件事我至今都记得很清楚。那是在 2014 年秋季，接近期中考试的时候，我给孩子们出了这样一道题："假如你家有五口人，有十个鸡蛋，每个人能分到几个鸡蛋？"我原本以为，对于六岁的孩子来说，这个问题应该很简单。然而，当孩子们写答案时，我惊讶地发现我在黑板上的题目写错了，我把十写成了一。于是我决定，就这样吧，看看孩子们会如何回答。孩子们的答案五花八门，然而有一个孩子的答案至今仍然深深地震撼着我。她答道："每个人能分到一个鸡蛋。"

我很好奇，便凑近问她为什么，她怯生生地站起来，却响亮地回答："对呀，我家每人都能分到一个鸡蛋。"其他小朋友都愣住了，有的小朋友连连摆手说不可能。她解释道："假如我家有一个鸡蛋，爷爷一定不会吃了它，因为他知道有病的奶奶一定很想吃，他会留给奶奶的；但奶奶也不会吃，她会留给她的宝贝孙女——我；但我也不会吃，我想留给妈妈，因为妈妈一个人操持家务太辛苦了；但是妈妈也一定不会吃，她会留给爸爸。爸爸外出打工，这一年来每天在工地上干很累的活，却从没买过鸡蛋吃。所以，我们家每个人都会有一个鸡蛋。"

教室里顿时一片寂静，我甚至听到几个孩子开始抽泣。后来我从其他老师那里了解到，这个孩子的家庭非常贫困，是精准扶贫对象。我被深深地感动了，孩子们的沉默震撼了我，孩子们的答案唤醒了我，我有什么理由不坚持？我有什么理由去抱

我被深深地感动了，孩子们的沉默震撼了我，孩子们的答案唤醒了我，我有什么理由不坚持？我有什么理由去抱怨？我一定要将我的爱传递给这些孩子。

怨？我一定要将我的爱传递给这些孩子。

时至今日，孩子们那期待的眼神、天真的笑脸仍然常常浮现在我的眼前。这种无声的力量推动着我，让我在工作中体验到了作为一名乡村教师特有的无穷乐趣。类似的经历让我深深感到我十一年前的选择是正确的，我将继续留下来，深深品味这里的每一刻，与学生们共享生活中的苦与乐。

第五章

用心用情做好家校沟通

本章导读

四川省教育科学研究院　李存金

教育部等十三部门出台的《关于健全学校家庭社会协同育人机制的意见》指出，家校社协同育人是教育高质量发展的重要一环，学校在家校社协同育人中应该发挥主导作用。学校要在家校社之间架起桥梁，及时沟通学生情况，加强家庭教育指导，用好社会育人资源。

家校合作对于乡村学校而言更是至关重要。乡村家庭由于经济基础、社会和文化资源条件有限，在子女教育方面更需要学校的引导和支持。因此，对于乡村广大教师而言，日常工作中的一个重要内容就是家校沟通。

本章的十三篇教育故事，有教师个体层面对特殊儿童、特殊家庭的关心关怀，也有学校层面为增进家校联系进行的实践探索。一篇篇鲜活的故事为我们呈现了家校沟通的诸多细节，展现了乡村教师用心用情做好家校沟通的教育情怀，也让我们得以思考当前乡村学校在家校合作方面面临的现实和挑战。阅读这些案例，使得我们更加了解乡村教师的付出和坚守，他们不仅是知识的传递者，更是学生成长的引路人，为学生成长提供着全方位的关怀。阅读这些案例，也让我们对家校合作有了更直观的理解，只有保持与家庭的密切交流，教师才能更全面地了解学生，从而更有针对性地进行教育引导。从这个意义上说，我们可以认为，解决教育问题的方法往往蕴含在家校沟通中。

在家校沟通合作中，家庭的积极配合也至关重要。习近平总书记曾多次论述加强家庭家教家风建设的重要性，强调家庭是人生的第一个课堂，父母是孩子的第一任老师。家长要尊重学校教育安排，尊重教师的创造发挥，配合学校做好孩子的教育，同时要培育良好家风，给孩子以示范引导。因此，我们也呼吁广大家长积极参与家校互动，主动学习家庭教育知识，配合教师做好孩子的教育工作。尤其是要带头减少使用手机等电子产品，增加家庭阅读时间，营造良好的家庭氛围，与学校形成教育合力。

有些故事　想讲给你听

广元市朝天区特殊教育学校　李登艳

走在时光深处，所经人事犹如星光，有的明亮，有的隐约。总有一些人，在不经意间走进我们的生活，成为前行路途中的同伴，成为我们最牵挂的亲人。

——题记

送教上门[①]，为没有条件到学校就读的适龄重度残疾儿童送教到家，是朝天区特殊教育学校多年来一直承担并坚持的教育任务。六年来，五个送教小组翻山越岭，不畏寒暑，为数名特殊儿童送去了教育的福音，为家长提供了诸多残疾儿童居家康复及家庭教育方法指导，同时，也积极引导家长走出心理误区，乐观阳光地面对生活。多年来，作为送教活动参与者的我，没有娓娓动听的故事可讲，没有出类拔萃的业绩可写，但有过激情奋进，有过感同身受，有过怅然若失……有过颇多的感慨感悟。今择其心得一二，与大家交流分享。

那时的感受，他人都不会懂

“两个孩子生下来都挺正常，就是到了该走路的年纪时老是站不稳，腿部支撑不起身体。当时以为孩子学会走路的时间可能晚点，就没重视，后来发现不是我们想的那样。”我们三位教师坐在巧儿家租住房门口，静静地听巧儿爸爸讲两个孩子的病情，边听边观察着这一家人的生活环境。

说是住房，实际上只是一间深长的门面房。一间大屋子，中间用一张绿白相间的

① 送教上门是保障不能到校就读的适龄重度残疾儿童少年接受义务教育的重要举措。送教上门的对象为不能到学校就读、年龄在 6—15 周岁的义务教育阶段重度残疾儿童少年。

塑料彩条布隔开，彩条布扯得又平又直，在右侧面剪了一个类似门的形状，外面是厨房，里面是一家四口的住宿区。

“诊断结果到底是什么呢？”左老师着急关切地询问着。其实我们都很疑惑，两位家长瞧着健康，为何两个孩子都有同样的症状，巧儿和哥哥不但无法站立，就连饭盛多点的碗都端不稳。“我们俩确实身体都正常，后来两个孩子都查出是肌无力这是基因问题，医生说我和他妈妈均携带隐性遗传病基因，两人组成家庭，下一代就会出现这种问题，像我们这样的情况是极为罕见的。当我们花了所有积蓄，依然被告知这种病无法医治时，那时的感受……”巧儿爸爸轻叹一口气，幽幽地说道：“唉，你们都不会懂。”

二十多岁的哥哥成天坐在轮椅上玩手机，年仅十一岁的巧儿羞涩腼腆地静坐着，陪我们听爸爸讲故事。从孩子发病到四处求医未果，再到羊木[①]租房打工维持一家生计，我们详细了解了这个家庭所经历的种种不幸。我们听得压抑难受，心底是满满的无奈和心疼。

有一次，出差到羊木，因空余时间尚多，我就顺便到巧儿家坐坐，想看看孩子，巧儿妈妈热情地接待了我。

“这么热的天，下午凉快了可以带他们俩到街头河边转转呀，不然他俩老待在家里。”聊天时我建议道。

“我不喜欢带他们上街，你不知道，每次上街，都有人像盯怪物一样盯着我们看，有的人还不停地指指点点。”

“在这里住这么久，街坊邻里都知道孩子情况，应该不会有什么特别反应吧？”

巧儿妈妈顿了顿，向我讲述了一件过去的事情。

那天天气很热，兄妹俩将轮椅都移到门口坐着，两个路过的老太太打老远就盯上了俩孩子，边走边对孩子指指点点，同时不忘交头接耳地谈论。心疼孩子的母亲实在忍受不了，发疯似的将坐在轮椅上的巧儿推到了两个老太太面前，说道：“你们不是没见过吗？现在让你们好好看，看个够，来，好好看看！好好看看！”

两位老太太被突如其来的情况吓呆了，驻足数秒后赶紧溜掉。但同样被吓坏的，还有年幼无知的巧儿，她不明究竟地被母亲推到人前，那一刻，一直伪装坚强的母亲也深深受到了伤害，无力保护她。打那以后，巧儿妈妈就很少带孩子出门了。

---

① 羊木镇，隶属四川省广元市朝天区。

“街坊邻居都认识了，看我们的眼光都正常，就怕遇到不认识的人。没有几个人能用善意的目光看孩子，孩子都大了，也在乎别人的眼光，当妈的也没办法阻止别人看。为了不让人笑话，只好少出门。我发火，我崩溃，我的心情，谁人能懂？”

找准症结，正视心理阴影

常言道：幸福的家庭都相仿，不幸的家庭各有各的不幸。相比其他特殊儿童的家长，巧儿爸妈算是更痛苦的。别人家的俩孩子至少有一个是健康的，唯独他们是两个孩子都没有治愈的希望。

作为家庭顶梁柱的巧儿爸爸开朗乐观，能够理性对待目前的境况，但巧儿妈妈一直无法走出心理阴影，直面现实。也许她意识不到母亲这种自卑自闭心理会慢慢传递给孩子，从而影响孩子的自我评价与社会认知，所以，我知道她需要有人来帮助她。有些话题私下沟通效果可能会更好；有些转变，需要以真诚做媒，用善意引导。

要解开家长的心结，首先要找准导致心理问题的原因。毫无疑问，两个孩子的特殊病情是父母思虑最重的问题。农村人多迷信因果，认为长辈作恶太多会报应到后代身上，巧儿父母也相信这套，但他们又不明白为何自己从未行恶，孩子却落下如此重症。为人父母，谁不愿自己的孩子健健康康？我理解家长的想法，与他们交流时，有意识地引导他们摒弃封建陈旧思想，科学理性地认识这种罕见疾病。我也告诉他们，能成为一家人是注定好的缘分，家人相亲相爱，互相扶持照顾，孩子没有叛逆行为，大人没有大灾大病，就已经是幸福了。

“人有旦夕祸福，月有阴晴圆缺，每个人的生命中都会遭遇一些无法逃避的灾难或考验，只是表现形式不一。”与巧儿妈妈聊天时，我尽可能找些宽慰的话讲。为何不愿带孩子出门？原因无非两点，一是怕人嘲笑，对孩子造成伤害；二是自身心理问题，自卑感作祟。将孩子放在家里不让其接触外人，在他们看来是在保护孩子，但我提醒道：“长期这样发展下去，他们会认为自己是你们的负担，是你们抹不开的面子，可能会有些扭曲的心理，比如否定自我，不愿融入社会，会变得自卑、胆怯。作为父母，一定要为孩子作榜样，给他们勇气，让他们像正常人一样，该怎么生活就怎么生活。”孩子父母最终将我的话听进去了。

互相信任，攻克消极心理

“可以带巧儿上街逛逛吗？”送教时我小心翼翼地询问家长。带孩子出去，事关家长情面，所以必须得到家长同意，尤其是巧儿妈妈这样敏感型的家长。也许是我们的尊重和善意打动了她，巧儿妈妈不但同意我们带孩子出去，还主动要求作陪。一路上，孩子非常兴奋，在轮椅上提速，扬言要与我们赛跑。在超市里，巧儿表现得彬彬有礼，超市服务员都不停夸奖她。我们为她买了一些零食，孩子眉眼含笑。

趁着孩子的高兴劲儿，我们又与巧儿妈妈聊起了带孩子参加社会活动，提高其生活与交往技能的问题。一方面，我们让她观察孩子的活动表现，分析孩子的心理想法；另一方面，我们告诉她社会人群虽然复杂，但绝大多数人心都是积极向善的，同情和关怀弱势者依然是文明社会主流，很多时候我们的敏感多疑，实质上是自我误导。

又一次带孩子上街，是与巧儿母子三人一起。两个孩子各自推着轮椅走在前面，我们并肩走在后面。巧儿妈妈告诉我，自从我们送教上门后，巧儿便时常念叨，期待我们再来。巧儿妈妈还说，自我们陪着孩子出去溜达后，孩子常要与她一起出门，说这是李老师给家长布置的任务，为了完成这项任务，她也常带孩子上街。

我很欣慰能得到孩子的信任，也感怀家长在短期内的一系列转变。孩子的生理障碍导致家长产生的消极自卑心理是需要很长时间来消除的，但从家长的言谈举止中，我感受到其心理和行为都在向积极方面发展。这种细微的变化来之不易，其中有孩子的支持，有家长的自我意识革新，也有我和两位送教老师的一份努力。我想，只要我们一直努力，只要家长时刻有清晰认知，那么孩子的心必将是积极阳光的，他们的生活也将是充满幸福和期待的。

你们的故事，我们都懂

巧儿爸妈，因为巧儿，我们有了联系；因为送教上门，我们有幸聆听了你们家的故事。这么多年，你们的精神世界没有被相继生病的孩子打垮，反而对他们疼惜呵护，关爱有加。这么多年，面对少数人的偏见，你们没有怨恨报复，只是默默地为孩子撑起保护伞。你们的绝望无助我们能够体会，你们的无奈畏惧我们感同身受，因为这是人与人之间、兄弟姐妹之间最基本的爱护和理解。

孩子与我有缘，常会借空闲时间主动与我联络。每次送教后回来，打开微信，都会收到孩子第一时间发出的问候："李老师，你们到家了吗？""李老师，谢谢你给我买的东西。"我的女儿与巧儿年龄相仿，看到她我就会想到自己的孩子，看到自己的孩子我也会常念起巧儿。这种彼此之间的惦记，充满了温情和回忆，与亲情无异。我相信，这些特殊的经历和感受将继续伴随我们走向明天，走进更好的未来。

作为父母，一定要为孩子作榜样，给他们勇气，让他们像正常人一样，该怎么生活就怎么生活。

班级无小事　德育是关键

资阳机车天池希望小学　江东升

在我刚接手五年级（3）班时，刚开完开学教师大会，就有好心的同事们来提醒我："你班里有一个叫小勇的同学，是全校出了名的调皮蛋，你要注意点。"曾任这班音乐老师的同事告诉我："他不但自己不遵守纪律，还鼓动其他'军心不稳'的学生扰乱课堂纪律。"曾任这个班英语老师的同事告诉我："这个学生太让人头疼了，每次上课都扰得全班同学不安宁，我每次想到要上他们班的课时就觉得头疼。"还有同事告诉我，他不仅在自己班上扰乱纪律，还欺负其他年级的同学，以前班主任请他的家长来了学校几次，但都不管用。我一一谢过了同事们的好心提醒。

开学第一天，我向同学们做了自我介绍，随后进行点名，逐一认识了班上的每一名同学。紧接着，我们开始了开学第一课——"立规矩，树形象"班会课。没有规矩，不成方圆；没有纪律，教育教学活动将无法顺利进行。在班会课上，我强调：我们五年级（3）班是一个大家庭，五十多名同学来自四面八方，能够汇聚在一起是一种难得的缘分。我们将在一起度过小学时光，这是一生中难能可贵的情谊。尽管同学之间难免会有一些小磕碰，但只要大家相互包容、相互改正，就能够维系友好的朋友关系。同时，我也强调了师生之间要相互尊重，学高为师，身正为范。如果学生在课堂上不尊重老师，那又怎么能学到真知呢？每个同学来到学校的初衷都是希望成为好学生。作为新班主任，我会将大家视为好学生，并欣赏他们各自的优点。我相信我们班会成为一个优秀的班级。随后，我在墙上贴了一张"你追我赶"的评比表。第一列是姓名，第二列是纪律，第三列是学习，第四列是文明礼仪，第五列是卫生。然后，由同学们投票推选了班干部，并明确了各自的职责。第一天下来，一切都平安无事。同学们在课堂上都表现得非常认真，适应开学的节奏也很快。

放学回到家，大约六点十五分时，我突然接到了一通电话："喂，你是江老师吗？我们家小娇一回家就喊肚子疼，到现在都还疼。我问她，她就一直哭，我气得要打她，她才说了原因。她说在放学路上，班上的男同学踢了她的肚子。"我回答道："那你马上带她去医院，告诉我踢她的男生的名字，我也马上赶来医院。”随后，在去医院的路上，我通知了那两位男生的家长，并叮嘱他们把学生一起带到医院来。我赶到医院时，看见小娇同学坐在走廊上，捂着肚子，脸上挂着泪珠，她看见我，想向我打招呼，我摆了摆手。她妈妈看见我来了，第一句就是：“老师你来了，谢谢你能来。”我说：“这是应该的，那两位家长随后就到。”

“江老师呀，小娇说，班上男生经常在放学路上欺负女生。”

“那为什么不早向老师反映？”

“反映了，最初老师还要管，管了之后男生还是要打，甚至还威胁说，再告诉老师，还会打得更凶，所以不敢说，今天回来不哭得这么厉害，我还不知道，也不会给你打电话，也不知道你会不会管。”

我说：“这些事情，作为班主任，我是会管到底的。”

这时，护士叫小娇进去检查了。不一会儿，两个男生和家长都来了。小娇的检查结果出来了，还好没什么大碍，家长看了后，也松了口气。下面就该解决问题了，小娇家长说：“我女儿没事就好，我一个人在家带她，她爸爸和哥哥都在外打工，真有什么闪失，我也不想活了，我只希望你们家长管好孩子，以后不要再欺负她了。检查费我也没指望你们出。”听着这番话，谁心里都不是滋味，都是为人父母，谁不担心自己的孩子。也许两位男生真意识到了错误，都惭愧地低下了头。我说：“既然大家都是为了孩子好，都希望自己孩子向善向优，那就得敢于承认错误，敢于承担后果，改正错误。”我把眼光投向了两位男生，他们到小娇和家长面前道了歉。

两位男生家长表示：“我们一接到老师电话，回去就批评了孩子。如果不是老师嘱咐我们不要动手，我们差点就打了他一顿。既然是我们孩子惹祸，我们商量了一下，决定两家各出一半的费用。”

“小娇的家长有什么意见？”我问道。

“我们听老师的。”

“好吧，就按男生家长们说的办吧。”

于是，双方家长当面支付了费用，道别并各自带着孩子回家了。在回家的路上，小娇和她家长追上我，对我说了许多感激的话。我也对家长说：“为了避免此类事再次发生，我希望你放学能来接孩子。”晚上回到家，已接近八点半了。开校第一天总算结束了。

第二天一早，我来到学校，快到教室的时候，一个男家长堵在教室门口质问我：“你是五年级（3）班的班主任吗？”我回答：“是的。”他又问：“你到底管不管你们班上的学生？”我问：“怎么回事？”他气愤地回答：“你班上的男生每天放学都欺负我女儿，你们老师是怎么管的？”我冷静地说：“家长，请冷静一下，我是新来的班主任，让我了解下具体情况……”他没等我说完，就打断我说：“还了解什么，他们都欺负我女儿几年了，你管不了，我去找校长。”说完，他就朝校长办公室走去。这时，小玉走过来，低着头说：“那是我爸爸。”我又问：“那你说说是怎么回事？”她回答：“是小勇他们，放学在路上经常说我们坏话，故意吐口水，捉弄我们。然后我爸昨天正好从成都回来，在路上碰见了他们，他们就跑了。”

过了一会儿，家长和校长也过来了。校长看了我一眼，对家长说：“这位老师是新来的，昨天才接手这个班，对班上的情况还不太了解。不过我相信她能够处理好这件事，请家长也相信她。如果处理不好，您再来找我。您看这样行吗？”家长说：“那好吧，看在校长的面子上，我就暂且相信你。但如果这些男生敢再在路上欺负我女儿，我就要到班上来收拾他们。”说完，家长就走了。

虽然家长的话听起来让人不太舒服，但听了校长的话，我心里有了底气。在课堂上，我发现小勇时不时瞄我一眼，然后又缩回头左右扫视，再看看告状的女生。这些举动尽收我的眼底。第一节课完后，我回到办公室，打电话请了小勇的家长。不一会儿，小勇妈妈来了：“老师，刚才我还在地里干农活，没来得及回去换衣服，你莫[①]见笑。”“不会的，你这么及时地赶来，可以看出你对孩子的关心。”

小勇的妈妈连连点头：“是啊，老师你说到我心坎上了。我都快四十了才生的他，怎么可能不关心他呢？可他就是太不听话了，老师经常叫我来，他经常惹事，我都来得不好意思了。我们家里也教育了他，罚跪，用皮带打，有时还吊起来打，但都不管用，过两天又惹事。昨天他回来还说‘老师说的，每个学生在老师眼里都是好学生’，我们还在笑他。”

“听你这么说，可以看出他从心底还是希望成为大家眼里的好学生。今天请你来的目的，不是为了批评你们家长，也不是让你们回去再打他一顿。我们老师也视学生如子，请你相信每一个学生我都不会放弃。但这需要家长的配合，你们愿意配合吗？”“老师，有你这话我就放心了，我们当然愿意。”于是，我把情况对小勇妈妈说明了，然后说了我的处理策略，她欣然答应，连声说着“谢谢”离开了办公室。

① 方言，意思是不要。

接着，我把小勇请进了办公室。

“小勇，你知道今天早上来的是谁的家长吗？”

他点点头，然后低下了头。

“那你还记得老师昨天上午在班会上说的话吗？”

“记得。”

“那就好，请你反思一下自己昨天下午做得不对的地方。”

他睁大眼睛盯着我，沉思了一会儿，然后说：“我不该在路上说她们的坏话。她们朝我吐口水，我就吐回去，她们起哄说我打她们，我就去追打她们。老师，其实我也没想过要欺负她们。每次她们都说我做坏事，有时候不是我干的事情，她们也要赖在我身上，把我惹急了，我就只能反抗。”

“昨天的事情已经发生了，你现在觉得应该怎么办？能承认错误吗？”

“能，我写保证书吧，当着大家的面念出来。”

“好，敢作敢当，希望你能知错就改。那你现在下去写吧。”

接着，我把昨天那几个女生也请进了办公室，对她们说：“昨天下午的事情，你们先说说自己有没有什么做得不对的地方吧。”其中一个女生用惊讶的眼神看了我一下，然后吞吞吐吐地说：“我们不该说他坏话，不该嘲笑他，不该朝他吐口水。”

“如果他向你们承认错误并道歉，你们能原谅他吗？”

“能，但是我们担心他下次还会继续欺负我们。”

“为什么？”

“因为他以前就是这样，每次欺负了我们，只要我们告发他，他就会在下次变本加厉地打我们。”

“那我们就试着再相信他一次吧！”

第三节课，小勇拿着保证书走上了讲台，开始念了起来。念完后，他向大家深深地鞠了一躬，然后把保证书交给我，回到了座位上。我一看那字，唉，恐怕只有他自己才能完全认识吧。我向班长示意，她走到评比栏前，给他在纪律项下扣了一分。我接着强调，看来我们班上的男生是敢于承认错误、知错能改的，是有责任有担当的。不过，我也要求女生们应做到自尊、自重、自爱、自律。在出现矛盾时，一定要冷静，要学会换位思考，先找自己的不足，这样大事就能化小，小事就能化了。放学后，我带着班上的队伍出了校门，果然看见几个孩子的家长都来了，他们在远处等孩子，我向他们用眼神打了下招呼。

一周过去了，每天课上课下，我都在有意地观察着学生们的表现，从这几天的作业情况来看，那几个经常惹事的孩子基础知识掌握得很不理想。上课时抽他们读课文，他们半天读不出来。

“老师，他不认识字呀。”

“认生字可以借助拼音呀。”

“老师，他连拼音都不会认。”

我张大了嘴巴，马上又闭上了。

“既然是这样，那为什么大家不帮帮他们呢？帮他们补起来不就会了吗？”我把目光投向了他们的同桌，说：“我们也不用舍近求远，就从同桌开始吧。”

课后，我把这几个同桌叫到一起来商量，根据他们同桌的特点制定了具体的辅导计划和帮扶办法。

两周后，我向英语老师询问了最近在我班上英语课的情况。她回答说：“哎呀，我本来就想来找你的，你们班现在英语课纪律可好了，尤其是小勇，他不仅不再捣乱，还举手回答问题。江老师，你真是太有办法了。”我也询问了体育和音乐等学科老师，都得到了很好的反馈。

一个月后，我召开了家长会。在会议上，我首先向家长们汇报了一个月以来孩子们的表现和成绩。我肯定了各学科教师的配合，以及家长们的支持和信任。接着，我向家长和学生们提出了希望和要求。会后，小娇妈妈过来找我说：“老师，真是太感谢你了，开始几天我去接了她，现在她不让我接了，说没有同学欺负她了，她不用担惊受怕了。你真是说到做到！”没想到小勇的妈妈也在等着，她说：“老师，我按你说的做，果真管用，我们没打他，每天关心下他，鼓励他，他反而听话了，回来主动完成作业，还在认真地读拼音之类的。老师你的付出我们是看见的，我们肯定会继续支持的。”一学期下来，我们班的流动红旗居然最多。

苏联教育家玛卡连柯认为：即使是最好的儿童，如果生活在组织不好的集体里，也会很快变成一群“小野兽”。班主任的工作不只是培养学生的知识，还要注重培养学生的德行。正确的人生观、世界观是影响他们一生的关键，所以，重视德育是教育之本。

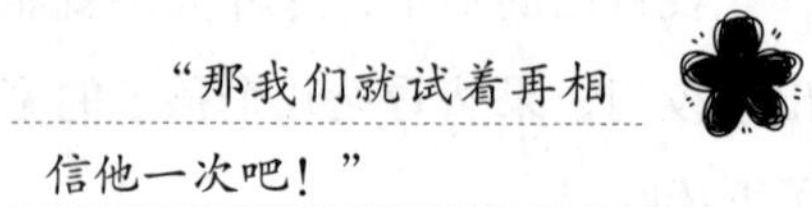

以师爱为导　换生以诚心

成都市新都区木兰小学校　张　敏

2019年的秋季学期，刚刚结束产假的我，接受学校的工作安排，离开之前熟悉的班级，担任另一个班级的语文学科教学和学校部分后勤工作。

这是个刚上五年级的班。虽然我有着较为丰富的教育教学经验，但由于不再是班主任，这帮姑娘小子们自然不会太买我的账，加上我和他们共处的机会不多，彼此之间少了一份灵犀，多了一层隔阂。当看到作文本上的“我们的语文老师很少和我们聊天，她总是在忙”这一句话时，我意识到，是时候以爱为导，去换取孩子们的真诚之心了。

一天，班主任刘老师告诉我，班上的一个叫小玉的姑娘偷了同学的书，班上同学都传她是小偷。“怎么会是她？”我的脑海中立刻浮现了那孤傲的小眼神——

小玉是个不幸的孩子，母亲在她四个月大时便离家出走，不再过问。但她又是一个幸福的孩子，父亲为了让她放心，至今未再娶。家里就奶奶、父亲、她三人。不幸的身世和长辈的宠溺让她养成了既敏感又高傲的心性。课堂上寡言少语，小小的眼睛里充满了倔强和不屑。怎样才能让她坦诚地说出实情呢？我决定和刘老师一起了解事情的真相。

放学后，我们将她和奶奶都请到了学校。和奶奶交流后，我们知道奶奶确实没有拿钱给小玉买书。她的书的确来路不明。怎样才能不触动她敏感的内心，又能赢得她的信任，让她主动说出实情呢？于是，我邀请小玉单独在教室里聊一聊。

这是一个非常机灵的小姑娘，口齿伶俐，思维敏捷，并且自尊心极强。聊天中，我知道她很爱自己的父亲和奶奶，明白家人为她做出的牺牲和努力。我循循善诱地问她：“如果家人知道你犯错，会怎么样？”她沉思片刻：“会很伤心！”我顿了顿，决定试一试。“班上最近有传言说你拿了其他同学的书，我不相信流言，我只相信你说的话，你能告诉我是真的吗？”我把手轻轻搭在她的背上。她看了看我，垂下了眼睑，音量降了下去，但仍旧很清晰：“老师，确实是我拿了同学的书，我想看看那本书。”果然是一颗倔强的心，可这颗倔强的心居然为我敞开了，我有什么理由不爱护它？

“你是一个爱书的孩子，我也爱，书的主人也爱。古人说‘书非借不能读也’，可见借来的书读起来更为珍惜，更有效率。我们当然可以借读，但不是不告而借，你说呢？”我盯着她的脸蛋，真诚地对她说。白皙的小脸蛋上，那排长长的睫毛跳动了一下，她问：“老师，同学们会讨厌我吗？”“不会的，相信我！”我轻轻拍了拍她的肩膀。

第二天，丢书的同学的书桌抽屉里突然出现了那本书，而小玉手中仍旧持有相同的书。面对这两本一模一样的书，同学们也迷糊了，流言也渐渐消失了。“孩子们，我们已经在一起学习四年了。我们是一个集体，更需要相互关爱、相互分享，希望同学们能好好珍惜这段同窗之情，团结互助，共同进步。”在我讲述这段话时，我发现小角落里的那个身影坐得端端正正，听得格外认真。

这一端正便是整整一年。这一年里，我从未发现她在语文课堂上有过半点走神，那倔强的眼神也逐渐变得柔软。同时，她的字迹也越来越工整、娟秀，语文成绩也有了显著提升，经常名列班级前茅。课余时间的她，喜欢和好朋友们一起探索书中百味，或画自己喜欢的卡通人物，那白皙的脸上也越来越多地有了发自内心的笑颜。

以爱动其情，以诚换其心，以志树其人。看着这一次次的笑脸，我想，用一次“护短”，换得一个孩子的信任，帮助她明晰做人的准则，有什么不值得的呢？

一年的时光一晃而过，由于班主任刘老师外调，我便接过了班主任相关工作。有了一年的磨合，我和孩子们之间多了一份熟悉，但还谈不上默契。作文本上那句话言犹在耳，我决定一定要多陪陪这群孩子。

六一儿童节的前一周，一个孩子告诉我，小雨在用小刀划自己的手腕。我内心大惊。这怎么可能？小雨不是别人，正是我过去一年以来好不容易培养起来的语文课代表。这是一个十分乖巧的小女孩，担任课代表以来，一直都兢兢业业，语文成绩也有了显著提升。听说她的父母最近在闹矛盾，究竟是怎么回事？

下课后，我邀请小雨到办公室，在我的再三劝导下，小雨终于露出了自己的整个手腕。小小的手腕上从上到下排列着长长短短二十几条刀痕。真是触目惊心！我一边心痛，一边责怪自己竟是如此马虎，没有发现孩子的异常。

小雨看见我紧皱的眉头，反而不自在起来，她故作轻松，拉下了袖子。“张老师，没什么，我划着玩的。”“胡说！”我生气了：“有谁拿自己的生命开玩笑的？这难道不疼吗？”她笑了笑：“不疼。”我更加生气了：“你不疼，我看着心疼！”也不知道是不是这句话戳中了她的心事，豆大的泪珠从她眼中落了下来。我赶紧为她擦干眼泪，这才了解到了她的心事。

前一段时间，小雨的父母离婚了。妈妈获得了小雨和弟弟的抚养权。外婆看妈妈一人抚养两个孩子艰难，便劝妈妈趁年轻赶紧再组建家庭。小雨对此十分不满，她宁可和妈妈、弟弟、外婆就这么过着，也不愿意接受其他人做她的爸爸。母女俩因为这事，关系越来越僵，小雨也成了妈妈眼中不听话、倔强的孩子。

“所以，你用这样的方法来发泄自己的情绪？”我注视着她。她低垂着目光点点头。“身体发肤受之父母。你们从呱呱坠地，便被父母呵护着长大，有哪个做父母的愿意看到自己的孩子受伤？答应老师，不要再伤害自己了，好吗？”她勉强地点点头。

家校沟通，刻不容缓。趁着午间休息，我赶紧拨打了小雨妈妈的电话。电话响了很久，才有人接听。“小雨妈妈，您好。不好意思打扰您，请问您知道小雨手臂上的刀痕吗？”“我知道。”电话那头传来了令我不解的回答。还没有等我回过神，小雨妈妈说起了自己的难处：“小雨最近这段时间就像变了一个人，我说什么她都不听，不让她玩手机她就生气……”这显然不是事情的根本原因。家丑不可外扬，大概小雨妈妈是顾忌着这个，于是我继续耐心倾听。待到小雨妈妈陈述完了之后，我试探着问道：“她爸爸对此有什么意见呢？”电话那头停了几秒：“张老师，实不相瞒，我和她爸离婚了……”原来，是小雨的爸爸染上了赌博恶习，忍无可忍的小雨妈妈提出了离婚，并争取到了两个孩子的抚养权。

作为两个孩子的妈妈的我，深知这份争取背后的艰辛，也能理解小雨妈妈想再组建家庭的意愿。“小雨说，她宁可你们四口就这么过着。就这事，你有征求她的意见吗？”我将小雨的心事告诉了妈妈。“其实我是知道的，所以我现在暂时也不计划这事了，把孩子管好了再说吧。”言语中，她也充满了无奈，我感受到了一个乡村单亲母亲的坚强。

放学后，我和小雨有了第二次谈话。“一个母亲，要抚养两个孩子，不是一件容易的事，需要多大的勇气呀！”我尽量用孩子能理解的方式去告诉她母亲的艰辛。“如果你对妈妈有什么意见，能不能和妈妈好好谈一谈？给妈妈写一封信，或者写写日记，将自己的感受写出来。”她沉默着。“可是不要用这样的方式来惩罚自己。伤在儿身，痛在娘心。你们小时候，哪怕是磕着半点，当父母的都心痛万分，何况是这么多的伤口呢。”她的眼睛再次湿润了。“更何况，你是一个女孩子，嫩嫩的手臂上有伤痕容易感染，一旦感染了，不能恢复，疤痕就会留在手臂上一辈子，穿裙子都不好看了。”她抬起头，还挂着泪花的眼睛里有了一丝担忧。“老师，我看已经有一些在结痂了。”我不禁被这孩子的童真逗得破涕为笑。“哪里嘛，还有那么明显的伤口。下周就要‘六一’汇演了，可不能带着伤去表演啊。”她擦擦眼泪，郑重地说：“我保证，不会带伤去表演的。”

皮肤的伤痕可以愈合，可心里的伤痕愈合了吗？我以老师的爱，换来了孩子的一番诚心承诺。可是，亲人之间的爱，孩子还需要更多的理解。我想，我应该将这份爱传递给家长，让不善言辞的家长，也能将深埋于内心的爱转化成孩子能理解的模样，去感受，去传承。

在我讲述这段话时，我发现小角落里的那个身影坐得端端正正，听得格外认真。

特别的爱　给特别的你

雅安市汉源县九襄镇小学教育集团第二小学　高友琼

和她的相遇，注定是一种缘分；和她的相处，注定是一份责任。

我要将特别的爱，献给特别的你——小雨。

特殊的学生

我们一年级有两个特殊的孩子，都是智力残疾的孩子。分班的时候，小雨被分到了我们班。其实我早就对这个孩子有所耳闻，她是重度智障儿童[①]，见人只会用踢、打的方式打招呼。她一刻也离不开大人，从早到晚必须有一个家人看管着。这样一个孩子，要来做我的学生，我都有点害怕。还好，她的妈妈主动要求陪读。我悬着的心终于放了一半下来。

特别的表现

小雨长得眉清目秀，两个大大的酒窝嵌于两颊，身高比同龄孩子高。乍一看会觉得她跟一般的孩子没什么差别。记得第一次升旗仪式，她站在我们班的队伍里，高举着几个核桃，大声嘟哝着什么。好多同学的目光都集中到了她身上。入学近一年来，她从没叫过我们一声“老师”，高兴的时候会叫上一声“孃孃”[②]。见到老师最爱问的一句话就是“我妈呢”或是“我爷爷呢”，要不就是“我爸呢”“我奶奶呢”，在班上与同

---

① 智障儿童是指智慧明显低于一般水平，在成长期间（即十八岁前）在适应行为方面有缺陷的儿童。根据世界精神科分类手册第四册（DSM-IV），智障人士在以下的生活范畴中有两项或以上相对于同文化同年龄的人发展得迟缓——沟通、自我照顾、家居生活、社交、使用社区资源、认路、学术、工作、余暇、健康及安全，就可给与认定。

② 四川方言，指阿姨。

学打招呼，经常将男生错叫成“姐姐”，也经常将女生错叫成“弟弟”。

小雨的妈妈几乎是全职陪读。所有该小雨完成的学习任务，妈妈全部为之代劳，还义务帮小朋友削笔，帮老师扫地，是老师的得力助手。小雨成天和妈妈坐在一起，她不会说话，不会用笔，只知道将书翻来覆去地看，一本书被她翻得只剩几页了。她还将书一个劲儿往地上扔，将文具盒里的笔倒得满地都是。她一边搞破坏，妈妈一边帮她打扫战场。但是妈妈的忍耐也有限度，实在受不了了，就施行“武力镇压”。从入学那天开始，母女俩每节课都会发生一场或是几场“战争”，常常搞得两败俱伤：母亲愤怒地望着孩子，嘴里不停地责骂着；孩子边哭边擦眼泪，整张脸没有一处是干净的。母亲此时便会掏出纸巾，用力地给孩子擦眼泪、擦鼻涕。看到这一幕，我的心里涌起的是酸楚，是怜悯。我也曾不止一次地劝说小雨的妈妈，别那样对孩子，可她却总是无奈地摇摇头：“不收拾她不行啊，她是听不懂的。”可我真的不愿意我的学生受到来自母亲的这种惩罚，我想要帮她摆脱这种生活。

特殊的教育

我搬来一张桌子，将母女俩分开坐。开始，孩子非常不习惯，总是在两张桌子间来回跑动。有时去拿书，有时去拿文具盒，甚至会把书从一张桌子扔到另一张桌子上，或者对着她的母亲嘟囔，不清楚她在说什么。课堂纪律被她完全破坏了。这时，我感到很失望，这种方法虽然减少了孩子挨打的机会，但其他孩子却被她影响了。我应该怎么办呢？不过，我发现小雨非常怕老师。在她每一个举动之前，她总会偷偷地看我。此时，我只要眼睛一瞪，她就会埋下头，乖乖地坐一会儿。然而，即使她坐着，也会非常不安分。她的脑袋左右晃动，手不停地在桌面和桌下抠动，或者用食指去挖鼻孔，然后再放进嘴里。这些行为常常让我觉得非常不舒服。每当这时，我会狠狠地看她几眼。为了不让她离开座位，我让她的母亲远离她。这时，小雨只能无助地望着自己的母亲。有几次，我叫她，她甚至不理我。她一定生气了，一定在责怪我把她们母女隔开。但是我想我必须坚持这样做。在我有空的时候，我会坐在她旁边，教她看一些简单的图画，教她说一些简单的词语。经过反复训练，她能正确指出花、草、树、瓜等简单的事物了。偶尔，她还会跟着我说出一些事物的名称。此时，我会笑着对小雨的妈妈说：“好好教教小雨，她也会学到一些东西的。”听到这些，她的母亲便会露出久违的笑容。

自从母女俩分开坐后，小雨在课堂上再也没哭过。很多时候，她还会坐着傻傻地发笑。尽管她偶尔还是会在课堂上自言自语，影响到我们上课，但至少小雨是快乐的。孩子们和我都为她感到高兴！

小雨和我渐渐熟起来了。一走到她的桌子前，她会屁股一移，手指座位，让我和她一起坐。一到下课，她会跑来跟我说"Bye"！在操场上遇到我，她会大声叫"孃孃"，直到我答应她为止。只要穿上新衣服，她就会笑着在我面前炫耀。每每这时，一个老师的教育成就感就会油然而生。我让孩子们轮换着陪小雨玩，刚开始时，小雨很是排斥，同学只要叫她的名字，或是伸手去牵她，她就会向同学吐口水，或是狠狠地打人家，惹得孩子们气呼呼地跑来告状。此时，我会说，那是小雨在尝试与你们友好相处，只不过她还不懂得如何表达友好，我们需要耐心地教她。平时，我也会和孩子们一起带小雨玩。慢慢地，小雨开始接受其他孩子了。一下课，会主动跑去牵小朋友的手了。小雨在孩子们的陪伴下，快乐地成长着。

特有的效果

就这样，在老师、家长和同学们的努力下，这个被认为是"傻瓜"的孩子，每天按时到校，按时放学，从不缺席，从不早退。升旗仪式上，她虽然很想东张西望，但会一声不吭地坚持下来；课堂上，虽然什么也不知道，但她也会自娱自乐地坚持下来。

后来，小雨一次神奇的表现，可以说让我、让全班、让她的妈妈都震惊了。这学期，我们采用单人单桌的方式进行平时测试。在测试过程中，我点了一个同学的名字，突然发现小雨在指着那个同学。开始我并没有太在意，但后来又叫另一个同学把字写工整，小雨又指向了这个同学。我开始怀疑小雨是不是认得他们。我想这可能只是巧合，但又很好奇，想当场考察一下。于是，我接连点了几个同学的名字，让小雨指认。令人惊讶的是，小雨竟然全都指对了。我们大家都非常吃惊。我把全班小朋友的名字都点了一遍，小雨一个不差地全部指认正确了。我简直不敢相信，这样一个连笔都不会握、话都不会说的孩子，会认人了？

我继续考察小雨，但结果更令人震惊。她竟然知道每个小朋友的名字。我激动得跳起来，赶快给我的搭档打电话，在电话的那一头，她也很激动。教室里更是沸腾了，孩子们都说："小雨认得我了，小雨认得我了！"小雨的妈妈简直不敢相信自己的眼睛和耳朵。原来，小雨不傻，她很聪明。我们师生都更有信心了。我们陪她玩，陪她笑，陪她一起学规矩，陪她一起感受学校的快乐，陪她一起感受人间的温暖。

小雨，你是我十多年教育生涯中遇到的一个最特殊的孩子，我想在我们相处的每一天，给你特别的教育、特殊的关爱。都说“精美的石头会唱歌”，其实你也是一块精美的石头，有我们一年级（2）班这个大家庭，我想，你也会慢慢学会唱歌，慢慢学会歌唱的！

教室里更是沸腾了，孩子们都说：“小雨认得我了，小雨认得我了！”小雨的妈妈简直不敢相信自己的眼睛和耳朵。原来，小雨不傻，她很聪明。

小轩的作业

泸州市合江县九支镇龙洞小学校　郑皓汶

本学期我新接手了一个班级，四年级（2）班，如今学期即将结束，许多同学都有了显著的进步。回想起刚接手这个班时，纪律松散、学习风气懒散、成绩落后，但通过耐心了解学情、用心与学生沟通、真心帮助他们，现在许多同学都有了积极的改变。其中最典型的就是小轩同学。

小轩，一个十岁的男孩，身材矮小，胖乎乎的，渴望变好但缺乏自信，喜欢耍小聪明但往往不成功。每次与同学发生矛盾时，他总是底气十足地去争吵，但每次都输。他绞尽脑汁地在作业中偷工减料，但每次都被我发现。同学们常常忽略他的存在，使他感到在班级这个大部队中，他就像是一名被边缘化的小兵。

“老师，其他人都交了作业，只有小轩没交。”星期一，英语科代表小洋同学手中抱着刚收来的厚厚一摞作业本，皱着眉头带着明显生气的语气告诉我。

“嗯，知道了，作业搁那儿，去吧。”我眼睛看向小洋的同时头往办公桌右上角的方向轻轻扬了一下，示意他放作业本的位置，他放下便转身离开了。

上课铃响起了，我走到四年级（2）班教室门口，腿还未迈进教室，就注意到小轩耷拉着脑袋，目光时不时瞟我一下，又迅速避开，整个状态把干了亏心事的内心波澜诠释得淋漓尽致。

“昨天的作业大多数同学都完成得非常好，只是有同学似乎忘了交作业。”我正在说这话的时候，小轩的小圆脸不知道什么时候变得红彤彤的，他不敢看我，但他知道我在看他，我没有当着全班同学的面点他的名字，但他知道我在说他，他的头更低了，似乎恨不得要把头埋进书桌的抽屉里。“忘记交作业的同学要及时补交。”我想了解小轩到底会不会自觉地把作业补交来，便简单地说了一句，没继续追究。

“老师，这是我的英语作业。”下午第一节课下课休息的时候，小轩拿着他的英语本来办公室找我，他说话的声音很小，想必是怕我批评。

“好的。”说着我便接过他的作业批改了起来。在批改他作业的过程中我的眉微微地皱了皱。

“小轩，你看这儿，我上周讲过的英语句子里单词需要大写的几个情形在这作业里都有，但你的作业里没有把需要大写的地方进行大写。”我略带严肃对他说。

“老师，我只能用下课的时间把作业赶上，所以写快了就没注意到要大写的地方。”

“这作业不是昨天的家庭作业吗？原来不是忘了交作业，而是回家没有做作业，现在赶出来的作业质量不高吧！”我的语气逐渐变得语重心长。

“嗯，老师，我不会再偷懒了，你相信我，以后我会在家里完成的，不会到学校赶作业的。”

我拉着他肉乎乎的右手，发现他拇指、食指、中指和指甲盖里附着着没擦干净的黑色墨水，我对他说：“好吧，这次我相信你，只要你说到做到，依然是一个诚实的孩子。就这样吧，去把做错的题目改好了再拿给我看，另外去把手洗一洗。”

他的脸又红了，带着害羞的微笑“嗯”了一声便离开了办公室。

一个星期后。

“老师，小轩又没交家庭作业。”星期一，英语科代表小洋又跑来告诉我。“嗯，知道了。”我应了一声，他放下收集好的作业本便离开了办公室。我刚要下楼去教室找小轩问他是怎么回事，这时小轩却自己在办公室门口等我了。

“老师，对不起，我想告诉你一个秘密。”小轩细声细气的声音从他肉乎乎的两片嘴皮里挤出来。

“嗯？”我很好奇的样子，让他觉得我对他的秘密特感兴趣。

“老师，其实我不做作业是有原因的，就是我爸爸妈妈都在外地打工，许久都不回来一次，我希望爸爸或者妈妈能陪在我身边，放学回家能让他们辅导我做作业，看着我学习。所以我才故意不做作业，这样他们就会担心我的成绩下降，他们就会回来陪着我了。”小轩说完“陪着我了”这四个字后缓缓低下了头不再说话，他在等着我的回应。

片刻，我没有说话，轻轻摸了摸他圆溜溜的头。

“小轩，你真的很在乎放学回家后爸爸或者妈妈能陪在你身旁这件事吗？”我继续轻轻地对他说：“老师愿意帮你！但你得答应老师以后一定要积极向上，努力学习。”

小轩用信任的眼神与我对视着问：“老师，真的吗？你准备用什么办法呀？”他的声音显得有些开心，又有些好奇。

“这你不用管，反正如果你的爸爸或者妈妈愿意回来陪着你，你就得专心地学习，不能再用类似不做作业这种办法来逼你的家人。”我再次用严肃的语气对他说。

“嗯，老师，你相信我，我一定会很努力很用心地去学习的！”他信誓旦旦地说。

当天晚上，我与小轩在福建的妈妈电话沟通，他的妈妈同爸爸协商以后，妈妈决定回来陪着小轩。小轩的妈妈也对我说，当初离开家外出打工挣钱的时候也很纠结，担心孩子没有父亲的关怀和母亲的温暖会成长得不好，其实她也不愿错过孩子的成长。所以，在那通电话挂断的第四天，小轩的妈妈便从福建回到了老家。

小轩终于跟妈妈团聚了，他妈妈回来的第二天早上，我刚进办公室，小轩就跑到我面前递给我一张折成了心形的纸条。

“老师，你不要拿给别人看！”他说完便迅速离开了办公室。我打开纸条看见里面写着：老师，谢谢您，妈妈真的回来了，我一定努力学习，认真完成作业。

自此以后小轩真的没有再出现不完成作业的情况，而且书写也比以前工整了，特别是在做其他学科作业的时候明显细心了很多，错误率大大降低，其他老师也向我反映这个孩子作业的质量提高了很多。

通过此事，我觉得孩子有时犯错不是他真的笨，而是有别的原因，需要我们当老师的用耐心和爱心去发现，然后再帮助和引导他。以后我会更多地去倾听学生的心声，了解真实的学情，用心去关爱每一名学生，努力做一个好老师。

“老师，对不起，我想告诉你一个秘密。”小轩细声细气的声音从他肉乎乎的两片嘴皮里挤出来。

敞开心扉 架起心灵桥梁

资阳市四川省乐至县高级职业中学 倪 杨

自大学毕业以来，我已从教八年有余，回首这几年，共担任了三届班主任。刚来到这所中职学校，我就开始了班主任的工作，一开始心里很忐忑，不知能否胜任这个工作。但在与一群天真活泼的学生斗智斗勇的过程中，我开始喜欢上了这个身份，并希望在我的带领下我班上的每位同学都能朝着好的方向发展，包括思想品德、行为习惯、知识学习，等等。在此过程中，我发现学生们和家长的沟通存在很大的问题，甚至有些学生十分讨厌父母，导致他们非常叛逆，从不听从父母和老师的教育，任性妄为。

有一天，2019 级的一位学生小海在与我交谈时说："老师，你比我爸妈还要关心我，非常感谢您！"听到这句话，我有些惊讶，询问她为什么会有这样的感受。原来她的父母在她三岁以后就常年在外打工，平时只是往家里寄钱，在与她交谈时也只是念叨她两句，从不尊重她的想法，导致她对父母感到厌烦。这种情况在我们乡村中职学校里非常普遍，很多父母因为生活所迫而不得不离开家乡和孩子，在外地工作挣钱，缺席了孩子的成长过程。这些父母在教育孩子时只是站在自己的角度，不曾看到孩子的优点，只是一味地指责孩子。他们从未想过通过心灵的沟通交流来了解彼此，从而达到良好的教育效果。对于这些问题，我也在思考如何更好地与学生家长沟通以助益学生的成长。

我回忆起与这位同学的初次交流，当时她向我询问是否可以去打暑假工。我向她解释了现在还没有放假，她可以选择放假后再去打工（注：2019 级新生在中考后，会在我们学校试读一两周，然后再放暑假）。她非常礼貌地回应我说："好的。"这次谈话让我记住了她，积极乐观，很有自己的想法，也很有礼貌。

然而，在与她妈妈的一次偶然交谈中，我得知了一个完全不同的她。据她妈妈说，在家里的她，从来不会主动与父母交流，总是待在自己的卧室里玩手机。即使与父母交流，她的态度也很不好，总是以争吵的方式结束沟通。当她的父母试图教育她时，她也采取不予理睬的态度。

针对小海妈妈和我说的这个情况，我私下找了她。通过交心沟通，我发现她与父母之间存在的最大问题在于沟通方式。母亲总是把批评唠叨挂在嘴边，她特别反感，不愿说出内心的想法。父亲则是个暴脾气，总是凶巴巴地说她，以至于她不愿与父母有过多的交流，甚至畏惧他们。我问她父母除了态度以外，对她如何，这孩子很懂事，她明白父母的不容易，她说父母在吃穿用度上从没有克扣她。其实她明白父母对她的关心，但是无法接受他们的说教方式。我问她："你有没有想过与父母认真地交谈一次，说出你内心的想法，以及对他们的爱？"她犹豫了一下，说："有想过，但是他们平时也不会听取我意见，觉得我说的都是错的。"

为了让小海和父母能够成功地认真沟通一次，我在2019年召开了一次家长会，这是我班上的第一次家长会，因此我特别要求学生尽量把家长都请来。开会当天，几乎全班家长都到齐了，只有一位家长因为特殊原因没有来。在这次家长会之前，我给学生们布置了一个任务，让他们给自己的家长写一封信，主题是"想说的话"，内容就是学生们平时不敢跟家长说的话，包括不满的、感谢的，等等，都可以写进去。很意外，平时不喜欢写文章的同学都很认真地写着，全班同学都很积极地准备了一封封信。家长会当天由于时间原因，我没有请家长们现场打开，便特意嘱咐他们回家后再自行打开孩子的信。

家长回家看了信后，都感触良多，许多家长都有和我反馈。小海的妈妈给我的微信发了一段感谢的语音，她说："倪老师，真的非常感谢您，感谢您把小海教得这么好，她写的信我看了，她写得很好，我很感动，她平时从来都不会与我主动说点什么的，信里面她说了很多感谢我的话，也说了对我们平时对她的教育方式，她的看法是怎样的。我们书读得少，没文化，不会教育孩子……"我也给她回了消息："小海妈妈，您好，其实您家孩子是个非常不错的孩子，通过我对她的观察，她做事细心，积极认真，有正义感。对于你们家长她也是很尊敬的，她知道你们生活的不易，也知道平时你们的唠叨是对她的关心，但是同时也畏惧你们。其实你们平时多听听她的看法，尊重她，就能走进她的心灵，更有利于你们的关系，也有利于你对她的教育……"自此后，小海同学与父母的关系缓和了许多，不再是一交流就起争执了。

这个故事给了我很多启发，我认为加强问题双方心理疏导，提升沟通技巧，是处理孩子心理问题的关键。

一方面，我通过多次与家长网络沟通、面对面交流，强调父母与孩子沟通的技巧。在与小海的妈妈交谈过程中，我给了她一些建议：第一，换位思考。站在孩子的角度，更容易与她交心，更容易走进对方的心。第二，深入了解。去了解她理想的家庭环境是怎样的，从而为她营造良好的家庭氛围。第三，善于倾听。听听她内心的想法，尊重她的友谊。第四，关爱心灵。孩子始终是缺少爱的，作为家长，不仅要给予物质上的关爱，还要给予他们更多心灵上的关爱。第五，学会放手与信任。每个孩子都是块金子，都有自身发光的地方，都有属于自己的人生。我们要给予孩子机会，让他们不断锻炼自己，发挥特长，培养自己的能力，帮助孩子独立成长。

另一方面，我也通过与小海同学多次私下交流，让她学习掌握与父母有效沟通的方式方法。第一，先理解父母，再沟通。学生在学习、情感方面都存在着许多压力，总希望得到家长的理解。但事实上，家长们也存在各方面的压力，甚至远大于学生。我们应该学会感激、学会理解。第二，了解沟通的重要性。家长们都有“望子成龙，望女成凤”的美好愿望。只是，家长把愿望强加成了我们的压力。我们希望家长对自己有信心，需要家长的鼓励，这就需要我们掌握好良好的沟通方法，明白沟通的重要性。第三，注重方式方法。作为子女，要了解父母，孝敬父母，主动帮助父母做一些事情，在此过程中我们可以适当地与父母交交心。遇事不逃避，要主动道歉。当被父母批评或责骂时，不要急于反驳、发脾气，而是要试着倾听完父母的想法。第四，主动沟通。主动把自己的想法告诉父母，这样的沟通才更长久，更有效。第五，沟通需要时间。沟通不要急于求成，“心急吃不了热豆腐”，沟通需要慢慢来，方法不对就不要继续，下次换种方法尝试。比如面对面易起冲突，那就改为信件方式，说出心里话。

有一天，一个陌生号码突然给我发来了短信，我一看就知道是谁，就是小海的家长。我看了内容甚是欣慰，也为他们感到高兴。

家庭教育是国民教育体系的重要组成部分，是社会和学习教育的基础、补充和延伸。然而现代社会的许多家长和孩子的交流都存在隔膜，有些孩子不愿与家长沟

“倪老师，真的非常感谢您，感谢您把小海教得这么好，她写的信我看了，她写得很好，我很感动……”

通，甚至厌恶对方，彼此间的矛盾冲突不断。家庭教育不顺利会直接影响学生的学习，从而无形中给学校教育增加困难。作为教师，要做好学校教育，首先要帮助家长形成良好的家庭氛围，从而完成良好的家庭教育。

沟通，不只是语言的表达，不只是人与人之间的言语。沟通是敞开心扉的交流，是心灵与心灵的碰撞。只有使学生和家长双方敞开心扉，架起心灵的桥梁，才能达到有效的沟通，才能实现良好的家庭教育。

“老大”的烦恼

成都市新都区竹友小学　钟家玉

在我从事乡村小学教育工作三十一年的经历中，我时常听到老师们抱怨现在的学生越来越难教，家长们也普遍反映现在的孩子越来越难管。这些年，特别是随着二孩政策的实施，一些新的情况和问题也随之浮现。

我班上有接近六十个学生，很多都是家里的“老大”，随着国家生育政策的变化，近几年添了弟弟妹妹。很多家长工作之余忙于照顾“老二”，压缩了对“老大”的照看时间，平时也都是爷爷奶奶管理教育孩子。了解到这些情况，我心里真是有说不出的担心，担心爷爷奶奶溺爱，担心父母疏于管教，从而影响到他们的心理健康。教师的责任感驱使我用心去关注、教育他们。

记得开学的第一个星期，一名女同学L就引起了我的注意。课堂上，她不是低着头搞东西，就是发呆。从不主动举手发言，也不会和同学交流。作业经常不按时完成，特别是家庭作业本有时会出现浸水、皱巴巴、被撕烂的现象，有时甚至连本子都消失不见了。下课时，别的小孩子都喜笑颜开，和同学说说笑笑，胆子大点的还会来找我讲自己的新发现、自己的故事。她却坐在位置上不出去玩，闷闷不乐，脸上没有孩子应有的天真烂漫。这孩子是怎么了？直觉告诉我应该找她好好谈谈。

可还没来得及找她聊天，她的同桌就气鼓鼓地来办公室告状，说L抓他，自己都不知道什么原因惹到她了。我来到教室，看到她坐在座位上直抹眼泪。抓了人还委屈得不行？我让她跟着我去办公室，她却不声不响，倔强地不肯动。我再次叫她，旁边的同学也帮忙拉她，但她还是不动。我很好奇，想知道她为什么这么倔强。于是，我走近她身边，拍拍她的肩膀，轻声说：“走吧，有什么委屈给老师说说，老师帮你解决问题。我不会批评你的。”好说歹说，她总算起身，跟我磨磨蹭蹭地来到了办公室。

我让她和同桌分别说说是怎么回事儿，同桌刚开口说了一句“不晓得”，她就对着同桌声嘶力竭地吼：“你啥子不晓得哦，你就是故意的！你已经很多次这样了！”同桌一脸茫然地望着她。一个那么笃定，一个不明所以。这是怎么回事儿？

“那你说说，他故意对你做了什么？”我看她那么激动，轻轻拉过她的小手，握着。慢慢地，她平静下来，抽噎着诉说了自己的委屈。原来，同桌在写作业的时候，手臂摆得宽，占了她的桌子，她就把同桌的手臂抓出了几道红痕。

我看向同桌："有这么回事吗？"同桌不好意思地点了点头，并赶紧向她道歉，并保证以后不会发生这种情况了。

我心想：孩子，多大点儿事啊，非得用武力解决吗？在我的示意下，她抽噎着，小声地也对同桌说了一声"没关系"，可眼中依然充满了委屈且带着些许恨意的泪水。这孩子咋那么拧啊？还没释然？我让她的同桌先离开，依然握着她的小手，轻轻刮了刮她的鼻子，笑着说："不哭了啊，快成丑花猫了。"慢慢地，她停止了哭泣，我和她聊起来。

"你以前都挺文静的，和同学相处愉快，现在怎么因为这么点事儿就抓人了？"

"心里烦得很。"

"嗯？心里烦就抓人啊？动手抓人是不对的哦。"

"就是弟弟太讨厌了，每次我做作业，他就要影响我，一会儿跑来抢我书，一会儿跑来抓我的本子，把本子给我弄得乱七八糟的。"

"你和你爸爸妈妈说说啊！"

"多一事不如少一事啊，和他们说，还不是骂我。不如不说。"

我愕然，一个不到七岁的孩子怎么会说出这样的话？

"我学习的时候，弟弟就跑来想我和他玩。我不同意，弟弟就会大哭，爷爷奶奶总认为我在欺负弟弟。他们只晓得维护弟弟，弟弟啥子都比我的安逸[①]，买的吃的弟弟先选，他吃完了还要来抢我的，爸爸妈妈就只晓得骂我，说我不让着弟弟。玩具只给弟弟买，我想要就不给我买，还找理由说我都这么大了……"

"他们只爱弟弟，不爱我。"

孩子心思敏感，父母长辈的一言一行都会影响到他们的心理状态。孩子似乎找到了倾诉的对象，打开了话匣子，一股脑儿地说着心中的委屈。

"老师找你爸爸妈妈谈谈，让他们依旧像以前那样爱你。"

她的眼中一缕欣喜一闪而过。

"但你也要像以前那样活泼可爱哟。"

她点点头，脸上露出了一丝笑容。

---

① 四川方言，指好。

“你笑起来真好看！”

她高兴地离开了。

看着她离开，我陷入了沉思。这何尝不是众多“老大”的缩影啊！曾经集万千宠爱于一身的“老大”们从弟弟妹妹降生的那一刻开始，就少了许多优越感，开始变得焦虑、恐惧、担忧、无措。二孩家庭中“老大”的心理健康问题不容忽视。作为教师，尤其应做好这些孩子的心理健康辅导。教育家苏霍姆林斯基说：“最完美的教育是学校与家庭的结合。”于是我立即与其家长沟通，说出孩子心中的委屈和情绪变化。

经过沟通，我了解到家长对于大孩子的情绪反应感到意外，他们以前也从未关注过这一点。以前每次小儿子一哭，他们就认为是女儿在欺负弟弟，不让着弟弟，就会不分青红皂白地把女儿训斥一顿。听了我反映的孩子的情况，家长又惊又痛。

“其实不是故意的，但经常不小心就会偏向小的。”

“我们只觉得孩子越来越不听话，脾气越来越犟，越来越怪，却从没站在孩子的角度去想过，我们忽略了女儿的感受！特别是孩子的爷爷奶奶，仍然有一丝重男轻女的心理。我们也不好责怪。有时明显是小儿子的错，也会偏袒，从不责骂，把小儿子宠得有点蛮横不讲理，一不如意就撒泼打滚……以后，我们会特别关注大孩子的情绪，也绝不会纵容小孩子了。”

是啊，人总会习惯性地让大孩子让着小孩子，而让大孩子感到很委屈。想想，大孩子也还是孩子啊！看到家长终于认识到自己的疏忽给大孩子造成了心理上的阴影，有了改变的决心，我心中松了一口气。

父母与孩子心灵的沟通是实施良好的家庭教育的基础。但是在乡村，很多家长缺乏与孩子交流的意识，有的不知如何同孩子进行思想交流。很多家长说自己很少和孩子谈心，并不真正了解孩子，不知道孩子心里的想法。这一点说明目前乡村家庭教育确实存在着许多问题。很多乡村家长甚至认为，让孩子吃得好、穿得好，满足了孩子物质上的需求就是尽责了，学习教育是学校和老师的事情，自己当起了“甩手掌柜”。可他们不知道“家庭是孩子的第一所学校，父母是孩子的第一任老师”，不知道家庭教育的缺失所造成的孩子心灵的扭曲和性格的孤僻、任性、倔强是很难纠正的。

一天放学，我看见L帮助班上一名腿脚残疾的同学W背书包。第二天，我在班上点名表扬了L，我让全班同学给了她鼓励的掌声。我从她的眼神中发现了她的高兴。在这天的语文课上，我欣喜地发现L勇敢地举手发言了，尽管她答的问题很简单，但她能主动发言，可见她的心理开始拥有阳光了。虽然只是一点点阳光，但我相信，从今以后L不再是一个闷闷不乐的小孩儿，而是一个快乐的，充满阳光的孩子。从这堂课之后，我开始找机会表扬她，她的每一点进步我都会肯定，在课堂上我也总是给她展示的机会。几节课下来，她已经完全改变了，恢复成了以前活泼、自信的样子。

L的转变给了我很大的感触。我在班上找了一些晋升为哥哥姐姐的孩子进行了一个小调查，有这些问题：爸爸妈妈更爱谁？你喜欢弟弟（妹妹）吗，为什么？爸爸妈妈不上班的话在干什么？调查结果不容乐观。

他们心中大都觉得爸爸妈妈更爱弟弟（妹妹），希望回到没有弟弟（妹妹）的时候，就可以独享爸爸妈妈的爱了。爸爸妈妈不上班就喜欢搓麻将、打游戏，从不看书看报，也很少真正关心自己的学习，最多问一问考试没，考多少分，作业做完没，更不会辅导作业……

可以看出，现在很多乡村学校家长没能对孩子起到良好的示范作用，家长缺乏和孩子一起学习的兴趣，家庭学习氛围难以形成，在家庭教育方面心有余而力不足。“老大”们多会有严重的被忽视感，觉得爸爸妈妈不管他们。二孩政策施行至今，很多独生子女家庭变成了二孩家庭，这不仅仅是多了一个孩子的“养”的问题，还是两个孩子的“育”的问题。“老二”的到来会给“老大”心理带来不可预见的变化。父母在对待孩子时，很难做到不偏心。或者可以说，在父母的心里，他们认为自己对待孩子是公平的，然而在大孩子看来，他们却感受到了很多冷落和委屈。显然，多孩时代的到来对家庭教育理念和方法提出了更高的要求。尤其是对于乡村学校家长来说，他们更需要努力提高自身的文化素质，摒弃不良习惯，学习科学的教育方法，以适应时代的发展。在多个孩子的家庭中，孩子们如何相处，关键在于家长的引导。如果想要教育好孩子，家长对孩子的了解是必不可少的。家长应该认识到沟通的重要性，经常与孩子进行心灵的沟通，而且要公平对待孩子们，避免让孩子产生情绪上的丧失感。在物质上平等对待多个孩子是不够的，家长需要关注每个孩子的个性和需求。

另外，有事实证明，家长对孩子的性别偏好不利于孩子健康性格的形成。家长应该告别重男轻女的思想，对孩子们平等关爱，既不让男孩恃宠而骄，也不让女孩内心失衡。家长可以借着分享玩具、零食的时机，教会孩子体谅别人的需要，享受与人分享的喜悦，懂得分享的重要性。孩子们一起玩耍的时光能够增进亲情，让孩子在成长过程中感受到对兄弟姐妹情感的依恋，感受到家人的陪伴和家庭的温暖。

此外，家长应该积极引导“老大”树立榜样力量，从小培养责任感和担当精神。在帮助照顾弟弟妹妹的过程中，“老大”能够体会到作为哥哥姐姐的乐趣，充分感受到自己的存在感和成就感。

儿童心理健康的塑造需要家庭和学校协调配合，多措并举，关注细节，及时发现孩子的情绪和行为变化，用积极的方式引导，加强社会主义核心价值观的教育，努力让每一个孩子的心中充满阳光，让每一个孩子在爱的抚慰下快乐成长。相信家有多孩带来的是快乐而非烦恼，也会让整个家庭更加幸福！

曾经集万千宠爱于一身的“老大”们从弟弟妹妹降生的那一刻开始，就少了许多优越感，开始变得焦虑、恐惧、担忧、无措。

家庭教育烙印孩子的一生

凉山彝族自治州喜德县光明镇沙洛小学 熊邦菊

时光飞逝，回顾过往，唯见青丝间的白发。二十六年的乡村教育工作，早出晚归，我看着一个个奶声奶气的幼儿长高、变声，成为少年。在这二十六年的时光中，我见证了社会的发展，见证了乡村人民生活环境、家庭条件的改善，见证了学校的发展，看到人们对教育的日益重视。我多次穿梭于高山树林间，家访一个个孩子，我深切地体会到，社会的发展带来了家庭的变迁，而家庭教育对孩子的终身发展具有深远的影响。

过早离开学校的孩子，你还好吗

你看见过下午四点以后林间的阳光吗？

你听过林间雨落的声音吗？

阴天里，树林间的幽暗和静谧，你感受过吗？

二十多年前三月的一天，我随学生去找一个已经两天没来上课的学生。我们走在林间，时不时地交谈几句。山路曲折而没有尽头，路很长，走得久了，我们有些疲惫，都不说话。树林里很安静，茂密的松树林里，阳光透过树的缝隙照到林间的空地上，不时传来一声鸟鸣。

到了家访的孩子家里，穿过低矮的院门，走进土墙院子，我看见孩子正在院子里做事。看见我来，他笑着带我到屋里坐，屋里的一位老妇人也迎了出来。屋里很黑，屋子的中间有一堆火，火上煮着东西，孩子随我与妇人一同坐在火堆边。

我询问孩子为何不去上学，孩子不答，只是低着头拨弄着火塘边的灰。我劝孩子，已是六年级，自己成绩也还行，再过几个月，小学就毕业了，坚持读下去，才能走出家中的小屋，走出大山。孩子不语，旁边的妇人说着家中经济的困难、老人的年迈等。我等着，等着孩子答应我，明天一定到学校上课。可孩子只是看着我羞涩地笑着，那笑有点无奈，又有点认命。

太阳快要落山了。我走到院门前准备离去，孩子送我，我再次对孩子说着学习的重要性，再次询问他不去上课的原因。他嗫嚅了好久，才说家中已为他定好新娘，他要结婚了。

我看着眼前这个高过我的男孩，一时无言。是的，他是家中最小的孩子，唯一的男孩，也是家中读书最多的人。他的姐姐们，有的上过一两年学，有的根本没上过学，一直在家中劳作，然后早早地嫁了人。

如今，十五岁的他，父母已是五十多的人了，他必须担起家庭的重担，成家，赡养父母。我问他，好久结婚，他说，订了婚，还有半年多。我让他明天来读书，坚持把小学读完。他沉默了许久，终于点点头。我让他回去，不用再送我。我独自走在回学校的路上，看着太阳落山，看着晚霞布满天空，心中的无奈也如那抹晚霞塞满我的整个心房。

第二天，他来上课了，我很高兴，总希望他能多学点，希望知识能对他以后的生活多一点帮助。可是，这以后的课，他断断续续，时来时不来，并没有坚持上完。后来，临近考试的前两周，他又没来，我多次家访，他避而不见。那以后，我再也没见过他。

我在那个乡待了六年，六年里乡里通了电、通了水，生活条件比刚去的时候好了很多。每每看见因为家庭条件不好或是父母的阻止不能继续求学的孩子，我都很是心痛。我深刻感到乡村教育中家庭教育往往只有身体的抚养，却没有心灵的关注。我所在的乡村，每家基本都是三个以上的孩子，对于孩子的教育基本是放养，是顺其自然。我深知，这些坐落于大山之间的家庭，经济发展相对滞后；而这里每家每户都存在着让孩子早婚早育的传统观念，能够供孩子读完小学、中学的家庭已经凤毛麟角，更别提供孩子上高中、大学的了。在这些地区，教育往往是在解决好生存问题、家庭经济发展之后才被考虑的事情。

然而，教育是一个既宏大又具有深厚历史沉淀的存在，它涵盖了社会教育、学校教育、家庭教育等多个层面。而家庭教育作为其中的基础，是陪伴人一生的教育。每一次家访，我都试图说服家长，战胜眼前的困难，放弃眼前的利益，为了孩子的未来，让孩子多读一点书，可大部分时候，我只能无奈地离去。

我深知面对乡村教育的现状，我不能改变所有，但我依然想要尽自己的一点绵薄之力，让乡村孩子能多读一点书，让他们未来的路更宽一点，让他们能看到他们父辈没看到过的景色。我总是利用家长会、家访、路遇的交谈，告诉家长们教育于孩子们的未来是非常重要的。我想，家长只有改变对教育的认识，才能重视孩子的教育。

此刻，我又想起了那个孩子，想到他一身整洁坐在教室里聚精会神学习的样子；又想到他一身泥垢，站在院子里有些疲倦地笑着的样子……孩子，你现在还好吗？

令人尊敬的祖母

怀着深深的敬意，我写下这个小题目，因为，她真的是一位非常了不起的祖母。十多年前，我调到了一所村完小[①]任教，学校在村子中间，村里的小孩，小学就在村里上，中学就到县城去上。我所带的班级有一个个子瘦小而学习勤奋的小男孩。这个小男孩经常生病，却很少缺课，他专注而单纯的眼睛总是笑眯眯地看着我。我很好奇是什么样的家庭能让这个一直病弱的小男孩在学校教育中快乐遨游的，于是，一天放学后，我随这个小男孩走了半个多小时的山路到了他的家。

走进院子，水泥地面很干净，农具杂物顺着墙根摆放着，一位老爷爷正在墙角切菜。我们进门后，老人站起来，笑着。小男孩一边找凳子给我坐，一边告诉爷爷老师来家访了。老人走了出去，不一会儿，一位穿着整洁、说话爽利的老妇人走了进来，男孩看见了，叫着“奶奶”就扑了过去，牵着奶奶的手走到我面前。奶奶让我到客厅里坐，又忙着张罗做饭。我拉住老人告诉她，不用麻烦，我们说会儿话我就走。小男孩走到院子里，接着切爷爷没切完的菜，奶奶坐下来，我们随意聊着，在聊的过程中，男孩的爸爸、妈妈一直没有出现。我忍不住问男孩的奶奶，男孩的父母怎么不在？这才知，男孩的爸爸在男孩一岁多时就因病过世，男孩的爸爸有精神疾病，情况时好时坏，连自己都照顾不好。男孩是个早产儿，所以身体不是很好。男孩是爷爷奶奶带大的。

零零碎碎聊了一些男孩在学校的学习情况，也了解了男孩家里的情况，我就起身离开了。那以后，男孩的奶奶经常到学校来，有时给男孩送学习用品或是吃的；有时，男孩病得重了，就来跟我请假，我放学后就去看看。每一次去，男孩家里总是很整洁。老人和孩子都是干干净净，笑眯眯的。

小学毕业时，一直努力学习的男孩成绩很好，我再一次去男孩家，告诉他们我

① 指从一年级到六年级皆齐全的乡村小学校。

希望他们家能支持男孩去市里的重点中学就读。男孩的奶奶告诉我，只要男孩考得起，她就会让男孩一直读下去。奶奶说，她的女儿们一直都在扶持她的小孙子。我感叹老奶奶乐观坚强的精神，也感叹这个家庭的凝聚力，更感叹小男孩的幸运。

十多年过去了，我关注的这个小男孩经历了初中时母亲的突然出现和再次离去、祖父的离世，如今，备受生活洗礼的他已考上了大学，在大学里积极参加社会公益活动，服务他人并在大城市扎下了根。男孩没有父母的教导，却走出了一条截然不同的人生之路，是因为奶奶不离不弃的陪伴和支持、身边亲人和好心的社会人士的帮助。

这两个真实的故事就发生在我的身边。我感到欣喜的是，第一种故事已经越来越少，或者说，不再发生了；后一种故事却越来越多。二十六年的教学生涯中，我见过形形色色的家庭和家长，支持孩子读书的，大部分孩子的未来都不差。

当今中国社会飞速发展，乡村教育更是日新月异，但要更进一步提高乡村教育质量，有待于家长从心底意识到家庭教育的重要性，以及无可替代性，还有待于家长自身素质的提升，更有待于社会和学校的专业引导。教育的意义深远，家庭教育是人的教育的起始，影响人的一生。

此刻，我又想起了那个孩子，想到他一身整洁坐在教室里聚精会神学习的样子；又想到他一身泥垢，站在院子里有些疲倦地笑着的样子……孩子，你现在还好吗？

改变孩子从改变家长开始

雅安市宝兴县灵关中学　陈　霞

人各欲善其子，而不知自修，惑矣！

——清·张履祥《愿学记》

很多问题孩子的背后都有问题父母。孩子在某种程度上是父母的复印件，但很多家长并没有意识到自己的问题，反而一味地认为是孩子的问题，觉得孩子太不听话、太逆反，却忘记了自我反思。

记得去年我刚接手初一新生时，我带着满腔热情走进教室，对新进校的孩子们充满期待，看着一张张稚嫩的脸蛋，觉得他们非常可爱。然而，好景不长，几天后，科任老师纷纷向我反映，有一位张姓同学上课太爱讲话，他一讲话，后面几个同学就会跟他一唱一和，整个课堂就像菜市场一样闹个不停。

我听说后，并没有立即找这个孩子，而是观察了一下他的行为。我发现他上课总是坐不住，东张西望，不停地扭动着身体。如果是严厉一点的老师，他会稍微收敛一些，但仍然不听课，在座位上不停地做与上课无关的事情。一节课下来，他的桌子和抽屉就像垃圾场一样乱。下课后，他马上就不见了人影，直接去小卖部或者跑到其他地方去了，只有打铃了才能看见他的身影。

掌握这些情况后，我把他叫到了办公室。他进来后，我一站起来，他就立刻抱头转向一边。根据我多年的经验，我推测这个孩子可能经常挨打，所以他已经形成了条件反射，一见别人有动作就以为是要打他。我轻轻地告诉他："放下手，老师不会打你。"他有些害怕地看着我，想确认我说的是不是真的。我用眼神告诉他：没关系，你可以相信我。他这才慢慢地放下了手。

然后，我拉过一个凳子，让他坐下，与我平视，我想让他感到这里是安全的。我问他："为什么老师一站起来你就抱头呢？你当时是怎么想的？"他看着我说："我以为你要打我。因为在小学的时候，每次犯错误爸爸都会打我，我已经习惯了。"听后，我觉得这个孩子真的很可怜，于是又问："你和爸爸妈妈平时是怎么相处的呢？"他说："他们平时都早出晚归，周末也都是我一个人在家，自己看电视或者出去玩。如果被老师请家长，那我回家就会挨打。我觉得他们并不关心我的学习，即使我考得好也得不到他们的表扬。"

我问他："你是不是觉得他们不在乎你，不爱你？因为他们没有陪你，也不关心你的学习，只知道用体罚来解决问题。"当我用温柔的眼神看着他时，他流泪了，告诉我："是的，我其实很在乎他们是不是爱我，希望他们能多陪陪我。但我从来不敢说，因为在他们眼里，我就是个调皮捣蛋的孩子。"可以看出，这个孩子一直都在压抑自己，他没有倾诉的对象，也从未与别人分享过他的真实感受和期望。这次的对话似乎让他放下了戒心。了解到这些情况后，我认为问题的根源在于他的父母。因此，我决定与他的妈妈进行沟通，因为我担心如果他爸爸知道这些事情后会采取暴力手段来解决。

当他妈妈刚听完我描述孩子最近的表现后，立刻哭了。她说："他还是和小学时一样，总是坐不住，管不好自己。我知道我们的教育方式有问题，他爸爸的脾气很暴躁，一遇到问题就动手打孩子，有时候打得很凶，我已经劝过他很多次了，但他就是改不了。我们每天都要早早地去上班，晚上回到家已经很晚了，他爸爸就会一直看手机，基本不说话。孩子也不敢说话，如果他想要什么，只能不停用眼睛看我，我明白他的意思后，就会问他想要什么，然后给他……老师，你能不能教教我应该怎么做？我也希望孩子能变好，但我真的不知道该怎么办了。"

我不断递纸巾给她擦眼泪。我也开始明白了，为什么这个孩子在学校会这样表现。想来，他在家时感到非常压抑，只有出了家门才能放飞自我。他想要尽情地玩、尽情地说话，因为在家他几乎没有这样的机会。

我向孩子的妈妈解释了为什么我没有让爸爸来，还提到希望他们能改变与孩子的相处方式。我建议他们每天陪伴孩子做一些活动，这样孩子在家里有机会说话和释放能量，他在学校就会相对安静一些。同时，我也告诉他妈妈，如果遇到不知道如何交流的情况，可以通过微信告诉我，我会教她怎么做。

"今天回家后，试着表扬一下孩子吧。他很诚实，头脑也很聪明，如果他能用心学习，进步会很大的。不要再批评他了，尝试改变一下你们的教育方式。如果你们变了，孩子也会跟着变的！"

在这次交流之后，孩子在课堂上讲话的频率有所下降，变得更加专心了。每当孩子出现一些问题时，我都会告诉孩子的妈妈如何解决这些问题以及如何与孩子沟通。在与孩子交流的过程中，我也会鼓励孩子："你爸爸没有再打你了吧？如果爸爸都能改变，那我们小小年纪是不是更应该能改变呢？"

然而，教育并非一蹴而就，它是一个反复的过程。在这学期的后半段，这个孩子竟然在其他同学的数学试卷上写上自己的名字，并且还撒谎。这一次，我觉得可能需要让孩子的爸爸来一趟，因为我担心妈妈可能已经无法产生足够的影响力了。

等爸爸来了之后，我运用了心理学上的层层剥茧的询问方式，最后得出的结论依然是孩子与父母之间的相处以及他们的教育方式有问题——因为父母总是批评和打击他，所以他对学习产生了厌恶感，觉得自己无论做什么都是错的，这导致他在课堂上经常发呆，不想做作业。但是，如果父母能与他一起进行一些活动或给予他表扬，他就会变得非常开心和放松，觉得学习也没有那么难，可以认真地对待学习。换句话说，孩子的学习状态和在校表现完全取决于他与父母的相处情况，他的情绪波动得非常厉害。因此，他的学习成绩也相当不稳定，有时他能考到年级前三名，但突然之间又降到后面二十几名，然后又冲回前十名……

这次当着爸爸的面与孩子交流有两层意义。第一，我希望让爸爸看到我是如何与孩子沟通的，让他明白沟通是需要技巧的，而不是简单的批评、指责或使用暴力。第二，我希望让爸爸听到孩子内心的真实声音。也许爸爸看到孩子伤心地哭诉会感到心疼并进行反思，也许爸爸开始尝试学习与孩子更有效地交流，也许爸爸会更深入地了解孩子的想法，并逐渐增加陪伴孩子的时间……无论如何，这次交流之后，孩子明显变得更加安静和自觉了，他有了想要学习的动力。在期末考试前的几天里，他都安静地坐在自己的座位上认真地复习。

其实我班上还有好几个这样的孩子，只是他们的表现没有这个孩子这么突出。这些孩子让我看到，现在乡村学校的学生成长与家庭教育之间还存在着很多严重的矛盾与冲突，真正懂教育的家长很少，他们通常都是采用传统的说教、打骂方式，而不知道当代的孩子与以前的孩子相比已经发生了很大的变化。如果父母不改变他们的教育模式，一些好孩子也可能会因为家庭教育的不当而被毁掉。因此，我在管理班级的过程中，从教育孩子入手转变为了从引导家长入手。

我的经验与方法有五条。

第一，家长的教育观念需要转变。许多家长仍然持有陈旧的观点，习惯性地以长辈自居。每当孩子出现问题，往往倾向于采用简单粗暴的说教、打骂、批评、指责或给孩子贴上各种标签。然而，这对孩子的成长并无裨益。家长应当尝试与孩子平等相处，真正倾听他们的声音，设身处地地理解他们的感受和需求，让孩子感受到被尊重和被理解。只有这样，孩子和父母之间的关系才能得到实质性的改善。

第二，家长在教育孩子的过程中也需要掌握一定的技巧和方法。考虑到大多数家长并没有接受过系统的教育培训，我会根据不同阶段的需要向他们推荐一些相关的书籍，例如《正面管教》《叛逆不是孩子的错》以及《如何说孩子才会听，怎么听孩子才肯说》等。我还会组织读书分享会，让他们有机会交流阅读心得和育儿经验。

第三，走进孩子的原生家庭进行家访。看看孩子的成长环境里，哪些是有助于孩子学习和健康成长的，哪些是对他的成长无益的。同时也了解一下孩子在家的学习情况、生活情况、父母的管理情况等。只有全面了解孩子，才能帮助父母正确管理教育孩子，实现有效的家校共育，促进孩子的健康成长。

第四，邀请家长走进校园，促膝长谈。有时事发突然，需要家长配合；有时根据孩子的在校情况，需要家长的督促。根据不同的情况，可以让个别孩子的家长走进校园，促膝长谈。可以把孩子的作业、试卷、成绩等给家长看一看，帮助家长分析分析原因，想想办法，给家长一些可操作的建议。

第五，与家长积极进行线上互动。我在线上记录孩子们每日的学习和生活。通过图片、文字和视频的形式，父母们可以直观地看到孩子们在学校的点点滴滴。这让孩子们感受到尽管父母身在远方，他们对自己的关心和爱并未减少。当出现特殊情况时，家长们还可以通过微信与我私聊，讨论并学习如何更有效地教育孩子。此外，为了不断提高家长的教育能力，我每天都会在早上或晚上分享一个关于家庭教育的知识

根据我多年的经验，我推测这个孩子可能经常挨打，所以他已经形成了条件反射，一见别人有动作就以为是要打他。我轻轻地告诉他："放下手，老师不会打你。"

点，帮助他们持续学习，不断进步。

其实，当家长的教育观念不断改变，教育技能不断提高的时候，家长就在潜移默化中被改变了，家长改变了，孩子也就改变了，所谓的问题孩子、叛逆少年也就不复存在了。我要强调的是，没有不能改变的孩子，只有不愿或无法改变的家长。

家校携手，共同努力，才能共育幸福之花，共促孩子健康成长。

架心桥　解心结

成都市新都区木兰小学校　李燕群

今年是我在木兰小学校梁胜分校的第五年，五年的时间里，我带了四个班，接触到了各类学生家庭。这过程中，我时常深刻地感受到力不从心，因为每个班里都会有很多“问题”学生。不过，庆幸的是，今年我第一次从四年级开始接班，还有三年的时间，让我可以去尝试、去改变。

我所在的学校处于新都和成都中心城区的交界地带，很多家长选择外出打工，留守、离异家庭占了很大部分。每当我跟家长反映孩子存在的问题时，家长们要么回复我：“老师，我拿他实在没办法，打也打了，就是不听我的啊，麻烦老师管严点。”要么就是跟我倒苦水：“老师，平时我们都不在家，家里就爷爷奶奶带孩子，我们也没办法，我会跟孩子好好说说的，但还是希望老师管严一点，做错了该打就打，该骂就骂！”一次次的家校联系，我听到的是家长的无奈，听到的是家长对陪伴重要性认识的不足，听到的是家长对问题的逃避。

班上有一个女孩子 A，从我教她开始，我就发现她话不多，也不太爱笑，总是一个人默默地坐在座位上写作业。一开始我以为她只是性格内向了点，也没太在意。可是慢慢地，我就从她的作业看出问题来了，一是她做作业的速度总是落后于其他孩子；二是质量还不高，尤其是我提前布置要求回家去记的词语，第二天听写还会错很多。我开始思考，一般来说，这种平时寡言少语、默默做事的孩子，不太会偷懒，为什么她的作业会出这么多问题呢？于是，我开始在平时有意地多和她说话，在一个合适的时机，她跟我说了心里话：他们家有六口人，在家里，爸爸不过问她的学习和生活，爷爷奶奶带弟弟，也很少管她，家里唯一管她的人是妈妈，但妈妈要上班，所以管她的时间也不是特别多。而且妈妈的“管”每次就是催她做作业、关电视，她说最受不了的就是妈妈老是催她，她不喜欢被催。她觉得家里没有人喜欢她，有没有她这个人都可以。“妈妈越催，我越要慢”，听到她说这句话的时候，我可以明显地看到她抿得紧紧的嘴巴，还有她有点发红的眼睛。

看着这个女孩子，我心痛又惋惜。于是我开导她："你妈妈知道你内心的想法吗？"她摇了摇头说："没有说过，说了妈妈也不会听的。"我微笑着说："老师帮帮你吧，有老师的协助，你愿意和妈妈说说你的心里话吗？"她听了后顿了几秒，轻轻地说了声"愿意"。我暗暗地把这个约定牢牢地记在了心里。

班上还有一个男生 B，是一个离异家庭的孩子，爸爸妈妈离异后，他和妈妈、外婆生活。每天下午放学后，他都要等到晚上七点外婆收摊后再到学校接他。有一次课堂上，我表扬另一个孩子这学期书写和成绩都有了很大进步，说有爸爸管就是不一样。结果这一句话就引得男生 B 在一边抹眼泪，原因是他非常想有爸爸管他。还有一次学校运动会，他妈妈作为家长代表到校，他来找我说不想参加任何项目，理由是想和妈妈多待一点时间。我问他："爸爸妈妈知道你对他们的思念吗？"这个男生哽咽着说："说过一点，没用……说了也不会有用的。"这个孩子的隐忍让我心疼。

这两个孩子，一个的家长不清楚孩子真正需要什么，孩子也不理解家长为何一再对其提出各种要求；一个因为家庭的变故，缺少家长的关爱，独自承受着不该这个年龄承受的苦楚。如何才能帮助这些孩子，帮助他们和家长之间建立起亲子沟通的桥梁呢？我想做点什么，尝试打开孩子的心扉，让他们说出自己的想法；更想让他们感受父母的爱，理解父母的艰辛和不易；还想让他们大声说出彼此的爱，让爱消除矛盾与隔阂。

后来，我组织了一场家长会作为打破坚冰的突破口。第一步，让孩子们在家长会上表演了两场情景剧，活灵活现地再现了"开明讲道理的父母"和"急躁暴力的父母"这两种人物形象，在表演过程中，在场的父母从开始的被孩子逗乐，到专注地观看，再到紧蹙双眉陷入沉思，我知道家长们已经开始反思。第二步，在班上挑选了包括女生 A 和男生 B 在内的二十名平时和父母关系较紧张的孩子，在家长会上让每个孩子以"爸爸妈妈，我爱你，我希望……"的形式大声说出内心的想法。二十名孩子依次上台，从开始的不敢开口到最后泪流满面地倾诉，台下的父母也从开始的面带微笑到不住哽咽。整个过程，我并没有说多少话，但我感受到了温暖，我知道孩子和家长都在悄悄地变化着。

这之后，我又主持了一次以"感恩父母"为主题的班会，要求孩子们找出和父母的一张合影，讲一个和父母之间的故事。我在总结的时候告诉孩子们：每一刻，父母都是在用他们所知晓的最好的方式与你沟通，没有哪一位父母会存心伤害孩子。我们应该理解父母，如果有不舒服的地方可以跟父母讲。一节班会课很快过去了，但孩子们与父母之间的爱永久地留下了。

我知道，父母和孩子双方已经种下了爱的种子，但怎么让这种爱以正确的方式发芽和成长呢？我给那些有意愿改进亲子关系的家长发了一个指导亲子沟通的“高情商父母亲子沟通必修课”视频，希望家长能学会一些亲子沟通的实用技巧。我又建议孩子们回家和父母坐下来召开家庭会议，制订家庭和谐交流公约——“我们的约定”，可以对家庭交流时间、交流要求、交流内容、交流方式等做约定。在后续实施的过程中，我不定时地对这些家庭进行跟踪了解，大多都进展较顺利。但还是有很多家长遇到问题仍然会不知所措，打电话找我想办法。每次接到电话，我既会焦虑，同时也会欣喜，因为我知道家长们在遇到问题时不再是盲目粗暴地解决，这已经是不小的进步了。

在家长会后不久的一天，女生 A 和我说：“老师，我妈妈变了，她不再经常地催我做这做那了，而且还会问我的想法，我说了我的想法，她也不会劈头盖脸地骂我了……”男生 B 也和我说：“老师，我妈妈基本上每天都会给我打个电话，我好开心……”

影响一个孩子需要多久？改变一个家长又需要多久？或许需要一次促膝长谈，或许需要一次专家的演讲，又或许需要一年又一年……也许我的力量微不足道，但我相信只要一直努力、用心，就一定能走进孩子的心里，一定能带着家长走进孩子的心里。

二十名孩子依次上台，从开始的不敢开口到最后泪流满面地倾诉，台下的父母也从开始的面带微笑到不住哽咽。

一场教师与家长的“较量”

宜宾市市级机关幼儿园　周文羲

四年前我来到宜宾市南溪区的一所乡镇幼儿园，初出茅庐的我被委以班主任的重任。满怀教育热情的我，却在入职两个月后被家长的一句话伤得体无完肤，那句话就是：“老师不让我的娃儿读书！”说出这句话的是孩子的外婆，外婆口中的“娃儿”是一名四岁半的小女生，名字叫做小洁，是一个会把饭吃到头发上，不分时间场所站着大小便，在我的新教师见面课上用窗帘荡秋千的孩子。

本以为只要我真心实意地对待小洁，教她吃饭时的礼仪，为她洗干净沾满粑粑的身体，带着她融入集体，就能引导小洁走上正轨，然而经历了和小洁外婆的第一次“较量”后，我才发现孩子不是老师一个人的孩子，教育也不是老师一个人的教育。

入秋的一个早晨，我为小洁挽袖子洗手，猛然发现小洁手腕上面的皮肤溃烂了一大片。我连忙打电话给她外婆，她外婆因为摔伤住院，便让小洁的外公来接她。见到小洁的外公后，我建议他带小洁去看医生，并说明如果伤口没有传染性，等结痂后就可以考虑让小洁回到幼儿园。然而，小洁接连几天都没有来，我却听到有老师说，小洁的外婆在镇上四处宣称：“老师不让我的娃儿读书！”这个消息让我瞬间感到十分委屈，心想自己已经付出了很多，却得到了家长的“诽谤”。

在我感到迷茫和无助的时候，我找到了我的师父，向他倾诉了这件事。在师父的建议下，我决定和小洁的外婆谈一谈。在与小洁外婆的交谈中，她并没有承认对我的“诽谤”，而是哭诉着现在的外公并不是小洁的亲外公，他并不喜欢小洁两姐妹。外婆还提到，小洁的妈妈智力有限，爸爸也不怎么聪明，她自己的日子也过得很艰难。

听到孩子外婆的哭诉，我逐渐理解了她的处境。孩子外婆一直格外担心在幼儿园里，小洁可能因为表达能力有限而不受老师欢迎。这种担忧，使得孩子外婆在不清楚真实情况的前提下，误以为幼儿园不接纳小洁。我平复了内心的情绪，再次向孩子外婆阐述了我之前与外公沟通的内容以及我的初衷。我向孩子外婆强调，孩子能敏锐地感知家庭和老师之间的关系，孩子外婆对老师的猜疑和担忧可能会影响小洁对老师的看法，进而影响老师在孩子心目中的地位。而孩子外婆因这种不信任所表现出的行为，也会让老师感到困扰和伤心。谈话结束时，孩子外婆抹着眼泪告诉我：“你对小洁的关心和付出，我都看在眼里。”

这所幼儿园的午睡床是大通铺，尽管经过近三个月的努力，孩子们已经逐渐接受了小洁的不完美，但在午睡时，他们仍不愿与小洁睡在一起。在与几个小女生交流后，我了解到她们不愿与小洁挨着睡是因为小洁的头发太脏、太臭。

下午放学时，我委婉地向小洁的外婆提起了这个问题：“小洁的性格非常活泼，她的运动量相对较大，所以经常出汗，导致头发和衣服湿透。建议你在给她洗澡的时候顺便洗一下头发。”孩子外婆捂着嘴凑近我说：“老师，你知道吗？以前的张老师经常嫌弃我孙女身上臭，连头发都不给她梳。我其实经常给她洗澡的……”我打断了孩子外婆的话，告诉她问题不在于老师嫌弃小洁，而是小洁身上的汗味影响了她与小朋友的交往。孩子外婆听后停止了抱怨，并答应回家给小洁洗头发。

第二天早上，我看到小洁的头发被剪得很短，又细又黄的头发乱七八糟地贴在头上，周围的小朋友都用异样的眼神看着她。我摸了摸小洁的头，问她：“是外婆给你剪的吗？”小洁点了点头。对于孩子外婆来说，或许剪短小洁的头发已经是对老师提出的要求的最大配合了。我找来了小皮筋，把小洁的头发轻轻地扎起，并带她到镜子前，告诉她这样看起来很漂亮。小洁终于抬起了头。

之后，我和孩子外婆形成了一种默契：早上小洁散着头发来幼儿园，我会帮她梳头；如果她出汗了，我会提醒外婆给她洗头发。渐渐地，小洁身上的异味消失了，孩子们也不再排斥挨着她睡觉了。现在，在午睡时，小洁可以开心地钻进被子和小朋友们嬉闹，大胆地把头挨在旁边的小朋友身上，笑着进入梦乡。小洁也变得越来越信任我，会拉着我的手睡觉；会在我蹲下的时候一下子扑在我的背上；会拿她心爱的水彩笔在我手上盖小印章……其实小洁什么都能感受到，她心里什么都清楚。而我也在感慨，虽然有时候孩子外婆给出的并不是我最想要的回应，但对于从小生活在乡村，没有什么文化的外婆来说，她可能已经尽了最大的努力来回应我了。

在小洁学会简单地说“要”“好”“老师”这些字词后，她进入了对数字的敏感期。由于正值农忙，孩子外婆通常比其他家长晚些来接小洁。在等待孩子外婆的时间里，我会把孩子们的接送卡放入对应的卡槽中。起初，小洁只是在一旁玩玩具，但后来她开始站在旁边看我放卡片。于是我邀请小洁一起放卡片，发现她只认识自己的接送卡。因此，每当我放接送卡时，我都会给小洁看小朋友的照片，一边放一边说出学号。小洁从最初的观察我的口型，逐渐变成了模仿我的发音。令人惊喜的是，一周后，小洁竟然能和我玩 5 以内的“你问我答”游戏，例如我问瑶瑶是几号，小洁能回答出“1 号”。每次放卡片时，小洁也总是积极地抢着放前 5 号的卡片。

当孩子外婆第一次碰到我们在放卡片时，她静静地站在教室门口，等我们放完所有的卡片后，她问小洁：“你在帮老师放接送卡吗？”小洁点了点头，拉着外婆的手高兴地回家了。从那以后，孩子外婆每天都会耐心地等待我们完成这项工作。每当小洁说出一个数字或者模糊地喊出小朋友的名字时，外婆都会在旁边微微收拢手指，仿佛在记录小洁的进步。有一天放学时，我碰到孩子外婆带着两个孩子和朋友聊天。当朋友问孩子外婆为什么那么晚才回家时，孩子外婆自豪地说：“老师每天下午都在教我娃儿说话，她现在已经会说很多话了。”

在我因为孩子外婆的肯定感到高兴的同时，我也在想，如果孩子外婆第一次看到小洁和我一起放卡片时表现出的是不耐烦或不理解的态度，我还会继续让小洁参与放卡片吗？但值得庆幸的是，为了小洁的健康发展，我和孩子外婆彼此理解并信任对方。

《幼儿园教育指导纲要（试行）》明确指出：“家庭是幼儿园的重要合作伙伴，我们应该本着尊重和平等的原则，努力争取家长的理解、支持和积极参与。”但在实际工作中，我们往往会发现，由于年龄、文化程度和教育理念的差异，家长尤其是祖辈家长与教师之间经常会出现一些误解。家长可能认为教师高高在上，而教师可能认为家长在无理取闹，这导致双方逐渐产生抵触情绪，并在背后抱怨。在这种情况下，教师应该主动站出来，以平等的态度与家长沟通，通过实际行动让家长看到教师的付出，并通过孩子的进步让家长转变态度。只有这样，双方才能在一次次的互动中逐渐建立信任和共识，从而真正促进孩子的发展。

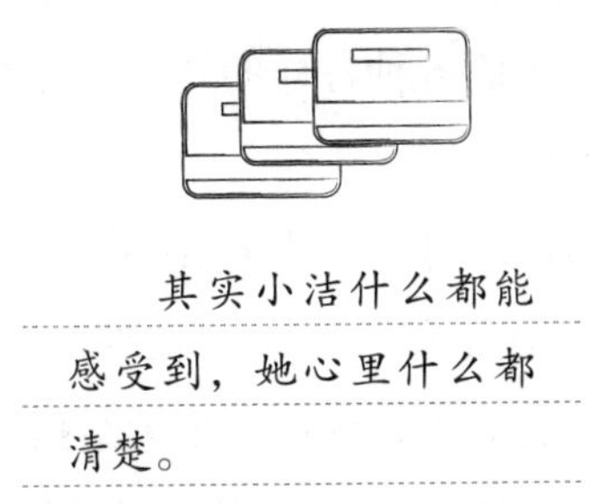

和家长们的那些事

成都市大邑县北街小学　郑俊红

“北小情趣漂流计划”已经实施十多年了。它如清溪泛舟，载着一路山明水秀、和风暖阳，漂流到每一个家庭，以温润的力量深刻影响着北街小学的家长，让越来越多的家庭认同、接纳并参与到学校教育中，共同呵护孩子的健康成长。其间经历的那些人、那些事，让我一直感怀……

家长讲堂

2013 年冬日的一个下午，我完成了手中的琐碎事务后，像往常一样去查看教学情况。当时，正好是班队活动课时间，各班级活动丰富多彩，有的在进行歌咏比赛，有的在进行讲故事比赛，还有的在进行诵读比赛。当我走到五年级（4）班的教室时，却发现孩子们全都安静地专注于手工制作。仔细一看，孩子们的创造力真令人惊叹！他们竟然用铅笔屑粘贴成裙子，层次感十足，画面立体感超强。班主任任倩走了过来，我情不自禁地夸赞道：“真棒！”但任倩却说：“不是我棒，是家长棒！”我顺着她手指的方向望去，看到一位年轻的妈妈正在俯身指导一位孩子制作粘贴画。

为了不影响孩子们创作，我离开了教室。然而，我的脑海里却突然萌生了开设“家长讲堂”的想法：老师的知识范围是有限的，但我们所拥有的家长资源却是无限的。如果家长们能走进课堂，教授孩子们各种各样的知识，那么在小学六年的时间里，孩子们可以学习的知识将是多么丰富啊！

这个想法得到了大家的一致认同，于是从 2014 年春季开始，每班每月一次的“家长讲堂”活动正式启动了。我还记得第一次全校性的“家长讲堂”活动结束后，收到了来自家长们的积极反馈。有的家长说：“今天给孩子们上了一堂课，才真正体会到当老师有多么不容易……尤其是面对那么多性格迥异的孩子。”还有的家长说：“今天我才深刻体会到，站在大人的角度去看问题是不对的，要站在孩子的角度去看问题。”还有家长分享道：“一堂课下来，我的嗓子几乎冒烟了。我现在更理解老师和学校了！”更有的家长表示：“这个活动真好，孩子们积极性很高。下次我还要来上，争取上得更生动有趣些。”

就这样，“家长讲堂”活动一直坚持到现在。其间，医生妈妈来给孩子们讲卫生保健知识，武警爸爸来给孩子们讲国防安全知识，喂养鸽子的爷爷来给孩子们讲“和平信鸽”的故事，从事汽车销售的爸爸来给孩子们讲汽车环保知识……随着这项活动的深入开展，越来越多的家长走进学校担任志愿者，负责学校大型活动的组织管理，参与学校重要事务的讨论和决策。家校之间的关系因此变得越来越和谐。

这也让我深刻认识到，良好的家校关系需要建立在双向互动的基础上，需要创建一个让彼此能够认识、分析、欣赏、评价的情感场。只有这样，才能慢慢沉淀出真正有价值的经验。

家长团队辅导课

2019 年 5 月的一个上午，北小学术厅里温情满满。凌涛老师正在上一堂别开生面的家长团队辅导课——“爱你，从欣赏开始”，台上坐着十对夫妻家长。这次活动，是北小家校共育的一次创新，是家长学校转变培训方式的第一次尝试。因为事前没有任何排练，所以没人能够预测效果，不知家长们能否积极参与活动。然而，我们的担心都是多余的。

此时，夫妻双方经历“情景体验”环节后，进入到了“我欣赏你”分享交流环节：

“十多年来，我的脾气不好，但是我爱人任劳任怨，教育孩子、赡养老人……今天，是我第一次夸她。老婆，谢谢！”那位妈妈听到这番话后，眼泪顺着脸颊流了下来。

“是我的老公撑起我们这个家：我妈妈病了，老公整日整夜守在医院；我妹妹出事了，老公当成自己的亲妹妹一样关心……我爱你，老公！”台上的夫妻俩相拥而泣，而我已是满满的泪花。

“这些年，我一直在外工作，家里的事情全是爱人在处理……我知道，她很辛苦很累，很需要我的照顾！辛苦你了！”我们看到，那位年轻的妈妈瞬间泪水决堤！我悄悄扭过头去，发现全场的人都泪花闪烁，温暖的情绪萦绕在整个北小学术厅。

“我的老公很辛苦，挣钱养活我们全家，我知道他的压力特别大，所以只要他愿意，我就陪他喝喝酒、唱唱歌……”一位妈妈说出了对丈夫的支持和理解。另一位妈妈也分享了自己对丈夫的欣赏：“我觉得我老公没有缺点，全是优点，除了工作，就是陪我们散步、郊游……”全场掌声雷动。

活动在“重走红地毯”环节中达到了高潮。结束后，一走出会场，台上的、台下的家长围着我说个不停。

“校长，这堂课以后还上不上？我要让我们家那位一起来上！”

“校长，我知道这堂课就是告诉我们，家庭幸福美满才是孩子最大的福气！”

“校长，应该早点告诉我们今天要上台呀，那样我可以穿得漂亮点！”

“校长，我今天真的好感动。我先生这么多年来第一次夸我！”

…………

在感动中，我更加深刻地认识到，学校教育不仅仅是要教育学生和老师，还要教育影响家长。由此，我们组织学校的骨干教师，研究家庭教育中存在的问题，开发了家长团队辅导课例，如情绪管理、夫妻关系、亲子阅读、二孩问题等夫妻篇、亲子篇课例共二十个。同时，家长学校也改变了传统的“你讲我听”的授课方式，进而以团队辅导活动的方式，引导家长在互动中体验感知，极大地提升了家长培训的效果，影响了家长教育观念的转变。

家庭才艺大赛

2020 年 11 月 26 日，第十一届“我爱我家家庭才艺大赛”结束后，我穿过学校科创中心筑梦馆，准备回办公室处理事情。在标本制作学习区，发现刚才参赛的一对母女正在那里整理衣服，我的脑海中不由自主地浮现出她们刚才的表演画面：清新唯美的背景画面，飘逸梦幻的裙装，深情婉转的朗诵……

我不禁夸道：“你们刚才的表演真棒！”

同学妈妈高兴地说：“谢谢您，郑校长！要不是因为您的鼓励，我还没有勇气来参加嘞！”

“我的鼓励？”

“您忘了吗？去年的家庭才艺大赛，我就坐在您的旁边……”

我想起来了，去年家庭才艺大赛时，这位年轻妈妈坐在我的旁边，当时她并不知道我是校长，疑惑地问我：“这个活动的意义在哪儿？”我还记得，我给她讲述了几个家庭因为参与这个活动而发生积极改变的故事，例如，“一对已经离异两年的夫妻为了给孩子的成长留下美好的记忆，陪伴孩子从初赛、复赛一直走到决赛”，“那个胆小的小女孩在妈妈的陪伴下连续六年参加学校家庭才艺大赛，变得阳光自信”，“一家三口共同创作剧本参加比赛，其乐融融”……当时，这位年轻妈妈说：“我明年一定要陪孩子参加。”没想到，今年果然在这个舞台上看见了她。

“我觉得今年我们的节目还没有编排好，上台的时候还有点紧张。明年我们还要来。”同学妈妈的话把我的思绪拉了回来。

“相信你们会越来越棒的！”我摸了摸小女孩的头。

“校长再见！”她们笑着离开了。

至今为止，学校的家庭才艺大赛已经走过了十一个年头。这十一年来，我从来没有缺席过任何一场比赛。在这个过程中，我见证了太多精彩的表演和感人的故事。然而，最让我感到欣慰的是，这个活动不仅培养了孩子们的审美情趣和自信心，更重要的是它影响了许多家庭的日常生活。一起阅读、听音乐、郊游、看电影的家庭越来越多了，亲子关系也更加和谐了。

这些年来，在和家长们共同经历的那些事中，我们欣喜地看到：学校情趣教育已经延伸到学生的家庭生活，影响了一部分家长的教育思维和教育方法，让家长们越加懂得儿童教育不能只看分数，还要走向对儿童情趣品格的培养。

2020年我们又开启了“立家训、定家规、扬家风”等系列中华传统文化活动。一个家庭改变了，两个家庭改变了，三个家庭改变了……当无数个家庭改变了，文明素养提升了，整个社会的文明素养也就提升了。

老师的知识范围是有限的，但我们所拥有的家长资源却是无限的。

当代诗人流沙河先生曾经做过一首小诗《理想》，中间有几句是：

理想如珍珠，一颗缀连着一颗，
贯古今，串未来，莹莹光无尽。
美丽的珍珠链，历史的脊梁骨，
古照今，今照来，先辈照子孙。

我想，未来的日子，我们会继续与家长携手，怀揣教育的理想，忘记世事艰辛，忘记青丝染霜，努力让每一个孩子对完满、完美、完善有追求，对智慧、理想、幸福有瞻望，对人性、生命、灵魂有思考！

携手家长　共育良才

攀枝花市西区格里坪镇小学校　李　敏

在家校合作的过程中，家庭教育在孩子成长的过程中起到了至关重要的作用。而班主任与家长之间的沟通也是不可避免的，要承担起指导家庭教育的职责，最为重要的是在为家长排忧解难、指点迷津的同时，利用多种形式，积极鼓励家长以各种方式学习家庭教育的理论和方法，提高家长学习家庭教育知识的积极性，让家长学会学习，学会教育孩子。

班里有个叫小彭的学生，自从我接手这个班，他就给我留下了深刻的印象。他身材矮小，脏乱的头发总是浸着汗水贴在额头上，苍白的小脸上布满了污迹。他上身穿着一件长到膝盖位置、颜色难以分辨的短袖，下面穿着一条藏青色的裤子，可能是裤子太长了，导致脚踝处堆起了一大堆布料。脚上穿着一双与他年龄不符、比脚大很多的旧球鞋，远远看去就像卓别林一样，既让人感到滑稽又让人感到心酸。接触了一段时间，我发现他很活泼，肢体动作灵活，喜欢体育运动，也很聪明，有些事情一点就通，小小的眼神里总流露着一股倔强。但同时，我也注意到他缺乏自控能力，没有上进心，对集体漠不关心，喜欢欺负其他同学，还有说谎的习惯，表现得不够诚实。在学习方面，他注意力容易分散，对学习缺乏兴趣和信心，没有明确的学习目标和动力，经常不完成作业，各科成绩都不及格。

通过进一步了解，我得知小彭从小就没有爸爸，妈妈也离家出走了。他一直和年迈的爷爷奶奶生活在一起。两位老人身体都不好，是老实巴交的农民，靠在菜市场门口挑着担子卖豆花来贴补家用，没有其他经济来源。附近住着一个姑姑，但因为家里有老人和小孩需要照顾，根本无暇顾及到他。他从小受到老人的溺爱而养成了一些不良习惯。姑姑和爷爷经常因为对他的教育方式存在分歧而发生冲突。一个主张严加管教，而另一个则溺爱袒护。

我在完成正常教育教学工作之余，把关注焦点更多地放在了小彭的身上。小彭在穿着方面无法与其他孩子相比，我就找到家里有孩子的朋友，把不穿的半新衣服拿到学校悄悄地送给他。有时还给他买些学习用具，用奖励的形式送给他。这样一来二去，孩子逐渐喜欢上我了，与我也亲近了不少。

在家访时，我耐心地倾听和理解，得到了孩子的爷爷、奶奶和姑姑的信任。他们絮絮叨叨地把委屈和抱怨都一股脑儿倒了出来。由此，我也找到了他们埋怨的原因：爷爷奶奶年纪大了，管不住了。姑姑家日子也很拮据，为了生活到处奔波，根本没时间也没精力管教孩子。每当听说小彭在学校惹事时，姑姑会采取体罚的方式，尽管打得他满身伤痕，但效果并不持久。面对这样的情况，我把小彭在校的情况向其家人说明了，并引导他姑姑和爷爷："望子成龙的心情人人都有，但操之过急往往达不到预期的效果。我们不能指望孩子马上就养成许多好习惯，必须有耐心，慢慢地引导孩子。在生活、学习上多关心孩子，鼓励孩子，多发现孩子身上的优点，放大他的优点，当他取得进步时，及时给予表扬，让他不断尝到成功的喜悦。"我告诉家长，小彭爱打乒乓球，开学到现在，没有逃过一次课，希望家长看到他可喜的进步，并多陪孩子开展有益的亲子活动等。

这次家访，我们初步建立了信任，把家长教育孩子的意识引领到家校合作的轨道上来了。双方达成一致意见：每星期大家电话沟通或面谈了解小彭在家和在学校的情况，并根据情况适时调整方法。同时，作为一名班主任，我也会不时主动联系小彭的姑姑，告诉她小彭近期在校的学习和生活情况，并了解他在家的情况。

有一次，小彭又欺负低年级的同学，把人家的电子手表弄坏了。家长带着孩子哭哭啼啼地来找我，我安慰了家长后，就及时打电话给小彭的姑姑，讲明原因。她说她没法管，孩子爷爷不会相信他的乖孙子会欺负别人。听完家长的话，我心里很沉重，明白孩子的任性完全是爷爷的溺爱造成的。但我没有责备家长为什么不管好孩子，而是诚心地邀请他们周一下午来学校座谈，帮助他们分析小彭的问题所在。

周一的下午，在办公室里，我放下了老师的身份，选择站在家长的角度与他们进行交流。我强调，除了学习成绩，孩子的生活、心理和社交等方面同样值得我们关注。家长应该多关心孩子的心理状况，了解他们的想法，这样才能更好地把握孩子的内心需求，使他们更愿意与家长分享，从而找出孩子问题的根源，并共同找到解决方法。我的观点得到了家长的认同，他们深感老师是真心为孩子着想，也承认自己在教育孩子方面的确存在不足。

为了孩子的未来，我与家长达成了以下协议，力求最大程度地帮助孩子走上正轨：我将与小彭的家人保持紧密联系，基本上每两三天就会互相交流孩子的情况，特别是在周末时加强沟通，以确保他减少外出，更多地在家学习。当孩子犯错误时，家长应避免直接的指责和体罚，而是要首先与我沟通了解事情的经过，然后再共同引导孩子分析问题并找到解决方法。我们为小彭制订了一个适合他的“周末学习时间安排表”，并请家长监督执行。若孩子出现抵触或反复的情绪，家长应及时与我取得联系。周末和五一、国庆、寒暑假等时间除督促孩子完成正常的学习任务外，还可以开展郊游、踏青等走进大自然、亲近大自然的亲子活动。

通过一段时间的努力，小彭的表现确实改观了不少。有一次上课，他与同学因课桌拥挤发生争吵，当发现我看着他时，他第一次主动调整了自己的桌椅，闭上了嘴巴。这对他来说是一次难得的进步。小彭姑姑后来还对我说：“我们听从你的建议，带孩子去登了大黑山，亲近大自然，感受大自然的美好，在放松过程中陶冶了情操，锻炼了身心，拉进了关系。十分感谢老师的这个提议！”

现在，小彭上课用心听讲，参与课堂问题讨论特别积极，作业认真完成，各科成绩及格的次数也越来越多。除了个别学科作业因为有不会做的题未及时上交（过后在老师的督促下会补上），基本上都能按时交作业了。他也比以前懂礼貌了，变得爱干净了，不再蓬头垢面了，座位下面也不脏乱了。他还积极主动地参加集体活动，校运动会样样都是第一名，为班级争得了荣誉，自从担任班级体育委员以来，我班体育成绩也连年名列前茅。与同学的关系也越来越融洽，只要有需要帮助的地方，都能看到他的身影。有一次，校运动会接力比赛的时候，班上一名女生摔了一跤，他看到了就立刻跑过去，用自己瘦小的身躯把受伤的女生扶到了凳子上。现在像这样助人为乐的例子不胜枚举。

家长也告诉了我他在家的变化：他有时会帮着爷爷奶奶磨豆花、洗衣服；会主动写作业，不会的问题也会向大人请教；出门去玩的时候，会给家人打招呼，不再像以前一样不说一声就出去了。

我和家长互相报着喜讯，都感到很欣慰，他姑姑和爷爷也常给我打电话表示感谢。

著名教育家苏霍姆林斯基说过：“只有学校教育而没有家庭教育，或者只有家庭教育而没有学校教育，都不能完成培养人这一极其艰巨而复杂的任务。”因此，我们学校始终将家校合作教育置于班主任工作的核心位置。自从我担任班主任工作以来，家校合作教育便成为我开展工作的主要切入点。

在家校合作中，班主任不仅要迅速准确地将学校的各项规定和通知传达给家长，还要精心组织和策划有助于促进家校合作的活动。乡村地区还有许多家长的文化程度较低、教育观念相对落后、教育方法有所欠缺，这更需要班主任进行细致的指导和策划，还需要不断更新和扩充教育学、心理学等方面的知识，不断提高自身的服务意识和水平，以便能够为家长提供更加有针对性的帮助和支持。为了孩子的全面发展，让我们与家长携手同行，共同肩负起教育孩子的重任，为孩子的未来奠定坚实的基础。

望子成龙的心情人人都有，但操之过急往往达不到预期的效果。

第六章

乡村学校可以这样发展

本章导读

四川省教育科学研究院　焦　蒲

在浩瀚的中国大地上，乡村教育一直承载着重要的使命。面对现代化进程的冲击，乡村学校如何在新时代背景下焕发新的生机与活力，成为我们不得不深思的问题。本章以“乡村学校可以这样办”为主题，汇集了一系列富有洞察力和实践经验的文章，旨在探讨和展示乡村教育改革的可能性与未来。

乡村学校，不仅仅是传授知识的场所，更是乡村文化的传承者和社区的精神支柱。面对资源有限、师资力量薄弱等现实挑战，必须重新审视乡村学校的定位和功能。乡村学校的发展，不能仅仅依赖于外部的援助和输血，更需要从内部寻找生机，实现自我造血。

在这一章中，多位作者从不同角度阐述了乡村学校的发展路径。他们或通过赋能教师，提升教学质量；或通过创新教育理念，关注学生的全面发展；或通过家校合作，构建和谐的教育生态。这些实践探索，不仅为我们提供了宝贵的经验，更激发了我们对乡村教育未来的无限遐想。

特别值得一提的是，本章中的多篇文章都强调了教师在乡村学校发展中的关键作用。教师是乡村学校的灵魂，他们的专业素养和教育理念直接影响着学校的教育质量和学生的未来。因此，提升教师的专业素养，激发他们的教育热情，是乡村学校发展的重要一环。

同时，本章也关注到了家校沟通在乡村学校发展中的重要性。家校沟通是教育的重要组成部分，它不仅能够增强家长对学校教育的理解和支持，还能够促进学生的全面发展。在乡村学校中，家校沟通更具有特殊的意义，它不仅能够加强家校之间的联系，还能够促进乡村社区的和谐发展。

这些文章不仅为我们提供了宝贵的实践经验，更让我们看到了乡村教育的无限可能和希望。它们告诉我们，乡村学校可以这样办：以孩子为中心，以教师为关键，以家校合作为纽带，共同为孩子们打造一个充满爱与关怀、知识与乐趣的学习环境。这不仅是对乡村教育改革的一种呼唤，更是对乡村教育未来的一种期待。我们相信，通过不断的探索和实践，乡村学校一定能够找到适合自己的发展道路，为乡村孩子提供更优质的教育资源，为乡村社区的繁荣发展贡献自己的力量。

行走在乡间的幼教之路

宜宾市教育科学研究所　孔繁荫

生逢好时代，努力恰其时

2021 年是脱贫攻坚与全面建成小康社会的收官之年，祖国再次创造了让世界瞩目的奇迹。但对中国人民而言，脱贫摘帽并非终点，而是新起点，是新生活、新奋斗的序曲。2021 年同时也标志着我国“十四五”时期的开启。脱贫之后的任务是巩固拓展脱贫攻坚成果，并使其与乡村振兴有效地衔接。其中，教育在乡村振兴中占据重要地位，尤其是学前教育，由于历史遗留问题多、基础薄弱，目前仍是整个教育体系中的短板，其发展不平衡不充分的问题十分突出。学前教育的主要问题是乡村幼儿园与城市幼儿园在硬件设施、师资队伍、园务管理和教育质量等方面仍存在显著差距。

2015 年 4 月，习近平总书记主持召开中央全面深化改革领导小组第十一次会议并发表讲话。会议指出，发展乡村教育，让每个乡村孩子都能接受公平、有质量的教育，阻止贫困现象代际传递，是功在当代、利在千秋的大事。中共中央办公厅、国务院办公厅在《加快推进教育现代化实施方案（2018—2022 年）》中也特别要求：“全面落实教育扶贫政策，稳步提升贫困地区教育基本公共服务水平。”

天下兴亡，匹夫有责，教育兴衰，人人有责。中国有三分之一以上的人口居住在乡村，时代进步的浪潮已将“振兴乡村教育”的重任交到我们手中。作为一名从事幼儿教育工作的人，我深感责任重大，使命光荣！在这样一个伟大的时代里，我一直在思考如何能为乡村的幼儿教育事业贡献自己的一份力量。

走进乡村园，指导见成效

2021 年，也是我做宜宾市市级幼教教研员的第十个年头，这十年也是中国学前教育事业经历深刻变革的时期。从最初的一线教师，到如今的市级教研员，这十年间，我经历了许多前所未有的瞬间。

这十年间，随着学前教育三期行动计划的推进，幼儿园的数量快速增长。我几乎走遍了宜宾市各个区县的乡镇幼儿园，有幸见证了宜宾的公办园从 2011 年的 46 所发展到 2021 年的 294 所的规模，其中乡村幼儿园的数量增长尤为显著。全市学前教育的三年入园率已达到 90.48%，普惠性幼儿园的入园率也达到了 83.56%。

与此同时，以“幼儿发展为本”的课程理念在全市各级各类幼儿园中得到了全面的贯彻和落实。各区县和幼儿园也开始更加注重内涵发展，旨在提升区域教育质量的软实力，以满足家长对优质学前教育的迫切需求。

在深入走访 400 多所乡村公民办幼儿园的过程中，我有幸见证了它们的成长与蜕变，而我自己也在这个过程中不断积累经验，获得了许多意想不到的成长与喜悦。这些经历对我来说，给我脚踩在大地上的感觉，踏实而又充满意义。

每当我走进一所乡村幼儿园，看到花花绿绿、五彩斑斓但视觉上略显杂乱的环境布置，我都会向园长和老师提出建议：孩子天生就是自然之子，越是自然、生态的环境越被孩子们喜欢。幼儿园是孩子的另一个家，要让置身其中的幼儿感到舒适、宁静、雅致……于是，我看到许多乡村幼儿园开始发生变化：过于游乐场化的园所越来越少，取而代之的是更加朴素、高雅、有品位的园所；塑胶草坪不再是时尚潮流，取而代之的是草地、山坡和树林。在宜宾的土地上，特别是在乡村地区，最漂亮的建筑往往是学校。在阳光明媚的日子里，我经常看到孩子们在操场上欢快地玩耍，或是骑着大型玩具，或是在菜园里辛勤劳作……这一切都让我深感欣慰和自豪。

同时，城乡园所之间的差距正在逐步缩小，各级各类幼儿园，尤其是乡镇幼儿园，正在经历跨越式的发展。乡村幼儿教师的整体素质也发生了实质性的变化。他们逐渐从单纯的知识传授者，转变为关注幼儿三维发展目标和全面、和谐发展的引导者；从一味地寻找适合课程的幼儿，转变为积极寻找适合每一位幼儿的课程；从传统的灌输式教学，转变为创设多元化的教学环境，让幼儿能够自主探索和学习。有时候他们会告诉我：“我们不想做形式化的东西，我们要做的是真正的幼儿教育。”一批又一批有想法、有温度、有职业操守和专业精神的幼教人在全市各地扎根，为宜宾的学前教育事业砥砺前行。

经过十年的深耕细作，我们欣喜地发现，全市幼儿园特别是乡村幼儿园的孩子们正发生着明显的变化。他们不再仅仅能够背诵儿歌和故事，而是能够与人大方地交流和交往；不再仅仅会机械地数数和做算术题，而是能够主动发现问题、探索问题和解决问题；不再仅仅能模仿老师的动作和范例来跳舞和画画，而是能够大胆地表达和想象。

此外，园本课程和班本课程在幼儿园中逐渐生成，一日生活皆课程的理念在各个园所得到倡导。老师们更加关注幼儿的生活、游戏和学习的质量，以及他们全面、充分和和谐的发展。

通过我和幼儿园的共同努力，2020年和2021年，翠屏区的象鼻中心幼儿园、方水幼儿园、安阜幼儿园、菜坝中心幼儿园、邱场镇中心幼儿园，叙州区的南广中心幼儿园、凤仪乡幼儿园、观音镇中心幼儿园，南溪区的仙临镇中心幼儿园、长兴镇中心幼儿园，高县的罗场镇中心幼儿园、文江镇柳湖幼儿园，兴文县的五星镇中心幼儿园、麒麟乡幼儿园等共22所乡村幼儿园成功创建了市级示范园。同时，高县沙河镇中心幼儿园正在积极申报创建省级示范性幼儿园，并将于2022年下半年接受评估检查。

亲手办村园，心手一线牵

2020年，一条朋友圈意外地开启了我与乡村幼儿园的一段奇妙缘分。那天，我在微信朋友圈表达了自己长久以来的愿望：创办一所理想的幼儿园。在那所幼儿园里，不盲目追求规模和硬件设施，而是要让教育回归常识和朴素的生活；不追求同质化，而是要充分利用周边的资源和环境，打造一所具有独特气质的幼儿园；不过分强调制度和规范，而是要开放办园，让幼儿园成为孩子们另一个真正的家；把游戏真正地还给孩子们，培养出勇敢而聪慧的儿童，甚至可以不设保育员，让孩子们学会自己照顾自己的日常生活，回应陶行知先生“生活即教育”的大教育观、课程观……

这条朋友圈恰好被高县李晓玲名校长工作室的坊主李晓玲校长看到。她随即打电话给我，提及有一所村级幼儿园，问我是否愿意去实现自己的教育理想。我欣然应允。于是，在2020年11月，我有幸成为高县大屋村[①]幼儿园的名誉园长。在接过聘书的那一刻，我郑重承诺，我不只是做名誉园长，我还要做执行园长。从此，大屋村幼儿园就成了我心中的另一份牵挂。

接下来的日子里，我迅速组建团队，并联系翠屏区的打金街幼儿园，与他们达成

① 位于宜宾市高县来复镇。

对口帮扶大屋村幼儿园的协议。我们首先着手改造幼儿园的环境，利用周末时间，带领打金街幼儿园的骨干教师队伍来到大屋村幼儿园，对其进行环境改造，以改变其过于小学化的环境，建设适合孩子们的游戏区角。其次，我们还通过送教下乡、示范展示等方式，帮助大屋村幼儿园的老师们充分利用和发挥好新环境的优势。然后，通过协调，我们从县城幼儿园遴选了 1 名优秀教师到大屋村幼儿园支教一年，以期通过传、帮、带，用先进的理念和教学实践去引领大屋村 3 位老师的专业成长。此外，为了增进家长对幼儿园教育的理解和认同，我们还定期举办家长开放日活动。在这些活动中，我们用具体而生动的教学活动来传递幼儿教育的真谛，并帮助家长树立科学的育儿观念。这些努力逐渐赢得了家长的认可和信赖，使他们越来越愿意把孩子送到大屋村幼儿园来学习。

自担任大屋村幼儿园名誉园长一年以来，我积极调动各方资源，丰富幼儿园的教学环境和教学材料。我发动高县幼儿园、硕勋幼儿园、来复幼儿园、柳湖幼儿园、沙河幼儿园以及翠屏区和叙州区的一些园所，为大屋村幼儿园捐赠了价值近 10 万元的教学材料、玩具和图书。同时，我们还利用废旧材料和自然材料，创建了美工创意室、图书绘本馆和建构室等各种功能室，以解决乡村教育资源短缺和学前教育资金不足带来的问题，并提高乡村幼教的教学质量。在我们的共同努力下，大屋村幼儿园发生了翻天覆地的变化。在园幼儿人数从我刚接手时的 8 名增加到了现在的 78 名。办园条件也得到了极大的改善，从最初的小学化环境发展到现在拥有丰富的游戏区域和各种充足的教学材料。孩子们的学习方式也从过去被动的端坐静听转变为在主题课程引导下的积极的师生互动。

2020 年 12 月，我们在大屋村召开了全市村级幼儿园建设工作现场会。我们通过现场观摩、演示解读和互动研讨等多种形式，为全市乡村幼儿园及主管村级幼儿园的中心校校长展示了村级幼儿园的发展路径。同时，在现场会上，我们还确定了下一阶段要帮扶的园所，并指定一所城市幼儿园对口帮助一个乡村幼儿园。

作为全市幼教教研员，我深刻认识到我的工作成就与宜宾学前教育质量的发展紧密相连。为了实现宜宾学前教育质量的整体提升目标，助力振兴乡村教育发展，必须关注乡村孩子、重视乡村教育，并努力让每个孩子都能享受到公平而有质量的教育。

基于在大屋村的办园经验，我进一步细化了发展任务并明确了发展方向。我们发现，要办好乡村幼儿园，首先要搭建桥梁，以优质园带动薄弱园，助力乡村幼儿园的发展；其次要引领乡村教师通过学习提升专业能力，从而让乡村幼儿享受到更好的教育；最后要改善幼儿园的教育教学环境并丰富教学活动材料，为幼儿教学奠定良好的物质基础。

“大屋经验”已经在全市范围内得到了推广。未来，我们的愿景是将大屋村幼儿园办成全省的村级示范园，为全省同类幼儿园提供独立办园或小村联合办园的优质幼儿园样本，并为乡村孩子提供就近、优质的学前教育机会。

拓道以巧施，整体有提升

经过一年深入乡村幼儿园的实践，我深切地认识到，仅凭乡村幼儿园自身的资源和力量，很难在短时间内实现教育质量大的提升。因此，我开始思考如何在全市范围内集结优质的园所和幼教同仁，整合优秀的幼儿教育资源，来实施一项乡村幼儿园教育振兴计划。

我们计划通过“派师入园、跟岗研习、课程共享、师资专培”等多种方式来支持广大乡村幼儿园的发展，并促进乡村幼儿园与城市幼儿园之间的交流和融合。我们致力于构建一个城乡幼儿教师成长的共同体，以拓宽所有参与者的视野和胸怀，提升其专业技能，锤炼其师德品格，并增强其使命感，共同推动全市学前教育质量的全面提升。

这些年，我走遍了全市的每一个乡镇幼儿园并提供指导。虽然有时感到疲惫，有些工作可能没有达到预期的效果，但我的热情依然不减当年。我始终坚守初心，深情投身于学前教育事业，这是我的职业理想。未来，我将继续坚守这一承诺。

我将更多地、更加深入地走进乡村幼儿园，更加认真地为乡村幼儿园的内涵发展付出努力。中国的基础在乡村，乡村的希望在教育。我们的目标是办好老百姓家门口的优质幼儿园，并坚持“一个都不能少”的原则，确保乡村幼儿园与城市幼儿园在发展上享有同等的地位。让我们携手前行，共同为振兴乡村幼儿教育而努力。

孩子天生就是自然之子，越是自然、生态的环境越被孩子们喜欢。

赋能教师　让乡村学校迎来春天

宜宾市高县来复镇中心小学校　何　宇

陶行知先生曾言："乡村学校不仅是'改造社会的中心'，还是'小的村庄与大的世界沟通的中心'。"在现今乡村振兴的大背景下，作为教育工作者，我们应该深思：乡村学校如何能够承担起这样的重任？

高县来复镇潆溪小学（下简称"潆溪小学"）是乡村小规模学校的典型代表，它地理位置偏远，位于县城的最西端，交通和住宿条件相对落后。全校师生总数不足六百人，教师队伍的年龄偏大，且缺乏足够的上进动力，导致教学质量在同层次学校中处于较低水平。当我刚来到这里时，我并不是在考虑"我能做些什么"，而是在担忧"我何时才能离开这里"。然而，就在我深感迷茫的时刻，潆溪小学有幸成为四川省乡村学校振兴联盟的一员。随着定点帮扶专家的到来，外出学习和考察的机会也随之增多，与专家们的交流和研讨也更加深入。我终于悟到推动乡村学校改变的关键支点不是老想"应该干什么"，而是着力去想"可能干什么"。

如果说"应该"，乡村学校有太多应该干的事。但受各种主客观条件的制约，很多"应该"并不见得能够变成"可能"。如果从"可能干什么"入手，不仅切合学校实际，而且容易取得实效，还能给乡村学校发展带来必不可少的信心。

两年多时间，我们开展了一系列"可能干什么"的"小行动"，为学校带来了实实在在的"大变化"。学校先后成功创建了县、市两级的书香校园，多次在全省乡村学校振兴联盟年会上作交流发言，分享推动乡村学校发展方面的一些典型案例；2018年至2020年，我们接受县教体局的综合督导考核，荣获一等奖；教学质量从2018年倒数的第二名上升到2020年同层次学校的第二名。

两年的时间，潆溪小学以教师发展为突破口，着力构建幸福和谐的校园氛围，为教师提供较为宽松的成长空间，努力提高教师工作的幸福感和尊严感，从而筑牢学校发展根基，增强乡村学校发展的自信。下面从四个方面谈谈潆溪小学加强教师队伍建设，推动乡村学校改变的一些做法。

尊重，激发乡村教师潜藏的内生动力

刚到达潆溪小学时，老师们常在我耳边说："我们这里的老师走出去，别人只要看我们的衣服和泥巴鞋子就知道我们是潆溪的。这里山高路远，平时没什么检查和比赛，我们只需要看好自己的牛就可以了。"用现在流行的话来形容，这里的老师很"佛系"，仿佛身处世外桃源，没有压力，没有负担。但我想，如果老师自己都不求改变，缺乏自信，那他们又如何影响学生呢？常言道，人靠衣装，于是我决定首先从提升教师的个人形象入手，改变外表上的"土气"。我逐一劝说每位女教职工，告诉她们改变要"从头开始"，并带着十几位女老师一起到县城烫头发。起初，老师们有些排斥，觉得这样做没什么意义，因为在村里也没人懂得欣赏。但我告诉她们："改变，并不是为了取悦他人，而是为了让自己变得更好！"当这些容光焕发的老师们回到乡村，走在乡村道路上时，她们成了当地一道亮丽的风景线。

2018 年 9 月 10 日，是我到潆溪小学的第一个教师节，我思考着如何才能让老师们过一个有意义且难忘的节日？我提前买好了节日卡片，找来教师名册，亲笔为每一位教师写上节日的祝福语，并在当天推开教室门，当着孩子们的面亲自献到老师的手里。贺卡虽然不值钱，但是自己写，自己送，就是一种仪式感，让老师们觉得自己被尊重、被认可。

2019 年的元旦，开完会，夜幕已经降临，这时，我突发奇想地提议道："学校才改了火灶，剩了很多柴，不如搞个迎新篝火舞会吧！"大家一下子欢呼起来，都积极响应，分头行动。不一会儿，火升起来了，大家围着火堆唱歌、跳舞，尽情释放，热闹得很。"第一次过这样有意思的元旦节，很难忘！"一名四十多岁的女老师兴奋地说道。

关爱可拉近学校管理者与教师的距离，管理作为一种艺术和方法，就是要以人为中心，让其得到精神上的满足，才能在工作中成就事业。校长在管理中发自内心对教师的尊重，能让整个校园流淌着温情。致力培养教师的职业幸福感，才能激发教师个体成长的内驱力，帮他们实现"要我变"到"我要变"的华丽转身。

借力，丰富乡村教师理性专业的教育智慧

我们最大的问题是课堂，表现为典型的传统教育模式。当我进入课堂时，经常看

到老师们板起面孔，空洞地说教；学生们则双手放在背后，正襟危坐。我还看到老师们大量采用题海战术，使教育与生活、实践、现实社会严重脱节。古语有云："将欲取之，必先予之。"在要求教师提高教学质量的同时，我们也必须回答："我们可以为教师做些什么？"

俄国作家鲁巴金曾说："读书是在别人的帮助下建立自己的思想。"读书能够改变老师的气质与品行，使他们充满生命激情，不断增长职业智慧。随着课程改革的不断深入，教师的人文素养、课程素养、科学素养等都需要通过博览群书来更新和提升。一所乡村学校，如果想要在短时间内提升教师的专业素养，通过专业阅读来引领教师成长是最快且最经济的方法。为了推动阅读真正落地，我们开展了丰富多彩的读书活动：读书笔记评比、微信读书打卡、读书心得体会交流、书香教师评比、教师美文朗读比赛等，这些活动旨在帮助教师相互激励、共同成长。教师们不仅通过阅读专业书籍打牢了本学科的知识功底，还树立了通才意识，培养了广泛的阅读兴趣，博专并蓄。

通过加入四川省乡村学校振兴联盟，学校得到了先进办学思想的引领，并获得了更多外出参观学习的机会。与联盟学校建立的长效互学互帮机制使这所乡村小学站在了更高的平台上。此外，我们还先后加入了四川省李维兵名校长工作室成员代麒麟工作站和高县李晓玲名校长工作室。通过建立学习共同体，我们邀请名师名家走进潆溪小学，分享他们的教育思想和智慧，共享更多的学习资源。

两年的时间里，我们在教师专业成长方面采取了"送出去，开阔教师视野；请进来，与名家对话；推出去，展示中磨砺；沉下来，反思中成长"的发展途径。在学校经费有限的前提下，我们确保让老师足不出校，就能有较多的机会参加学习培训，并在教育教学实践中开展研讨交流、反思研究，从而让全体老师都能在不同程度上得到更好的专业发展。学校通过帮助老师构建起一种理论学习、实践研究、交流反思合一的专业生活方式，努力让老师们将低效重复的机械操作转变为真正对学生负责的理性的智慧的劳动，从而擦亮教师的专业名片，让乡村的"教书匠"转变为"人师""能师"。

搭台，唤醒乡村教师长久隐没的特长

两年时间里，我发现潆溪小学可谓是藏龙卧虎，但因主客观条件的限制，教师们犹如一颗颗蒙尘的珍珠，光华被暂时隐藏。校长需要做的就是帮助其拂去尘土，重现光芒，激发他们对事业的热忱，对社会的责任心，对生命的热爱。这就是所谓的“先成人再成事”。

黄老师，毕业至今一直在潆溪工作，琴棋书画样样精通的他，因为一直没有展露才华的机会，再加之自身性格比较内向，在学校里是有名的独行侠。在一次听课中，黄老师娟秀、整齐、匀称的粉笔字给我留下了深刻的印象。恰逢2019年县上组织语文教师技能比赛，我竭力劝他和其他老师一起组队代表学校参加比赛。果然，老师们不负众望，我校团队荣获全县一等奖的好成绩。黄老师更是过五关斩六将，代表宜宾市参加全省比赛，凭借过硬的基本功在团体赛中获得了省上比赛团体二等奖的好成绩，这也是潆溪小学近几年来取得的最高层次的奖项。经过这次比赛，黄老师像变了一个人似的，明显感觉他更自信了，在办公室里会主动和大家闲聊，偶尔也会开开玩笑了。

我们的班子不仅要承担教学任务，还要完成各种繁杂的事务性工作。平时大家各自埋头做着自己的事，缺乏沟通和交流。工作中，我常常被他们无私奉献、任劳任怨的孺子牛精神感动着，于是在自己的QQ空间里开辟了一个专栏——“群星耀潆溪”，通过白描的写法展现他们日常的工作和生活，让更多人了解这群人背后的辛勤付出，让这支队伍感受到自己在学校里的重要性。

我们学校有几位老师的书法写得特别好，我想应该让更多人欣赏到他们的才艺，于是学校利用寒假组织这几位老师走到潆溪街头，摆好摊子，免费为老百姓书写春联。老百姓看到老师们当场挥笔泼墨，不禁竖起了大拇指。当看到大家争先恐后、满意地从老师手里接过春联的时候，我们感受到尊重、信任的种子在当地老百姓的心中生根发芽了！

赋能，引领教师建设乡村学校兴趣社团

朱永新教授曾说：“阅读会让教育变得更加美好，它在给孩子的成长打好精神的底色。”对于乡村儿童而言，阅读无疑是他们与大世界沟通的重要途径。在过去的两年里，我们积极投身于书香校园的建设。我们在校园的各个角落放置了小书柜和桌凳，方便学生随时随地阅读，并将图书室里适合学生阅读的书籍全部移至室外。为了培养孩子们对阅读的热爱，我鼓励老师们也要积极参与阅读，并培养良好的阅读习惯

和广泛的兴趣。通过开展丰富多彩的读书活动，如校长读书分享、同学读书分享、师生阅读交流以及师生共读一本书等，我们努力让师生在校园内度过一种完整而美好的教育生活。我想，当这些孩子毕业后，每每回忆起学校，想到曾和老师、同学快乐阅读的时光，一定会觉得那是最美且深刻的回忆。

陶行知先生提倡在教学中“要解放孩子的头脑、双手、脚、空间、时间，使他们充分得到自由的生活，从自由生活中得到真正的教育”。过去，成立学生社团，对潆溪小学的老师们来说可能只是停留在脑海里的画面。然而，在过去的两年里，老师们克服年龄、资金和场地等困难，因地制宜，成功建立了书法、武术、舞蹈、编织、手工、种植、刺绣、科创等十个学生社团。老教师杨老师虽然已经五十多岁了，但他是我们当地小有名气的书法家，所以我鼓励他建立书法社团，让更多的乡村孩子感受到祖国传统文化的魅力。尽管工作量增加了，但看到越来越多的孩子喜欢书法并爱上书法，杨老师觉得一切付出都是值得的。年轻教师则主动向当地一位老艺人请教竹编技艺，并结合乡村风土人情进行创新，组建了编织社团，使艺术与生活充分融合。社团活动的开展，不仅培养了老师们更多的兴趣特长，让他们的个性得到充分彰显，也让乡村儿童的视野更开阔了，孩子们找到了尊严与自信，找到了热爱学校、喜欢学习的理由。

习近平总书记曾讲：“教师重要，就在于教师的工作是塑造灵魂、塑造生命、塑造人的工作。”“一个人遇到好老师是人生的幸运，一个学校拥有好老师是学校的光荣，一个民族源源不断涌现出一批又一批好老师则是民族的希望。”学校和学校教育离不开师生，尤其离不开教师。在过去的两年里，我们致力于加强教师队伍建设，努力在外形和内涵上实现双重突破，使老师们具备了专业成长的自觉和深厚的教育情怀，共同创造了充满活力和乐趣的教育生活。潆溪小学的孩子们变得阳光自信、活泼可爱，一张张天真烂漫的笑脸，一双双水灵灵的眼睛，让人感受到了成长的快乐与成就感。尽管乡村学校可能没有高端的教学设备和丰富的外部资源，但只要我们能找到发展的支点，解决好人的问题，让校园里的每一颗螺丝钉都转动起来，相信乡村教育的美好明天指日可待。

校长需要做的就是帮助其拂去尘土，重现光芒，激发他们对事业的热忱，对社会的责任心，对生命的热爱！

情与教育相伴　爱与服务同行

广元市青川县青溪镇中心小学校　陈纪兵

如果说，当校长之前，我心里想的是教学工作、分管工作，那么，当了校长之后，我的心里便装下了整个学校，装下了我的老师，装下了我的学生，装下了我的学生家长以及与之相关的所有人……

翻阅我的微信朋友圈，你看到的都会是充满正能量的文章。把这些充满正能量的文章分享出去，我觉得是一件美好的事情。同时，我以这样的正能量为基准，不断自勉，不断提升，不断进步，让我的每一天充满激情与活力，充满期待与憧憬。

2018 年 10 月 19 日，我在朋友圈里发了一篇《记住别人的“滴水之恩”》的文章。在广元市青川县乐安镇乐安小学（下简称“乐安小学”）的四年间，我无时无刻不感受到身边人对我的包容和呵护，对我的支持和关爱，无论是老师，还是家长，无论是村民，还是学生。所以一路走来，任何的艰难险阻都在他们爱的陪伴下一一化解，学校的美好愿景在他们爱的注视下一一实现。对此，我心存感恩，把自己化身为全心全意的服务者，把自己的真情与真爱，幸福地播撒在乐安小学这片热土之上，期待着来年春天，它花开满园，芬芳一片。

一年又一年的播种，我们有了新的收获，学校各方面脱胎换骨，凤凰涅槃，特别是教学质量稳步提升，跃居全县前列，让乐安小学这所不起眼的山村小学校，一夜之间成了青川教育界的一颗新星，成就了青川教育的一段佳话。乐安小学这天翻地覆的变化，不是靠我一个人努力得来的，而是全体师生齐心协力的结果。而我所做的，无非就是这么一些小事。

“家长驿站”打开心灵之门

家校合力，是教育孩子最理想的境界。我深知这样的道理。但与其刻意地与家长接触联系，不受家长待见，还遭家长反感，不如另辟蹊径，于悄无声息间，无声无息时，将家校联系这块工作渗透一二，再全面推开，做好做实。在这一点上，乐安小学其实已经有了一定的基础。当时它已经拥有了一间“家长休息室”，虽然是租的民房，条件简陋，但学校能拨出经费给家长一个休息的空间，已很不容易。所以在我手里，我要继续将这件好事延续下去。借着“村校共建”的东风，我们又把“家长休息室”搬到了村委会，扩充了面积，由原来的一间变成了两间，还准备了厨房，以便家长可以为忙于学习的孩子准备一点吃食。很多时候，家长们在那里一边等孩子放学，一边天南地北地聊着。我也经常参与其中，有时候侧耳倾听，有时候则与家长们聊聊天。原来单纯的“家长休息室”也就成了现在多功能的“家长驿站”，成了家长们停靠的温暖港湾。每天下午，“家长驿站”是最热闹的。这也成了我们乐安小学的一道独特的风景线。在“家长驿站”里，我与家长们打成一片，家长不把我当外人，我也将他们当朋友，每次都能与他们聊上很久很久，许多对学校发展有利的好建议、好意见就在此诞生了。乐安小学有今天的成绩，“家长驿站”发挥了不可估量的作用，“家长驿站”功不可没。

给家长一片躲风躲雨的屋檐，家长就把我当作自己人，从此，我们的心紧紧地联系在了一起。家校合力的美好愿望实现了，孩子的教育也更加顺风顺水了。

在乐安小学的四年，每个工作日我都是住校的。我每天保持着外出早炼的习惯。每次等我锻炼完毕回学校时，总会看到一些婆婆爷爷背着书包，送孩子上学。每每这时，我总会对他们说：“把书包给我吧！让孩子跟我一起上学！”于是，我会接过他们手里的书包背在自己的肩上，与孩子一起步行去学校。每次，家长们都是千恩万谢。一个小小的举动，温暖的是大家的心，何乐而不为？

温暖师心，激发豪情万丈

怎样走进教师的心灵，成为他们真正信任的人，让学校成为他们愿意为之付出的学校，这是我一直思索的一个问题。我总结出了我的一套管理方略：用事业来统领，用制度来规范，用修养来调节，用情感来维系。在教师的专业成长上，我肯定得做一名严格的校长；在教师生活的关照上，我肯定得做一个有心的校长。如此兼而用之，一定事半功倍。所以，乐安小学每位老师的生活与工作，我都当成自己的事来抓：教师有困难时，我想尽一切办法去帮助解决；教师取得进步时，我会在第一时间表扬祝贺；当教师精神状态不佳，工作倦怠时，我又会找好时机与他面谈沟通；当教师感觉到压力，后怕退缩时，我又会为他加油打气。

新教师梁老师，他就住在我的隔壁，我们的宿舍挨在一起。他初来乍到，人生地不熟，显得有些难为情。作为校长的我，为了让他更快地融入这个集体，经常会找他聊天。得知他宿舍没有安装热水器时，我便专门将自己宿舍的备用钥匙给了他，让他能够自由出入，在运动之后痛快地洗个热水澡。

2015 年的某天，赵老师和曹老师因为骑摩托车不小心摔了跤，受了伤。电话中她们向我请假，要去县城医院进行包扎并做进一步的检查。我很关心她们怎么去，她们告诉我说准备包车前往，现在正在联系车辆。我没有多想，便对她们说车子不用联系了，让她们在原地等我，我会马上过去接她们去县城。就这样，我驱车带着两位老师去了县城，检查治疗之后，又带着她们一起回到学校。

在我们学校有个不成文的规定，只要老师家里有事，诸如婚丧嫁娶、生病住院这样的事，作为校长的我，无论路途多远必定会亲自到场，慰问也好，祝福也好，探视也好，我必亲力亲为。

“师心”是学校一切工作的源头，如果你温暖了“师心”，那等待你的必将是一股喷涌不息的清流，教师必定会富有激情、万丈豪情地工作。这时，作为校长的我，会在背后默默地看着他们，为他们鼓掌，为他们喝彩，为他们自豪！

为伊憔悴，我自今生无悔

爱学生，既是我当老师的天职，也是我当校长的天职。

我从未曾离开教学一线，哪怕日常杂务缠身，我也会安排好工作，走进我钟爱的教室，与我热爱的学生，一起畅游数学王国，解开数学谜团。这个时候，我比做任何事都有成就感。特别是我所教的学生，后来者在不断进步，前进者依旧没有停下步伐，这是我最愿意看到的景象。

有个叫小林的小男孩，刚开始才考十几分，计算题都不会写。一番掂量后，我决定迎难而上，一定让小林挤入及格的行列。上课，我关注他；下课，我单独辅导；下班了，我们俩还在一起。同事们都说小林就是我的另一个孩子。数不清多少个黄昏，我在教室里给他辅导功课；数不清多少次作业，我一遍遍地单独给他讲解；数不清多少回，因为他有了一点进步，我向他伸出了大拇指……就这样，我和他慢慢地与时间赛跑。功夫不负有心人，小林同学的数学考到了七十多分了。这不能不说是一个奇迹。

每个早晨，无论酷暑还是寒冬，我都会准时站在校门口，迎接学生来上学。他们礼貌地问“陈校长好”“陈老师好”，而我回应他们的则是赞许的目光与鼓励的眼神，大大的拇指和一句响亮的“加油”。

心中有你，温情一直延续

胡老师，他是我们学校的一位特岗教师。他在乐安小学工作了一年后，因为考取了家乡的学校，所以要辞职回家。我非常理解他的选择，也为他高兴。临行前一天，我组织全体老师一起聚餐，为胡老师饯行。临行当天，在我的安排下，学校全体教师和职工都出来为他送行。他没有想到，一个普通特岗老师的离开，而且还是辞职离开，学校也会这么隆重地欢送他，当时，他一个大小伙子潸然泪下。说真的，那场面，至今想来都让人感动。也许对乐安小学来说，他只不过是一个过客，但对于我来说，他是我们曾经一起并肩战斗的战友，一起挥洒汗水的伙伴，无论他在乐安小学多久，他都是其中不可或缺的一分子，他永远都是那个分子“1”，他值得我们每个人为他送别。

学校的门卫、食堂工作人员、代课老师，在我眼里，都是乐安小学的成员，是我的家人。课余时间，我经常会走进他们的办公室、工作场所，与他们聊天，了解一下他们需要什么，他们想做些什么，他们有什么困难。我不止一次地告诉他们：你们是乐安小学的一分子，你们的岗位至关重要，有你们才有我们，有你们才有学生。你们是乐安小学这台大机器上的螺丝钉，没有了你们，机器就运转不了，你们一个都不能少。

乐安小学在这四年间拧成了一股绳，全体师生共同努力，书写了乐安小学教育史上辉煌亮丽的一笔。这份荣誉当属我们可敬的老师们，更属于我们可爱的孩子们，同样属于我们可亲的家长们以及关心和支持学校工作的所有人！

在“家长驿站”里，我与家长们打成一片，家长不把我当外人，我也将他们当朋友，每次都能与他们聊上很久很久，许多对学校发展有利的好建议、好意见就在此诞生了。

办一所美丽而幸福的乡村田园小学校

成都市温江区镇子小学校　文家富

2019 年 2 月，我来到了镇子小学。当时，这所学校被贴上了“薄弱”的标签。经过全面深入了解后，我深刻认识到一个薄弱的学校所面临的问题是多方面的：理念不明确、制度不健全、负面情绪蔓延、活动缺乏特色、教学成绩不佳、家长缺乏认同，等等。

但是我也欣喜地看到，这所学校周边全是花卉园林，学校环境优美漂亮，简直就是一所花园里的学校；这里的校园有两万多平方米，特别适合田园教育；这里的学生不到三百人，完全可以开展小班化精品教育；这里的老师纯朴善良，特别容易有幸福感、获得感；这里离城区有十公里，正好远离城市的喧嚣；这里的成绩竞争压力较小，很多教育的梦想刚好能在这里种下。这不正好是一片陶行知先生心目中办生活教育、理想教育和幸福教育的最好的试验田吗？所以，办一所美丽而幸福的乡村田园小学校的梦想在我的心中就此点燃。

用活动点燃第一把火

教师常年生活在这个地方，思想容易固化，会缺少奋斗的动力，甚至坦然接受落后的现状。学校急切需要用一个活动让广大师生燃起自信的火苗。在校园里散步的过程中，我发现前任校长做了一件非常有意思的事情：给孩子们开辟了一个桃李园。于是，一个大胆的想法在我的脑海中迅速形成。

我马上和行政团队商议，在灼灼桃花盛开的三月中旬，在学校桃李园举办一次以“让生命像桃花一样美丽绽放”为主题的桃花节。行政团队有很多顾虑：没经验、时间紧、人手少、没经费，等等。我告诉大家，经验是在实践中积累出来的，人心是在活动中凝聚出来的，时间是在统筹中争取出来的，把钱用在最有意义的事件上是最值得的。于是，行政团队开始制订活动方案，进行组织安排。经过一个月的准备，首届桃花节如约举办，全校师生穿着唐装、汉服，通过说桃花、诵桃花、唱桃花、领桃花、赏桃花以及表彰三十年教龄的老教师等各种活动，向来宾展示了学校生态教育新形象。当全体师生在四川电视台和温江电视台看到我校桃花节的新闻报道后，一种幸福与自豪感油然而生。主角与配角的身份从这里开始悄悄转变。

形成共有的价值追求

有了第一把火，我们接着就在全体教师中开展了三个讨论：为谁办学？办什么样的学？怎么办学？最终在原有五心（爱心、热心、孝心、诚心、专心）教育的基础上衍生出了新的核心思想：三生五育。

“三生”即生命、生态、生长教育，我们要敬畏生命、尊重生态、呵护生长。生命教育是基础，生态教育是样态，生长教育是目标，三者相辅相成，共同促进师生发展。我们追求的生命教育是让每一位教师和学生认识生命、尊重生命、珍爱生命，关心自己和家人，拥有健康发展的心理；生态教育是指遵循着儿童成长和教育的规律，以一种轻松、自然的生活和学习方式，引导孩子们学会享受温江美丽幸福的自然环境，营造出快乐和谐的育人氛围；生长教育是锻炼健康体魄，塑造健全人格，培养良好习惯，掌握学习方法，为学生生命拔节，为幸福人生奠定良好基础。

“五育”是指以“爱心、热心、孝心、诚心、专心”为核心的“五心教育”，目标是培养具有忠诚爱国、助人为乐、入孝出悌、言行一致、精益求精等优秀品质的学生。

站在孩子的视角观察

开学不久，我发现孩子们在集会中不大站得住，爱讲话，有小动作。在一天集会结束后，我站在主席台上，高声宣布要表扬一个特别的班集体。孩子们立刻变得兴奋起来，纷纷猜测是哪个班级。我故意卖了个关子，说：“这个班的孩子做了一件我认为非常棒的事情，我要请他们在国旗下和我合影。他们做了什么事呢？我在刚才的集会活动中观察发现，全校所有班级中，只有这个班的孩子站得最端正，听得最认真，保持得最安静。是哪个班的孩子这样了不起？”

我故意停顿了一下，目光缓缓扫过全校的学生，然后一一指向每个班级问道："是你们班？还是你们班？"我发现，各个班的孩子都悄悄地站正了身体，全校一片安静。最终，我揭晓了答案："这个班级就是XX班！请大家为他们鼓掌，并邀请他们上台与我合影。"

天哪，在全校学生的注视中，我发现，这个班的孩子走路从来没有这样神气过！

最后，我建议班主任将合影照片发到班级的QQ群里，让家长们也看到孩子们在学校的出色表现。同时，我宣布在接下来的十周里，每次集会时我都会寻找和表扬一个表现最专注的班级，并与他们合影。

然而，这也给我带来了一个"难题"：当所有的班级都表现得非常专注时，要从中选出一个"最"出色的班级实在是不容易啊！

优秀孩子是表扬出来的

在开学典礼上，我特意准备了一个埙，并在讲话中宣布，我要把这个埙赠送给上学期我最钦佩的一位同学。此言一出，孩子们立刻变得兴奋起来，纷纷猜测："会是谁呢？会是我吗？"

在一番卖关子之后，我请出了五年级的一个女孩。面对她的羞涩与好奇，我解释道："因为你展现出了一个非常可贵的习惯，这深深地打动了我和所有的来宾。在上学期，我们推出了鞠躬礼，而你是其中坚持得最好的同学之一。不仅在学校内部，在校外也一样；不仅对我们自己的老师和同学，对所有来宾和家长都始终如一。一个好的行为，偶尔做一次两次是容易的，但要在每一天、每一个活动中都坚持下来，那就非常不容易了。你的这种坚持让我们深受触动，你能再次为大家演示一次标准的鞠躬礼吗？"随后，我把这个代表中国传统文化的埙赠予了她，并表达了我的期望："我希望你能继续传承中华的美德和天府的文化。同时，我也希望全校的所有同学都能像你一样，坚守一个好习惯。"

孩子眼含热泪，对我致以标准的鞠躬礼，台下掌声雷动。

特色活动促进"五育"并举

2021年5月21日，成都市劳动教育主题研讨暨温江区劳动教育现场会在我校隆重举行，活动取得了圆满成功，并得到四川电视台等媒体报道。这是我校首次举办如此规模和影响力的活动，全校师生都感到非常兴奋。实际上，这也是我们根据国家提出的“五育”并举、融合发展的指导精神，结合学校实际情况，开展的一项特色活动。我们充分利用学校面积较大，可以设置适合学生实践的劳动基地和劳动课程的优势，同时结合乡村孩子不怕苦、不怕累的特点，设置了大量的园区和活动，使劳动教育具有教育性、融合性、趣味性和协作性。

我们的劳动教育始终贯穿“一个精神、两个态度、三个行为、四个观念”于人才培养的全过程，以“五育”并举、融合发展为核心，将“生命、生态、生长”的办学理念与劳动教育深度融合。我们构建了较为完善的“劳动教育 + 四育（德智体美）”和“三篇（家庭、学校、社会）”的实践模式，特别是通过设计“劳动教育 + 六节”和“劳动教育 + 八艺”等儿童化和趣味化的活动，体现了劳动教育的融合发展。

学校率先成为成都市劳动教育试点学校，并编写了《以劳动创造美好生活——以镇子小学“劳动教育 +”为例》的教育读本。通过一个又一个这样的活动，师生找到了成功感和幸福感。而我们正在用真实的行动践行陶行知先生所提出的生活教育和田园教育。

在我们的努力下，一个朝气蓬勃、恬静幸福的校园正在形成。我们的“木艺空间”和“劳动 +”教育分别获得了成都市 2018 年和 2020 年基础教育年度盛典金梯奖。在 2020 年，我们连创了“市阳光体育示范校、市劳动教育试点校、市安全文化示范单位、市四星级工会”四个品牌。艺术体育在市区也获得了一等奖。省、市、区领导多次视察调研我们学校的发展情况，四川观察、四川电视台、学习强国、成都教育发布等多家媒体平台也报道了我们学校的特色。镇子小学的师生在这片温暖的土地上正在享受着幸福而美丽的教育生活。

所以，办一所美丽而幸福的乡村田园小学校的梦想在我的心中就此点燃。

让乡村孩子翱翔蓝天

广安市武胜县新学小学校　黄　伟

人人都有机会上台的集体周会

武胜县新学小学校始建于1942年，位于距离县城约二十公里的地方，是一所典型的乡村小学。《武胜县“五育合一”教育高质量发展实施方案》（下简称《“五育合一”实施方案》）发布后，学校紧紧围绕立德树人根本任务，从德育入手，从身边细微小事入手，时时处处体现育人，努力培养德智体美劳全面发展的社会主义建设者和接班人。

每周一早晨的升旗仪式，全校教师整齐地分列两队，以饱满的精神状态向学生展示教师应有的风貌。鼓号队的队员和轮值班的学生们总是忙碌地准备着，因为这是他们展示才能的时刻。与以往不同，现在的升旗仪式不再只是由固定的五至十名同学来担任升旗手，而是实施了人人都有机会上台的集体周会制度。这一制度由德育办和大队部主导，各班级轮流组织。班主任会提前一周进行准备，选拔两名主持人和一名升旗手，全班同学都作为护旗手参与，一起练习站姿和队列。同时，每个同学都有机会通过朗诵、表演、舞蹈、歌唱等才艺展示形式来参与教育活动。鼓号队也在每周的集体周会上演奏欢迎曲和出旗曲，改变了以往只有在大型活动和特别迎检时才有机会表演的状况。

对于三年级的学生来说，实施爱国主义教育需要合适的方法，让他们真正理解其中的含义。现在通过人人都有机会上台的集体周会，学校大大培养了他们的爱国主义精神和集体荣誉感。三年级（1）班的小颖分享道：“以前，我只是听老师说爱国主义教育，要我们爱祖国、爱五星红旗。但祖国首都不是在北京吗？国旗不是在旗杆上高高飘扬吗？是不是离我太遥远啦？现在，我终于明白了，保持红领巾的干净整洁就是爱国，在举行升旗仪式时庄严的举动就是爱国。”

人人都有回忆的自治管理

《“五育合一”实施方案》实施以来，学校开始尝试从多方面探索学生的自我管理模式。为此，学校成立了学生自治会和各种社团，并为每个班干部和自治会的干部设计了独特的标识牌，要求他们时刻佩戴，以身作则。对于完成任务的同学，在期末时将标识牌送给他们作为纪念。这一举措对班主任及学校的各项管理工作起到了很大的帮助，为学校的发展做出了贡献。在这一过程中，涌现出了一大批学生自治会优秀干部，自治会成员也在参与学校管理的过程中获得了多方面的成长。

以小悦同学为例，她是四年级（2）班的学生，学习成绩中等，遵守学校规章制度，团结同学，但在班级中并不显眼。然而，在今年的学校自治会成员招募会上，她在老师的鼓励下参加了竞选活动，并成功当选为自治会副主席，负责生活部的日常工作。

经过学校德育办和大队部对自治会七个部门工作的详细讲解和安排，十月初，小悦同学带领自治会第一小组成员正式上岗了。作为自治会副主席及生活部负责人，她以身作则，严格考核，带领生活部成员按时到岗到位。她们对各班集合、排队打饭、轻放凳子、礼让他人、文明就餐、珍惜粮食以及“光盘行动”等行为进行全面监督、量化考核。在每天的就餐时间里，小悦同学都坚守岗位，履行职责，遇到不文明现象时勇于上前指出并要求违反纪律的同学立即改正，始终公平公正地对待每一次监督考核。

面对六年级同学在就餐时高声言语的现象，她毫不胆怯，用严肃的眼神和表情提醒他们认真就餐；面对本班张同学的浪费粮食行为，她毫无私心，在要求张同学做好“光盘行动”的同时，毫不留情地将本班当天的考核分扣除；在低年级同学打饭时，她随时提醒弟弟妹妹们注意安全，留心脚底打滑，并协助值周老师维持好打饭秩序……她的一系列表现为全体自治会成员树立了良好的榜样，全体老师和同学都对她赞许有加。

在两个多月的自治会管理活动中，小悦同学积极性高，主人翁意识明显增强，逐渐表现出较强的责任心、超强的管理与自我管理能力，从中她也获得了更多的自主发展空间。她的爷爷还专门给老师打电话说：“娃娃现在像变了个人似的，在家里自觉多了，按时做作业，还要帮家里做家务了。她说她要对得起身上的标识牌。”

像小悦同学这样，在班级管理和学校自治会管理工作中突破自我、提升自我、实现自我、展现自我的同学还有很多，他们有的成绩优异，有的一直在班级中默默无闻，有的曾以调皮闻名于学校。但是在自我管理工作中，他们都得到了更多、更全面的成长空间和历练。那一块块佩戴在胸前的自治会成员牌在今天是他们约束自己、管理他人的标志，是他们学习生涯的另一份荣誉；而明天，在这一群雏鹰展翅翱翔的未来，或许有一日，他们再次面对这一块小小标识牌时，会感到那是他们这一生中最值得珍藏的回忆。

人人都有特长的月之星

记得李希贵先生在《为了自由呼吸的教育》一书中曾经说过："多一把尺子就能够多出一批优秀的学生。"为了培养学生自信，我校搭建平台，实施了月之星评比制度，对评价方式和体系进行了全面的改革，让每个学生都有获奖的机会，都有上奖台的机会，从而找到自信，培养出乐观向上的良好品德。

学校首先改变评价标准，建立评价体系。月之星的评价标准和体系是通过多次教师会议和学生讨论，才最终确定的。这个过程中，我们充分调动了学生和老师的积极性，使人人都能参与到评价中来，人人都是评委，人人都是标准的制订者。我们在每月的最后一周开始评选月之星，不设类别，不设名额，全员参与。先由本人申报，再经过班级投票确定是否推荐（同意票要过半才行），班主任将推荐理由填入申报表里，由本人再分别去找相关老师核实和分管领导审查，最后汇总到校长这里审定。学生在每个环节都能及时地看到自己的优点和不足，这也能帮助他在以后的学习生活中继续努力，争取更加完美。

其次学校改变表彰形式，搭建展示平台。学生获得月之星称号后学校就会在全校张榜表扬，并在每月第一周的集体周会上颁奖。颁奖有时还要邀请家长上台领奖，有时还要向家长颁发表扬信。颁奖的形式绝不雷同，让学生始终有新鲜感，以此鼓励学生提高综合能力和素质。我们今年在"六一"表演活动中，也正好颁发了月之星的奖励，并邀请家长上台领奖。当看到家长们在台上露出由衷的笑容时，我们也感受到了巨大的成就感。此外，我们还会将学生们的优秀作品进行装裱，并在全校范围内展出，以此来提升学生的自信心。我校校园文化的各类作品全部都来源于各类月之星评选，这也极大地推动了月之星评选工作。

评选最终目的是完善学生性格，让学生终身获益。通过月之星评比，学校的各项工作逐渐步入正轨，并取得了显著的进步。家长们对学校的满意度也随之提高，他们越来越理解并支持学校的工作，而且这一活动还在无形中改变了家长们过分追求高分的观念。学生们逐渐培养起了一种积极向上的进取心，他们渴望得到更多的赞赏和认可。随着这种内在需求的形成，我们的教育工作也变得越来越轻松，学生们在各方面的表现也越来越自信。

当我们评价的尺子越来越多时，优秀的学生也会越来越多，成功也会越来越多。

人人都有喜欢的项目

为了让同学们更加热爱校园，学校根据实际情况从音体美、阅读和劳动教育等多方面改进，开设了各种项目并每天向学生开放。我们相信，这些丰富的活动总有一项能吸引学生的兴趣。

学校利用每天的大课间，分班开设了快板操、篮球、排球、足球、呼啦圈、空竹、跳绳、柔力球、羽毛球和乒乓球等项目，每个项目都会进行轮换，以确保学生能掌握多种运动技能，使他们受益终身。同时，在每天的中午时间，学校开放棋室，同学们可以邀请朋友一起进行象棋、跳棋、五子棋和军旗等益智活动。此外，学校的书法室和美术室也每天对学生开放，他们可以利用空闲时间在里面练习书法、绘画和手工制作。学校的墙壁上展示着同学们的书法、绘画和手工作品，校门口还摆放着美术组同学用废旧排球和篮球制作的手工作品，校园花坛内也随处可见劳技组的同学种植的鲜花。

此外，学校图书室和阅览室也是座无虚席。一部分同学在阅读和做笔记，另一部分同学在查阅资料以制作每周一刊的班级小报。学校的花坛也是一片繁忙的景象，同学们一边清除杂草一边用手丈量鲜花的高度，思考是否需要进行施肥，并随后将相关数据记录在劳动日志上。

五年级的小彭同学数学成绩欠佳，作业常常潦草了事，计算粗心，有时甚至需要依赖掰手指来辅助计算加减。他对学习数学缺乏信心，课堂上很少主动举手发言。他还是一个来自单亲家庭的留守儿童，由于奶奶年事已高，无法充分照顾他，他的父亲又长期在外工作，很少回家。苏联教育家苏霍姆林斯基指出：“劳动不仅是一些实际技能和技巧，而首先是一种智力发展，是一种思维和语言修养。”于是，老师尝试通过劳动教育来改变小彭同学。在十月中旬，学校开展劳技教育活动，鲜花培育基地需要几位热爱劳动的同学参加，老师就安排他一起培育花草，对他说："你力气大，做事认真，带领这几个同学到食堂后面空地上给花草育种吧！记得每天都要来观察它们的生长情况哦！"不几天，培育的花草成活了，老师表扬了他，说道："小彭，很不错嘛，给学校立功了。"他心里美滋滋的。

学校开展"废物育绿植"活动时，小彭同学很早就来报名，用自己的巧手给杜鹃花搬新家，把杜鹃种植到这些废旧的排球、篮球、足球里面。小彭同学和参加劳动的同学们看着这些生机盎然、色彩斑斓的杜鹃花摇身一变，把学校打造成了一个变废为宝的小花园，脸上也露出了灿烂的笑容。老师在班上表扬了小彭同学不怕吃苦、热爱劳动的精神，他从此做作业也变得认真了，还增加了许多自信，最近的几次数学课上常常举起手回答问题。相信以后的日子里，他会更热爱劳动，期待他健康快乐地成长。

培养德智体美劳全面发展的社会主义建设者和接班人，是党和国家赋予我们教育者的神圣使命。我们无论身处繁华的都市，还是宁静的乡村，都应坚守这一教育理念。在武胜县推进"五育合一"教育高质量发展的改革进程中，我们要结合实际情况，灵活创新，勇立潮头，为乡村孩子量身打造一条符合他们特点的教育道路，让他们在未来展翅高飞，翱翔在蔚蓝的天空。

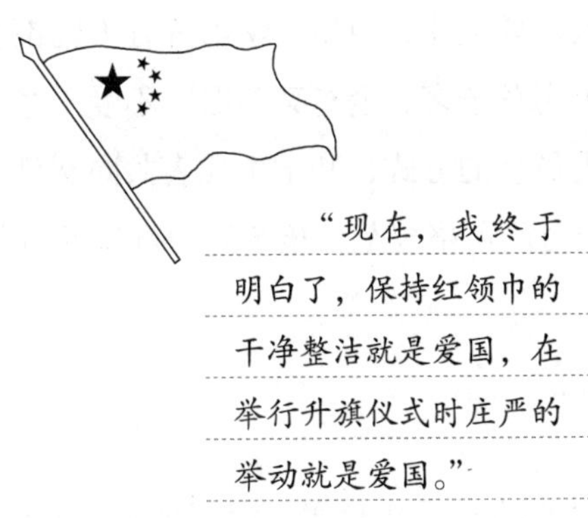

"现在，我终于明白了，保持红领巾的干净整洁就是爱国，在举行升旗仪式时庄严的举动就是爱国。"

浅谈乡村小学班级管理方法

泸州市力行路小学校 詹 曦

都说一个好老师能够改变一个学生的命运，在这几年的实际教学中我深有体会。2017 年秋季，我来到了一所乡村小学，接手了一个只有二十五名学生的班级。在这个班级里，语文方面没有表现出色的学生，数学方面仅有一个优生，而不及格的学生却有十来个。我第一次走进教室时，眼前的景象让我惊愕：教室里垃圾遍地，学生们随意走动，大声喧哗，完全无视老师的存在，继续做自己的事情。面对这样一个班级，我决定投入一整个学期的时间来与孩子们共同成长。下面我就仔细地谈谈我是如何应对这样一个班级的。

制订班规

无规矩不成方圆，一个班级若要纪律、卫生、学习等各方面都合格，一定要有适合自己班级的规定。我根据班上男孩子多、爱打架斗殴、不爱干净、不爱学习、不团结等实际情况，通过成立班级委员会的方式，和学生代表共同制订了适合我们班级的班规，并且严格执行。经过两个月的严格规范，孩子们的行为习惯有了很大的改观。

树立信心

“你们是可以的！”这句话听起来很简单朴素，但却是成功带好孩子们的秘诀。我不仅当他们的班主任，还任教数学。在教学过程中，我发现他们的基础很差，但我并没有打击他们。首先，我问他们：“你认为自己笨吗？”他们摇头，我又说：“既然我们不承认自己比别人笨，那为什么别人的成绩可以这么好，我们却不行呢？”通过和他们的深入交流，我努力树立他们的自信心，使他们坚信在老师和他们的共同努力下，一定能够取得显著的进步。当他们的精神得到滋养和振奋后，我便开始教授他们具体的学习方法。教他们在课堂上如何高效率听课，怎样举一反三解决同类型的问题。通过接受基础知识的系统辅导，学生们逐渐取得了明显的进步，并对自己的学习充满了信心。随着自信心的树立，孩子们的学习热情也随之高涨，成绩逐渐提升。当孩子们全身心地投入到学习中时，调皮捣蛋的行为自然就减少了，这使得班级的管理也变得轻松起来。

应用心理学知识

美国心理学家罗伯特·罗森塔尔与伊迪丝·雅各布森曾来到一所小学进行实验。他们从一至六年级中各选了三个班级，总共对十八个班级的学生进行了“未来发展趋势测验”。测验结束后，罗森塔尔将一份被他称赞为“最有发展前途者”的学生名单交给了校长和相关教师，并要求他们保密，以确保实验的准确性。事实上，这份名单上的学生是随机选择的。八个月后，罗森塔尔及其团队对这十八个班级的学生进行了复试，结果令人惊讶。那些被列入名单的学生不仅在学业上取得了显著的进步，而且他们的性格更为开朗，自信心更强，求知欲更旺盛，更善于与他人交流。这就是广为人知的罗森塔尔效应。

在我们班上，罗森塔尔效应体现得淋漓尽致。之前我提到了帮助学生树立自信心，就在那个过程中，我特别关注了班上几个学生，他们现在都是班上的佼佼者。据之前的老师介绍，我所关注的那几个学生中，曾经还有学生经常不做作业，但在我打算培养他们的时候我并不知道这个情况。以其中一个小女孩为例，当初我让她担任班长，并将很多事情交给她来处理。在课堂上，我也特别关注她的学习情况。随着时间的推移，她的胆子变得越来越大，学习积极性也提高了，成绩更是突飞猛进。后来，之前教她的老师才告诉我，这个小女孩以前经常不做作业，对学习不怎么上心。同样地，还有两个小男孩，当初我接手他们时，他们的数学成绩只有七十多分。我注意到他们在课堂上比较积极回答问题，于是我开始更多地关注他们，经常请他们回答问题，并让他们担任数学课代表，让他们感受到我对他们的信任。现在，他们已经成为了班上的优秀学生。这样的例子还有很多。

注重态度

有人曾说过："态度决定你的成就，态度决定你成功的高度。"那么，态度究竟是什么呢？态度是个人内心的一种潜在意志，它是个人的能力、意愿、想法、价值观等在工作中的外在表现；换句话说，态度就是一种使你区别于他人，并让你显得更为重要的能力。对于教师而言，其态度对班级的整体进步和学生个人的成绩提升有着不可估量的影响。接到一个全校出名的"问题班级"，虽然只有二十五个学生，看起来人很少，但是管理起来还是很困难。那时，男生们经常和我对着干，每周都会发生几起打架事件。然而，我并没有选择放任他们，而是耐心地引导他们。如今，班级的日常规范已经基本不用我操心，孩子们心中都有数，知道该做什么、该怎么做。在课堂教学上，我更是付出了百分之百的努力。我常常和同事们开玩笑说，以前我教两个不同年级的数学班都没有现在教一个班来得累。为了提升他们的计算能力，我会针对性地出题给他们练习；当他们无法理解题意时，我会逐句教他们如何分析；当他们的习题做得不够理想时，我会一个题一个题地仔细为他们讲解。渐渐地，他们取得了一点一滴的进步，从我刚接手时的七个优秀生，到第二期的八个，再到第三期的十五个。我为他们的进步由衷地感到高兴，也为我自己的坚持和不懈努力感到欣慰。看来，态度真的可以决定很多东西。

每个孩子都有闪光的地方，老师要善于发现他们的优点，并且多鼓励，多指导，多一些耐心，多一些真诚，让孩子们在有爱的集体中学习、成长，最终收获美丽的果实。

"你们是可以的！"这句话听起来很简单朴素，但却是成功带好孩子们的秘诀。

一封学生的来信

成都市大邑县蔡场小学　李　林

2013 年 8 月，根据组织的安排，我从位于大邑县城的子龙街小学的副校长职位上，调任到蔡场小学担任校长。

刚开始担任校长时，我对一切都感到陌生：学校有多少学生、多少班级、多少教师，以及教师的基本情况，我都不清楚。在紧张和忐忑中，我与学校的领导班子见了面，幸运的是，学校行政班子中只有校长有变化，其他人员都没有变动。副校长热情地对我说："学校的基本情况几乎没有变化，学校的工作方式老师和行政都非常熟悉。我们按部就班开展工作，保证一切都会顺顺利利，井井有条。你只需要把主要精力放在与教育局各科室对接的工作上。"听到他这句话，我也放下心来。

果然，培训会、安全检查、人事分工、新生入学、开学典礼……一切都进行得顺顺利利。然而，在这一切顺利之中，我似乎感觉到缺少了点什么。全校共有二十一个班，四十五名教学人员，包括二十一名语文老师、二十一名数学老师、一名英语老师、一名科学老师和一名体育老师，却没有音乐和美术等专职教师。

在后来的行政会上，我多次提出了这样的人事安排是否有利于学生的全面发展的问题，但是大家都以"以前就这样""大家都习惯了""考试要紧"等为理由避开了这个话题。

这是我所追求的教育吗？这个问题一直在我头脑中回荡，让我不断反思。直到 11 月中旬，按教学计划，学校要开展冬季运动会，我提出了"我运动、我参与、我健康、我快乐"的口号，并计划把运动会开幕式办成体育文化艺术节。这可是学校的第一次体育文化艺术节，如何组织？这在学校教师中引发了一场不大不小的讨论，学生们听到后也是异常兴奋。

说实话，那次的运动会确实很简单，可能并不完全符合传统意义上的"艺术节"标准。但是，校园在那段时间里变得热闹了许多，尤其是学生们似乎突然变得更加有礼貌了。他们在见到我时，也会主动而热情地和我打招呼。

一天早上，我来到办公室，发现地上有一封信，是从门缝塞进来的。原来是一名六年级的同学写的，信中说："我今年六年级了，下期就要毕业离开母校，也许这是最后一次给您写信，我是鼓起很大的勇气写的。我从没想到过还能参加一场快乐而有意义的运动会。在这里，我替全体同学感谢您，是您让我们体会到了运动会的快乐，是您让我们感受到校园生活的多姿多彩。虽然运动会结束了，但这几天，同学们都还在议论比赛的事。有汗水，有奖状，有欢乐，也有遗憾……在这里，我想向您提个建议，也是我的一个愿望：以后学校能不能多开展一些体育和歌舞活动？您看，同学们每天就这样读书，成天在教室里，体育课、音乐课、美术课都换成语文课、数学课了，很乏味。有时下了课还要做作业，连上厕所也没时间。校园活动可以让我们的生活有趣一点，并且现代人是向多方面发展的，您说是吗？其实我想学校里举办唱歌比赛，那是因为：一是想让同学减轻学习的压力，好放松一下；二是顺便还可以练胆量，因为好多同学现在都还是胆怯，上课连手都不敢举；三是可以在音乐里感受音符带给我们的快乐，陶冶情操。其实，悄悄告诉您，我的梦想是长大后当位歌手，让歌声带给别人快乐和放松……如果到时候可以的话，我也会站在舞台上一展歌喉，展现自我的……"

这封信，一下让我激动和兴奋起来。这才是我想办的教育，这才是我所期望的校园生活！我第一时间就召开了行政会，让大家传阅这封信，并谈谈自己的看法。大家都被这封真诚的信所打动，开始思考起如何实现孩子的愿望来，最后的问题集中在从哪里找音乐、美术、体育老师上。中午，我召开了全体教师会议，在会议上，我提出了"视学生为子女，以父母之心办教育"的理念，然后我把这封信读了两遍，让大家深思：如果你的孩子在蔡场小学，你希望学校的教育会是怎样的？这封信，犹如在平静的湖水里投下了一颗大大的石子，激起了层层的涟漪。接连几天，我们都在开会，都在讨论现代学校该如何办，学生需要什么样的教育。

"不能再像这样下去了！"在行政会议上，我坚定地提出了要求。那么，艺术老师应该从哪里来呢？我决定让教双班的数学老师暂时放下一个班级的教学任务，这样，那些曾经学过音乐、美术和体育专业或者有艺术特长的老师就可以被解放出来，进行专职教学。就在那一周的时间里，学校进行了一次新的人事分工，我们一下子就拥有了两名专职音乐教师，两名专职美术教师和五名专职体育教师。

五年时间转瞬即逝，五年时间里，又有三名老师转为艺体类专职老师。曾老师，由语文老师转为美术老师，结合自己的大学专业，开发了具有校本特色的美术课程“纸浆画”；陈老师，由语文老师转为音乐老师，发挥自己的专长，组建了学校的手风琴社团，并在县级艺术汇报演出上多次精彩表演；张老师，由数学老师转为体育老师，结合学校的“礼仪教育”特色，创编了一套独特的礼仪操，在大课间活动中，带领全校同学载歌载舞，场面十分欢快。

如今，学校已有十二名专职艺体老师，共同开发了九门特色课程，这些课程进一步丰富了学校“以礼育人，六艺修身”的办学特色。特别值得一提的是，尽管当前乡村学校面临着生源逐渐减少的困境，但我校的学生数量却从五年前的九百余人发展到今天的一千三百多人，实现了城镇学生的“逆回流”，这一变化实在令人欣喜。更令人感到自豪的是，学校的两名教师甚至将自己在县城读小学的孩子转学到了蔡场小学。

“我今年六年级了，下期就要毕业离开母校，也许这是最后一次给您写信，我是鼓起很大的勇气写的。”

慢慢改变　感知幸福

成都市邛崃市十方堂小学校　周　晓

关于改变，我们都会想到一句话：山若不过来，我便过去。

改变自我，适应环境，把脚下的路走成幸福的模样。

改变激励着自我

一个人的生活和工作环境难免会发生改变，关键在于我们如何以正确的心态和行动来适应这些改变。在面对这种情况时，我选择首先改变自己。

2016 年 9 月，我离开了工作长达十三年的邛崃市窗口学校南街小学，来到了十方堂小学。尽管工作内容表面上看起来相似，但实际上存在很大的差异。学校的地理位置和环境发生了变化；学生来源也发生了改变，南街小学的学生大多来自机关单位家庭，而十方堂小学的学生则主要来自乡村家庭，其中不乏留守儿童和贫困家庭儿童；此外，教师群体也发生了改变，南街小学的年轻教师较多，人才济济，而十方堂小学的三十七名在编教师的平均年龄接近五十岁，近五年内即将退休的教师占比高达百分之三十五。

作为新来到这所学校的一名中层干部，我意识到自己肩上沉甸甸的责任和压力。我告诉自己，我应该快速融入这个集体，找准自己的定位；我必须改变自我，尽快适应工作。对于学生的教学，我更注重发掘学生的学习动机，抓基础，培养学生的学习兴趣和学习能力；对于教导处的工作，我精心思量，觉得学校教育教学的成败，关键在于教师教育教学的观念。我想我应该为老师们作好表率，并起到引领作用。于是我主动承担了六年级（1）班的数学教学工作，利用教研或平时沟通交流时间，给老师们传递课改理念，和老师们一起探讨行之有效的教育教学的方式与方法，希望我们的老师能事半功倍地做好各自的工作。

改变着眼于教师

要改变教师们的教学观念，激发教师们的教学热情，必须为教师们搭建体现自我价值的平台。

在教学中，我发现十方堂小学的大部分孩子聪明机灵，他们能轻松学习课本上的知识，我觉得完全可以拓展一下他们的知识面。于是在我的倡导下，一至六年级的数学老师根据义务教育数学新课程标准，结合教材和乡村孩子的实际，编写了一套校本课程教材。老师们花了很多时间和精力组合章节、挑选题型，这些工作促进了老师们对教材的钻研，有效拓展了学生学习数学的知识面，更重要的是老师们看着自己编写的内容印制成书，内心充满喜悦和成就感。

随着“中国好课堂”合作学习在邛崃的推广，我们十方堂小学也参与了合作学习的实践尝试。在来到十方堂小学第二学期的开学之初，我为全校教师作了一场题为“合作学习尝试”的讲座，与老师们交流了什么是“中国好课堂”、什么是合作学习。我分享了我在六年级（1）班教学中渗透合作学习理念，经过一学期实践尝试后所得到的方法和经验。

培训会后，一位五十来岁的老师在校园里遇到我，他很认真地问我：“周主任，你觉得我的科学课需要怎样体现合作学习呢？”我当时好感动，我的讲座居然真的引起了老师们的共鸣。第三周，我上了一节教研课“比例的认识”。课后数学组的老师们积极评课，各自发表了自己的看法，并提出了自己对于实施合作学习的疑惑。看着老师们热情探讨，我内心立刻产生一种感受：我的付出值得！现在学校里很多老师也尝试着合作学习。当然，我们的合作学习课堂与名师、专家相比还相距甚远，然而我们教学观念的逐渐转变，教学实践逐步开展，证明我们十方堂小学的教师们已经在慢慢地改变。

改变引领着家长

家庭教育对于一个孩子的成长是至关重要的。

在十方堂小学工作，我时常会感觉一些孩子很可惜。他们聪明、善良、单纯，但是缺乏良好的家庭教育。我内心有种强烈的想法，想为这些孩子和家长们做些什么。开学之初，为了更全面地了解六年级学生的学习状况，我进行了学习情况问卷调查，并针对调查结果组织了六年级两个班的家长会，与家长深入交流；半学期过后，为了进一步加强与家长的沟通和合作，我又分别组织了优秀学生家长会和后进生家长会。我的目标是通过与家长的频繁沟通交流，引导他们树立正确的家庭教育观念，并分享一些实用的教育方法，让家长们能更好地配合学校的教育教学工作，从而更好地教育孩子们。

在工作之余，我积极参与了由教培中心老师组织的“邛崃市家庭教育指导”公益活动。我利用业余时间，为第一学区五所学校的一年级家长举办了两场公益讲座，主题是“培养低年级孩子数感的策略”。讲座吸引了一百多位家长自愿报名参加，家长们听完讲座后直夸赞指导性强、便于操作。能得到那么多家长的认可和掌声，我虽然累但心里还是乐滋滋的。

改变浸润着学生

孩子的心是敏感的，关爱和尊重学生会浸润孩子的内心，他们会更加信任你，你的教育才更能改变他们。

我经常在课内外抓住契机，对我所教学的六年级（1）班的孩子进行成长教育，与孩子们谈理想、谈价值，谈因为自己的努力而改变自己现有的生活以至于改变自己的命运。孩子们懂得老师对他们的关爱，班上大部分孩子能主动地愉快地勤奋学习，他们在学习上更有底气和信心。

我有一个习惯，对于那些学有余力的学生，我会额外布置一些数学课外拓展题。我记得当我刚开始接手这个班的时候，每次为他们布置课外题，全班只有两到三名学生能够认真完成，其他的学生几乎都不做，只是等待老师来评讲。我观察到，他们大多缺乏独立思考和解决数学问题的能力，甚至对思考题有一种畏惧感，通常会选择直接放弃。

然而，经过我不懈的鼓励和引导，孩子们对解决思考题的兴趣已经大大提高了。当我发给他们课外题时，第二天一定会有超过一半的学生完成，只剩下那些即使查阅资料也无法解决或理解的题目才会需要我的指导。我明显感觉到孩子们已经不再害怕思考题，他们开始养成独立思考和解决数学问题的习惯。当看到孩子们在学校举办的计算能力比赛和思维能力比赛中获奖时，看到他们脸上绽放出的灿烂而幸福的笑容时，我内心也感到无比欣慰。

不仅是我教的班级，其他班级的孩子也因为老师们教学观念的转变而开始改变他们的学习方式。他们开始采用小组合作学习的方式，同学之间互帮互助，让小老师分享学习成果。这些变化使得孩子们的学习积极性更高了，他们的学习能力也随之逐渐提升。

在工作中，有付出的辛酸，也有收获的欣喜。接受改变的挑战，感受学校、老师、学生、家长的改变，在改变中激励自我，让自己变得更加善于欣赏、更加宽容；接受改变的挑战，用自己的爱心和智慧，改变自我，并悄无声息地影响身边的人，这是一种幸福，一种价值的体现。

孩子的心是敏感的，关爱和尊重学生会浸润孩子的内心，他们会更加信任你，你的教育才更能改变他们。

用心浇灌　花开遍地

广安市岳池县实验学校　杨淇淳

经过五个小时的旅途，满身疲惫地下了大巴车，天空已悄然拉上幕布。在这个陌生的城市一手拖着行李箱，一手拖着一床厚厚的毛毯，肩上挎着一个装满的口袋，而口袋最上层那个家人特意放的铁饭碗，我至今还记得。华灯初上，小雨裹着金边，下得特别有情调，它将我内心的不安、兴奋、憧憬一丝丝洒向这美好夜晚的各个角落，给我力量，与我前行。随手招了一辆摩托车，装好所有家当再次向目的地——四合院小学出发。

十一年前，身为弱女子的我就这样第一次只身一人离乡背井，第一次将自己瘦小身躯的能量发挥到了极致，也是第一次感觉无所畏惧，相信未来定会花开遍地。

四合院小学是一所不起眼的乡村小学，与我搭班的是位临近退休的老教师——李老师。李老师因为身体不大好，新学期班主任的重担自然而然落在了精力旺盛的我的肩上。新官上任三把火——定班规！出台“十不准”！重点教育那些放学不回家，肆意闲逛，不把学习放心上的学生。然而，在这段整顿纪律的重要时期里，居然出现了学生私自下河塘堰洗澡的情况。安全教育重于泰山，作为班主任我当天就下令，让当事人小明请家长。

小明是一名留守学生，家中只有爷爷照顾他，由于老人没有电话，我曾多次口头邀请他到学校，但一直未能成功。尽管我只是名新进入体制的教师，但也在私立学校工作过，家长总是十分配合，但在这里，乡镇的环境似乎有些不同，甚至连一位老人都难以请动。常有人说，老师的话是圣旨，但为何我的话在这里就不管用了呢？于是，我不得不再次对这个调皮的孩子作出严肃的要求：“明天你的家长必须来学校，否则你就不要来上课了！”结果，小明第二天带来了他爷爷的回话，那话让我愣住了：爷爷表示他不能来学校，并解释说附近的小河沟水已经没过膝盖位置，涉水可能有危险。他还提到自己腿脚不便，走山路需要花费一个小时的时间……

河沟？水没过膝盖？老人走山路要一个小时？这些信息让我有些难以置信。不知道后来我是怎么掩饰自己的无知，驱散空气里的尴尬的。只是心中有了个结，初出茅庐的我不知道该怎么描述的结。

时间不紧不慢地过着，在那个顶多只能允许同时两个班上体育课的操场，这样一幅画面吸引住了我：两个孩子乖巧懂事地抬来一把椅子，让身体不大好的李老师坐下，其他孩子自觉地排成一条长龙，依次靠近。站在不远处的我隐约听见李老师耐心地和孩子们交谈着“最近妈妈打工回来了吗”“今天数学课上为什么会走神呢”“昨天中午吃饭，老师看见你只吃了肉，蔬菜都倒掉了”……

后来，我才从其他老师口中得知，每次体育课自由活动时，李老师总会和孩子们谈心，孩子们也十分愿意亲近李老师，心里的小秘密也都愿意与李老师讲。说来也奇怪，数学课上，李老师的声音并不算响亮，但是孩子们总是那么配合，从课堂纪律到作业的完成，李老师似乎都不怎么操心。

这难道就是……

我突然明白了，原来这就是大学理论课上所讲的“了解、关爱学生是教育好学生的前提”“教育绝非单纯的文化传递”“民主和谐的师生关系是新时代发展和教育改革的必然”。

从那以后，在班级管理这一块我不再“孤芳自赏”，而是把更多的目光投向身边优秀的教师，向有经验的老师们学习如何深入了解学生，如何进行平等对话，如何从“专制型”的教师转向孩子们喜欢的“民主型”教师。

接下来，我重新制订了班规，让每个孩子参与其中，让学生自己管自己；组建班委，让学生“竞聘上岗”；制作意见箱，收集意见，调整教学及班级管理方向；利用课间等时间与学生谈心；加强家校联系，全方位了解学生，对症下药；努力构建和谐的师生关系，与学生平等对话……也就是在和家长孩子们的交流中，我第一次关注到“留守学生”一词。

六千多万！2010 年，全国义务教育阶段乡村留守学生逾六千多万！我们这个小小的四合院学校百分之九十都属于留守学生，而我们班上五十二个可爱的小精灵中，五十个都是留守学生。

孩子们小小年纪，父母常年不在家，更需要老师接地气的关爱。于是，满身稚气的我开始充当起“班妈妈”的角色。天气炎热时为他们配毛巾隔背；冷的时候必备几条大围巾；每日午餐关注哪些孩子又偷偷倒饭了；放学不厌其烦地叮嘱他们及时回家，注意山路陡滑；节假日进行家访，顺便帮某些小家伙捉捉虱子、洗洗头发……悄然间，语文课堂不知道什么时候也像李老师的数学课一样，孩子们乖巧听话，而我也不知道从什么时候开始不再疾言厉色。

我在那里也不知不觉间与蝙蝠等特别“嘉宾”共处一室两年多。在此期间，我与孩子们共同努力，班级成绩由全镇倒数第二，经过两学期稳居全镇第一，再后来遥遥领先。在那个小小四合院里，也荣获了引以为傲的市教学质量一等奖、市作文比赛指导教师特等奖，作为乡村教师的我，倍感珍惜。

2012 年我离开了那所教学教研光芒盖过中心校的四合院小学，到了另一所两千余人的镇中心校，再后来通过考调进了城里的小学。十一年过去，那晚的雨我一直怀念着，四合院的李老师我一直怀念着，那里的孩子们我也一直怀念着。一切如同昨日，而未来美好的一切也一直在路上。是的，只要每个教育工作者用心浇灌，未来之路必将花开遍地，芳香四溢！

我们这个小小的四合院学校百分之九十都属于留守学生，而我们班上五十二个可爱的小精灵中，五十个都是留守学生。

蝶变①

资阳市安岳县工业大道小学　吴丽华

2017年9月，资阳市安岳县东方红小学工业大道校区（2021年更名为安岳县工业大道小学）建成投用，学校派我从本部到工业大道校区负责教育教学工作。短短四年，学校发生了一系列蝶变，成长为县城新区的一颗新星。我自己也从一名教育管理岗位的新兵变为行家里手，与学校共同成长。

校园蝶变

新校区建成投用时，正值全县推进义务教育均衡发展的攻坚期，作为化解城区大班额的重要举措，新校区的投用必不可少。然而，由于时间紧、工期短，到8月31日报名时，学校还处在最后的附属工程完善期。很多来报名的家长看到学校的状况，都很担心，部分家长甚至要求回原校区就读（当时新校区除一年级八个班是新招收学生，其他二至五年级九个班均是城区其他校区分流过来或者转学回原籍的学生）。面对这样的情况，我们没有退缩，积极与家长沟通交流，并向他们保证，我们会尽快建设好校园，绝对会让他们满意。学生入学后，为尽快实现我们对家长的承诺，更是为了给孩子们创造出充满爱的学习环境，我们加班加点地开展校园文化建设。我主持召开班主任工作会，组织大家一起探讨如何建设独具特色的班级文化，带领美术、音乐、科学等学科老师，研究确定功能室、走廊、楼梯等场所的文化建设方案。

由于经费紧张，我们不光自己设计，还自己动手制作、布置。这一切的工作都是在放学后的休息时间进行的，在最初的两个月，加班加点是我们的工作常态，我每天基本上都是早上六点出门，晚上十一二点才回家。记得有一个星期六的早上，上小学

① 原题为《蝶变——我与东方红小学工业大道校区同成长》。

四年级的儿子醒来看见我，问："妈妈，上周你到哪儿去了，怎么今天才回来？"我听到这话，鼻子一酸，紧紧地搂住儿子说："乖乖，妈妈上周都在学校上班。早上走的时候你还没醒，晚上回来时你已睡着了。""妈妈，那你以后要早点回来哟，我想你。""妈妈一定早点回来！"那段时间，我辜负了对儿子的承诺，好在老公每天都陪伴开导儿子，坚持让儿子在睡前给我打个电话，儿子也懂事听话，对我的工作予以极大支持。

因为心中始终充满对学生的爱，充满对学校、对教育工作的爱，我们克服了诸多困难，经过一学期的坚持与努力，校园发生了翻天覆地的变化。第二学期开学典礼，家长们走进学校后都惊讶万分，对学校的变化十分满意，为自己选择将孩子送到我们学校就读感到万分庆幸。到如今，我们学校可以说是目前县城城区小学中最漂亮的一所学校，成功创建为市级"党建示范校"、市级"足球示范校"等。

学生蝶变

新校区投用时，学生绝大部分是学困生，学习成绩较差。开学时，我们用上个学期期末检测的原题对这九个班的学生进行了一次检测，与岳城责任区上学期期末检测成绩相比较，九个班所有学科成绩均位列倒数一、二名。除了学习成绩差，这些分流来的很多学生学习习惯、行为习惯均较差，缺乏上进心、集体荣誉感等。面对这样的情况，老师们都失去了信心。

作为教育管理者，我的心里也没底，但在老师面前，我不能流露出来。我勉励大家，只要我们对学生充满爱心，投入更多的精力，付出比别人更多的汗水，让学生真切感受到我们的爱，总会有收获的。即便最后成绩不理想，我们努力了，也不会留下遗憾。我坚持每周找一两个班主任交流，了解班级学习状况，出谋划策帮他们做好班级管理工作。为了增强学生的学习兴趣，提高集体荣誉感，我带领教导团队设计开展了众多丰富多彩的教育活动，尽量发现每个学生的特长，使他们都能有出彩的机会。

记得学生食堂开始投用时，班主任都建议按班级编桌就餐，便于管理。我们经过一番考虑后，决定打破常规，按高中低年级搭配编桌，一是减少浪费，更重要的是培养学生的责任心、集体荣誉感——每桌从高年级选一名同学当桌长，负责整桌就餐秩序和纪律。桌长选几名同学负责帮助照顾低年级同学（帮他们端菜、盛饭等）。值周教师和值周学生负责整个食堂就餐秩序和纪律，并就文明就餐、杜绝浪费等进行评比，每周评一次“最佳桌长”“文明餐桌”。中高年级的学生在为低年级学生服务的过程中培养了责任心，而低年级学生也从中高年级学生那里学到了怎样帮助别人。不同年级、班级的学生同桌吃饭，还锻炼了孩子们的交际能力，增强了学生之间的友谊。通过学校、班级一系列教育活动，学生普遍感受到与以往不一样的关爱，他们的学习兴趣大幅提升，良好的学习、行为习惯逐步养成，学习成绩也不断提高。今年期末检测，三、六两个年级的两个班均由最初的全区最后一、二位，跃升至前列并获县级教学质量一等奖。现在，我们校区的孩子就像一朵朵花儿，竞相开放。

教师蝶变

工业大道校区投用时，学校只从本部派遣了以执行副校长邓利为首的四人管理团队，其余教师除了几个城区学校交流的老师外，均是新考调进入的教师。这些教师都很优秀，但大多因一直在乡镇学校（个别甚至一直在村小）工作，存在眼界不高、视野不开阔、创新意识淡薄等不足。为尽快熟悉每位教师，开展有针对性的指导帮扶工作，我坚持每周随堂听课。不到一个月时间，我就基本掌握了新来的三十多位教师的教学风格，对他们的优缺点有了全面的了解，为后续的指导工作奠定了坚实的基础。记得美术教师何婧准备参加“一师一优课”比赛，找到我寻求帮助。我听了她的课后，详细了解了她的教学设计，就教学目标、重难点的突破处理、信息化教学手段的融入等方面提出了建议意见。与此同时，我还组织其他美术教师成立指导小组，给予何老师最大的帮助。最后，何婧的课获得教育部一等奖。在这个过程中，不光有何婧取得成功的喜悦，更有大家团结一致、共同进步、共同为校争光的欣慰。

除了校内指导年轻新教师外，我还注重让老师们“走出去”。只要有外出学习的机会，我就变成“厚脸皮”的人，跟总部汇报说，我们校区的新老师急需学习充电，为不给百年东小丢脸，请多给分校区一些学习的机会。这导致后来只要有学习的机会，我一打电话，总部就说：“又是分部要多派人去嘛，你们就多派一两个人去好了。”这两年来，我们校区教师外出学习培训达一百一十人次，做到了全员学习培训，教师的教育教学能力明显提高，涌现出张敏、刘艳玲、汪燕、雷琳等一批骨干教师。

在与老师们交流时，我始终秉持一个理念——用真情去关心老师。最初，我指出老师们教育教学中存在的不足时，有些老师不大理解，认为自己在原来的学校就是佼佼者，我是在鸡蛋里挑骨头。我就耐心地与这些老师交流，从家庭到工作、从教育理念到教学方法……渐渐地，老师们体会到了我是诚挚关心帮助他们的，对我的建议也能理性地去思考了。到后来，很多老师愿意与我交流，工作上遇到困难、烦恼等也愿意对我倾诉。在我的带领下，学校老师在教育教学方面形成了浓厚的学习交流探讨氛围，大家共同研究、共同进步、共同蝶变。

我的蝶变

新校区刚建成投用时，学校安排我下去，我内心是不愿的。一则孩子还小，下去后照管不到孩子；二则家离本部近，就四五分钟路程，上下班方便，而新校区离家很远，坐出租车都需十几分钟，且没有顺道的公交车；再则，新校区一切都还没有头绪，所有的事都需从头做起，工作量巨大。当时本部好几个和我关系密切的老师都对我说："丽华，凭什么安排你下去，这不是欺负女同志吗？不去，又能把你怎么样！"这时，老公开导我说："要去。你是一个有开拓意识和创新精神的人，到了新的岗位上，你会有更大的发挥空间，你会更快速地成长起来。娃儿读四年级了，应该让他独立了，不需你时刻照看了。"儿子也对我说："妈妈，你放心，我能照顾好自己。"

得到了家人的支持与鼓励，我义无反顾地到了新校区。面对千头万绪的工作，我分门别类地进行梳理，及时处理，坚决做到"当日事当日清"。别的学校的管理者往往下午五六点就下班回家了，我常常加班到晚上十点过，有时甚至接近十二点才回家。在这个过程中，涌现出很多令我感动的人和事。记得进行功能室文化建设时，有很多老师

"你是一个有开拓意识和创新精神的人，到了新的岗位上，你会有更大的发挥空间，你会更快速地成长起来。"

主动留下来加班帮忙。有一次，都晚上十点了，我对几个老师说有点晚了，大家辛苦了，早点回去休息。他们纷纷说："吴主任，你每天走得最晚，我们是看在眼里的。你那么辛苦都还在坚持，我们也把这些事做完才走。"毫不夸张地说，在工业大道校区工作的第一个学期，我的工作量可能是其他同类学校教导主任的三倍。虽然工作极度辛苦，但我坚持下来了。更为重要的是，在这个过程中，我的收获也是巨大的，正所谓一分耕耘一分收获，我的工作得到了领导、老师、学生以及家长的认可，我的组织领导能力得到充分的锻炼并迅速提高，这段经历在我的成长道路上留下了一个坚实的脚印。

四年来，我们坚守着"办人民满意教育"的初心，用爱心浇灌学生，用坚持和付出克服前进道路上的重重困难，工业大道小学犹如一只破茧而出的蝴蝶，正徐徐张开美丽的翅膀，在安岳教育之花上翩翩起舞。

生日该怎么过

成都市邛崃市南街小学校　刘　建

二十年前，我还在一所乡村小学任教，当时负责五年级的数学教学和班主任工作。开学才一个多月，我就接到了家长的电话，反映孩子晚上没回家或者回家很晚。那时候的放学时间一般是下午三点五十,二十年前的乡村孩子都是独自走路上学，年纪小的会和稍大的孩子结伴同行，不像现在家长对孩子的安全问题如此重视，即使是六年级的学生也需要家长接送。理论上，孩子放学后即使耽误半个小时，五点之前也应该到家了。但有家长反映，他们的孩子晚上八九点才到家，甚至还有学生整晚没回家。家中有电话的，家长会接到孩子的电话说："今晚我在陈同学家过夜，不回来了。"而家里没有电话的家长则完全不知道孩子的去向，只能四处寻找。后来通过询问班上的其他同学，家长才得知当天是陈同学的生日，自己的孩子去同学家参加生日聚会了。

得知此事后，我感觉这是个不好的势头，于是决定进行家访。下午放学后，我骑着刚买了几天的摩托车赶往陈同学的家。他家要翻过一个山坡，大概有七八里的路程。沿途都是碎石路，当时这算是村里相当不错的路了。翻过山坡后，我询问了当地的居民，才知道要到达陈同学的家还得再走一公里泥巴路。看着眼前弯弯曲曲、高低不平的泥泞小道，一个又一个的水坑，我尝试着用我尚不熟练的摩托车驾驶技术在这条小路上慢慢前行，然而最后还是没有经受住考验——我摔了一跤。

我心爱的摩托车上到处都是稀泥，车身、车把到处都是污渍，最令我痛心的是那反光镜只剩下了一边，另一边已经摔坏并且嵌在了泥土里。但幸运的是，我没有受伤。经过一番波折，我终于到了陈同学的家。通过与陈同学父母的交谈，我了解到上学期陈同学受到其他同学的邀请一起参加生日聚会，所以这学期过生日他也邀请了其他同学来庆祝，因为他担心不这样做的话，其他同学会认为他小气。听说同学们到他家后还一起去了门前的小河里游泳，这让我感到非常担忧。如果有同学溺水的话，那该怎么办？当天共有六个同学一起庆祝生日，其中两个同学在陈同学家过夜，而且晚上玩得很晚才睡觉。还有三个同学是陈同学的爸爸用手电筒一个一个护送回家的。这些情况让我陷入了深思。

我回家后连夜准备材料，准备在那周五最后一节课召开一次班会，主题是“生日该怎么过”。周四中午的时候，我请了几个热爱表演的同学，临时编排了一个小品，根据那天的真实事件对内容进行了一些加工。我让他们抓紧时间排练，准备在班会上表演。

星期五终于到了，班会课开始了。我先在黑板上写上“生日该怎么过”，然后打上一个大大的问号。接着，我请同学们分享自己的生日是怎么过的。其他同学畅所欲言，但是那晚参加生日聚会的几位同学没有发言。说完后，我们观看了小品《过生日》。在小品中，同学们看到了各种场景：为了给同学买礼物而哭着向父母要钱；同学之间互相攀比怎样过生日才会更有面子；肆无忌惮地玩耍带来安全隐患；因为头一天玩得太晚，第二天到校没精打采、影响学习；家长的无奈和困扰；等等。

看完小品后，我再问同学们：“这样过生日有意义吗？”当天参加过生日聚会的同学明白了我的用意，纷纷低下了头。此时，同学们积极发言，都指出了这种过生日方式的问题所在。我让同学们展开讨论：生日该怎么过？有的孩子说要给妈妈做顿饭；有的说要给妈妈洗脚；有的说要给妈妈一个深深的吻；还有的说要对妈妈说一句“妈妈，谢谢你给了我生命”。学生的回答让我特别感动。

快要下课了，我给孩子们做了总结：每一个生日都标志着你长大了一岁。我们应该更加懂事、更加努力进取，学会节俭、不攀比，过一个有意义且愉快的生日。我们可以写一篇纪念自己成长的文章、植一棵树或者画一幅画来庆祝自己的生日，为成长

每一个生日都标志着你长大了一岁。我们应该更加懂事、更加努力进取，学会节俭、不攀比，过一个有意义且愉快的生日。

留下美好的记忆。同时，别忘了向父母表达感激之情，他们是给予我们生命的人。最后，班会课在一首《鲁冰花》的音乐声中结束，孩子们一起唱起这首熟悉的歌曲，同学们的情感也在这个时候达到了高潮。

值得一提的是，自从那次班会课后，同学们过生日的方式真的发生了改变。再也没有听到同学或家长说某某人请同学们过生日了，听到的都是在家里和爸爸妈妈一起过生日，而且都在生日当天向父母表达了感激之情。

这可能是我心目中最成功的一次主题班会了。

下编

乡村教育研究

乡土教育传承乡土文化的困境与突围

四川省教育科学研究院　焦　蒲[①]

在乡村振兴背景下，乡土教育被提到很高的站位进行讨论。有人认为，“乡土教育不仅是乡村振兴战略的重要组成部分，还是乡村振兴战略的基础性工程，可以说，乡土教育是乡村振兴的重要基石”[②]。但在教育实践领域，乡土教育作为传承乡土文化、促进乡村振兴的重要路径，却鲜少被提及。其战略重要性与当前的发展现状凿枘不合，导致乡土教育和乡村文化一同被边缘化。那么，乡土教育是否仍有传承乡土文化的可能性？如何担负起传承乡土文化的责任？本文试图对此进行探讨。

一、乡土教育传承乡土文化的两难境地

我们可以观察到一个有趣的现象：那些大声呼吁或积极推动乡土教育的人，往往不是教育学者或教育实践者，而是文化人类学者。这似乎反映了乡土教育更多是基于文化传承的诉求，而非出于迫切的现实育人需要的事实。乡土教育中蕴含的地方性知识的合法性，植根于其文化传承功能。人们在谈论乡土教育时，其背后往往隐含着一种宏大的叙事意味，即保留传统与文化树人的意图。“乡土文化”似乎更多地成了一个历史的象征符号，存在于人们的记忆中，而非教育实践和社会生活的现实中。

实际上，教育不仅承载着传承乡土文化的功能，它本身也是乡土文化的有机组成部分，影响着乡土文化的变迁。例如，有学者指出，从 21 世纪初开始的“撤点并校”导致了乡村文化的衰落，应试教育的精英化使乡村文明价值感滑落，乡土教育难以进入主流；撤点并校引发的乡村学校进城运动，使得孩子们从小学就开始寄宿，离

① 作者系四川省教育科学研究院副院长，研究领域为农村教育、基础教育课程教学改革。

② 唐小青，吴云鹏．全面推进乡村振兴战略背景下乡村学校的乡土教育：意义、困境与突围 [J]. 文教资料，2021(25):142–148.

开了家庭教育，这轻易地改变并切断了中国乡村文化的传承通道，动摇了乡土教育的基础，加速了乡村教育“去乡土化”的进程[①]。与此同时，教育资源配置的“重城市轻乡村”策略加剧了乡村学校的衰落。受乡村学龄人口向城镇学校流动、乡村学校撤并以及城乡教育质量差距等因素的影响，地方政府在教育经费、设施设备等教育资源的配置上更偏向城市，这推动了教育城镇化进程快于实际城镇化速度。这种倾向导致城乡学校教育差距不断扩大。而城乡教育差距又促使有经济能力的家庭将子女送往城镇就读，进一步加剧了乡村学校的衰落，使其陷入恶性循环。这种乡土文化的凋零与乡土教育的“去乡土化”现象相互交织，导致乡土教育所传承的乡土文化缺乏现实感，更多地停留在历史教学材料中。而当学校与乡村分离时，乡土文化传承的教育载体也随之崩塌。

国家课程改革政策的更迭，使得乡土教育在传承乡土文化过程中经历了繁荣与衰落。在改革开放后的20世纪八九十年代，国家鼓励地方开发课程资源，乡土教材一时蔚为壮观，然而这些教材在教学层面的应用却显得很冷清。这既是应试教育所带来的功利性选择的结果，同时也与人口流动加速导致儿童与家乡的连接断裂有关。2001年，国家启动新一轮基础教育课程改革，教育部《基础教育课程改革纲要（试行）》规定实行国家、地方和学校三级课程管理。这一规定赋予了地方一级较大的课程管理权限，乡土教育的发展迎来新的契机。乡土文化课程资源以地方课程和校本课程的形态进入了学校课程体系。然而，如今国家课程教材管理权限有所收紧，《中小学教材管理办法》[②]规定对校本课程“原则上不编写出版教材”，这无疑给一些热衷于编写乡土教材的地方和学校泼了一盆冷水。教育部《义务教育课程方案和课程标准（2022年版）》要求将“中华优秀传统文化有机融入课程”，乡土文化和乡风文明被纳入中华优秀传统文化范围实施。而乡土教育作为一个概念，则逐渐淡出了学校课程实施的视野。

由此可以观察到乡土教育在传承乡土文化过程中面临着困窘之境。一方面，乡村学校的削减弱化了乡土教育根基。在官方教育体系中，无论是作为教育的功能形态还是教育的课程内容，乡土教育都未被直接纳入。另一方面，尽管人们呼吁传承乡土文化，但乡土文化自身的凋零使其难以成为乡村儿童的学习对象和学习材料。此外，乡

① 杨兰．构建乡土教育课程 促进乡村文明回归——以贵州长顺县乡土教育实践为例[J]．教育发展研究，2013,33(Z2):57-61.

② 2019年由教育部颁布。

土教育对个体发展的重要价值观照不足，乡土文化对个体生存与精神成长也缺乏积极影响。在此状况下，有必要重新理解乡土教育，并探寻将乡土文化转化为乡土教育资源的可能路径。

二、新“乡土”意蕴的文化传承：从“教乡土”转向“在乡土”

对乡土教育和乡土文化的理解，首先应回归“乡土”层面。费孝通认为从“基层上看去，中国社会是乡土的”，这种乡土性的社会，是“在近百年来更在东西方接触边缘上发生了一种特殊社会”①。从费孝通 1947 年讲述的语境来看，“乡土”是指与现代城市相对应、以农耕为主的经济生活形态。然而，随着现代中国社会的变迁，传统的乡村已经不复存在。传统村落的急剧消失不仅使千年的田园风景及其人文内涵也消失了，而且传统乡村习俗和生活方式也已经湮灭②；以血缘关系为纽带的宗族性乡村小共同体业已消失，乡村日益原子化和个体化。然而，在乡村振兴的背景下，新的乡村治理共同体正在建立。因此，我们现在讨论的“乡土”已经不再具有传统乡村的文化意味，而应结合现代的人居环境进行解释。谢治菊提出，“乡土”是一个相对的概念，针对不同的人群或同一人群的不同环境，它的范围是不同的③。当前国家实施的乡村振兴是城乡融合发展的过程，意味着城乡资源的交融。从这一角度看，乡土也是一个空间的概念。乡土是乡村儿童生活、求学的地方，可能是村庄，也可能是乡镇、县区。乡土关乎家乡，它是个体生长生活所在地的社会、历史、地理、人文风俗的统称。

在这种乡土意蕴下的文化，不仅仅是置身事外需要学习的文化知识，也不仅仅是儿童需要记忆和习得的文化表象或行为。重要的是要让儿童在生活与生命的历程中自然感知乡土文化，通过生活经验的积累理解乡土文化的精神内核、文化要义和价值信仰。因此，乡土教育应从“历时性”走向“共时性”，在尊重生活方式和生存智慧的前提下，开展基于乡土文化传承的教育。首先，乡土教育指向人的生命成长。乡土文化反映了人与自我、人与他人、人与社会、人与自然的和谐关系。乡土文化的滋养让

① 费孝通 . 乡土中国 生育制度 乡土重建 [M]. 北京：商务印书馆，2011:6.

② 方莉 . 传统村落急剧消失意味着什么？ [N]. 光明日报，2014−01−09(005).

③ 谢治菊 . 乡土教育：概念辨析、学理基础与价值取向 [J]. 贵州师范大学学报（社会科学版），2011(4):117−122.

人安全、安心、安身。其次，乡土教育指向人的精神家园。它为乡村社会中的儿童成长奠定了可持续发展的精神根基，让他们即使身处逆境，也能积极、乐观、热情地学习和生活，增强获得幸福生活的能力。最后，乡土教育指向儿童的文化认同。它培养儿童热爱家乡、愿意建设自己家乡的情感，实现从乡土认同到国家认同的转变，让他们体验到家国归属感。值得注意的是，这种基于乡土文化认同的归属感应尊重不同乡土文化背景的差异性。这也突显了乡土教育的另一个重要意义："在一个越来越同质化的世界里，为异质性的因素保留地盘，为个体生存找到自我生发的根基。"[①]

乡土教育不仅是一项帮助儿童了解自身所处乡土社会的教育活动，也是一种基于儿童自身生活现实并面向未来发展的教育。近年来，不断有学者呼吁要复兴乡土教育，拯救与传承乡土文化。然而，如果只注重"教乡土"的教育，而忽略了"在乡土"的教育，那么这一目标将难以实现。

三、超越传承：乡土教育对乡土文化再改造

乡土教育的主体在学校，乡土文化的根基在乡村。乡土文化的传承根本在于学校采取有效的乡土教育策略。然而，由于二十多年来乡村对乡村学校办学并没有主体责任，乡村学校与乡村社会呈现隔离状态。2000 年，国家启动了农村税费改革和办学制度改革，乡村义务教育实行"分级管理、以县为主"的规定。这一改革带来了两个转变：一是乡村义务教育的责任从主要由农民承担转向主要由政府承担；二是政府的责任从以乡镇为主转向以县为主[②]。其结果是，一方面导致了大部分乡村学校的消失，另一方面造成了村镇与乡村学校之间的疏离，在很大程度上削弱、消解了乡土教育的功能。学校作为重要的文化机构，重建乡村与学校的共生关系是促进乡土教育传承乡土文化、推动乡村文化建设的基础力量。为了实现这一目标，乡土教育需要村社与学校的资源对彼此双向开放。村社应全面向学校开放资源，包括科技文化设施、农田林地、企事业单位和农家书屋等场所和设施，为儿童提供实验实习的便利条件。村社与学校应合作开发适宜的乡土教学资源。同时，乡村学校所拥有的空间场地、文化课程资源、教学设施设备等也应向社区开放，为乡村居民提供丰富的精神文化生活环

① 林川．乡土的意义与乡土教育模式的转换 [J]. 浙江学刊，2009(02):78-81.

② 张玉林．中国乡村教育 40 年：改革的逻辑和未预期效应 [J]. 学海，2019(01):65-76.

境。这将使乡村学校成为乡村居民的“精神家园”和社区的“文化枢纽”，促进乡土文化的繁荣发展。乡村学校与村社可以共同实施乡土文化传承计划，在日常教育教学中有计划地开展乡土教育。

乡村教师既是乡土文化的传播者，也是乡土文化的发掘者和传承者。然而，当代教育本质上是一种基于标准的教育，相同的课程标准、教学标准和评价标准导致教师的教学理念、教学表达和教学行为在对学生乡土文化学习意愿的引导方面不断弱化，使得乡村资源的开发利用严重不足。此外，乡村教师自身与学校所在地区的文化隔阂也使得他们难以真切理解所处乡村社会的文化内涵，从而缺乏乡村情愫，这让教师与学生难以在乡土文化层面产生精神交流与共鸣。要让教师产生乡土教育情怀，前提是他们对乡村有归属感，对乡土文化有认同感，并能将自身对乡土的感知理解融入教学中，进而将其转化为乡村教育工作的责任与动力。这种归属感与认同感的获得不能仅仅通过说教来实现，而是需要教师在学校教学中生发一种乡土文化自觉。这种自觉存在于教育场域中，教师需要挖掘适合儿童或儿童能够感知的文化元素，这些元素与儿童生活场景存在天然的联结，这正是乡土教育传承乡土文化的优选方式。当然，教师乡土文化自觉的产生也与其介入乡村的程度有关。例如，如果教师是本地人，对本地历史文化有较深的体察，或在乡村事务中有发言权、影响力，得到村社居民的信任，这些因素都会强化教师与乡村的联结，使其能形成乡土文化认同感。这样的教师更有条件成为乡土教育的自觉践行者和乡土文化的传播者和传承者。

乡土教育的实现需要将乡土文化资源转化为乡土的课程资源。这一转化过程实质上是对乡土文化的改造和再利用。通过课程的本土化设计，可以重建基于师生文化背景的共处沟通模式，建立与本地社区间的支持性联系，从而推翻学校与乡村社会之间的文化藩篱，推动乡村文化在学校服务乡村与乡村支持学校发展之间的双向互动中得到传承和再生①。在乡土教育中，通过开发乡土课程资源，对乡土文化进行改造和再生，使得乡土文化的传承具有超越原有文化意蕴的可能性。这种可能性的张力形成的关键在于所形成的乡土课程资源是否与儿童的生活经验相联系，是否能够满足儿童精神成长的需求，从而在他们的内心留下对乡村的眷恋情感。乡土教育的有效性不仅取决于其课程内容和形态，还与课程的实施方式密切相关。目前，地方和学校通常将

① 裴淼，蔡畅，郭潇．文化回应性教学：乡村教师专业发展的契机［J］．教师教育研究，2019(6):21-32.

乡土教育作为专门的地方课程或校本课程实施，热衷于建设课程体系和开发资源。然而，乡土教育的内容包罗万象，囊括历史、地理、政治、经济、艺术、劳动等跨学科内容，并具有鲜明的生活情境性特点。为了让学生在日常教学中能够感受到乡土文化，应该将乡土教育内容整合融入相关学科进行教学。

乡土课程资源的意蕴及开发原则[①]

四川省教育科学研究院　曾宁波[②]

进入新时代，为落实立德树人根本任务，发展素质教育，国家相继出台了深化基础教育课程教学改革的系列文件。在新修订的《义务教育课程标准》中均强调要结合学科特点，积极利用和开发各地区蕴藏的自然、社会、人文等方面的课程资源，这里自然也包含了乡土课程资源。乡土资源只有经过开发才能转化为可利用的课程资源。因此，怎样认识乡土课程资源，教师在乡土课程资源的开发与利用中应遵循哪些原则，事关新一轮基础教育课程改革的有效实施。

一、乡土及乡土课程资源的内涵

乡土，是人出生、成长的地方。《汉语大词典》中关于"乡土"的定义是"家乡、故土"。吴明清教授认为，"乡土是以自我为圆心，以情感为半径，画一片有家有生活的土地：生活中有人有事，土地上有景有物，交织成绵延不绝的历史和文化"。可见，乡土包括自然地理资源、人文历史资源和社会发展资源等，呈现出"人、事、情、地方"这样一个动态回环立体的四维结构。

乡土课程资源是一种极具地方特色、富含教育意义且贴近学生生活和经验的资源。它包括学生所处乡村的地域特色、自然景观、文物古迹、历史变迁、革命传统、社会发展以及民间艺术、民俗风情等，是师生身边熟悉的领域、熟悉的事物。乡土课程资源在空间上存在于自然、社会、学校、家庭中。

① 本文系四川省教育学会 2021 年重大研究课题"新时代四川农村教育现状及乡村温馨学校建设的地方实践"［川教学会〔2021〕13 号］阶段研究成果。

② 作者系四川省教育科学研究院研究员。

二、乡土课程资源的价值

乡土课程资源在发展素质教育中具有独特的价值。从学生学习的角度看，乡土课程资源是真实的情景，有助于拉近学习者与课程的距离，克服课程脱离社会生活和忽视儿童的需要与兴趣等弊端。学生的先前经验是学习的出发点，教育与儿童生活经验密切相关。但四川省中小学对此还重视不够，笔者于 2022 年对全省 287 名中小学校长进行的抽样调研结果显示，其所管理的学校“通过社会实践活动育人的实现程度”处于“成效较高、成效很高”水平的占比为 60.28%；“运用博物馆、纪念馆等文化设施育人的实现程度”处于“成效较高、成效很高”水平的占比为 47.73%。

从新时代课程改革的角度看，乡土课程资源具有综合性，是跨学科学习、项目式学习的重要载体。新修订的各科课程标准均要求教师结合学科特点，积极利用和开发各地区蕴藏的自然、社会、人文等方面的课程资源，强化课程与生产劳动、社会实践的结合，强调知行合一，注重引导学生参与学科探究活动，开展跨学科实践，经历发现问题、解决问题、建构知识、运用知识的过程，让认识基于实践、通过实践得到提升，克服认识与实践“两张皮”的问题。

从立德树人的角度看，乡土课程资源有助于增强全面育人的有效性。乡土课程资源贴近学生生活、贴近社会现实，是学生心灵中的熟悉领地，可亲可感，对教育和引导学生热爱中国共产党、热爱祖国、热爱人民，认同中华文化，继承革命传统，弘扬民族精神，理解基本的社会规范和道德规范，树立规则意识、法治观念，培养公民意识，形成热爱劳动、自主自立、意志坚强的生活态度，培养尊重他人、乐于助人、善于合作、勇于创新等良好品质有着深刻而现实的意义。

从教师专业成长的角度看，乡土课程资源有助于增强其课程资源开发的意识与能力。当前，仍有部分教师只知道有教科书，不知道有课程，甚至把教科书当作唯一的课程资源，把课程改革仅仅视为教科书的改编。由于教师利用课程资源意识和开发能力的缺乏，一方面感到作为课程实施条件的课程资源严重不足，另一方面大量可以作为课程要素来源的乡土资源被埋没，不能及时地进入实际教学，造成有价值的课程资源的闲置浪费。而在开发乡土课程资源过程中，教师不仅是课程的实施者，更是课程的设计者。乡土课程资源开发为教师提供了发挥创造性的空间，教师在课程开发的实践中可以提高自身的专业水平，不再只是简单地复述知识，而是在“人”和“物”的对话中不断进行意义的构建，进而改变教育教学方式。

从学校课程特色的角度看，乡土课程资源有助于推进学校的特色发展。统一的课程设置，难以反映不同地区、不同学校的实际情况和特殊需要。从当地自然、经济、文化特色，以及学校、教师、家长的实际出发，开发乡土课程资源，有利于凸显学校的办学特色和课程教学特色。

三、乡土课程资源的开发原则

把丰富多样的乡土资源转化为可供利用的教育资源，教师需遵循以下乡土课程资源的开发原则：

关联相融原则。国家课程的校本化是新一轮课程改革的基本精神和要求。新修订的各科课程标准提出，要依据国家课程方案和学科课程标准的要求全面落实课程建设，鼓励和引导教师充分利用地方和学校的资源，根据学生生活的实际实施课程。因此，开发乡土课程资源必须注重与国家课程的关联相融。关联相融意味着，一是目标一致，即是对国家课程在学校层面的“再加工”，是对规定的课程目标具体化的实施过程；二是内容匹配兼容，即校本化的内容须体现学科特点，体现国家课程标准的实质要求；三是符合学生认知规律，即以生为本，适应学生发展的需要，是生本课程。

特色性原则。各地由于历史、生源、教职工的素质结构不同，其办学特色、校风等会有很大的差异。因此，开发乡土课程资源，一是要注意分析学校自身情况，找出自身的优势、文化特色，使课程既能依靠现有的优势，又能使本地文化、环境特色得到进一步凸显和发展。二是基于乡土资源，就地取材，作为学科课程特色资源，如有的乡村学校在美术课中指导学生用树叶、芝麻、谷类做贴画，妙趣横生的活动深受学生喜爱。三是利用乡土资源构建特色校本课程，如紧邻卧龙自然保护区的一所小学，一年四季山青水绿，学校依托得天独厚的自然条件，在课程改革中具有强烈的“校本意识”，把人与自然的环保内容列入课程，通过活动，学生逐步养成了爱科学、学科学、讲科学、用科学、热爱生活、关心生态环境、关心人类生存空间等良好的意识。

开放性原则。即乡土课程资源的开发需打破学校围墙，建立学生、教师、社会人士参与的联动机制，使乡土课程资源开发更符合实际。开放性意味着，一是参与人员的开放，如向民间艺人，专业户，科技示范户，农技站、农机站、种子站、文化站的工作人员，能工巧匠，乡镇企业人员以及政府工作人员等开放，可以突破乡土课程资源开发教师的局限；二是内容的开放，当地自然环境、民族风俗等富有特色的生产活动等均可成为可资利用的课程资源；三是空间的开放，广阔的社会空间有着丰富的课程资源，“行万里路，读万卷书”，学生可以进入博物馆、纪念馆、研学实践基地，进入社区，进入市场，进入企业，也可以进入政府，以此补齐学校场地和课程资源不足等短板。

经济性原则。一是用新的课程观、课程资源观改造原有的乡土课程资源。广阔社会及生活空间中的“一草一木”，经过设计都可以变为乡土课程资源。这样既节省经费，也节约时间。二是因地制宜，充分利用原有设备，就地取材，不舍近求远和好高骛远。三是加强学校与工厂、农村、社会服务部门等的联系，发挥社区优势，争取学生家长的支持，通过建立校外活动基地等办法，解决活动场地、师资等方面的困难。

乡土教育：立足乡土，面向未来[①]

——对话四川省教科院教育发展研究所所长焦蒲

《四川教育杂志》记者　彭之梅　李益众

中华民族拥有连绵不断的文明历史，创造了博大精深的中华优秀传统文化，为人类文明的进步作出了不可磨灭的贡献。乡土文化作为中华传统文化的重要组成部分，是坚定文化自信的根本依托。要办好扎根中国大地的教育，就是要立足中国实际，汲取中华传统文化的精华，走出一条具有中国特色的教育现代化之路。

2018 年发布的《中共中央 国务院关于实施乡村振兴战略的意见》明确指出："传承发展提升农村优秀传统文化，需要立足乡村文明，深入挖掘农耕文化蕴含的优秀思想观念，培育挖掘乡土文化人才。"然而，随着城市化进程的推进，乡土文化的土壤日渐贫瘠，导致人们逐渐丧失对乡土文化的认同感。乡土文化的式微和城镇化的发展，使乡土教育长期被边缘化。为了反思新时代乡土教育的使命，必须直面其困境，才能为乡村振兴提供保障，为乡土文化注入源源不断的活力。为此，本刊就这一话题与四川省教科院教育发展研究所所长焦蒲进行了深入讨论。

一、乡土教育：关乎家乡的教育和在家乡的教育

《四川教育》：虽然乡土教育是一个讨论较少的话题，但颇具生命力。

焦蒲：是的。乡土教育可以说是现代产物，它是在近代化进程中开始出现的。20 世纪初，一方面是工业化社会对教育的影响，另一方面，现代学校教育制度在中国推

① 本文系四川省教育学会 2021 年重大研究课题"新时代四川农村教育现状及乡村温馨学校建设的地方实践"［川教学会〔2021〕13 号］阶段研究成果，刊载于《四川教育（时政）》2022 年 10A 期。

广，从西方的哲学方法、思想文化和教育手段来审视中国社会和教育发展时，产生了乡土教育这一概念。也可以说，乡土教育是社会现代化和现代教育发展的产物。

《四川教育》：具体的发展脉络是怎样的呢？

焦蒲：乡土教育的发展可大概分为四个阶段。

第一阶段，清末至新中国成立前期，乡土教育作为“务本”教育之实验，扮演了重要角色。自1904年清政府实施癸卯学制起，到1912年后民国政府采纳西方式教育模式，现代学校教育制度开始在全国范围内建立。然而，这引发了一个矛盾：传统中国是一个乡土社会，中国社会与文化的乡土特性决定了教育的乡土性，而现代学校教育的理念则存在疏离乡土的倾向。潘光旦曾提出务本教育，批评当时的教育为“忘本的教育”，因为它既脱离了中国社会的传统思想，也脱离了乡土中国的实际。同时代的教育家如陶行知提倡的“生活教育”、晏阳初的“平民教育”，以及梁漱溟的“乡村建设”，都以现代教育的理念在乡村地区推进教育实验。从这一时期观察，乡土教育是保持民族文化的重要途径，与民族独立和自强密切相关。

第二阶段，新中国成立至20世纪70年代末，乡土教育被视为“社会运动”之教育。1957年，毛泽东提出“教材要有地方性，应当增加一些地方乡土教材”。1958年，中共中央和国务院颁布了《关于教育工作的指示》，规定“中小学教科书，由各省、市、自治区组织力量编写，编写时应结合当地具体情况”。这引发了一场全国性的自编教材运动。然而，这种在“大跃进”背景下“运动式”的乡土教材编写质量并不高。

第三阶段，20世纪80年代初至2011年，这个阶段是乡土教育的艰难“复兴”时期。乡土教育重新回归教育视野，出现了大量的乡土教材。然而，这些教材在实际教育教学中的效果并不理想。这既是应试教育带来的功利性选择的结果，也与改革开放后城镇化进程加快、税费改革背景下乡村学校与乡村社会关系进一步疏离、学校教育的乡土之根悄然断裂密切相关。直到2001年开始的第八次课程改革，国家实施了国家、地方、学校三级课程管理体制，其中地方课程和校本课程发挥了一定的传承乡土知识、培养乡土情怀的功能，成为乡土教育的路径与载体，乡土教育才正式进入学校课程。

第四阶段，2012年至今，这个阶段是乡土教育的“新调整”阶段。在21世纪初以来的课程改革中，乡土教育的课程资源在学校课程体系中得到了更多的凸显。然而，很多学校编写的乡土性质的校本教材整体质量不高。2019年颁布的教育部《中小学教材管理办法》要求校本课程原则上不编写出版教材。但是与此同时，国家也开始强调传承和发展中华优秀传统文化，乡土文化作为其中的重要组成部分，优秀的地方乡土文化被纳入中华优秀传统文化教育范畴，并由地方和学校统一实施。

《四川教育》：从乡土教育的发展历史脉络看，乡土教育呈现出怎样的总体发展趋势？

焦蒲：总体来看，随着现代教育的发展和经济社会的发展，乡土教育呈现“窄化”趋势：一是从内容上看，从“大乡土”教育，走向“小乡土”教育，从学生所处乡土社会的人文历史系统教育，走向学生生活的乡土文化资源选择利用的教育。二是从教育场域看，从开放村社的教育走向相对封闭的学校教育。三是从教育对象来看，乡土教育的重点从乡村群体（包括农民）转变为以乡村学校学生为主体，其使命也从承担乡风文明建设转向让学生进行乡土文化传承。四是从教育主体来看，乡土教育的推动力量从乡贤绅士、教育改革家逐渐转化为单一的学校教师。然而，由于学校中“土生土长”的教师占比较小，许多教师对本乡本土的文化缺乏深入的理解与认同。

《四川教育》：我们应该如何定义现在的乡土教育？

焦蒲：乡土是个具有张力的概念，乡土不应仅局限于乡村，局限于乡村儿童出生的家乡。个体曾经生活、求学和工作的村庄，乡镇、县区、市州、省城等，这些都可能是乡土。乡土教育应是一个大乡土教育的概念，乡土不是乡村孩子所独有的，城市学生也有自身的乡土，其实质是关乎家乡的教育，乡土其实是人们生长生活的地方的社会、历史、地理、人文风俗等的教育的统称。

从这个意义上讲，可以给乡土教育作一个开放式的理解性定义。广义上的乡土教育是指关于个体生活所处乡土的人文历史、自然环境等方面的教育，是个体认知乡土环境、理解乡土文化、孕育乡土情感的过程。狭义上的乡土教育则是指利用乡土文化资源开展的教育教学活动。乡土文化作为重要的教育内容，是一种贴近学生生活世界和经验世界的课程资源。将乡土资源融入学校课程，有助于营造真实的生活情境，使学生更好地理解和体验乡土文化，从而更有效地达成课程教学之目标。

《四川教育》：新时期乡土教育的目标、价值与意义是什么？

焦蒲：新时期乡土教育的目标，应该从外在的以乡土文化为核心的教育走向在乡土文化背景下以学生全面发展为核心的教育。乡土教育是学校教育的应有之义，学校教育不能脱离学生所处的乡土文化环境。同时，学校教育也是乡土教育的重要场所，乡土教育不能离开学校去实施。乡土教育并不是一味地让学生怀旧，而是要帮助学生拥有面向未来的精神世界。乡土教育与现代文明教育的融合，能够促进学生更好地适应现代生活，不论他们留在乡村、进入城市，还是迁徙到其他地方，都能因为乡土文化的滋养而拥有丰富的精神世界，更好地适应当地生活。

童年对人的影响极大，乡土是一个人的精神家园。因此，乡土教育的价值是不言而喻的。它不仅是“为党育人、为国育才”的要求，也是国家乡村振兴的需要；不仅是个体社会经验发展的要求，也是育人规律的体现和促进学生适应生活及人格健康发育的要求。

二、乡土教育的实施：要既见课程又见学生

《四川教育》：讨论乡土教育，不可避免要谈及乡土教育资源，那什么是乡土教育资源？

焦蒲：简言之，乡土教育资源就是学生熟悉的家乡本土中可资教育教学利用的地方课程资源，它包括物质性资源与精神性资源。

《四川教育》：请简单归纳乡土教育资源的特征。

焦蒲：乡土教育资源具有地方性或乡土性，是当地特有或独有的，具有明显的标识意义。同时，这些资源也具有共通性，体现了区域文化的互融共生。这些资源还具有教育性，适合教育教学需要，也符合国家立德树人的要求，有利于“五育”并举，促进学生全面发展。此外，乡土教育资源还具有很强的生活性，与学生经验世界和生活世界紧密相连，是学生熟知且能促进学生发展的资源。

《四川教育》：能否进行简单分类？

焦蒲：按课程利用的类别分类，乡土教育资源可分为学科类乡土课程资源（在语文、历史、艺术等学科课程中利用）与综合类乡土课程资源（在综合类课程中利用，如综合实践活动、研学实践、劳动、班团队活动等课程）；按乡土教育资源性质

分类，可划分为自然类资源、历史文化类资源、社会经济类资源等。

《四川教育》：乡土教育资源的开发应遵循什么原则？

焦蒲：一是以生为本的原则。特色乡土教育资源开发应在主动提供与学生需要之间取得平衡，不但要考虑学校教育资源“有什么给什么”“能提供什么就给什么”，更要考虑“需要什么给什么”，将满足学生的发展需要作为乡土教育资源开发的出发点和归宿点。

二是在地教育的原则。以学生的生活环境和学校所在地域为基础，把儿童、社区和大自然联系起来，让儿童能够在自然环境与社会环境中生活成长，为他们提供观察、体验和生产劳动的实践课堂。

三是资源整合的原则。要注意三级课程资源的补充整合、课程实施层面的统整、跨学科课程资源的整合、校内外课程资源的整合，更充分地发挥乡土教育资源的作用。

四是开放协作的原则。注重学校内部教研组与教师之间的合作，师生的互助合作，在合作中生成课程资源。此外，学校要坚持开门办学，加强家校社合作、推动学校与社区互动，将社区资源、学校资源、家庭资源与各学科教学结合。

《四川教育》：在乡土资源的开发过程中，要注意哪些误区？

焦蒲：一是过度功利化。要明确乡土教育的动机，确定学校课程开发的价值导向，不能为了乡土而乡土、为了课程而课程、为了特色而乡土。学校不能仅从“特色学校”“品牌效应”等利益方面出发，漠视学生发展的需要和乡土教育的内在价值。乡土教育的实施要既见课程又见学生。

二是简单机械化。有些学校的乡土教育呈现“大拼盘”现象，仅仅把有关乡土教育的资源内容机械拼凑在一起，未充分考虑内容选择与学生生活经验的关系，没有育人的课程逻辑，难以满足学生对课程和生活理解的需求。这种乡土教育主体价值未得到彰显，导致“教师不解乡土，学生不知乡土为何物”。

三是表层浮泛化。有的学校在乡土教育资源的选择利用上，往往由教师或学生通过简单的资料搜集与网络查询进行研究讨论，未从学生的生活实际出发进行深入探索，或对问题作出合理解释、提出解决方案，这种表层化、浅尝辄止的乡土课程资源往往难以引导学生获得深度认知和积极体验。

三、乡土教育资源开发：以学生的真实生活经验为出发点

《四川教育》：如何将乡土教育资源转化为课程资源？

焦蒲：我们要明确，乡土课程不仅仅是学校的课程，更应该成为学生的课程。在设计乡土课程时应以学生的真实生活经验为出发点，引领学生通过探寻与乡土生活情境相关的学习素材，深入理解乡土教育资源背后所蕴含的文化内涵。同时，需要清晰界定乡土教育资源转化为课程资源的具体类型。这些资源是作为独立的乡土教育课程，还是作为融入现有课程中的元素？是作为学科类课程资源，还是综合类课程资源？对这些问题的明确回答将有助于我们更精准地利用乡土教育资源。最后，需要探讨这些资源如何支持课程的实施，包括如何与课程的理念、目标、内容、教学方法和评价等各个方面相结合。

《四川教育》：请结合《可爱的四川》，谈谈学校如何用好乡土教育资源（乡土教材）。

焦蒲：《可爱的四川》作为义务教育地方课程教材，融合中华优秀传统文化、革命传统和中小学生研学实践等内容，其课程目标是帮助中小学生了解家乡、热爱家乡、开阔眼界、增长知识。教材包括自然之美、人文之美、发展之美和红色之美四个板块。这门课程的突出特点是精选了研学实践路线，帮助学生从认知出生和生活的“小乡土”走向了解四川发展的“大乡土”。

《可爱的四川》教材资源是开放性的乡土课程资源，学校在结合其进行校内实践教学的时候，应当走出校门，开展研学实践，原则上学生参加学校组织开展的研学实践活动每学年不少于1次，四至六年级共1至2天，七、八年级共3至4天。

《四川教育》：乡土课程资源如何与历史、地理、音乐等学科融合？

焦蒲：可以将乡土课程资源统筹纳入学科课程体系，加强课程内容与学生经验、社会生活的联系，强化学科内知识整合，统筹设计综合实践课程，注重培养学生在真实情境中探究问题和解决问题的能力。同时也可以尝试开展跨学科主题学习活动，以乡土课程资源为依托，加强学科间的相互关联，促进课程综合化实施，强化课程的实践育人和协同育人功能。

《四川教育》：在乡土课程的开发与利用中，教师在教学方法上应注意些什么？

焦蒲：特别需要注意，在利用乡土教育资源进行教学时可能存在的局限性。如今，很多教师可能是乡土的局外人，缺乏乡土意识，与乡土文化没有紧密的情感联系，也不了解学生所处乡土的文化氛围。这样一来，就难以有效利用乡土教育资源进行教学，更谈不上开展乡土教育了。因此，建议学校加强与社区的联系，鼓励教师走出学校，承担社会责任和事务，邀请社会乡贤、名流和文化传承人走进学校，强化交流合作，以促进教学与乡土文化的融合。

此外，可以构建乡土教育与乡土课程资源利用方面的区域教师学习共同体，让教师们可以共享资源和教学收获，共同培育学校课程文化。在具体教学方法上，有以下几点建议：首先，在理念上，应坚持利用乡土资源育人的素养导向，深刻理解乡土课程资源在育人方面的价值；其次，注重教学真实情境的创设，加强知识学习与学生经验、现实生活、社会实践之间的联系；再次，开展综合学习，发挥乡土教育活动在多方面的育人价值，探索大单元教学、主题化学习、项目式学习等综合性教学活动；最后，落实因材施教，基于乡土情境的教学应注重差异化，加强个别化指导，以满足学生多样化的学习需求。

以教育叙事写作推动乡村教师自主发展

四川省教育科学研究院　杜玉萍

摘要：随着乡村振兴战略的深入实施，乡村教师的生活、工作条件得到显著改善，为教师们“乐育善教”提供了良好的场域氛围。但专业素养的提升，核心关键还在于乡村教师的自我内在驱动。根据乡村教师整体的发展现状、客观局限，以教师自身的教育生活为叙写、思考对象的教育叙事写作无疑是推动乡村教师自主发展的有效途径。本文结合四川省教育学会农村教育分会举办的首届“我的农村教育故事”教育叙事征文评选活动中的典型案例予以阐释说明，希望给读者尤其是乡村教师们以共鸣、启发与借鉴。

关键词：教育叙事写作　乡村教师　自主发展

随着乡村振兴战略的实施，城乡义务教育一体化推进，乡村教师群体受到国家政策层面前所未有的关注：工作生活条件日益改善，各级各类培训能较好满足教师专业发展需求，与城区优质学校教师互访交流频繁，社会地位、工资福利得到较大提升。环境的变化已为乡村教师安居乐业提供了必要的外部条件，而乐育善教却需教师内在的主动选择与追寻。什么途径才能够有效助力广大乡村教师点燃、唤醒、保持心中的育人情怀，激励他们始终坚守初心、跋涉前行呢？这一途径，它必须能够帮助乡村教师解决教育中的具体问题，促进乡村教师自身不断成长，在同行交流互动中感受到相互启迪提升的快乐，消解日复一日琐碎、平凡的工作可能带来的职业倦息，它还必须让所有乡村教师容易接受或者易于把握。反映教师自己的日常教育生活事件，进而生发出反思与感悟，提炼出教育经验，升华原有认知的教育叙事写作无疑具有这样的力量，它能逐步推动乡村教师主动获得教育的价值感、使命感、成就感和幸福感，让自身的命运与乡村教育同频共振。

借助四川省教育学会农村教育分会举办的首届“我的农村教育故事”教育叙事征

文评选活动投递稿件中的一些典型案例，笔者就此进一步梳理个人关于教育叙事写作与乡村教师发展关系问题的一些认识。

一、让教育叙事写作成为乡村教师智慧生发积淀的助推器

在日常教育教学工作中，难免会出现让教师们困惑、头疼，一时难以化解的问题。围绕问题的解决，教师可将相关事件叙写下来，这将有助于良好策略的探寻。在这个过程中，教师静心回忆事情的来龙去脉、前因后果，当事人的状况表现，实际上是在将自己从现场抽离出来，以第三者视角来观察反思整个事件。教师能根据每个人的所处环境、个性气质及特定角色，深入问题主角和在场的"我"的内心，审视人物的言行举止、态度认知，努力找准症结，根据学生身心发展规律，以及教育学、心理学、学科教学的相关理论，在头脑中寻求破解的方式方法，当然还可求助外援或者参阅书本。问题解决后，教师及时对这一事件的处理过程进行总结，将伴随而来的感悟、经验记录下来。另外，在具体工作中，还不时会有因教师智慧闪现或人格闪耀而生成的精彩瞬间，以及学生的独特表现而迸射出的光芒，这些都会让教师本人心生感慨。教师要善于捕捉自己头脑中的思想火花，通过事件叙写进一步推动思考向理性认知可迁移可借用的纵深处发展，找出这闪现中的必然，寻究出内隐于自身或学生，先前不被觉察，对学生有积极影响力的认知、技能、偏好观点等，让它显现，被有意识地强化、运用。

工作中的这些苦恼或亮点，都能程度不同地触动个人的心灵，可称之为教师职业中的"关键事件"。乡村教师对发生于自己身边的"关键事件"皆动笔记录，循笔而思，长此以往，不但有助于走出当下的困境，还将不断积累应对诸多问题的能力，甚至形成独具个人特色的处变不惊、自有妙法的教育教学艺术风格。郭爽老师的《播撒阳光　放飞希望》，万霞老师的《飞吧！鸽子》，陈秋菊老师的《我的农村小学阅读教育探索之路》让读者深切感受到三位教师对自己乡村教育经历中"关键事件"的珍视，他们以教育叙事的方式在理性回顾、不懈探索中获得工作能力的突破和彰显。

二、让教育叙事写作成为乡村教师谙熟并习惯于文字表达的磨刀石

教师工作离不开写作，如日常工作中的计划总结，学校要求的论文、课题研究，与同行、学生之间必须以文字开展的交流探讨。一位优秀的教师往往也是一位优

秀的写作者。陶康玲老师的《我的温度》语言生动、活泼，同时也兼具诗意，传达出作者悠远的教育情怀，以及源于内心的自信、从容与干劲。尹邦丽老师的《播下一粒热爱劳动的种子》行文简洁清晰，把一个劳动实践活动描述得引人入胜，牵引着读者的心弦并引发“是否可以为我所用”的思考。“言之有文，行而甚远”，否则，再有思想的文章，也让人不堪卒读。涉及和写作有关的工作任务时，很多乡村教师常感叹自己的笔头功夫不行。而多开展教育叙事的写作，是提升乡村教师写作能力的捷径。教育叙事就是对有关教育事件进行叙写，并能感悟到隐含其间的意义，或者进行反思，对个人经验进行提炼，以达到提升个人认知及对其他教师的启迪、借鉴作用。要练习写作，首先要解决写什么的问题。师生、生生、同事之间开展着频繁的互动，校园从来不缺故事，尤其是随着乡村教育改革的深度推进，乡村教师要直接面对许多不断涌现的新事物，聚集在教师身边有太多的鲜活的写作素材。其次是写作动机激发的问题。亲身经历的教育故事，深切关联着自我教育情怀的显现、教育精彩的展示、个人工作经验的提升改进等主体需求，最易推动教师动笔书写。再次是坚持的问题。教育教学工作本身繁杂，留给教师笔耕的时间不多。但教育叙事不需要长篇大论和艰深的理论学识，在时间精力和能力要求上便于乡村教师把控，这也就使其有了可持续为之的基础，从而为乡村教师关于逻辑思维、选择材料、提炼主题、谋篇布局、遣词造句等写作能力的打磨提供了量上的保障。

本次征文活动征集到的文稿的确有数量不少的稿件因写作上的问题落选。主要问题表现为语言枯燥干瘪，表述缺乏准确性，叙事杂糅，事实与观点不吻合，这些都属于写作的基本功问题。一定量的教育叙事练笔，静心揣摩、比较借鉴，对乡村教师而言不失为一条可操作、易见效的写作提升之路。

三、让教育叙事写作成为乡村教师走上科研之路的桥梁

教育科研是教师运用科学理论和研究方法，对教育问题或现象开展研究，寻求教育规律，探寻有效教育策略的活动过程。自主的教育科研是教师追寻教育真谛和卓著的教育效果，将教育事业融入自我生命的有力表现，是区别教育人与教书匠的标志。一位将教书育人作为毕生事业的乡村教师，不能仅仅局限于完成学校安排的各项任务，还需要开展一系列的教育科研活动，强化主体意识，使自己的乡村教育之路走得更加自信与从容、深远而开阔。但是教育科研与很多乡村教师存在隔阂。对教育科

学原理和方法的陌生，对教育科研规范的茫然，对研究中需要较长时间和较大精力付出的担忧，对需要较多文字撰写工作的排斥，让很多乡村教师对教育科研望而却步。而通过叙事引出反思和感悟，重在提炼个体经验的教育叙事写作，无疑为乡村教师通往科研之路铺设了一道桥梁，在不断的累积中，使得“天堑变通途”，让乡村教师培养出做科研应有的基本素养，并能有效促成乡村教师科研活动的开展。

笔者将教育叙事视为教育科研的开端，而教育叙事的尽头无疑也是教育科研。长期从事教育叙事写作，能够磨炼教师们静坐的功夫，培养深入思考的习惯，使他们不断获得因解决问题而引发的认知、理论的突破与娴熟的文字驾驭能力。这些正是从事教育科研活动需要的基本素养。同时教育叙事中叙写的典型现象、反映的普遍性问题，也是教育科研活动可以研究的对象；其中的教育事件，也可能成为科研理论推断的例证。优秀的教育叙事写作者，在把握了教育科研是什么、怎么做后，只要愿意，能够很快步上科研之路，让自己的教育教学工作因科研的托举而更富成效。教育叙事写作应该成为一位有情怀的乡村教师深刻探讨、准确把握乡村教育规律的得力工具。

四、让教育叙事写作成为乡村教师间有效沟通的渠道

当今的教育改革已向纵深推进，提出了高质量发展的目标，乡村教师不时需要面对教育教学的更高要求带来的各种新变化、新问题，个人的力量太有限，此时教师同行之间的互动交流就显得尤为重要。教育叙事的事件因对个体往往具有关键特性，或深情道来或情节曲折，细节展示充分，人物行为变化的线索清晰，感悟和经验的生发自然。一线教师读到同行的这些打动人心、具体可感的文字，相似的经历，紧贴实践、毫不晦涩的思考，让他们感到文本的真实、亲切及可靠近、可借鉴、可共鸣，从而愿意读、喜欢读，从中寻找到可以激励自己坚定前行的榜样力量，可以为我所用的教育智慧，甚至会提起笔来唱和、释疑、探讨。有效的互动交流就这样真实发生了。刘建老师的《生日该怎么过》讲述在学生的生日会上，发生了学生私自下河游泳，晚上不回家、攀比送礼等现象，引发了当事教师对在乡村教育中具有普遍性的安全教育、消费教育、感恩教育的思考，在深思熟虑中找到了问题的智慧处理办法，收获了学生在相关问题上认知的转变、提升，带给读者以思考和启迪。徐静老师的《山中自有兰花草》以散文化的语言，聚焦几个教育生活场景，传达出师者对乡村教育的热

爱，感染力蕴于字里行间。谭永红老师的《那一年 刻骨铭心》中质朴清爽自然的表达让我们感受到乡村教育的不易，体会到教师的坚强和奋进，给人以鼓舞。

用心书写的教育叙事，要想办法在教育同行间交流碰撞。交流的平台有很多，通过报刊发表当然最好，但因版面有限竞争激烈，或与近期选题不一致等因素，再优秀的文章都有落选的可能。除此以外，还可以参加相关征文活动，争取在校内外教研活动中或各种教育学术研讨会上分享。实践中，有不少志同道合的乡村教师组织形成了教育写作共同体。在这样的平台中，教师们的教育生活相似度高，目标聚焦，互动频繁，联系紧密，成员间相互鼓励，彼此影响的力度更大。

五、让教育叙事写作成为乡村教师永续职业热情的保鲜剂

有些乡村教师在能够应对日常教育教学工作后，慢慢地不再像入职头几年那样充满活力了。教师职业本身的琐碎、繁杂、重复，外显的平凡，让他们感觉到教育似乎是单向的不断付出，自身仅是工具人的存在，没有或者很少体验到来自职业的精神滋养。加之乡村生活相对闭塞、单调，以及条件不足等客观原因，逐渐地，部分乡村教师对待工作变得迟钝麻木、得过且过、失去热情，没有了自我要求，进入职业倦怠期。教育是以心育心的工作，只有教师阳光向上，才能培养出蓬勃上进的学生。教育叙事写作能够让乡村教师从琐碎、繁杂的工作中不断感知到教育的神圣与力量，在自我彰显、内外求索中发现自己的价值与努力的方向，在思想突围与文字驾驭中感受到灵魂的奔腾与丰盈，在有效的交流碰撞中找到认同感与归属感，在持之以恒中找到可无限拓展的专业发展空间，在实践与研究中体会到成长的快乐。沉浸在教育叙事中的乡村教师，他们总能挖掘出平凡工作的意义，不怕清冷，不知疲倦，散发着精气神，将自己的职业之路引向更高远之处。

《我从事乡村教育的这几年》的作者唐鲜老师，由初入职时的“关注生存”“关注情境”，到如今通过不断书写教学反思，引导自己关注学生，让教育工作具有更多人文关怀，也更积极、更有效。宋敏老师在《他是路边那盏灯》中写道：“开始，我写得很少，几句话表述心情也就了事，随着与孩子们的交集变多，我会用心记录下他们的小小进步……渐渐地，日记让我枯燥的生活变得充实、快乐，让我的教学水平也有了很大的提高，写教育日记自然而然也变成了一种习惯。”毋庸置疑，两位教师文中提到的“教学反思”“教学日记”，不一定是规范的教育叙事，但应该也有浓厚的

教育叙事色彩。教育叙事写作让许多乡村教师的工作有了目标，有了源源不竭的动力，远离了职业倦怠。

开展经常性的教育叙事写作，对广大乡村教师而言，没有客观的条件限制，没有高不可攀的能力要求，需要的就是给自己一个教育职业的梦想，在教书育人之余不断拿起桌上的笔。乡村教师主动选择教育叙事写作，努力将之养成专业习惯，甚而培养成为专业爱好，用以点亮个人前行之路，坚持不懈，必然能够不断看到自身的力量、自我的成长以及前景与希望，并将相关成果积极用于教育实践中，收获职业的成就感与幸福感。

乡村教师的选择与坚守

——基于52个乡村教师教育叙事文本分析

四川省教育科学研究院　冯　艾

摘要：对乡村教师现状进行考察发现，社会结构变迁与城镇化导致乡村教师社会地位漂浮不定，教师个体发展受学校、家庭、学生家长、社会文化等多重因素的影响，乡村教师流失现象普遍，内生动力难以激发。通过对乡村教师教育叙事文本的分析，归纳出优秀乡村教师具有“乡土情怀”的情感特质、“韧性”的精神特质、“新乡贤”的角色特质。基于此，本研究从提高乡村教师地位待遇、激发乡村教师内生动力、加大乡村教师培养力度、关心乡村教师工作生活4个方面提出促进乡村教师发展的建议，以期改善乡村教师的生存境遇，提高乡村教育的质量。

关键词：乡村教师　乡村教育　乡土情怀　新乡贤

当前，我国正处在城镇化快速发展、教育改革不断深化、教育信息化程度快速提升的阶段。在这样的时代背景下，乡村教育的发展面临着前所未有的机遇和挑战。乡村教育发展的水平和质量关系到我国整个教育事业发展的水平和质量，而乡村教育的发展关键在乡村教师。近年来，党中央和国务院相继颁布一系列政策，乡村教师的生存境遇整体上有了很大的改善，但“留不住、待不久、教不好”的问题依然存在。

一、乡村教师的现状考察

（一）乡村教师流失现象普遍

党中央和国务院高度重视乡村教师队伍建设，为提升乡村教师的经济和社会地位、改善乡村教师的生存状况，制定了一系列倾斜政策，如教育部等有关部门先后采取了特岗计划、乡村教师生活补助等一系列政策举措，《乡村教师支持计划（2015—2020年）》指出，“要把乡村教师队伍建设摆在优先发展的战略位置”。《中共中央 国务院关于全面深化新时代教师队伍建设改革的意见》《教师教育振兴行动计划（2018—2022年）》《关于加强新时代乡村教师队伍建设的意见》等重要政策对乡村教师给予全方位的特殊支持，如加快城乡师资配置，加大乡村教师培训力度，完善乡村教师待遇保障机制以及加大奖励力度，规定在乡村学校从教满30年的教师可不受岗位结构比例限制，直接评聘为高级职称等。从近年来的调研数据看，乡村教师的年龄结构、学科结构、学历结构得到极大改善，与过去相比，整体质量有了较大的提升，让我们对乡村教育发展充满了希望、坚定了信心。

然而，通过对近600名乡村教师的调查发现，乡村教师留守意愿不高，明确表示希望最近3年离开乡村学校的教师占比达到34.9%，56.65%的乡村教师希望流动到政府或其他机关部门。乡村学校难以吸引有理想的年轻人，教师流失现象普遍。目前，乡村教师可分为坚守扎根乡村学校、保持初心的“留乡型”“返乡型”群体以及面临现实困境退却的“向城型”“转行型”群体。

（二）乡村教师社会地位漂浮不定

在社会结构变迁与城镇化进程中，乡村教师社会地位漂浮不定。乡村教师待遇偏低，学校周转房不足，职业地位、声望低，恋爱婚姻困难，这些问题叠加使乡村教师难以安心扎根乡村，导致“留不住、待不久、教不好”。通过调查发现，调查样本中53.7%的乡村教师认为乡村学校地理位置偏僻、交通不便；56.7%的教师认为乡村学校待遇差，岗位缺乏吸引力；54.2%的教师认为在乡村工作，个人发展受限制；55.2%的教师认为子女教育成为困扰。部分因乡镇合并入城区，学校划入街道管辖的教师因学校属地性质变化无法享受乡村教师生活补助和乡镇工作补贴，也可能产生不满情绪。

（三）乡村教师个体发展压力大

乡村教师个体的发展受到学校、家庭、学生家长、社会文化等多重因素的影响。在学校教育教学层面，乡村教师面临教学任务重、教学知识和方法不足、学生问题多、职称晋升困难等问题；在家庭层面，乡村教师除了职业角色外，还有家庭的各种角色，每种角色都需要承担相应的义务，尤其对于女教师来说，除了承担基本的教师工作，还要相夫教子，承担多数家务劳动；在家校协作层面，乡村的大部分家长学历不高且外出打工，家校沟通很困难，家长难以给教师提供帮助，反而把他们应承担的责任交给老师，致使教师的任务更重；在社会生活层面，乡村教师的婚恋困难、已婚乡村教师两地分居问题等，都十分关键。乡村教师作为“教育人”，无奈于教育评价的现实；作为“经济人”，对现实工作境遇感到失落；作为“社会人”，存在角色下信息闭塞与情感缺失；作为“学校人”，对乡村学校治理体系感到无力。

（四）乡村教师内生动力难激发

乡村教师职业倦怠现象较为普遍，部分教师对自己的工作缺乏兴趣、热情和变革的意愿，体验不到工作的价值感，进而导致上进心缺乏。学校教育、家庭教育不断强化“离农”“逃农”等价值观，许多乡村教师在乡村社会难以获得地域和文化归属感，没有立足于乡土文化去理解乡村教育，难以对乡村社会产生深厚感情，未能与乡村社会场域和谐共生。乡村学校对外在资源的过度依赖，使得乡村教师缺乏主动寻找资源和创设平台的自觉。部分乡村教师在专业学习上主动性不够，甚至把各类培训学习当成是被动的任务，专业学习效果欠佳。调研发现，52% 的乡村教师经常感觉自己的感情已在工作中耗尽。部分乡村教师对当前乡村振兴的社会价值认识不足，为乡村教育服务的意识不强，对乡村教育价值认同需要进一步提高。

二、坚守在乡村的教师特质

尽管乡村教师的发展面临诸多困境，流失现象普遍，但仍有许许多多的教师坚守在乡村。当前我国有近千万名乡村教师，他们长期扎根乡村，生活条件和工作条件欠佳，但他们并没有丧失信心，反而更加恪尽职守，不计名利，默默耕耘，对乡村地区教育事业发展产生了非常积极的影响。乡村学校也正是因为乡村教师的坚守展现出了生机与活力，他们是乡村学校乃至整个乡村地区的中坚力量与宝贵财富。他们在情感、精神、角色方面具有以下特质：

（一）情感特质——乡土情怀

在乡村学校任教的乡村教师亲近乡村，积极融入乡村生活，在日常教育生活中不断加深对乡村文化的了解，逐渐生成乡土情怀。马多秀在《乡村教师的乡土情怀及其生成》一文中指出，培养具有乡土情怀的乡村教师是乡村教师队伍建设的重要议题，乡村教师的乡土情怀是促使他们坚守和奉献乡村教育事业的内在动力之源[①]。乡村教师的乡土情怀是一种自发和自然的情感。他们对乡村及其教育事业充满了爱与责任感，并发自内心地将乡村社会和乡村教育视为自身幸福感和成就感的重要来源。他们通过参与乡村社会活动，对当地人文、地域产生认同感和归属感，其乡土情怀也逐渐加深，最终成为他们扎根乡土、坚守农村教育的情感源泉。例如，巴中市的张老师表示自己扎根乡村 30 年，最期盼的就是纯净的乡土气息以及乡村那份诗意的宁静。

1. 热爱乡村

坚守在乡村的教师对乡村的热爱表现为对乡村的依恋，对乡村生活状态和生活方式的向往。首先，他们与乡村之间存在着天然的感情纽带，大部分优秀乡村教师与乡村存在着较为紧密的血缘联系。如宣汉县的庞德强老师，从小立志当老师，从师范学校毕业后一直坚守在乡村，终身做乡村孩子的引路人。此外，这些教师们还喜爱乡村宁静质朴的生活。虽然城市生活具有出行便捷、生活便利的优势，但是快节奏和高压力的社会环境易使人陷于焦虑、疲乏的生活状态。相比之下，乡村社会民风淳朴，生活方式简单。安岳县的喻安宁老师在回顾她的教学经历时，说道："乡村的教学生活就像那一朵朵洁白的野棉花，没有华丽的色泽，淡淡的清香却让人回味无穷。"

2. 责任感

优秀乡村教师能认识到自己之于乡村教育的价值以及乡村振兴事业的意义，因此他们具有强烈的责任感和使命感。他们肩负起农村教师的使命，理解乡村儿童对知识的渴求；承载起"教师"两字赋予的使命，致力于在教育教学一线有所贡献。如松潘县的林通老师在离家五百公里的乡村学校当了十五年的"班爸爸"，由于学校偏远，且经费不足，全校只有一位生活老师，所有的老师在上课之余还要管孩子们的生活学习等一系列问题。另外，乡村教师的责任感还表现在振兴乡村教育事业上，他们能真正体会农民生活的艰辛，见证过乡村发展教育事业的艰难坎坷，更能理解偏远乡村地区的落后状况。他们将自己的人生理想与乡村教育事业紧密联系，往往具有较高的觉悟，并愿意为实现乡村振兴赋予乡村教师的新的历史使命而努力奋斗。

---

① 马多秀．乡村教师的乡土情怀及其生成 [J]. 教育理论与实践，2019(13):42–45.

（二）精神特质——韧性

优秀乡村教师不畏乡村环境艰苦、条件简陋，始终坚守在乡村教学一线。他们之所以愿意留守乡村、坚守教师岗位，主要是因为他们拥有顽强持久的精神特质——韧性。这种韧性表现为坚守和淡泊名利两个方面。

1. 坚守

优秀乡村教师能够忍受艰苦环境与孤独，经受住肉体和心灵上的双重压力，不气馁、有耐力。他们任教时间久，大部分优秀乡村教师扎根乡村数十载，勤勤恳恳工作、兢兢业业耕耘，为乡村教育事业发展奉献出自己的青春和血汗。他们无怨无悔献身乡村教育，对所从事的职业具有强烈的认同感，而认同感是他们忠诚于乡村教育事业并愿意长期甚至终身坚守在乡村的内在动力。这种内在动力能够激发和维持教师对教育的情感，克服各种压力与困难，恪守教师职业的操守，在传递知识的同时，用爱来温暖与守护乡村孩子。

2. 淡泊名利

优秀乡村教师的淡泊追求是当下躁动社会中的清流，正是这种淡泊使他们愿意坚守在乡村学校。他们不畏清贫，不逐名利，满足于远离尘嚣的宁静和单纯的环境。很多优秀乡村教师放弃了更好的工作和优越的生活，始终坚持工作在乡村一线。而且，身为教师，他们在为乡村学子服务、给乡村民众带来科学文化知识的同时，也能够实现自身价值。如广元市利州区的孙老师提到自己多次婉拒市内市外很多学校的高薪聘请，一直坚守在乡村，因为她认为乡村孩子更需要她。她只想过一种更有价值的生活。

（三）角色特质——新乡贤

“新乡贤”是相对中国传统乡村社会中的“乡贤”而言的,“新乡贤”是以乡情、乡愁、乡怀为纽带，直接或间接地参与乡村基层治理的榜样、典型或先进模范人物[①]，其中包括专家学者、道德模范等人物。乡村教师是新乡贤的典型代表，他们不再是传统

---

① 闫闯.走向”新乡贤”：乡村教师公共身份的困境突破与角色重塑[J].教育科学期刊，2019:22.

教书匠的角色，而是具有专业性和公共性双重属性；在完成乡村学校教育教学工作任务之余，还承担参与公共服务、促进乡土文化传承的使命。此外，乡村教师还是守护与传承乡土文化的重要力量。尽管城镇化进程打乱了乡村教育对于乡土文化的自然传承格局，但乡村教师不会因此卸下传承和发展乡土文化的责任。他们对乡村的知识文化保持着热爱与眷念，具有坚定的乡土文化自信与自觉。

三、乡村教师发展的路径突围

教师是教育的重要支撑，乡村教师培养面向未来的学生，其教育工作关乎乡村社会与学生对待知识的态度，关乎学生的生命发展，也关乎我国基础教育发展的未来。本研究从提高乡村教师地位待遇、激发乡村教师内生动力、加大乡村教师培养力度、关心乡村教师工作生活四个方面提出促进乡村教师的发展建议。

（一）提高乡村教师地位待遇

为了鼓励乡村教师坚守岗位，需要改变乡村社会的生态，以及乡村民众的教育观念，明确乡村教师的工作界限和责任。我国虽然在提高教师地位方面已经做出了积极的探索，但是城镇化带来的剧烈社会变革无形中消解了乡村教师的文化资本和社会资本，导致乡村教师社会地位下降。因此，提高乡村教师地位待遇势在必行。

第一，要保障乡村教师的生活待遇。这包括改善教师的生活和工作条件，落实乡村地区任教老师的生活补助，提高乡村教师的待遇，逐步形成“学校越边远、条件越艰苦、从教时间越长、教师待遇越高”的格局。

第二，要提高乡村教师的社会地位。这包括落实教师的知情权、参与权、表达权、监督权，建立健全教职工代表大会制度，保障教师参与学区决策的权利。同时建立乡镇党委和政府组织、村委会和乡村学校等参加的联席会议制度，研究和解决乡村教师队伍建设的困难和问题。

第三，要注重精神荣誉激励。应开展多种形式的教师表彰奖励活动与服务慰问活动，落实优待政策，增强乡村教师职业荣誉感和幸福感。

（二）激发乡村教师内生动力

为了激发乡村教师的内生动力，需要从以下几个方面入手：

一方面，要厚植乡土情怀。情怀是一种深沉、持久、难以割舍的感情，具有教育情怀的老师在乡村中更能留得住、留得久。乡村教师的乡土情怀也成为教师坚守和奉献乡村教育事业的内在动力。在工作负担繁重、教学管理僵化、专业发展机会不足、教师队伍流失严重的环境中，部分具有教育情怀的教师能够始终坚守岗位，“生于斯长于斯”的乡土归属感中蕴含着改变乡村教育的意愿和能力，具有教育使命和专业自信的教师身上也有着改变农村教育的能量。

另一方面，要强化乡村教师新乡贤角色意识。突显乡村教师职业的公共属性，引导教师立足乡村大地，争做新时代乡村振兴的奋斗者、见证者、开创者、建设者；引导乡村教师通过家访、谈心谈话等方式，帮助学生健康成长；引导乡村教师深入当地百姓生活，通晓乡情民意，增强助力乡村振兴的责任感和使命感。

（三）加大乡村教师培养力度

为了加大乡村教师的培养力度，需要从以下几个方面入手：

第一，要加强乡村教育带头人、乡村学校校长队伍建设，努力将他们培养成能够立足乡村、热爱乡村，勇于探索的专家型教师、校长。同时要加强乡村教师职后培训，开展富有时效性、针对性的培训活动。

第二，要拓展多元发展空间，为更多符合条件的乡村教师提供继续学习深造的机会。比如可以通过开展主题论坛、经验分享会等多种形式的活动，提供多元化的学习和发展平台。

第三，要加强教师共同体建设。在乡村学校学区制、名校集团机制建设方面下功夫，通过龙头学校与成员学校的紧密互动，促进乡村学校教师相互进行课堂观摩、教学研讨、交流座谈等。

（四）关心乡村教师工作生活

关心乡村教师的工作生活，可以从以下几个方面入手：

一方面，要丰富乡村教师的精神文化生活。可以组织青年教师参加各种乡村文化活动，引导乡村教师主动融入当地生活；关心乡村青年教师的婚恋问题，发挥工会、妇联等组织的作用，帮助他们幸福成家、美满生活。实施教育系统“鹊桥工程”，对两地分居的乡村教师由人力资源社会保障部门、教育部门联合采取在省域内跨区域协商对调等交流方式解决两地分居问题。

另一方面，优化乡村教师工作环境是要学校减少不必要的非教学任务，营造清净的育人环境，让校长能专心抓教育教学管理，让教师能专心开展教学工作。

乡村留守儿童生存状态及有效教育关爱措施研究①

——基于四川省 307 个乡村教师教育叙事的案例分析

四川省教育科学研究院　曾宁波　罗　媛

四川省教育评估院　曾思敏

摘要：乡村教师是留守儿童生存环境中的长期陪伴者和关爱实施人。本研究基于 307 个乡村教师教育叙事案例，采用质性研究方法，结合大数据分析工具，绘制留守儿童生存状态的教师观察热度图，描述其现实的生存状态，提取留守儿童在生存困境下的外显行为问题及内在心理需求，分析教师关爱留守儿童的关键措施及有效方法，提出各级关爱主体须主动进驻留守儿童生存环境，与留守儿童"时空一体"；政府相关机构应切实保障留守儿童的受监护权，并鼓励成立独立运作的留守儿童关爱组织向政府提供第三方服务；强化师生"情感联结"，提高教育关爱有效性。

关键词：乡村留守儿童　生存环境　有效关爱

乡村留守儿童是我国在工业化、城镇化进程中与农民工流动相伴生的一个群体②。一般认定留守儿童为父母一方外出务工另一方无监护能力或双方外出务工，且不满十六周岁的未成年人。据《中国统计年鉴》统计，2020 年全国义务教育阶段留守在校生总人数为 1289.7 万，其中四川省 135.6 万，占全国总数的 10.5%。促进乡村留守儿童健康成长是构建公平而有质量教育的应有之义。由于四川留守儿童总数多、分

① 本文系四川省教育学会 2021 年重大研究课题"新时代四川农村教育现状及乡村温馨学校建设的地方实践"［川教学会〔2021〕13 号］阶段研究成果。

② 辜胜阻，易善策，李华．城镇化进程中农村留守儿童问题及对策 [J]．教育研究，2011,32(09):29-33.

布散、情况复杂，因此具有典型性和研究意义。现有留守儿童研究多采取对儿童、家庭、学校进行调研访谈、问卷统计的方式，以把握留守儿童身心状况，完善留守儿童社会支持系统。

本研究基于教师视角，采用质性研究方法，对四川省教育学会农村教育分会提供的 2021 年“我的农村教育叙事”征文中以“关爱留守儿童”为主题的 307 篇投稿进行了分析。这些投稿来自乡村中小学校（含幼儿园）的教师或校长（园长），其中女性 279 人，男性 25 人；幼儿园 96 篇，小学 162 篇，中学 36 篇，其他 13 篇；叙事教师以中青年教师为主，年龄范围在 21 岁至 60 岁。本研究使用了 DiVoMiner① 分析软件，基于大数据技术辅助在线内容分析法对这些叙事文本进行了挖掘与分析。

通过分析，笔者绘制出了留守儿童生存状态的教师观察热度图，梳理了现实环境中教师对留守儿童实施关爱的流程与措施，同时，提出了有效改善留守儿童生存环境和提升关爱质量的对策。

一、留守儿童生存状态及有效教育关爱措施教育叙事分析架构

教育叙事是教师作为教育主体，描述自己亲身经历的故事篇章，主要涉及对儿童情况的观察和教育实施过程。从教育叙事文本的视角出发，分析留守儿童的生存状态及教育关爱措施，可以获得留守儿童生存状态的量化观察结果，总结出教师对留守儿童有效教育关爱措施的流程、内容及特点。为此需要构建一个针对该类教育叙事的分析架构。

（一）留守儿童生存状态的教育叙事分析维度

刘隽、范国睿根据知识图谱热词统计发现，留守儿童生存状态与关怀研究一直是留守儿童研究领域的关注重点之一②。研究显示，留守儿童在心理、生活、学业、安全、健康等方面存在较多问题③。有关学者对其原因进行了研究，杨苹基于社会生态系

① DiVoMiner 是一个一站式在线数据挖掘与分析平台，为研究者进行量化分析提供帮助。

② 刘隽，范国睿 . 农村留守儿童学习与发展问题研究热点与发展知识图谱 [J]. 教学与管理，2019(09):19−23.

③ 周昆，袁丹 . 破解儿童留守问题的复杂性思维范式转向 [J]. 西南大学学报（社会科学版），2020,46(06):114−121.

统理论，从家庭系统（家庭结构、家庭经济状况、家庭文化状况、监护结构、亲子关系）、学校系统（学校环境、学校文化、同伴关系、师生关系）、社区系统和国家系统4个维度进行了分析①。孔炜莉从儿童生存中的生活卫生习惯、营养获得、生病治疗等身体健康环境开展研究②，李晓文、王晓丽则从儿童在学校的生存状态，包括学习时间安排、学习状态、动机和希望、关系和交往、教师教育方式和集体氛围等进行了讨论③。

本研究整合相关观点，构建了留守儿童生存状态教育叙事分析维度：一是家庭环境，包括家庭结构、家庭经济、家庭文化；二是学校环境，包括自然环境、学校文化；三是社区环境；四是政府关怀；五是身体健康；六是心理健康；七是社会关系健康，包括学生社会权利保障、家庭成员之间的关系、同伴之间的关系、教师之间的关系、与网络的关系。基于上述7个维度，对以“关爱留守儿童”为主题的307篇投稿进行了研究。

（二）留守儿童生存状态及教师有效教育关爱措施分析框架

《国务院关于加强农村留守儿童关爱保护工作的意见》明确规定了家庭、县乡镇人民政府和村（居）民委员、教育部门和学校、群团组织、社会力量5级留守儿童关爱主体，并明确提出了坚持家庭尽责、政府主导、全民关爱、标本兼治的关爱原则④。其中，教育部门和学校的职责是确保儿童入学完成义务教育，不因贫困而失学，加强心理健康教育，提高生活照料能力，加强校园安全，加强家校联系、提升留守寄宿品质。有关学者针对留守儿童面临的困境，从不同角度提出了留守儿童关爱措施及内容建议。

戚务念指出，不同关爱主体应该协调合作，满足留守儿童的生存需要、保护需

---

① 杨苹．社会生态系统下困境儿童多重困境分析——基于LS区困境儿童的实证研究[D].南京大学，2018.

② 孔炜莉．宁夏生态移民地区留守儿童生存现状和权利保障[J].宁夏社会科学，2015(03):53-59.

③ 李晓文，王晓丽．全国十五个区域儿童学校生存状态调查分析[J].华东师范大学学报（教育科学版），2014,32(01):20-31.

④ 中华人民共和国中央人民政府．国务院关于加强农村留守儿童关爱保护工作的意见[EB/OL].[2016-02-04].(2022-06-09).http://www.gov.cn/gongbao/content/2016/content_5045947.htm.

要、健康需要、情感需要、教育需要、发展需要[①]。辜胜阻等总结了留守儿童的主要问题是学习滞后、心理失衡、行为失范、安全堪忧[②]。季彩君详细分析了儿童的心理问题和教师提供的关爱措施[③]。叶松庆、程秀霞认为，学校针对留守儿童提供的关爱服务主要是心理健康教育、教师谈心、网络联系工具、寄宿[④]。刘隽、范国睿根据知识图谱热词统计发现，对留守儿童的社会支持与保护研究是重点，针对教师实施教育关爱的研究热度不高[⑤]。

本研究基于需要层次理论，结合相关研究，构建了“儿童外显问题、儿童内在需要、教师关爱措施”的3级关联模型（见图1），用于探讨乡村留守儿童生存状态与教师有效教育关爱措施之间的关系。

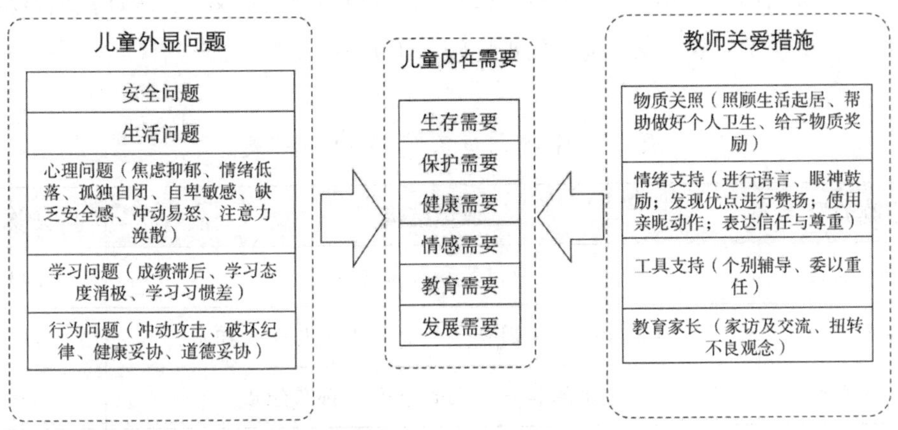

图1　“儿童外显问题、儿童内在需要、教师关爱措施”的3级关联模型

---

① 戚务念．农村留守儿童的学校关爱模式及其讨论[J]．当代教育科学，2017(02):7−12.

② 辜胜阻，易善策，李华．城镇化进程中农村留守儿童问题及对策[J]．教育研究，2011,32(09):29−33.

③ 季彩君．留守儿童的教育支持研究——以苏中地区为例[D]．华东师范大学，2016.

④ 叶松庆，程秀霞．“服务三角”模型建构中的农村留守儿童教育与关爱供给机制研究——以安徽省合肥市为例[J]．中国青年社会科学，2018,37(04):70−78.

⑤ 刘隽，范国睿．农村留守儿童学习与发展问题研究热点与发展知识图谱[J]．教学与管理，2019(09):19−23.

二、留守儿童生存状态的教师观察结果

本研究基于307个乡村教师教育叙事案例，采用质性研究方法，结合大数据分析工具，绘制了留守儿童生存状态的教师观察热度图，揭示了留守儿童生存状态的现实特征。从留守儿童的家庭环境、学校环境、社区环境、政府关怀以及社会关系健康等多个维度提取了留守儿童在生存困境下的外显行为问题及内在心理需求。

（一）家庭环境

留守儿童家庭普遍存在父母的监护缺位、经济条件差和文化投入不足等问题。

（1）家庭结构。根据人口普查中2级家庭结构的分类定义[①]，统计数据显示307个案例中提及隔代、单亲家庭情况的占比较高（见表1）。

表1　留守儿童家庭结构分析表

家庭类型	成员结构	频次
隔代家庭	由祖辈和孙辈组成	243
单亲家庭	由父母一方（因丧偶、离异等）与子女组成	115
直系家庭	由祖辈和一个已婚子女及孙辈组成	89
残缺家庭	由未婚兄弟姐妹组成	27
无监护能力家庭	家庭主要监护人存在吸毒、入狱、残疾等情况	16
夫妇分居	由夫妇一方与子女留守，另一方在外地	3

案例显示，困境留守儿童，即残疾儿童、重病儿童、低保家庭儿童、事实无人抚养儿童、贫困家庭儿童等[②]，其生存状态异常艰难。不同教师在叙事中描述了学生的家庭情况及其对孩子的影响，诸如“父亲坐牢5年，母亲已改嫁7年，奶奶腿脚不便，爷爷酗酒”“父母离异，再婚的家长常年外出务工”“姐弟俩的爸爸是傻子，妈妈是精神

① 王跃生．中国城乡家庭结构变动分析[J].当代中国史研究，2014,21(02):117.

② 王丹，潘璐．困境留守儿童的生存现状与支持体系探究[J].中国农业大学学报（社会科学版），2020,37(02):106-113.

病人”等。这类留守儿童往往生活极端困难，如“穿着不合适的衣服和裤子”“浑身散发臭味，不洗头、不洗澡”等。他们往往存在家庭监护缺失情况，影响了心理健康，如“他长期一人待在家里，奶奶一周来看望一次”“他的母亲偶尔回来”，性格发展受阻，轻者“孤僻、自卑、不愿与人说话”，重者“自残”“仇恨父母”。

（2）家庭经济。案例中提及家庭贫困、低保、建档立卡户等情况有 67 次，占比为 21.8%；提及家长“经济条件较好、给予子女物质补偿”的有 22 次。

（3）家庭文化。家庭文化是家庭所拥有的知识、技术、气质和文化背景的综合体现[①]。案例中明确提及家庭“文化程度低”的有 18 次，家长在家“看电视、不管孩子”的也有 18 次。提及留守儿童家长参与子女教育的次数极少，307 个案例中仅有 6 次提及父母检查作业，1 次提及父母的教育期望。

（二）学校环境

教师在学校文化环境中感知到留守儿童获得关爱的情况较少。

（1）自然环境。学校的自然环境主要包括锻炼活动的场地、器材、环境布局等[②]。案例中提到学校“操场、篮球场”等锻炼活动场地器材的有 43 次。描述自然环境为“恶劣、简陋、偏远，生活不便，甚至有野猪毒蛇”等的有 30 次。

（2）学校文化。学校文化指的是学校的价值体系，包括办学理念、办学思想、群体意识、行为规范等[③]。学校文化相关描述在 307 个案例中仅出现 16 次，其中包含“燃气、防火、下河、溺水”等校园内外安全教育 6 次。

（三）社区环境

在 307 个案例中，提及社区、村（居）委会、街道办事处救助的有 60 次。

（四）政府关怀

在 307 个案例中，提及政府、财政扶持、政策帮扶、低保、贫困户建档立卡等政府关怀措施的有 29 次。

---

① 姜帅，龙静．家庭文化与经济资本对教育获得的影响效应 [J]. 教育学术月刊，2022(01):51−57.

② 董宝林，毛丽娟．学校自然环境、人际环境和青少年体育锻炼的关系 [J]. 体育学刊，2021,28(02):111−117.

③ 张莉萍．近年来我国中小学学校文化建设研究综述 [J]. 教育科学论坛，2022(02):28−31.

（五）身体健康

身体健康状况通常包括身体症状、体育锻炼、睡眠状况、卫生习惯、健康饮食和健康意识等方面。留守儿童的身体健康问题主要体现在营养、卫生、疾病方面。案例中提及留守儿童出现“低血糖、生病、营养不良、难以果腹、冻疮、伤痕、打哆嗦、伤口”等身体不良症状的有 50 次；出现“不洗澡洗头、脏指甲、污渍臭味”等卫生习惯差的有 37 次。

（六）心理健康

根据国际儿童心理健康状况量表，结合留守儿童心理相关研究[①]，我们将留守儿童的心理健康问题归纳为缺乏安全感、自卑敏感、孤独自闭、情绪低落等。

留守儿童往往缺乏安全感，感到孤独、被抛弃的比率较高。比如，某学龄前儿童“父母离异，只要他不听话或犯错时，奶奶就会说‘爸爸妈妈不要你了’”；有的父母离异的留守小学生认为“从小父母就不在我身边，他们想要赚大钱，去城里，我觉得他们已经有新的家庭了”。有的离异重组家庭的儿童感到无所适从，“家里人常说‘弟弟长得可爱一些，听话懂事一些’，会觉得新的爷爷奶奶不爱她”。

（七）社会关系

（1）社会权利保障。考察学生法律身份中定义的社会权利实现情况主要考察学生受教育权利、义务教育无偿权、不受歧视公平接受教育的权利是否得到保障[②]。案例中有 11 处提到孩子“辍学、不再读书”等情况。教师自述曾歧视学困、调皮儿童的情况有 8 处。

（2）家庭成员关系。《中华人民共和国民法典》婚姻家庭篇将家庭成员之间的关系定义为夫妻关系、父母子女关系和其他近亲属关系。案例中提及“亲子关系不佳”的达 192 次，文字表述为儿童“思念父母、感到孤独”“感觉被抛弃、没有家”甚至是“仇恨父母”；提及“夫妻关系不佳”的达 119 次，表述为“妈妈跑了、改嫁”“离婚、感情不和、组建新的家庭”。留守儿童与爷爷奶奶、外公外婆的关系体现出了“溺爱”和“棍棒教育”同时存在的隔代教育特征。案例中“溺爱”被提及 71 次，主要体现在“衣

---

① 王锋．农村留守儿童心理和行为问题研究——基于浙江和贵州的调查 [D]. 浙江大学，2017.

② 吴回生．学校权力与学生权利问题探析 [J]. 教育研究，2012,33(05):36-41.

来伸手、饭来张口、包办代替”最终导致儿童“被宠坏、很任性”；“棍棒教育”被提及61次，案例中有“为了让他进教室学习，奶奶一会儿大声地恐吓，一会儿溺爱地哄骗”，更有“爷爷找到老师宣扬他对儿童‘吊着打，拿皮带抽，打得他跪地求饶’，并要求老师也对孩子‘严加管教、狠狠地打’”的内容。

（3）同伴关系。留守儿童的同伴关系一般指“同伴接纳”或“同伴拒绝”①。案例中提及“同伴接纳”即“交到朋友、互助小组、伙伴等”的有31次；“同伴拒绝”计66次，文字描述为儿童“被孤立、嘲弄、欺负”“是异类、独来独往、一个人玩”，以及“争抢玩具、动手、攻击行为、推倒”等直接冲突。

（4）师生关系。本研究借鉴教师管理风格理论对教育叙事进行分析。案例中教师自述显示，对学生“严厉、命令、规定、呵斥、教训”的控制型教师有116例，“专断、威逼”的权威型教师有21例，“听学生意见，与学生打成一片”的民主型教师有25例。出现“讨厌老师、拒绝沟通、顶嘴”，甚至“逃课、逃学”的师生抵触型关系有39次。

（5）网络关系。重点关注网络游戏成瘾、网络关系成瘾、网络色情成瘾、信息收集成瘾、网络购物成瘾等5类网络成瘾行为②。案例中提及网络成瘾有27次，其中16次是网络游戏成瘾。随着学段升高，留守儿童受到的社会诱惑更大，出现了网瘾、网恋、沾染社会恶习的情况。其中某五年级儿童网恋被骗的案例令人震惊：因爷爷奶奶无力管教儿童使用手机，该女生通过网络聊天结识了网恋男友，遭其诱骗并向对方发送了自己的私密照。

（八）留守儿童生存状态的教师观察热度图

通过对案例中留守儿童生存状态按照分类和词频进行统计，发现在307个案例中出现有关生存状态的关键词描述共计2481处。这2481处描述被视为教师视野下留守儿童生存状态的概貌，并用于绘制留守儿童生存状态的教师观察热度图（见图2）。在该热度图中，图形面积与关注频次成正比，即面积越大，表示在案例中出现该类词语的频次越高。两个内圈描述生存环境分类，最外圈则呈现该分类中提到的高频关键词。

---

① 宋若飞．同伴关系对留守儿童心理健康的影响及教育建议 [J]. 中小学心理健康教育，2022(06):56-58.

② 邓验，曾长秋．青少年网络成瘾研究综述 [J]. 湖南师范大学社会科学学报，2012,41(02):89-92.

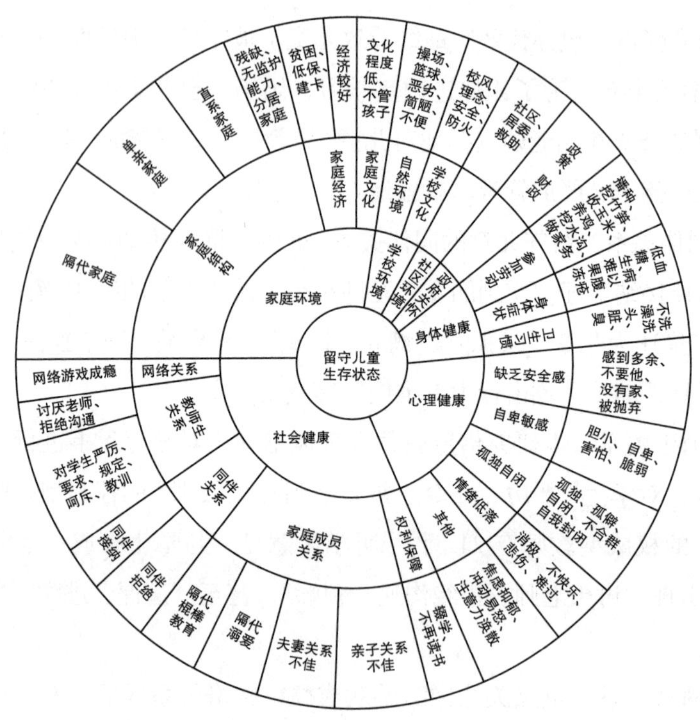

图 2　留守儿童生存状态的教师观察热度图

图 2 显示，在教师视野下，学校、社区和政府 3 个关爱主体的关爱效果较少被感知，而家庭环境的关注热度较高。其中，表达“家庭监护缺位”和“家庭成员关系紧张”意义的词语出现的频次最高，占整体生存环境描述一半以上的热度，形成了留守儿童生存环境中的结构性损伤。此外，留守儿童缺乏安全感、感到被抛弃、自卑敏感、不合群等心理问题也给教师留下了深刻印象。

三、乡村教师关爱留守儿童的有效策略及特点

通过使用 DiVoMiner 分析软件，结合大数据技术辅助在线内容分析法，我们对乡村教师的叙事文本进行深入挖掘与分析，进而梳理出教师关爱留守儿童的有效策略及其特点。

（一）教师有效关爱留守儿童的流程与方法

在多个案例中，乡村教师有效关爱留守儿童的流程通常包括以下 4 个步骤：观察

儿童状况、了解家庭情况、提供有针对性的关爱措施、感知儿童变化并调整教育措施。

（1）观察儿童状况。在初步接触留守儿童时，乡村教师常常被他们的外显行为问题所吸引。他们密切观察留守儿童在学习和行为上的问题表现（见表2）。在这个阶段，教师对这些儿童的印象通常是负面的。

表2　案例中涉及留守儿童学习和行为问题的叙述频次统计表

类别	叙事中的文本描述（举例）	频次
学习问题（成绩滞后）	成绩退步、成绩差	36
学习问题(学习态度消极)	厌学、睡大觉、不听课、不完成作业、逃课	29
学习问题（学习习惯差）	不回答问题、书写差、开小差、注意力不集中、拖拉	48
行为问题（冲动攻击）	易怒、发脾气、不听话、争论、吵架、告状、打人	66
行为问题（破坏纪律）	跑出教室、上课说话、违反纪律、扰乱课堂、嬉闹	28
行为问题（健康妥协）	抽烟、喝酒	28
行为问题（道德妥协）	作弊、赌博、撒谎、偷窃	29

（2)了解家庭情况。在发现问题后，教师会主动探究儿童外显行为问题的成因。他们采取多种方式深入了解儿童，分析问题原因，包括观察儿童、与儿童对话、开展家访、与家长通过电话或视频沟通等。在案例中，有183位教师描述了自己与家长通过电话或视频进行沟通的情况，有159位教师描述了自己观察学生的过程，有118位教师通过家访等方式了解学生的家庭成长环境，还有108位教师选择直接与儿童对话。

（3）提供关爱措施。通过对案例文本的梳理，我们发现教师自述的关爱措施不仅包括已有研究提出的情绪性支持和工具性支持[①]，还包含了对留守儿童的生活照顾和家庭环境干预。相关关爱措施和方法的统计详见表3。

① 赵磊磊，姜蓓佳，李凯．教师支持如何影响农村留守儿童学习适应——基于县域视角的调查研究[J]. 教师教育研究，2020,32(02):102-109.

表 3 案例中教师的相关措施和方法统计表

类别	具体方向	叙事中的文本描述（举例）	频次
物质关照	照顾生活起居	一起吃饭、逛超市、吃路边摊、盖上被子、在我家睡觉	38
	帮助做好个人卫生	擦鼻涕，捉虱子，帮洗头、梳头、洗澡、洗衣服，毛巾隔背，添减衣服，给孩子烧水取暖，涂抹冻疮膏，戴上手套	42
	给予物质奖励	新书包、粉色的围巾、护手霜、一杯奶茶	90
情绪支持	进行语言、眼神鼓励	表达鼓励支持、用鼓励的眼神看着他（她）	195
	发现优点进行赞扬	表扬、赞扬、闪光点、优点	152
	使用亲昵动作	拥抱、抚摸、蹲下身来、安慰、靠近、搂住	77
	表达信任与尊重	相信你、信任你、尊重你、能做到	26
工具支持	倾听	交谈、谈心、谈话、谈生活、倾听	31
	个别辅导	特别的措施、分析问题、制订计划、监督学习、约定、特别关注	127
	委以重任	当小老师、领唱、领舞、当小组长	76
家校协同	家访及交流	家访、打电话、询问情况	278
	扭转不良观念	要求家长、普及法律、说服家长、改变教育观念、管住自己的手	143

案例中详细叙述了关爱留守学生的具体做法。在生活上，他们给予了留守儿童无微不至的关怀，如“把他叫到家里吃饭，从家里包饺子蒸好带给他吃，隔三差五煮个鸡蛋塞给他”“给他换上自己亲戚、朋友家里孩子穿小的衣服”“带她到集市上吃好吃的，买喜欢的蝴蝶结和发夹”。在心理层面，有教师通过拥抱传递关爱，如“我把她拥入怀中，像一个羊妈妈一样轻柔地抚摸着这只‘小羊羔’的毛发，我们的皮肤紧贴着彼此，我感受着这个小生命温热而又热情的温度”。在干预留守儿童家庭教育方面，教师积极与家长沟通，如“我会理直气壮地要求父母定时给孩子打电话，必须让孩子感受到完整的父爱母爱”，“我有每个留守儿童父母的微信，坚持每周让孩子与父母视频增进感情，让孩子知道爸爸妈妈很爱他们”。在家访中发现儿童家里卫生条件差时，教师会主动“收拾茶几，和她一起整理房间里的其他杂物”，通过言传身教的

方式影响家长，“不知何时她婆婆也积极参加了进来”。甚至有教师通过一年多的电话沟通，成功劝返了儿童的母亲，“她决定回家工作，找一个离家近又可以照顾孩子的工作”，让孩子不再孤独。

（4）观察儿童变化。在留守儿童接受教师关爱后，教师观察到他们发生了积极的变化（见表4）。案例中，有幼儿园孩子感激地说“老师，奶奶说晚上我们要吃肉，我请你到我家里去吃肉”；有的孩子在老师家访时“一跃而起，张开双手搂住我的脖子，脸就在我耳旁蹭起来”；有的孩子“渐渐地变得开朗了，慢慢从阴霾中走出来。他已经读五年级了，成绩在班上名列前茅，活泼开朗总是爱笑”。

表4　案例中教师实施关爱措施后留守儿童发生的积极改变统计表

类别	叙事中的文本描述（举例）	频次
行为改变	看到孩子改变、有了进步、乖巧懂事、变成好孩子	206
获得理解认可	向老师吐露了心声、感到被接纳、与老师建立了信任	102
师生关系改善	离不开老师、更喜欢老师、感谢老师、让老师休息、给老师买早饭、叫老师妈妈	100
健康、卫生改善	学会了自我管理、变干净了、体质改善	97
成绩提高	成绩提高了、主动参与、喜欢学习	73
同伴关系改善	不再一个人、交到了朋友、友好相处、一起欢笑	47
承认自己的错误	承认错误、感到羞愧、主动道歉、寻求原谅	41
变得自信开朗	变得乐观、自信、开朗、阳光，笑容更多了	28
疾病康复	康复、恢复、身体好了	18

（二）共情是教师有效关爱留守儿童的关键所在

教师的情感接纳对于关爱措施的有效性产生着深远的影响。通过对案例的研究，我们发现教师有效关爱留守儿童的过程中呈现出共情的特点。他们深切关注留守儿童的命运，为留守儿童的不幸经历感到悲伤。这种共情成为教师有效关爱留守儿童的转折点。教师们主动了解儿童的家庭情况，深入了解孩子的困境，理解儿童外显问题的成因，进而产生同情、怜悯、愧疚等情感转变。这使得他们对待儿童的态度发生了从责备、厌恶到欣赏、鼓励的积极转变。例如，在家访中，教师看到儿童的困难后，产生了强烈的情绪反应，“我的心在这一瞬间似乎化成了水”，“我反省自己的一言一行，态度粗暴，教育方法过于简单”。一位最初对留守儿童持愤怒、不耻态度的教师在了解儿童情况后，“与她约定我可以成为她的姐姐、她的家人”。这种情感转变不仅带来了教学策略的变化，更让许多教师从一开始与儿童的对立，转变为寻找孩子的闪光点，认识到“一次不当的批评，能严重挫伤孩子的自尊”。他们从“爱学生就要了解学生”出发，开始“全身心地爱护、关心、帮助学生，做学生的贴心人”，并践行“尊重、理解、信任学生”的原则。

（三）教师有效教育关爱措施需契合留守儿童的需求

从关爱留守儿童的具体方式方法中，本研究通过关键词关联提取同一篇案例中提及的学生外显问题、内在需要和教师采取的关爱措施，构建了“问题—需求—措施”3级关联对应关系。这一对应关系表明，教师有效教育关爱措施必须契合留守儿童的需求。

教师高频地感知到了留守儿童的心理问题，如“缺乏安全感、自卑敏感、孤独自闭”等，并主要采用教育家长和情绪支持作为关爱策略，以满足儿童受教育和情感的需要。

通过对307个案例的整合分析，可以清晰地看到：教师自发流露的情感关爱与儿童的内在需要相契合，教育措施紧密结合儿童的生存困境。教师通过“家访及交流、扭转不良观念”等方式缓和“监护人缺失和家庭成员关系不佳”带来的问题；用“进行语言、眼神鼓励，发现优点进行赞扬”等方式关怀儿童心理上的自卑与失落；并通过“照顾生活起居、给予物质奖励”等多种方式努力改善儿童的生存困境。

四、完善留守儿童关爱措施的对策

尽管近年来党和国家、社会各界为留守儿童提供了多种关爱措施，使他们的生存状态得到极大改善，但本研究显示，仍需要进一步完善有效的留守儿童关爱措施，以更好地解决他们所面临的主要问题。

（一）关爱主体应主动与儿童“时空一体”

在307个案例中，教师感知到社区关爱有60次、政府支持有29次、学校文化关怀有16次，这3大主体的参与都严重不足。实际上，3至16岁的少年儿童每周7天里至少有5天时间生活在学校，寄宿的学生则时间更长。学校和家庭通常是留守儿童仅有的两个物理环境。然而，关爱主体与留守儿童的“时空割裂”导致关怀措施缺乏现实发力点，与儿童的学习生活融合不足，关爱主体难以时时觉察、事事照顾，留守儿童的生存处境得不到充分改变。吴霓在2021年底的研究中指出，近6成家长或监护人不了解村委会和儿童主任[①]，学校设置的“留守儿童之家”发挥的效能不足——这与教师的观察结果一致。因此，留守儿童的社会支持系统应与儿童的生存环境“时空一体”。政府的政策支持、财政扶持，社区和志愿者的思想教育、代理监护、帮扶活动等行为应尽量“定人、定期”地发生在学校或家庭环境中，与被关怀者直接互动、高频联系，以直接改善儿童的身体健康、心理健康及社会关系健康。

（二）建设多级独立运作的留守儿童关爱组织

有研究表明，当前留守儿童关怀主体中的政府、社区、学校、群团、社会组织等存在分工有余、协作不够，职能分化严重，资源整合不足的问题，导致帮扶实效不佳，难以满足留守儿童的需求[②]。本研究也证实了这一问题。

因此，建议政府机关参考最高检开设专门学校的做法[③]，明确监护主体，对事实无人监护儿童、父母违法不履行监护职责的真实困境留守儿童，依法安排专人实施替代监护，并与学校紧密合作。这可以从根本上实现“儿童有人监护、监护受法律保护”，弥补最紧要的留守儿童监护缺位问题。

同时，鼓励成立专门的留守儿童关爱组织，向政府提供第三方服务。该类组织应设为独立法人，进行独立运作，可吸纳社会、群团和公益组织的人力物力统筹调配。该类组织面向社会、独立经营，有利于科学总结经验，持续提升服务质量。地方

---

① 吴霓.我国农村留守儿童关爱服务体系的政策、实践与对策研究[J].湖南师范大学教育科学学报，2021,20(05):59-68.

② 孙雪连.要务实要精准：农村留守儿童教育帮扶政策亟待优化[J].中小学管理，2020(12):16-19.

③ 人民网.最高检：12至14周岁未成年人涉严重暴力犯罪原则上送入专门学校[EB/OL].[2022-05-25].(2022-06-09).https://baijiahao.baidu.com/s?id=1733781001466273939&wfr=spider&for=pc.

政府组织购买第三方服务，既可节约人力物力，又能监管服务质量。通过留守儿童关爱组织实现代管监护、补贴辅助发放，落实政府的监管和服务职责。整合社会志愿者的支持力量，与教师共同形成两大关爱主体，互为补充，避免学校承担无限责任。

（三）强化情感联结，提升教师关爱的有效性

本研究发现，教师基于情感转变对留守儿童的有效关爱至关重要，留守儿童最需要的是教师的情绪性支持。师生间的情感联结是有效关爱的基础，因此应强化家访互动流程，促进情感联结的生成。

情感联结的初始阶段是教师主动了解儿童。初次接触留守儿童时，教师常因他们的外显行为问题产生负面印象。若不进一步了解儿童内在的心理需求和追问问题行为背后的客观原因，会导致师生间认知对立、情感淡漠。本研究案例中频繁出现教师与儿童的对话，与家长的沟通、家访和与其他教师的交流，证明充分了解学生是关爱的起点。因此，应进一步强化教师对儿童和家庭的了解，实现定期沟通，以避免负面印象先入为主。同时，应加强政策宣传并推动政策入校，让教师了解留守儿童可以获得的国家和社会支持措施，并在校内积极为儿童寻求帮助。此外，还需要加强教师培训，帮助他们掌握留守儿童心理的相关知识，把握教学规律，提升关爱能力。

我们坚信，只要社会给予足够的关注和支持，留守儿童就会展现出灿烂的笑容。

乡村学校家校合作现状及健康发展的策略

——基于 110 个乡村教师教育叙事的案例分析

四川省教育科学研究院　杨　瑶
绵阳市游仙中学　肖长龙

摘要：家校合作是家庭和学校之间为了学生发展而形成的人际互动集合，它是教育现代化发展的重要组成部分，也是提升教育质量的关键环节。通过对 110 篇乡村教师教育叙事的案例分析，我们发现，当前乡村学校教师对家校合作的重视程度有所提高。在实际的家校合作中，通过创建“家长驿站”、开展入户家访和分类指导等措施，取得了一些成效。同时也存在一些问题，如乡村家长和教师对家校合作的定位尚不准确，双方主动性不强，家校合作缺乏科学性。基于以上分析，建议探索家校社协同育人模式，提高教师的家校合作能力，并吸引家长更多地参与学校管理等方面的工作，以促进全省乡村学校家校合作的健康有序发展。

关键词：家校合作　教育叙事　家校社协同育人模式

家校合作在培养学生良好习惯、提高学生学业成绩、促进学生全面健康发展方面具有重要作用。从四川省 110 个乡村教师的教育叙事案例来看，许多教师已经意识到家校合作在乡村教育中的重要性。根据乡村学生和家长的特点，这些教师在实践中自觉、自发地进行家校合作的探索和研究，并取得了较好的教育效果。然而，由于乡村教育资源的匮乏和学生家庭背景的复杂性，乡村学校家校合作仍然面临着一系列挑战。

一、乡村教师对家校合作重要性的认识及表现

通过对 110 篇乡村教师叙事文本进行挖掘和分析，我们发现乡村教师普遍重视家校合作，主要表现为关注和宣传相关政策法规，并加强育人理论学习等。

（一）对相关政策法规的了解和运用

家校合作的政策为学校发挥主导作用、引导家庭和家长参与学校教育提供了制度环境和组织动力。自 1986 年《中华人民共和国义务教育法》明确父母对未成年子女的教育责任，到 2023 年 1 月教育部等 13 部门联合印发的《关于健全学校家庭社会协同育人机制的意见》（以下简称《意见》）明确“健全家庭学校社会协同育人机制”，国家已经出台了数十个有关家校合作的法律法规和政策文件。尤其是近几年，相关文件密集出台，不断强调家校合作的重要性。从这 110 篇教育叙事来看，绝大多数教师关注到近几年发布的关于家校合作的系列法律法规和政策文件，并认识到了家校合作的重要性。他们自觉地去熟悉和了解这些文件，并向家长广泛宣传家校合作的相关政策和内容。

表 1　案例中教师对相关政策的了解和运用情况

法律法规	文本叙述关键词（举例）	频次
《中华人民共和国义务教育法》	配合学校进行教育	29
《中共中央 国务院关于进一步加强和改进未成年人思想道德建设的若干意见》	家庭教育、社会教育、学校教育紧密结合	14
《中共中央关于进一步加强和改进学校德育工作的若干意见》	家长委员会、家长学校、家长接待日、普及家庭教育知识	22
《教育部关于加强家庭教育工作的指导意见》	强化学校家庭教育	11
《关于深化教育体制机制改革的意见》	学校教育、家庭教育、社会教育有机结合	15

（二）对家校合作育人理念、方法的学习和关注

110 篇教育叙事反映出教师普遍重视学习家校合作育人的相关理论和方法，大多数教师采用自学、参加培训、同伴互助学习等方式来提高自己的理论水平，并在实际的家校合作中进行运用。

二、乡村学校在家校合作中的有效经验

通过对 110 篇教育叙事的分析，可以发现乡村教师在家校合作方面大多采用家长会、微信或 QQ 群、班级小管家、家长委员会等方式，并取得了一些成效。此外，考虑到乡村家长大多外出务工、教育观念相对落后、教育方式欠缺以及隔代抚养等现状，一些乡村学校和教师在家校合作方式上进行了一些有益的探索，形成了有效的经验。

（一）“家长驿站”——创建家校沟通幸福空间

集思广益是推动学校教育发展的重要手段。教育部在 1952 年颁布的《小学暂行规程（草案）》中就提出要加强家长与学校之间的密切联系。1996 年发布的《小学管理规程》强调了家长在学校工作开展中的积极作用。2010 年，《国家中长期教育改革和发展规划纲要（2010—2020 年）》进一步明确要“引导社区和有关专业人士参与学校管理和监督”。这些文件表明，家长参与学校管理是家校合作中非常重要的内容。

在一个案例中，有一位校长创建了“家长驿站”。这个驿站不仅为家长接送孩子提供了遮风挡雨的场所，更成为家长们建言献策的重要场所。这位校长描述了早期的“家长休息室”后来如何发展成“家长驿站”的过程：“很多时候，家长们在那里一边等孩子放学，一边天南地北地聊着。原来单纯的‘家长休息室’成了家长们停靠的温暖港湾。我也经常参与其中，有时侧耳倾听，有时候则与家长们聊聊天。许多对学校发展的好意见、好建议就在此诞生了。”

“家长驿站”有效地促进了家长之间、家长和学校之间的有效沟通，弥补了学校家委会在组织家长互动交流、聚集民意等方面能力不足的缺陷，增强了家长和学校的凝聚力，为乡村孩子的全面发展提供了保障。

（二）入户家访——温暖的教育行走

虽然近年来电话、QQ、微信等现代通信手段得到普及，入户家访这一传统的家校沟通方式逐渐被现代通信手段取代，但《意见》明确提出要认真落实家访制度，重申家访的重要性。

在 110 篇教育叙事中，有 10% 的教师描述了入户家访的经历及其效果。这些家访一般是由于学生在校出现异常行为或举动，例如持续迟到、情绪低落、学习成绩下

滑等。如一位老师讲到，一个二孩家庭的“老大”闷闷不乐，一问才知道原来是她觉得爸爸妈妈、爷爷奶奶只爱弟弟不爱他，于是，为了“老大”的心理健康，她决定去家访。家访过程中，教师会从学生的饮食起居、生活习惯等方面与家长进行交流，并给予家长一些科学的教育建议。此外，大多数教师还会和家长、学生聊聊天，教师能感受到家长、学生的热情，家长也因教师的到来和对孩子的关心而感动。轻松的沟通拉进了教师和家长之间的距离，如几位老师表述到，“在交谈中，我得到了爷爷和姑姑的信任”，“慢慢地，我感受到彼此之间多了一份信任”，等等。通过家访，教师能够更深入地了解学生问题背后的原因，并制订出更具针对性的解决方案。在教师和家长的共同配合下，学生的改进效果也很显著。在学校普遍采用“请家长到校”解决学生问题的背景下，一些乡村教师坚持采用传统的家访进行家校沟通，促进了家校合作，让教育更有温度，也给乡村学生尤其是留守儿童多了一份关爱。

（三）分类指导——打破外出务工和隔代抚养家庭的沟通壁垒

近年来，尽管有城市务工人员回流返乡的现象，但在乡村地区，留守儿童仍然是一个不可忽视的群体，外出务工的父母以及祖父母等隔代抚养者仍然是乡村教师家校沟通的主要对象。《意见》明确提出“要针对不同家庭的个性化需要提供具体指导，并特别关注农村留守儿童、残疾儿童、孤儿和特殊家庭儿童等困境儿童”。

在110篇叙事中，有11.92%的教师分享了与留守儿童家长开展家校合作的经验。其中一些教师针对外出务工父母和祖父母的特点，进行了分类指导。首先，他们努力让外出务工的父母参与到孩子的学习中。一位教师表示：“我整合优质教育资源提供给大多数外出务工的家长后，家长们得以以‘学习者’的身份参与到孩子们的学习中。”其次，他们降低了对祖辈的要求，并提供了有效的指导。另一位教师分享道：“面对乡村祖辈们，我根据低年级孩子的特点，为他们提供了一定的教育指导。在祖辈们最关心但无从下手的学习方面，我为他们提供了一些陪伴学习的方法。”还有一位教师提到：“我和XXX的家人（爷爷）保持联系，基本上两三天就会互相了解孩子的情况，并为XXX制订了一个他能接受的合理‘周末学习时间安排表’，请家长（爷爷）督促执行。”

通过分类指导，乡村教师成功找到了与不同年龄、地域、生活背景的家长进行有效沟通的方式。这不仅最大限度地调动了家长的积极性，也为学生的健康成长贡献了重要力量。

三、乡村学校在家校合作中存在的问题

从 110 篇叙事中可以看出，虽然乡村家长和教师对于家校合作的态度积极，但大多数家长在家校合作中的参与率仍然较低，主动性较差，这往往是因为他们抱有“孩子送到学校就是老师的责任”的观念。此外，乡村家校合作还缺乏科学性。

（一）家长和教师对家校合作定位不准确

在家长方面，案例中有 45% 的教师提到，乡村的家长往往忽视家庭教育，没有充分认识到家校合作的重要性。他们大多数外出务工，认为孩子送到学校后教育问题就应全部由学校负责。而承担照顾责任的祖父母或其他监护人，往往缺乏与老师沟通的意识和能力，对教师的管理要求容易产生“嫌麻烦”的心理，从而增加了家校合作的难度。此外，还有 15% 的教师提到，乡村单亲家庭的家校合作陷入了“死胡同”，很多父母不关心或顾不上子女及其教育，这部分家庭的学生更容易成为“问题”学生，更加需要家校合作。

在教师方面，案例中有近 30% 的教师对家校合作的认识有偏差。其中，10% 的教师认为家长不懂教育规律，不懂得如何教育孩子，让家长配合学校不仅无法为学校教育提供帮助，还会对学校教育造成阻碍；9% 的教师认为，家长介入学校事务，是在监督、挑毛病；8% 的教师认为“家长是孩子的第一任老师”，家庭教育更加重要，绝大部分教育孩子的责任应该在家庭。

（二）家校双方缺乏主动性

有的教师对开展家校合作的主动性不强，且合作形式和内容较为单一。从 110 篇叙事来看，70% 的家校合作形式以家长会、家委会为主，80% 的合作内容以成绩公布、问题处理为主，缺乏与学生全面发展相关的合作内容及具体规划。通常只有在学生成绩严重下滑或出现行为问题时，教师才会与家长进行沟通。同时，家长也很少主动和教师交流孩子的教育问题。从 110 篇叙事中可以看出，有 80% 的教师表示，如果教师不主动提出，乡村家长基本上不会与老师进行联系，因此深度的沟通交流就更加困难。通常，只有在学生需要请假时，家长才会主动与老师联系。此外，有 50% 的教师表示，即使是非外出务工的乡村家长，由于他们的文化程度较低，也不太愿意积极参加学校组织的教育活动。

（三）家校合作仍缺乏科学性

从 110 篇叙事中可以发现，尽管有 30% 的教师认为家校合作育人非常重要，但家校合作的目标定位、方法措施以及育人理念等方面仍存在不准确、不够有效、不够清晰的问题。这使得教师难以真正将家长视为合作者，而往往只是在学生出现学习或行为问题时才寻求家长的配合与管理。因此，家校合作在科学性方面仍有待提高。

四、乡村学校家校合作健康发展的策略

为了推动乡村学校家校合作的健康发展，结合国家近年来的政策文件要求和乡村教师的实践经验，现提出以下策略：

一是探索适合乡村地区的家校社协同育人模式。《意见》中明确了家校社在促进学生发展中各自的定位与职责，家校社协同机制在不断完善中。但值得注意的是，家校社协同育人中存在育人理念片面、育人形式单一、运行机制不畅的问题。这就需要立足乡村地区的实际，以人的全面发展、生态系统理论等为指导，构建基于家庭、学校、社区三大育人主体及其协同关系，涵盖科学育人理念、丰富的育人资源、有效的育人载体、有效的保障和激励机制，促进学生全面发展的家校社协同育人模式。

二是有针对性地提高乡村教师队伍家校合作能力。在家校合作中，学校与教师起着主导作用，了解家校合作的目的和内容、掌握家校合作的有效方法等都是教师需要具备的专业素养。这就需要加强对教师，尤其是对班主任的相关培训，包括家庭教育理论知识、教师在家校合作中的职能职责、家校沟通的技巧等，切实提高教师的家校合作能力，与家长携手促进学生的全面发展。

三是多举措吸引家长参与学校管理工作。学校要积极创造条件，尤其是搭建轻松、平等的沟通平台，促使家长积极参与学校的教育管理工作。如学校在制订发展规划、教师在开发利用课程资源时，可邀请家长参与，让他们从家长与社会的角度提出意见或建议，充分发挥家长的作用；或利用乡村赶集的时机，设置“校访日”，让家长来校参观，了解学校的各项工作；甚至可请家长到教室听课，并对学校教育教学提出要求或建议。让家长参与学校教育工作，能促使家长站在学校与教师的角度思考问题，体谅学校与教师的难处，有利于减少家校矛盾，化解冲突，使双方同心协力，促进学生得到更好的发展。

乡村教师专业发展内生动力的生成与激活

——基于175篇乡村教师专业成长教育叙事的文本分析

四川省教育科学研究院　邢秀芳

摘要：乡村教师是发展更加公平、更有质量乡村教育的基础支撑，同时也是推进乡村振兴、建设社会主义现代化强国、实现中华民族伟大复兴的重要力量。乡村教师专业发展的本质要求在于激发其内生动力，促进其自主发展。如今，乡村教师仍然存在职业理想缺失、职业认同感低、专业发展能力不足、职业幸福感低等专业发展内生动力不足的问题，因此有必要重新审视乡村教师专业发展内生动力的生成与培育问题。本文采用教育叙事研究法，对175篇乡村教师专业成长教育叙事文本进行解读，认为乡村教师专业发展内生动力主要包括专业情怀、专业能力和职业幸福感，进而提出激活乡村教师专业发展内生动力的路径有：在政策层面不断完善保障条件；在个人层面不断提升自我；在文化层面不断挖掘乡土资源。

关键词：乡村教师　专业发展　内生动力　生成　激活

一、问题的提出

乡村教师是发展更加公平、更有质量乡村教育的基础支撑，是推进乡村振兴、建设社会主义现代化强国、实现中华民族伟大复兴的重要力量。[①] 专业发展是乡村教师投身乡村教育的关键，直接影响着乡村教育质量，进而影响着乡村学生的茁壮成

① 教育部等六部门关于加强新时代乡村教师队伍建设的意见（教师〔2020〕5号）[EB/OL].(2020-08-28)[2023-10-30].http://www.moe.gov.cn/srcsite/A10/s3735/202009/t20200903_484941.html?pc_hash=lxhuF3.

长。影响乡村教师专业发展的因素既包括外部支持，也包括内生动力，其中内生动力是根本。近年来，随着《关于全面深化新时代教师队伍建设改革的意见》《乡村教师支持计划（2015—2020 年）》等政策文件的制定与实施，乡村教师队伍的专业发展已逐渐成为教师队伍建设的重要议题。然而，当前乡村教师队伍仍面临职业理想缺失、职业认同感弱、专业发展能力不足以及职业幸福感低等内生动力不足的问题。为此，有必要对乡村教师专业发展内生动力的生成机制与培育路径进行深入探讨，以提升乡村教师的教学效能感，增强其职业幸福感和自豪感。

二、乡村教师专业发展内生动力的内涵与特征

（一）乡村教师专业发展

乡村教师专业发展指的是乡村教师基于对自身社会身份与职业价值的认同，以乡村学校和乡村社会为发展平台，在明确的专业发展目标导向下，主动地提升自身的教育教学水平和文化建设能力，从而实现专业性与公共性统一的过程。在这个过程中，决定乡村教师专业发展的根本性、关键性支撑力量在于乡村教师的专业自主发展意识和自觉行动。[①]

（二）乡村教师专业发展内生动力

乡村教师专业发展的内生动力指的是在教育教学实践过程中，乡村教师基于自身对乡村教育振兴的坚定信念、对乡村儿童的责任担当，以及对乡土社会的深厚情怀，产生的追求自主发展与专业自觉的内部驱动力。这种动力外显为实践反思与终身学习的持续生长的内部力量。[②]

三、乡村教师专业发展内生动力的生成剖析

本研究采用教育叙事研究法。教育叙事研究是一种质性的、实证性的研究，旨在

① 刘桂辉．乡村教师专业发展的两难困境与破解路径 [J]. 当代教育科学，2022(12):54-60.

② 姜丽娟，刘义兵．乡村教师专业发展内生动力的生成及培育 [J]. 教育研究与实验，2021(5):79-83.

探讨人类体验世界的方式。研究对象通过讲故事的方式，向我们展示其个人生活中的重要事件，而研究者则负责挖掘隐藏在经验事件背后的意义，通过解释学与现象学的分析，梳理、整合、理解经验的话语和意义并进行提炼总结。[①]我们从1000多篇乡村教师教育叙事中筛选出431篇优秀乡村教师教育叙事，进而筛选出175篇优秀的乡村教师专业成长教育叙事，对这些教育叙事文本进行反复阅读，找出其中蕴含的共同主题，并将某些多次出现并具有共同意义的词语或内容进行编码，进而导入质性研究软件Nvivo11中进行深入剖析。

（一）专业情怀

1. 积极扎根乡村教育

虽然乡村教师所处的生活环境、所用的教学设施等相对城市学校存在差距，但很多教师因各种原因，如儿时的梦想、毕业后的就业选择、转岗、支教等，带着所学回到乡村，投身乡村教育事业。在叙述中，我们常常能看到诸如“怀揣梦想”“抱着乡村教育憧憬”“满怀热忱”等描述，这体现了教师们对乡村教育的深厚热爱，以及他们扎根乡村教育的勇气、决心和热情。这种情感是自发的、自然的，它转化为教师们内心深处对乡村教育的责任感和使命感，成为他们致力于乡村教育事业的动力源泉。

有教师叙述道：“我从大学选择学前教育专业时就清楚知道城镇教育资源与乡村教育资源差距过于巨大，孩子们各方面能力也差异巨大，且行业中专业人才极度匮乏，但我从那时起就下定决心，要投入基层学前教育事业，为改善这种教育资源不均衡的局面贡献出一份自己的力量。”

“从乡村出生、长大，再扎根乡村工作五年的我，骨子里对乡村有着特殊的情感，是爱是愁是牵挂……随着时光年轮的增长，这种情感越发值得回味，因为这是时间积淀的智慧，是情谊生发的力量，是经历促成的成长。”

“选择留在这里，也许是因为这里早已像我的家乡一样亲切了，也许是这里的风土人情让我倍感温暖，也许是人在成长的过程中学会了接受和自我调适，经过时间的沉淀，感觉此心安处便是吾乡。”

① 贾萌萌等．父母责任的代际传承：家庭教育百年回眸——基于50个中国家庭的教育叙事研究，教育学术月刊，2018(07):46-54.

2. 主动适应乡村教育

面对学校办学条件欠佳、学生学习基础薄弱、家校社合作中的家庭教育缺位等诸多乡村教育现实问题，教师们并不悲观、不退缩、不逃避。他们在身份上主动转变，积极适应乡村教育的环境；在空间上主动接纳，将乡村社会作为教育教学的重要场所；在教育上主动作为，积极寻求解决乡村教育问题的方法和策略；在生活上主动融入，与乡村社区建立良好的互动关系。

有教师叙述道："过去在家里或者在学校里，洗衣服都是用自来水，很方便。没想到现在洗衣服只能依赖于学校旁边的一口老井。我起初有些胆怯，怕自己力气不够，没把水打上来，反而会被木头摇手打下水。后来，慢慢地，我一边观察，一边请教，也能打上来一小桶小桶的水了。"

"在这样艰苦的工作环境中，我依然努力认真完成学校安排的各项任务，对于自己的教学工作，更不敢有一丝懈怠，在这几年中身体被工作环境折腾坏了，从此胃病便常常伴随着我。"

"那段日子其实很苦。交通不便，通信几乎就没有，连最需要的教学书本与教材，都要通过骡马运输。不仅如此，连基本的午饭都无法解决。泡面是经常的午饭，清水面也离不了……我和孩子们一起学习，一起课间游玩，我用知识的纽带，引领他们稚嫩的眼神，穿越成长的殿堂。"

（二）专业能力

专业能力是乡村教师专业发展内生动力的重要条件。乡村教育需要教师转变角色，既要传承全面育人，也要有服务地方经济社会的角色意识和素质能力。

1. 自我主动学习

乡村教师除了具备一般的学科知识、教学知识、学科教学知识等，还应当具备对乡土环境的独特认识，包括对乡土社会的独特认知和能够赋予乡村教育教学独特意义的专业智慧。在工作之余，教师们通过阅读相关书籍、学习网络资料、向经验丰富的教师请教、参加教研培训等方式，不断丰富自己的教育教学知识，并不断提高自身的教育教学能力和素养。

有教师叙述道："我仿佛又回到了学生时代，站在教师的高度，以学生般的谦逊态度，听录音，看教材，求老师，问同行，真是苦也、累也！但苦中有收获。通过主动学习，我意识到到教师是专业技术人员，只有专注自己的技术能力的提高才能在行业中站稳脚跟，才能成为有特长的专业人才，才能体现自身的价值。”

“我本来是抱着完成任务的心态去听网课，结果听完一课，我就被授课教师优秀的课堂设计、标准的发音和高超的教学组织能力折服。以后我每次听课都拿出课本认真边听边做笔记。有时候听完一遍，我还要听第二遍。谢谢继续教育网上这些优秀的教师们，你们就像一盏盏明灯，为我照亮了前行的路。”

2. 同伴互助互学

道尔顿与莫伊尔将“同伴互助互学”定义为一种专业发展手段，他们认为这是一个过程，在这个过程中，教师们分享知识、相互提供支持，为提高技能、学习新知识、解决实践问题而互相帮助，并给出反馈意见。同伴互助互学既能为乡村教师的成长提供专业支持，也能提供合作、关怀等社会性支持，有助于乡村教师的成长。在这种互助互学的环境中，教师可能会得到学校领导的指导，受到勤勉的老教师们的激励，或者得到名师的专业引领。这些支持和帮助都对乡村教师的专业发展起着重要的作用。

有教师叙述道：“这里的教师们把教书当成了事业在用心地做，认真、负责是每一个人的标签，无形的压力扑面而来，我们每个教师都感觉到有一双无形的手在推动自己也努力去学习、去工作，怕出不了成绩，无法适应，无法教好书，无法去面对学生、家长、领导和社会。有时在这里一天的工作量相当于以前山区学校一周的工作量，一天工作下来累得要死，当回到家里面对家人时话都不想多说一句，但在老教师们潜移默化的影响下，这种苦我也欣然接受。”

“没有任何小学教学经验的我与一群没有一点入学前准备的孩子撞到一起，再加上好几个孩子第一次上学哭鼻子、找家长，一个星期下来，我的热情被击垮了一半。伤心绝望之余，我找到老校长诉说我的情况，他一边安慰我，一边了解我的情况，一边给我支招。似乎他交给我的方法很管用，明显可以看到孩子们的学习效果了，我又有了点信心。当遇到拿捏不准的问题时，我会主动找他探讨，渐渐地我适应了一年级的教学工作，掌握了一些好的方法。”

3. 创新教学模式

在日新月异的教育浪潮中，乡村教师已经明显意识到自身在知识、技能等方面存在不足。他们不再局限于传统的教育观和育人观，而是通过自我探索、参加培训、外出参观学习等多种方式，不断提高和完善自己的教育教学模式。例如，在“摇号课堂”上，学生可以通过摇号的方式上台当老师，每节课留出几分钟时间点评老师的优缺点，从而增强学生的参与感和教师的自我反思。在“迷人的数学课堂”上，数学学习变成了一个个生动的故事，让学生逐渐消除了对数学的偏见，让数学变得更加可爱和迷人。在“发光的语文课堂”上，学生围绕“驱动任务”展开阅读，全班同学共同阅读一本书，并在整个阅读过程中完成阅读计划和任务，从而让“苦读”变成“悦读”。

4. 提升教研科研能力

尽管近年来各级教育行政部门给予了乡村学校教研科研政策倾斜和全力指导，但乡村教师的科研能力仍然相对薄弱，缺乏真正的内驱力。然而，也有不少教师通过申请课题、参与课题研究等方式，不断提升自己的科研能力，并取得了丰硕的成果。如有老师叙述道：“可喜的是，这些年乡村小学的教育科研也得到了很大发展，总有一些人愿意做开拓者和点灯人，他们怀揣梦想走进校园，愿意在这片热土奉献自己的青春与智慧。教师做教科研课题也有了科学的教师评价办法和励激励措施，积极性显著提高。”还有教师叙述道，通过积极借助课题研究，几年来在教育科研路上不断探索，他们课题组成员的理论水平得到了很大的提升，教学实践能力也得到了促进。教师们都迅速成长，有成为校级干部的，有成为学校中层干部的。她自己的多篇论文获得自贡市一等奖，自己也被评为自贡市学科骨干教师、自流井区名教师，学科教学成绩几年来也名列全区前茅。

（三）职业幸福感

教师能否从职业中获得幸福感，将深刻影响他们的人生质量和学生的健康成长。只有幸福的教师，才能培养出幸福的学生。对于乡村教师而言，职业幸福体现在他们“在乡村从教”“为乡村而教”的过程中，能够施展专业才能、追求专业发展、实现职业理想，并感受到一种指向乡村教育生活的幸福体验。

有教师叙述道：“在乡村，有太多的孩子，需要教师的爱心去呵护，才能给他们一个幸福、快乐的童年。八年工作中，这样的故事还有许多。我坚信，只有无私地奉献爱，处处播洒爱，我们的学生才会在爱的激励下不断进取，成长为撑起祖国一片蓝天的栋梁。”

“现在的我已成为学前教育事业的奋斗者，却也更加乐在其中，每一个孩子都是一片未经开垦的沃土，我们的心血就像是用来开垦这些土地的锄头，用言传身教告诉他们，何为对，何为错，并教导他们成为一个正直的人。看着他们一步步从惹事生非的‘熊孩子’，到尊老爱幼、阳光向上的优秀学生，这其中的快乐难以言表。”

“在自己的努力和别人的帮助下，我从一名无知的‘小白’教师转变为一名不断进步、不断向优秀教师靠近的‘发展中’教师。我变得更加自信，更加明确自己前进的方向，更加努力地工作和学习，更热爱我的每一位学生。”

四、乡村教师专业发展内生动力的激活路径

探求乡村教师专业发展内生动力生成的有效路径，有助于推进乡村教师队伍建设。可从政策层面、个人层面、文化层面等方面来探讨培育乡村教师专业发展内生动力的有效路径。

（一）政策层面：完善保障条件

一是推进制度改革。持续推进乡村特岗教师计划、公费师范生政策和城乡教师流动制度等，提升乡村义务教育师资的人事管理权，并对教师编制和职称评聘向条件艰苦的民族地区和边远地区乡村予以倾斜。

二是提升教师待遇。围绕乡村教师薪资待遇、生活补助、职称晋升、荣誉奖励等制度，构建全面的乡村教师保障机制，激发乡村教师“下得去、留得住、教得好”，使其致力于乡村教育事业，安心从教。

三是实施评价改革。构建与城市区别且符合农村教育实际的综合性评价体系，关注乡村教师多主体协同参与、个人反思；强调教师创新性行为；注重师生教学相长等方面。

（二）个人层面：持续自我提升

一是不忘初心，秉持教育信仰。正如俞敏洪所言：“面对教育，我们的态度是要

将教育视为一种信仰。”乡村教师在职业生涯初期所拥有的教育热情是教育信仰形成的基础。在专业发展过程中，乡村教师应秉持初心，始终保持对乡村教育的热爱，将推动乡村学生健康成长视为自己的责任和使命。在日常教育教学活动中，从学生的喜悦变化中寻求满足与快乐，使乡村教师不纠结于得失的权衡，不挣扎于去留、进退的发展困境，始终保持发展的信念与信心。

二是立足实际，积极自我发展。乡村教师应具备自我发展意识，根据现实条件和自身发展需求，确立明确的发展目标，并制定中长期专业发展规划，充分发挥自身在专业发展中的主体作用和主体责任。不断丰富知识结构，乡村教师应加强对国家政策文件、课标、教育教学理论专著的研究，通过自主学习、在职培训、教学实践等途径提升自身的理论素养。提高教育教学实践能力，乡村教师应努力改变传统的讲授式教学方式，探索适应农村学生的灵活实践模式。在日常教学活动中，积极进行教学总结与反思，参加教研活动与比赛，观看网络创新教学模式等，多途径提升自身实际教学能力。

（三）文化层面：挖掘乡土文化资源

一是发掘乡土文化的独特价值。乡土资源为乡村教师的专业发展提供了独特的平台。乡村独特的自然景观、丰富的生态资源、风土人情以及传统技艺等乡土文化，都是乡村教育的重要组成部分。我们应当帮助乡村教师发现并理解这些文化价值的内涵及其在当代的意义。

二是重构乡村教师的文化环境。文化环境是推动乡村教师专业发展的关键因素。乡村教师不仅肩负着启迪乡村学生智慧的神圣使命，还是在乡村振兴中传播现代文明、传承先进文化、阻止贫困代际传递的主力军。然而，当前许多乡村教师属于“候鸟型”，他们在乡村和城市之间流动。因此，我们需要帮助这些教师实现从“局外人”向“局内人”的转变，构建适合乡村教师专业发展的文化环境，重塑他们的归属感，改变他们对乡村环境的固定认知，以增强他们的文化认同。

农村小规模学校自主发展策略研究[①]

——基于资源依赖理论和实践经验的视角

四川省教育科学研究院　卢同庆

华中师范大学　范先佐

摘要：我国农村小规模学校承担着为农村地区弱势儿童提供教育的重要职责，但资源短缺问题严重制约了其发展。结合农村小规模学校自主发展的实践经验，并运用资源依赖理论，可以从理论和实践的角度分析并提炼出以拓展资源为核心的三条自主发展策略：重新审视组织的外部环境，积极寻求社会资源的支持；注重内生性发展，提高学校自身的资源创造力；通过建立联盟的方式实现资源共享，提升获取资源的能力。基于农村小规模学校自主发展的实践经验，政府在给予鼓励的同时，还应提供相应的政策支持，以进一步推动农村小规模学校的持续发展。

关键词：农村小规模学校　自主发展策略　资源依赖理论　实践经验

一、农村小规模学校的资源短缺困境

随着出生人数的降低与城镇化的快速推进，我国农村地区学龄儿童不断减少，一些农村学校规模越来越小，不少农村学校变成了小规模学校。这些小规模学校承担了为农村地区弱势儿童提供教育的重任，在普及义务教育、实现就近入学、进行小班化教学探索、传承与发扬农村文明等方面发挥着重要的作用。[②]然而在现实中，农村小

① 该文发表于2016年第6期《湖南师范大学教育科学学报》，并被2017年第5期人大报刊复印资料《中小学学校管理》转载。

② 刘胡权主编．底部攻坚：农村小规模学校的振兴[M]．北京：北京理工大学出版社，2015:1.

规模学校因学生人数少，在以生均为标准的资源分配过程中处于明显的劣势地位，再加上一些地区对农村小规模学校的价值存在认识上的分歧，致使许多农村小规模学校长期处于存留的边缘而较少得到相关部门政策上的倾斜，使得农村小规模学校在发展过程中面临着严重的资源短缺困境，具体主要表现在以下 3 个方面：

第一，办学条件欠佳。21 世纪教育研究院开展的“百所村小”调查结果表明,12.8% 的被调查小学建于 1949 至 1976 年间，17.9% 的小学建于 1977 至 1990 年间，32.1% 的小学建于 1990 至 2000 年间，而仅有 37.2% 的小学建于 2000 年以后。调查结果还显示,22% 的小学教学楼存在安全隐患，其中 6% 的小学教学楼甚至被认定为危房。此外，在被调查的学校中，48.8% 的小学没有运动场，31.7% 的小学没有篮球架和乒乓球台，43.9% 的小学缺少投影仪等设备。①

第二，师资短缺。首先，师资短缺表现为教师数量不足。调查显示，在农村小规模学校中，代课教师的比例高达 23%，远高于非小规模学校的 3.4%。其次，整体学历层次偏低也是师资短缺的一个重要方面。数据显示，在农村小规模学校中，拥有高中（中专）及以下学历的教师所占比例达到 50.9%，这一比例远高于非小规模学校的 8.2%。此外，师资短缺还表现为教师老龄化严重，教师队伍年龄结构不合理。调查结果表明，农村小规模学校中 30 岁以下的年轻教师仅占 7.5%，而 75% 的教师年龄超过 40 岁，50 岁以上的老年教师所占比例高达 35.4%。②

第三，课程开设不全。根据对有关学校的调研，农村小学中，除了语文和数学课程 100% 开设外，其余课程均存在开设不全的问题。具体来说，品德、美术、音乐 3 门课程的开设率为 70.8%，而英语、科学、体育、综合实践活动、信息技术、地方课程的开设率分别仅为 60.4%、56.3%、52.1%、29.2%、29.2%、25%。③ 尽管有些学校开设了这些课程，但由于缺乏专业教师，多数课程由主课教师兼任，教学质量堪忧。

资源短缺制约了农村小规模学校的发展，但农村小规模学校作为农村教育的重要组织形式，对我国现代农村义务教育的普及和均衡发展起着至关重要的作用。近年来，为解决农村小规模学校资源短缺问题，国家加大了支持力度，如出台政策对不

① 刘胡权主编．底部攻坚：农村小规模学校的振兴 [M]. 北京：北京理工大学出版社，2015:44.

② 王路芳，沈文琴等．农村小规模学校生存现状与发展策略研究——基于全国 20 省区农村小规模学校的调研 [J]. 教育导刊，2014(3):13–16.

③ 本刊编辑．农村小规模学校联盟赞 [J]. 中国农村教育，2015(12):34–35.

足100名学生的学校按100人计算拨付经费等，这在一定程度上缓解了农村小规模学校的发展困境。然而，由于国家政策具有整体性和统一性，政策制定与实施需要一定时间，农村小规模学校的资源短缺问题往往难以通过统一政策部署及时有效解决。因此，一些农村小规模学校改变了以往“等、靠、要”被动对待政府资源的模式，发挥主观能动性，通过多种方式拓展资源。例如，积极引进社区和教育公益组织资源、开展复式教学、开发乡土课程资源、实行教师“联校走教”等，这些举措极大地推动了农村小规模学校的发展。结合农村小规模学校自主发展的实践经验，本文从理论与实践的角度，运用资源依赖理论，分析并提炼以拓展资源为核心的自主发展策略，进而提出促进农村小规模学校自主发展的政策建议，以推动农村小规模学校的进一步发展。

二、农村小规模学校自主发展的三大策略

（一）积极利用社会资源

资源依赖理论（Resource Dependence Theory）是组织理论的重要流派之一，萌芽于20世纪40年代，并在70年代后被广泛应用于组织关系的研究中。该理论从组织外部开放系统的角度出发，探讨了组织与环境之间的选择与适应问题。其基本假设是，生存是组织最为关心的问题，为了生存，组织必须获取所需的资源。然而，通常情况下，没有任何组织能够完全自给自足地获取所有必需的资源，即大量对组织生存和发展至关重要的资源存在于组织的外部环境中。[①]因此，在一个开放的系统中，组织为了获得生存和发展所需要的资源，如人员、资金、社会合法性、顾客，以及技术和物资投入等，就必须同环境中的其他组织进行互动，从外部环境中引进、吸收、转换各种资源。于是，在此过程中形成了组织对其他组织的依赖关系。[②]资源依赖理论为农村小规模学校的自主发展提供了重要理论启示。农村小规模学校应意识到，其发展离不开资源的支持，而这些资源不仅仅来自各级政府，还可以来自组织环境中的其他组织，如社区和教育公益组织等。因此，积极利用社会资源成为农村小规模学校自

① [美]杰弗里·菲佛，杰勒尔德·R.萨兰基克.组织的外部控制——对组织资源依赖的分析[M].闫蕊，译.北京：东方出版社，2006:23.

② 马迎贤.资源依赖理论的发展和贡献评析[J].甘肃社会科学，2005(1):116−130.

主发展的重要策略之一。具体而言有以下两点：

第一，社区是农村小规模学校自主发展可以充分利用的重要社会资源。由于农村小规模学校位于社区之中，这种地缘关系为农村小规模学校向社区寻求资源支持提供了便利。同时，农村小规模学校的发展与农村社区家庭的子女教育利益密切相关，社区也有意愿支持农村小规模学校的发展。因此，农村小规模学校应积极与社区合作，实行开放办学，吸引社区力量参与学校建设。福建省龙岩市连城县宣和乡培田村小学在此方面进行了积极探索。2013 年 5 月，在 21 世纪教育研究院的支持下，培田村小学开始试点“公办民助”办学模式。“公办”指政府是培田村小学的办学主体，“民助”则指民间组织对培田村小学的资助。具体而言，培田村作为小学所在社区，对办学提供了以下资源支持：①资金支持。村教育促进会出资为学校教师提供岗位津贴。②人员支持。为迎接村小学恢复完小建制，全村出动 200 多名义务工帮助清理校园环境，为学校活动提供人员支持。③管理支持。培田村小学设立校委会和校董会，校委会负责学校日常事务管理，由常务校长、副校长、教务主任、总务主任和大队辅导员组成；校董会则负责解决学校重大事务，监督校委会运作，由乡中心校长、21 世纪教育研究院代表、村书记和村委成员、村元老等共同组成。①“公办民助”的办学方式加深了培田村小学与社区的联系，在一定程度上解决了小学资源短缺的问题，促进了学校的发展。

第二，我国蓬勃发展的众多教育公益组织是农村小规模学校自主发展的另一重要社会资源。截至 2009 年，全国有 1.3 万个教育类社团和 9.3 万个教育类民间非营利组织，其中 74% 的教育公益组织主要针对农村儿童开展工作。② 教育公益组织的功能和主要工作领域包括进行公众倡导和公共政策影响、开发与提供多元教育资源、提供教师专业发展与技术支持、成立支教助学类志愿者组织、开办各类公益学校、成立社会化学习类组织等 ③。以北京感恩基金会开展的“一校一梦想”公益助学活动为例，该项目提供 3 万元以内的小额公益筹款，帮助农村学校解决具体问题，如“让山里的孩子洗个澡”“给宿舍和教室装窗帘”“孩子需要换一张床”“一张课桌一份爱”等。自 2015 年 6 月以来，该项目已为云南、四川、河北等地的 46 所村小实现了 48 个“梦

---

① 刘胡权主编．底部攻坚：农村小规模学校的振兴 [M]. 北京：北京理工大学出版社，2015:144.

② 杨东平主编．中国教育发展报告（2014）[M]. 北京：中国社会科学文献出版社，2014:11.

③ 杨东平主编．中国教育发展报告（2010）[M]. 北京：中国社会科学文献出版社，2010:134.

想”，受益学生达7300多名。面对教育公益组织提供的资源，一些农村小规模学校积极引入，促进自主发展。例如，贵州省遵义市正安县的农村小规模学校在教育公益组织的支持下，开展了阅读推广活动。通过这一活动，实现了84所村小及教学点班班有图书角，50所较大的村小建设了阅览室，30所村小建有开放书吧，并在学校开设了绘本课、吟诵课、主题阅读课、整本书阅读课等课程教学[①]。这些阅读资源的获得有效地调动了正安县农村小规模学校师生的积极性，改善了学校的教育生态，并提升了学生的学业水平。这正是农村小规模学校借助教育公益组织资源进行自主发展的一个成功案例。

（二）实行内生性发展

尽管资源依赖理论认为组织的生存与发展离不开外部环境，并且在获取资源的过程中，组织会在一定程度上受到外部环境的限制，然而，这并不意味着组织在资源依赖关系中是完全被动的。资源依赖理论的另一个核心观点是强调组织之间的依赖关系是可以调控的，即组织可以选择、参与和改变环境，通过降低组织对其他组织资源的依赖强度，提高组织生存与发展的稳定性。为了实现这一目标，资源依赖理论提出了一系列调控组织之间依赖关系的策略。这些策略大致可分为两大类：内部改革和外部改革。内部改革是指组织可以通过组织成长的方式，如通过内生性发展，加强组织内部资源的创造力，从而最大限度地实现组织所需资源的自我供给。这样可以降低对其他组织资源的依赖程度，并提高组织发展的稳定性。[②]农村小规模学校同样可以依据资源依赖理论，调控与其他组织间的依赖关系。其中一个可行的策略是突破“补短”式思维，进行内部改革，即通过内生性发展，提升学校自身的资源创造力，激发学校潜能，从而助推学校走出发展困境。在此过程中，开展并创新复式教学模式与加强教学资源开发是农村小规模学校实现内生性发展的两个有效途径。

第一，开展并创新复式教学模式。一般而言，复式教学是指同一教师在同一教室、同一课时内对两个及以上年级的学生进行教学，主要针对农村地区生源少、教师短缺、生源不稳定的情况。传统的复式教学模式为“动静搭配”模式，即在同一节课

① 杨东平．建设小而优、小而美的农村小规模学校 [J]. 人民教育，2016(2):36–38.

② 曲宏歌．从资源依赖理论视角探讨党执政能力的途径选择 [J]. 厦门特区党校学报，2012,(3):59–62.

内，直接教学与自动作业分别在两个或多个年级轮流交替进行。这就意味着，在同一时空中，教室呈现“一动一静”的状态。在此基础之上，一些农村小规模学校在实施复式教学的过程中积极探索与改进复式教学模式。如甘肃省临洮县采用了“垂直互动”模式。这种模式通过整合教学资源，打破了年级与学科间的界限，并运用了参与式的教学方法。相比于传统的“动静搭配”模式，它克服了以教师为中心、学生被动接受等缺点，转而建立了以学生为中心的探索型、合作型学习模式。这种新模式极大地激发了学生的学习兴趣，提高了学生学习的积极性和主动性。同样，针对“动静搭配”模式中存在的年级割裂和声浪干扰等问题，甘肃省渭源县和康乐县借鉴并推广了“同动同静”模式。在这种模式下，两个或两个以上年级的学生在教师的合理调控下同时进行直接教学和间接教学。这种教学方式融合了“静动结合、静中有动、动中有静”的特点，并强调了年级间的互动性。① “垂直互动”和“同动同静”这两种改进型的复式教学模式是对传统“动静搭配”模式的创新与提升，它们通过对教学方式的改进，不仅解决了农村小规模学校师资短缺的问题，还极大地提高了农村小规模学校的教学质量。因此，它们被视为农村小规模学校实现内生性发展的典范。

第二，就地取材并加强教学资源开发。农村小规模学校常常面临教学资源匮乏的问题，例如缺乏体育器材、教学用具和多媒体设施。然而，农村地区拥有丰富的生态资源、文化资源、历史资源和产业资源。农村小规模学校应该思考如何将这些地方资源与教学内容相结合，形成独特的教学资源。在这个方面，一些农村小规模学校已经取得了成功的经验。例如浙江省温州市永嘉县的石公田小学，这是一所只有 28 名学生的农村学校，学校遵循陶行知先生的“教学做合一”理论，开设了“山水田园课程”。他们就地取材，将山、水、石头、植物、动物以及社区和环境都转化为教学资源。学生学习内容包括稻草的用途、雨水对土壤的侵蚀、油菜与豌豆的种植，以及清明饼的制作等②。吉林省白山市抚松县的兴参小学也是一例。该校将地方课程与综合实践课程进行了校本化整合，以“生活实践活动日”为载体，优化课程资源。例如，老师每周带学生去一次储蓄所学习如何计算利息，带学生去河边测试河水的污染情况并撰写调研报告，利用社区资源学习中药材种植，带上画笔去大自然中寻找春天和秋天

① 孙冬梅，曾涛等．复式教学“同动同静”新模式探析 [J]. 天津师范大学学报（基础教育版），2010(1):33−35.

② 杨东平．建设小而优、小而美的农村小规模学校 [J]. 人民教育，2016,(2):36−38.

等。[①] 石公田小学和兴参小学将地方资源与教学活动相结合的做法，不仅在一定程度上弥补了农村小规模学校教学资源的不足，也提高了学生的实践能力，激发了学生的学习兴趣，使两所小学摆脱了薄弱状态，这一做法值得其他农村小规模学校学习和借鉴。

（三）组建小规模学校联盟

根据资源依赖理论，组织除了进行内部改革之外，还可以通过外部改革的方式来调控与其他组织的依赖关系。具体而言，外部改革指的是组织可以通过建立联盟、交叉董事会等方式，或者借助法律和政治行动等途径来改变组织环境。其中，联盟是一种非常重要而有效的方式。联盟使得两个或多个组织为了共同目标，通过合约协调、共享知识或资源来进行合作。[②] 这种联盟的形式可以将组织与其他同类组织的关系由竞争变为合作，从而使得联盟中所有组织的资源可以直接共享，实现最大限度的资源利用。这样一来，组织对其他外部组织的依赖性就会降低。另一方面，借助联盟的平台，组织可以扩大自身的规模，提高知名度，拓宽与其他组织的沟通渠道[③]，从而增强在获取资源方面的竞争力，这有助于提升组织在依赖关系中的地位，利于组织的长期发展。因此，依照资源依赖理论，组建小规模学校联盟是农村小规模学校进行自主发展可供选择的又一重要策略，并且一些农村小规模学校已经通过联盟取得了良好的发展效果。

第一，“联校走教”模式是农村小规模学校联盟的一种有效形式，能够实现农村小规模学校之间最大限度的资源共享。所谓“联校”，就是打破学校之间的界限，以一所完全小学为主体，联合附近的初小(初级小学，一般指一至四年级)和教学点，共同组成一个“教学联合体”。这种联合体实现了人事统一调配、财务统一管理、教学统一协调，让区域内的孩子们共享教育资源。而“走教”则是指在教师资源调配上，教师可以到各个学校上课，以满足学生就近入学的需求。甘肃省泾川县党原乡针对农村小规模学校教师结构性短缺问题，通过实践探索出了“一走三联四保障”的“联校走

---

① 刘胡权主编．底部攻坚：农村小规模学校的振兴 [M]. 北京：北京理工大学出版社，2015:122.

② [美]W. 理查德·斯科特，杰拉尔德·F. 戴维斯．组织理论：理性、自然与开放系统的视角 [M]. 高俊山译．北京：中国人民大学出版社，2011:270.

③ 费显政．资源依赖学派之组织与环境关系理论评介 [J]. 武汉大学学报（哲学社会科学版），2005(4):451−455.

教”发展模式。具体而言，“一走”是指以开展走教活动为载体，实现资源共享、团队协作、管理一体的均衡发展目标。“三联”则是组建发展联合体，依托中心校实施“联管、联教、联动”片区一体化管理模式。其中，“联管”注重管理同步、示范引领、共同提高；“联教”则强调教师共用、定向帮扶、以强带弱；“联动”则是活动同体、培训同题、快乐共享。“四保障”则是修订完善管理制度，有效落实组织保障、机制保障、经费保障、制度保障，形成联校走教工作的运行管理机制。根据地域分布和学校办学水平，泾川县党原乡在辖区内组建了两个发展共同体，通过“联校走教”模式，使这些小规模学校补充了基本的语数双科教师，并在这些学校里基本开齐了音、体、美、英和信息等师资短缺课程，使农村小规模学校一样实现了规范办学①。

第二，通过参与联盟，农村小规模学校可以提高知名度，并拓宽与环境沟通的渠道。四川省广元市利州区的“微型学校发展联盟”就是一个成功的例子。为了缓解资源短缺的问题，利州区的范家小学、石龙小学等 14 所小规模学校共同组成了“微型学校发展联盟”。在成立之初，该“微型学校发展联盟”就制订了“管理互通、研训联动、质量共进、文化共建、项目合作、资源共享”6 大行动准则。自成立以来，联盟抱团发展的模式受到了包括《人民日报》在内的众多媒体的关注与报道，极大地提高了“微型学校发展联盟”在全国范围内的知名度，并为“微型学校发展联盟”内的小规模学校与外界沟通搭建了良好的平台。通过“微型学校发展联盟”的积极联系，这些学校获得了来自企业、学界和政府方面的更多资源支持。例如，广元市名仕达制衣厂和同鑫电子工程有限公司分别捐赠了 68 套校服和 10000 元资金用于支持“微型学校发展联盟”的发展。北京理工大学教授、博士生导师、21 世纪教育研究院院长杨东平也专门到利州区对“微型学校发展联盟”的发展进行调研指导。同时，区政府也为“微型学校发展联盟”的暑假农村体育艺术兼职教师孵化计划提供了资金和人力支持②。此外，通过与 21 世纪教育研究院建立的良好关系，“微型学校发展联盟”成功为利州区争取到了成为“第一届中国农村小规模学校联盟年会”主办地的机会。这次年会的承办让更多的专家学者、教育公益组织、企业和媒体对“微型学校发展联盟”有了更深

① 冲碑忠 . 甘肃泾川“联校走教”破解农村师资短缺困局——“小智慧”盘活均衡“大棋盘”[N]. 中国教育报，2015-5-12(7).

② 张海娟 . 利州区 14 所小微学校的“抱团发展”之路 [EB/OL]. 中国教育人才网 .(2015-06-24)[2016-4-28].http://www.jiaoshi.com.cn/display/artide_1_213246.html.

入的了解和认识，为今后争取更多更好的外部资源打下了坚实的基础。

三、促进农村小规模学校自主发展的政策建议

农村小规模学校的发展质量直接关系到农村地区弱势儿童能否公平接受教育。因此，开展“底部攻坚”活动，改造和提升农村小规模学校，建设“小而优”“小而美”的学校，有助于为农村地区的弱势儿童提供更优质的教育资源，避免“阶层固化”。根据农村小规模学校自主发展的实践，政府在给予鼓励的同时，应提供政策支持，进一步推动农村小规模学校的发展。

第一，利用校长培训提高农村小规模学校校长自主发展的意识和能力。目前我国已经建立了国家级、省级、市级和县级4级校长培训体系，并开展了各种特色校长培训活动。以“校长国培计划”为例，该计划开设了“边远贫困地区农村校长助力工程”“卓越校长领航工程”“培训者专业能力提升工程”等培训项目。因此，我们可以利用校长培训这个良好的载体来提高农村小规模学校校长自主发展的意识和能力。深入系统的理论学习和对农村小规模学校自主发展的成功经验的分享，可以有效改变校长们以往被动发展的思维模式，增强他们工作的责任感和使命感。同时，这样的培训也能提高校长们在自主发展过程中所需的战略选择、信息搜集、沟通谈判、团队协作、资源整合等方面的能力。

第二，政府应为农村小规模学校的自主发展提供多种政策支持。首先，可以通过评选“最美农村小规模学校”和“最美农村校长”等方式，在全国范围内表彰自主发展方面取得突出成绩的农村小规模学校和校长。这样不仅能宣传他们的先进事迹，给予他们一定的精神和物质奖励，还能激励其他农村小规模学校和校长调动工作积极性，克服职业倦怠感。其次，政府应为农村小规模学校的自主发展提供必要的智力支持。在这方面，应发挥高校等科研机构的智库作用。政府可以通过加强科研立项等途径，鼓励并资助学界对农村小规模学校的自主发展问题进行深入研究。这一方面有助于学者们结合相关理论对农村小规模学校的自主发展进行指导，另一方面便于总结农村小规模学校自主发展的经验和问题，为政府决策提供参考。

第三，采取多种措施培育并丰富农村小规模学校所需的社会资源。对于社区资源，政府应加强对农村社区的基层治理，规范村民委员会的职能，提高村干部的素质和能力，培养村民的自我治理能力，为农村小规模学校与社区合作提供良好的基础条

件。对于公益组织资源，政府应加大对它们的扶持和监督力度。一方面，政府应完善公益组织的准入制度，调整税收制度，使它们能够享受更合理的税收优惠；另一方面，政府应加强对公益组织的监管，建立问责制度，确保它们的健康发展。对于农村小规模学校组建联盟的活动，基层教育机构应发挥领导和组织优势，为联盟的成立搭建沟通与交流的平台，并提供必要的政策支持。

对乡村教育振兴的认识

——从四川乡村温馨学校建设说起

四川省教育学会　李小融[①]

2020 年，四川省教育学会（下简称“学会”）第四届理事会确定了四个重大课题，第一个就是乡村教育。对于这一课题，三年间学会进行了大量的调研活动，笔者在参与过程中不断思考，有意识地去关注、观察一些学校，参考一些专家的研究成果，并结合国家政策文件，形成了个人的一些想法。笔者认为振兴乡村教育仅靠情怀是不够的，一定要有理性的思考并走正确的道路。做人做事首先要确定的是方向。如果方向走偏了，行动越具体、越努力，就离目的地越远。所以说理性的探索是必要的，理论与一线实践需要很好地结合。

认识乡村教育振兴的基本前提是 2020 年形成的《广元共识》[②]，它是志同道合者智慧的集合，展示了乡村教育工作者的责任情怀，是一种行动的召唤，在这样的逻辑延伸和温馨学校建设的旗帜下也生成了一些成果。此外，由农村教育分会的专家和四川省教育科学研究院共同编写的《绵竹指南》[③]，是《广元共识》的深化和发展，它是十四个“四川乡村温馨学校”实践案例的经验总结，是一种理性探索和未来导向，能够指导乡村教育振兴在逻辑体系里实现理论与实践的结合。

① 作者系四川省教育学会学术委员会主任、成都师范学院二级教授，本文整理自作者在 2023 年 3 月四川省农村教育学术研讨暨乡村温馨学校建设成果展示活动上所作主旨报告。

② 指 2020 年 11 月四川省教育学会农村教育分会学术年会上发布的《四川省乡村温馨学校建设广元共识》，该共识首次提出了“乡村温馨学校建设”的主张。

③ 指 2023 年 3 月在四川省农村教育学术研讨暨乡村温馨学校建设成果展示活动上发布的《乡村温馨学校建设指南》。

一、中外现代乡村教育改革历程的回顾及启示

（一）1919 年以来我国现代乡村教育改革的努力

我国的乡村教育改革历程可以追溯到中国传统教育的发展脉络，包括以往的私塾和乡村教育，还可以延展至中外教育之间的比较等，其中有很多引人深思的启示。历史发展到今天不是一日之功，而是几千年人类文明的结果，所以我们不能轻易地抛弃过去。探寻未来必须有不可缺少的逻辑起点，那就是尊重过去、历史和传统。

1. 陶行知的理论与实践

陶行知是美国教育学家杜威的学生，杜威提倡实用主义，而陶行知提倡“生活即教育”“教学做合一”，他对杜威的教育思想进行了中国式的改造且相当成功。1919 年到 1921 年，杜威到中国讲学并提倡普及教育，这对跟随杜威讲学三年的陶行知而言，影响颇深。陶行知拥有强烈的社会责任感，对改造中国社会和发挥乡村教育的作用有着深刻的认识，他发现所谓的正规教育理念和乡村教育理念有极大的冲突，并在《中国乡村教育之根本改造》一文中指出：“中国乡村教育走错了路！他教人离开乡下往城里跑，他教人吃饭不种稻，穿衣不种棉，做房子不造林；他教人羡慕奢华，看不起务农；他教人分利不生利，他教农夫子弟变成书呆子……”

他还看到现代学校会造成的问题——现代学校教育变成了个人晋升社会阶层的途径，复制了社会等级并强加于人，傲慢地藐视体力劳动，教育内容和教育方式远离乡村的社会情境与需求。他认为这是西方现代学校教育体系的普遍问题，所以大呼“前面是万丈悬崖，同志们务须把马勒住，另找生路！”因此 1927 年，陶行知在南京创办了晓庄试验乡村师范，寻找立足乡村、适合乡村实际的生产生活的教育之路。陶行知以晓庄试验乡村师范为样本办乡村师范，培养教师，改造乡村教育，走中国式教育普及的道路。

陶行知反对蒋介石的独裁统治，参加大量的政治活动。尽管这些引起蒋介石政府对他的打压，晓庄试验乡村师范被迫解散，但是他的社会政治影响力一直都在，从晓庄试验乡村师范到上海山海工学团，再到合川育才学校，他创办的这些学校培养了部分党的干部，在中华人民共和国成立后乃至现在的教育战线上都在发挥作用，他的一些观点和做法今时今日仍有意义和参考价值。

2. 梁漱溟和晏阳初的教育改革实验

民国时期涌现出的一大批仁人志士认为教育特别是乡村教育是解救中国的唯一出路，其中包括梁漱溟、晏阳初等，他们掀起了乡村建设潮流，形成了声势浩大的社会改良运动，学术界一般称之为“乡村建设运动”。在山东邹平创办山东乡村建设研究院，以教育带动政治、文化领域，以教统政，设立邹平乡村建设实验区，通过教育把地方所有问题都包揽下来，地方政治也由学校负责。晏阳初主张乡村平民教育，开展“定县试验”，提倡教育建国、教育救国，他的理念因不符合中国实际而失败，但也被推广到其他国家如菲律宾、泰国、印度等继续实行。

新中国成立初期，乡村建设运动还在四川和重庆持续进行，通过建立乡建学院（地方上叫乡建学堂），为乡村培养教师。总之，这些教育先贤为乡村教育改革所做的努力不能被忽视，要感谢他们付出毕生精力所进行的探索和做出的贡献。

3. 革命战争时期和新中国成立后乡村教育的发展

毛泽东出生于乡村，受业于私塾，毕业于湖南第一师范学院，担任过第一师范附属小学主事（校长），因而形成了以批判乡村教育和私塾教育为主的思想体系，其中固然有强烈的时代色彩，且受中国式传统思想的影响，但毛泽东教育思想影响至今。特别是20世纪50年代后期提出的教育方针，即“应该使受教育者在德育、智育、体育几方面都得到发展，成为有社会主义觉悟的有文化的劳动者”，其中的关键词为今天教育方针的确立奠定了基础。他随后又提出“党的教育工作方针，是教育为无产阶级政治服务，教育与生产劳动相结合”，强调教育和政治的关系以及教育和劳动生产的关系，可以说它是当下中小学劳动教育政策的历史渊源。

革命战争时期，我党以动员乡村为出发点，在江西和陕西等革命根据地构建了立足乡村现实、有别于国民党统治区学校体系的乡村教育模式。新中国成立后前三十年“正规”教育的体制及内容都在毛泽东教育思想的指导下作出匡正，并经历了大规模整体性的教育革命，试图纠正现代学校教育以个人主义、智识主义、社会晋升为中心的弊病。

陶行知、晏阳初、梁漱溟甚至毛泽东的传统时代思想已经无法完全用于当下，因为现代社会有它自身的特质，所以乡村教育已然“今时不同往日”了。如今人类已经进入信息革命和社会变革的时代，发展和振兴乡村教育，办好人民满意的教育，应该在继承发扬先贤们的探索实践精神，学习和借鉴他们的教育思想和实践成果基础上，发展出适合新时代的教育思想和新的乡村教育样态与场景。当前的任务就是根据现行的政策方针、时代特征和人民需要，稳步地做好乡村教育，实施乡村振兴。

（二）世界各国乡村教育改革发展简要历程与启示

“他山之石，可以攻玉”，西方国家的乡村教育是怎样推行的？美国近百年的乡村教育最开始是由志愿者和宗教慈善人士提供资源支持，通过政府推动，逐渐普及。随后乡村学校也出现城市化整合与利益不均等的情况，通过系列措施逐步走向均衡化，到现在注重细节、注重课程、注重改革。亚非拉各国与发展中国家特别是非洲国家又是怎样来做乡村教育的？他们主要是在政府推动、国际支持下，提倡全民教育，通过政府立法与政策的制订、财政经费的支持、教师特殊的薪酬体系与支教政策的设置、课程的改革、非正规教育与社区融合发展等方式实现。

我国政府当前乡村教育的政策，很大程度上借鉴了世界各国乡村教育改革发展的做法，特别是在政策制定和政府支持方面，比如支教政策、教师的特殊薪酬体系、地方教育经费支持、家校社的融合发展乃至城乡一体化、注重教育均衡与细节等，都可以看到西方和其他国家乡村教育改革发展的影子。

二、当前乡村教育发展改革取得的重大成就和存在的问题

（一）重大成就

1. 大政方针

从中央到地方的系列举措来看，乡村教育振兴的整体思路没有变化，仍然是一以贯之的城乡一体化，为此国家出台了很多力度不可谓不大的乡村教育政策，比如乡村教师薪酬改革、支教与特岗制度等，还配套有专项的支出、独立的规划。同时党的二十大和全国人大、政协“两会”都强调教育的基础地位，及其对中国式现代化的关键意义，提出建立高质量的教育体系，坚持在五育并举、立德树人、公平均衡基础上办人民满意的优质教育。全国人大、政协“两会”上还提到教体融合，对未来乡村教育的振兴指导意义重大且深远。

2. 已经取得的成就

目前东部地区一些行之有效的乡村教育振兴范例，都是走城乡一体化的教育发展之路，成果有：

浙江的高质量城乡一体化乡村教育。浙江乡村的初中面向全国引进了不少优秀乡村教师，以此提高了全省的教育质量，使浙江乡村教育在全国处于领先的地位。

江苏省无锡市乡村教育的崛起。无锡走的是一条乡村教育回归式的道路，推动乡村学校和城市学校共同发展。不少乡村优质学校在很多方面都不亚于城镇的示范学校，无锡在此基础上号召学生和教师都回归乡村，使乡村的整个教育质量和师资配备能够和城市学校一较高下。

安徽省潜山县“博士村”① 的“逆水”模式。逆水村尽管很穷，但是教育质量非常高，完全可以和城市任何社区学校比较。它是通过振兴教育来振兴乡村的一种模式。

3. 四川省的经验

地市范围内的实践成果。比如广元全市乡村教育的变化，广元市的大部分山区条件艰苦，当地教育力量进行了艰难的探索，并大面积推广范家小学模式。笔者曾到广元市旺苍县考察了三所学校，它们的教育模式整体上相当成熟，在现代学校办学同质化非常严重的情况下，保持了一品一校的特色发展，以创新性的突破奠定了可持续发展的基础。

区县市级的努力成就。比如阆中市美丽乡村学校建设，绵竹市校地合作办学和乡村学校撤并后的寄宿制模式，蒲江县城乡一体化背景下的乡村田园与社区教育。

成功学校的案例。凉山彝族自治州金阳县天地坝镇包谷山村通过建设一村一幼的彝族幼教点，以学习普通话及语言习惯养成作为特色和重点的乡村教育“第一关”。四川省部分高校在省教育厅的统一安排下对一村一校的幼儿教师进行培训，当前初见成效，少数民族学生的整体面貌发生很大变化，也对乡村振兴及乡村社会面貌的改变起到了很大推动作用。泸州市纳溪区棉花坡镇大溪村小使用同步教学、同步教研、同步培训、同步会议的远程教育同步课堂系统发展乡村教育。

笔者认为最现代的教育技术和教育资源，应该投放到最薄弱最落后的地方去。改

---

① 指位于安徽省潜山县的逆水村。该村因培养出 20 余名博士生，被称为“博士村”。

造乡村学校，可着力推广使用同步系统，提高教学质量。

（二）存在的问题

1. 缺乏真正的仔细规划

乡村教育政策及财政投入力度很大但教育效果和质量不尽如人意。比如教师的留存仍存在大量问题，要在体制和机制上想办法，不能单纯靠财政投入。同时还要注意上一轮落后在规划方面的教训，即缺乏真正的仔细规划。现在出现的校舍空房问题，美国乡村实施公共教育时，校区随着城市人口的集中也曾大量荒废，台湾省的阿里山区周围的学校也是空房一片。中外都走过乡村教育盲目规划的道路。我国应从他们的乡村教育发展中吸取足够的教训。今天我们要汲取教训，规划一定要有科学性和前瞻性。

2. 难以阻挡的学生流失

撤并与寄宿制是一把双刃剑，有很大的好处，也存在着很多潜在的坏处。笔者认为推广寄宿制一定要慎重，尤其是在学前和小学阶段。解决留守儿童问题和乡村教育问题的关键不在于用教师代替家长，而在于借助中国传统文化道德和现代法律的手段。政府应为家长提供条件，使家长就业流动时能带上孩子。撤并到底该怎么办？偏远的地方，也许教学质量的重心已不在本地，但仍需要好好地权衡是否撤并，不要草率地做出决定。在乡村教育过程中遇到实际问题时，一定要以法为据、以理为据，不能完全用经济的观点来看待。

3. 师资的机遇与挑战同在

师资现状存在正反两方面的新特点，机遇和挑战同在。过去教师“进城”甚至要县区委常委集体讨论才能实现，现在进城问题已经缓和了。因为交通发展，乡村教师政策的倾斜，小班教学压力小，出现了教师不愿意调到城市的情况。这看起来是个机遇，但是挑战也正是在此，乡村教育的小班化模式，不是让教师去享福的，教育主管部门要扶持这种学校并强化管理，搞精品化、小班化的教学。据笔者所知人数最少的学校只有十二个学生，这个学校该怎么办？此时就可以推行精品化、小班化教学，把教师的潜力开发出来，把每个学生当作精品培养。这是完全有可能的，所以机遇和挑战同在。

对于家长和学生外流我们无法控制，但对留在乡村的每个学生都要负责，要不惜一切代价把学生稳住，用学校内生的力量把学生吸引回来。看起来教学质量好像下降了，但是如果实施新的评价方案，结果可能是蕴含生机的。办好人民满意的教育的理念内涵很丰富，人民满意的标准不是一个，而是多个。面对不同家庭的多样标准，乡村教育需要解决这些问题。

（三）乡村教育困境的“五化”现象

异化现象：即乡村学校片面追求升学率，教育“缺根少魂”，培养出的学生既不知家乡也不爱家乡，更不愿意建设家乡。教育管理机构要为乡村学校提供发展空间，指导他们大胆放开手脚，按照国家的政策方针、教育方针和教育规律办事，努力做好学校建设。

窄化现象：即由于应试导向，乡村学校对教育质量的追求仅局限于“向课堂45分钟要效率”，学生的学习内容仅限于书本知识，学习时空仅局限于封闭的课堂之内，脱离生产生活实践。

同化现象：即受到城镇化推进的影响，乡村学校的育人目标与办学模式趋同于城市学校，缺少乡村特色，在地方知识传播与文化传承方面的意识与能力薄弱。

退化现象：即因大规模撤点并校，乡村学校的办学空间越来越封闭，与当地社会的联系越来越弱，作为地方文化高地和文明旗帜的乡村学校都不在了，教育主动服务乡村社会的意识与功能自然就缺失了，又怎么说得上乡村振兴呢?

僵化现象：即由于常年得不到充足的人力资源供给，乡村学校多处于被动应对各种繁杂任务和各类上级检查的状态之中，缺少自主发展的空间与动能。同时，长期以来针对乡村学校实行的补短、外援、托管式扶持模式，导致乡村教育者缺少自我价值认同、文化自觉与教育自信，从而使乡村教育失去活力。

三、乡村教育振兴的大背景与主要影响因素

（一）乡村教育振兴的时代大背景

改革开放的前半篇，我国是通过大城市的集中，走城镇化道路带动整个国家的全面发展。在当前空前激烈的国际竞争背景下，党和国家适时地提出乡村振兴的

战略。乡村振兴的思路是通过乡村振兴来实现县域发展，通过县域发展来支撑国家在新形势新时代下的发展。教育振兴支撑乡村振兴，乡村振兴关系到整个县域的发展。和乡村振兴一样，乡村教育振兴也要一步一步地来，先集中精力占领县域振兴的高地，所以提出县城中学振兴的教育战略，打造县城教育的高地，发挥引领作用，同时通过家校社的合作来实现新型县域范围的城乡一体化，利用国家体制和文化传统优势，以振兴县域，支撑国家的进一步发展。

党的二十大报告中关于教育论述的内涵非常丰富，如“打造高质量教育体系，培养德智体美劳全面发展的一代新人”。它旨在打造两个“一大批”，即培养一大批高素质的人才、高素质的普通劳动者和一般的社会成员。高素质的人才包括科学家、政治家、军事家、艺术家、教育家、工程师，因为当今社会处于百年未有之大变局，为了民族的复兴需要这些卓越的人才，所以当前的强校战略、科创计划、优质师范学校建设、高校和中学之间的高精尖人才培养计划不能放松，还要艰苦奋斗，不断努力，更不能让学生走所谓“宽松教育”的路，国家比任何时候都需要这一大批人才。

除此之外，同样也需要另外“一大批”，甚至更为需要这一大批，即高素质的普通劳动者和一般的社会成员，这都是教育成功的体现。“一个也不能少，一个也不能差”，可以说教育正面临着从“百分比”到“每一个”的伟大历史性变革。当然它并非一日之功，我们正在完成这个伟大的变革，这才是带给教育人真正的压力。可以说乡村教育在培养两个“一大批”的任务上担负着更为重要的使命，发挥着奠定、提高整个民族的素质，改变国民性的基础性、重要性作用。

当前的乡村教育振兴也必须考虑扶贫工作完成后社会主义新农村建设的新特点。扶贫工作完成以后，乡村生活发生了深刻的变化，带有很强烈的现代化和城镇化的特点，农民和社区治理情况都发生了新的改变，乡村部分地区中国传统文化失落的进程比城镇还要快，所以新特点在新发展基础上都是社区式的。乡村教育振兴必须顺应新时代社会经济变革及文化变迁的历史潮流，服务于社会的进步，促进人的全面发展。

此外可以更加关注劳动和劳动教育，它是重要的基础点，是乡村教育的重中之重。其中集体教育是关键。集体教育既能够继承传统，又能解决现实问题，集中体现了传统教育与现代教育的精华，要更加重视。乡村学校离开了劳动和集体教育，乡村教育就没法彻底振兴。

（二）主要影响因素

第一，城乡一体化和快速发展的城镇化。要探讨乡村和城镇过去的二元化结构在新的时期是否会呈现不同的特色。一些专家批评乡村包括乡村教育的空洞化是人为的，是可以控制的。城镇化快速发展的一体化是个值得讨论的问题。

第二，人口变量是影响教育形势、教育发展的第一因素。人口减少了，学生也就减少了，人口变量对教育的影响不可小觑。所以政府部门进行教育规划时，对问题考虑得很严密，比如教师编制的数量不会因为地方的需要就盲目地增加，而是鼓励推行类似“两自一包”的岗位改革。要准备应对十年后人口变化可能导致的大量教师过剩的情况，不能盲目地开放编制。

第三，乡村地区居民子女受教育的需求不断增长和变化与教育资源供给的不充分和配置的不均衡之间的矛盾。矛盾始终是动态的不断调整的，解决矛盾不可能毕其功于一役。矛盾是大趋势的变化，所以教育部门做规划时要有一定的弹性，保留一定的空间，不能够匆忙地就把学校撤并。空洞化在所有国家现代化进程中都可能出现，开始是乡村空洞化，第二个阶段还可能回归，出现城市中心的空洞化。

第四，仍然存在着城乡二元化结构所带来的财政投入、学校基础、师资水平和教育管理上的差异。它们都是影响乡村教育振兴的因素，应该进行相应的调整。

第五，乡村家庭和学生文化水平与教育意识、地方及民族习俗的特点相关。任何正确的政策在贯彻过程中都可能出现局部的失衡，这是毫无疑问的，所以什么东西都不能一刀切，这是中国特色。中国很大，各地区发展水平和习俗不一样，社区也有不同的特点，应当因地制宜。当下乡村家庭正在发生剧烈变化，有些父母因各种原因缺位于子女教育，依赖隔代抚养，或把相关矛盾转移给社会，给学校造成沉重的教育负担。笔者认为需要调整思路。抚养子女不完全是学校和社会的责任，有些责任必须由家长承担，这要成为一种道德风尚，甚至要转化成一种法律，应强调监护人应该承担的道德和法律责任。

第六，各级政府和学校自身的作为。政府作为很重要，但有些学校依赖政府为学校作周到的考虑，这也是不够正确的。事实证明，学校的前途很大程度上取决于校长和教师的努力程度，不完全取决于政府的周密设计，学校自身建设如果搞得好，学校就可能异军突起，在复杂的环境里生存和发展。

第七，家社校三者之间一定要紧密结合。三者要紧密结合，且每个主体都不能推卸责任。此外，乡村教育振兴还要不断地总结经验、研究模式、提供样本，没人鼓励、没人总结、没人宣传、没有推广也不行。

四、乡村教育振兴的定位、途径与模式

（一）定位

关于乡村教育的定位，需要提三个问题：能否回得去，能否重续辉煌？是否走城市教育发展的道路，成为另一种类型的城市学校？是否可能转劣势为优势，解决现代教育难题，实现跨越式发展，办新时代的新型优质教育？

目前中国主要从事农业的人口还有2亿，生活在农村地区的人口有5亿。在美国，集中人口在2万以下的地区教育统称为乡村教育。乡村教育不只是形式的变换，也不只需要金钱物质支持，还需要正确的方向指引与内在的改造和提升。乡村教育振兴是解决“三农”问题的枢纽，必须融合于乡村振兴的进程之中，走中国式家社校合一的现代化教育之路，应该循序渐进，稳扎稳打。

（二）途径

首先在理论上要明确方向，乡村建设要有科学的顶层设计和规划。其次是要推广和复制成功案例，在大胆的实践中形成样板和多样化发展的不同模式，同时应考虑可实现性。再次是体现教育的本质，遵循教育规律，坚持立德树人的大方向。在科学教育观的引领下，要回归重建以学生、课堂、教师三原点（要素）为核心的现代学校教育教学及管理体系。要牢牢地抓住这些教育要素并转化成学校管理和教育教学的工作常规。做到以科学为本、情怀入手、实践为径、创新为要。最后要继续完善乡村教育的法律法规，并通过专门的体制机制规范政府、社区、家长的权利和义务。

（三）模式

1. 多样化、个性化的特色学校模式

借鉴优质乡村学校的特色学校模式。比如广元市利州区范家小学的“让每个孩子都闪光，发挥乡村学校的教育中心和文化中心作用”的全面提升综合模式；泸州市叙永县摩尼镇新苗实验学校的“一个不能少，一个不能差”全程陪伴关爱模式。这些模式不仅是乡村教育需要学习的教育方式，也是城市学校需要借鉴的模式，它是一种很

好的应变策略，也是一种可以化解各种危机特别是学生心理健康问题的重要形式。还有乡村学校新型的小班化教学，通过小班化教学以体现乡村教育的特点；乡村新优质学校的“逆水”模式也可以考虑，如果学校有能力，应力争培养高素质人才。

建立新型乡村教师内外结合的激励体制机制。有人认为乡村教育只需要关注教师的经济地位与社会地位就行了，这不符合教育规律。真正留住乡村骨干教师，不管国内外，不管什么学校，都不是仅靠金钱就能实现的，还需要一个基本前提，就是教师自身有内在的教育情怀、对乡村教育的基本认知和价值认同。不认同，不愿意，没情怀，是不足以培养出骨干教师的，所以要建立退出机制，允许不适合的教师退出教师队伍。

2. 融合型学校模式

“融合型学校”是现代城乡融合理念的体现，是指具有融合发展特征的学校办学形态，它以发挥乡村学校在乡村振兴中的地位与功能为出发点，以培养面向新时代社会需求的多元人才为目标，以构建学校新的育人体系与开放办学模式为依托，通过对多种资源的有效开发、盘活、整合、利用，促进学校内外系统的有机互动与融通，从而实现乡村学校功能的最大化。建设“融合型学校”的实质是通过对乡村学校功能效益的最大化追求，强化其在乡村振兴中的地位与价值。总的来说，“融合型学校”是实现不同类型学校在育人目标、育人内容、育人方式、发展功能等方面的融合。

3. 跨越式学校模式

乡村教育振兴应走跨越式发展的道路，扬长避短，改革创新，抓住新时代及乡村振兴的机遇，实现教育的民主化、大众化。学生不论性别、出身、能力，都是平等的。乡村教育的真正振兴，就是要实现大众化跨越式发展，走中国式现代化教育跨越式发展之路。

现在实现乡村教育跨越式发展是有条件的。以前时空阻隔，但现在是信息社会，技术迅猛发展，手机在手，什么事情都能知晓。“秀才不出门，可知天下事”，“地球是平的”。工业化信息化基础上的数字中国更有必要在乡村学校率先实现，因为乡村学校这方面条件比较差，更应该通过数字化弥补各项短板。

未来乡村教育跨越式发展真正理想的新样态，就是把传统教学中的场景、情感交流与陪伴的场景、生活中的真实场景、教材书籍中呈现的场景、学生的表现场景与超现实的数字虚拟场景融合起来。跨越式乡村教育的重心在于利用数字化技术去开发各种具体的应用场景，用这些场景的结合驱动改革，形成一种新样态。数字化技术可以把各种资源都调动起来，教师自己的水平或教学条件有限，完全可以通过数字技术利用异地的各种资源。乡村教育利用数字化技术的重点是开发场景，教师需要努力地开发场景，形成数字化乡村教育的新样态，促进传统经验手段和现代技术相结合。

借助数字化实现乡村振兴跨越式发展，不需要建设专门的教育网络或重置教育设备，利用社会提供的资源，利用常规的网络资源和信息设备，就可以实现课堂教学中场景与超现实的结合。特别是在小班化教学中，创造性地利用数字化教学，会激发更多趣味性，对提高教育质量有很大的作用。

后 记

在乡村振兴、城乡教育一体化发展背景下，为提升乡村教师专业素养和教育科研水平，2021 年 5 月，四川省教育学会农村教育分会与四川省教育科学研究院教育发展研究所面向全省联合开展了首届“我的农村教育故事”征文评选活动。同时，为了解我省乡村教育发展全貌，本次征集的教育叙事包括德育（含班主任工作）、学科教学、美育（含美术、音乐）、体育、劳动教育与综合实践活动、留守儿童关爱、心理健康教育、家庭教育、学校管理、教师专业成长、教育科研及其他共 12 个类别。此项活动得到广大乡村教师及相关研究人员的积极响应，共收到征文 3489 篇，全面覆盖了 12 个类别和四川省 21 个市（州）。

征文的评审过程强调专业引领及程序的规范严谨。由四川省教育科学研究院、四川省教育学会、四川教育出版社的相关专家组成的评审团队开展了初审、复审、终审共 3 轮筛选工作，推出了 417 篇优秀教育叙事，经公示无异议后发布正式公告并颁发证书。2023 年 3 月，“四川省农村教育学术研讨会暨乡村温馨学校建设成果展示活动”在绵竹市隆重召开，共有 600 余人参加。大会为 11 名优秀教育叙事获奖代表颁奖，并邀请了其中 3 位上台分享。会后，与会者们对这些分享的故事赞不绝口，纷纷表示“我们乡村教师也能站在如此高端的舞台中心”，“乡村里竟然还有如此出色的教师”，“那位老师真的说出了我的心声”。

为了进一步展示活动成果，并让更多人了解新时代乡村教师的工作生活、所思所想，评审团对精心选编了 84 篇获奖征文，收入《守望乡村教育》一书中。该书分为上编和下编两部分。上编“我的乡村教育故事”从“坚守乡村”“专业成长”“爱心守

护”“教学智慧”“家校沟通”“学校发展”6个维度进行呈现；而下编“乡村教育研究”则收录了10篇学术论文，这些论文既包含对乡村教育热点和难点问题的学理探讨，也有针对本次教育叙事征集文本进行的多角度研究。

我们将以本次活动经验为起点，继续前行，不断整理出版“我的农村教育故事”征文系列活动中的优秀作品，以及聚焦乡村教师、致力于四川乡村教育改革发展的深度研究文章。也诚邀广大热爱、关注乡村教育的有志之士为活动建言献策，让我们的探索之路走得更深更远。

书稿的出版得益于中国教育学会副秘书长、研究员高书国的关心与支持，他还亲自为本书撰写了序言。在此，我们表示衷心感谢！同时，也特别鸣谢四川省教育学会副秘书长、学术部主任朱远平对于“我的农村教育故事”征文系列活动的智力支持与积极推动；也感谢四川教育出版社学术分社编辑高玲、刘正含、赵若竹，郫都区教育局督导室王朝贤老师，四川省教育科学研究院徐蕾老师在活动过程中的深度参与倾情付出。

四川省教育学会农村教育分会

2024年3月20日